La Biblia Corta

La Biblia Corta

Un Resumen Cronológico Del
Antiguo y Nuevo Testamento

Resumida, organizada y explicada por

Peter J. Bylsma

Byblio Press
11410 NE 124th St., #260
Kirkland, WA 98034 USA
www.bybliopress.com
info@bybliopress.com

Información de pedido:
Cantidad de ventas. Hay descuentos especiales disponibles en compras de cantidades por parte de corporaciones, asociaciones y otros. Para obtener más información, póngase en contacto con el editor en la dirección anterior.

Impreso en los Estados Unidos de América.

ISBN-13:
Tapa blanda 978-1-964060-06-4
Libro electrónico 978-1-964060-07-1
Tapa dura 978-1-964060-05-7

Número de control de la Biblioteca del Congreso: 2022900401

Fecha de revision: Abril 2024

Contenido

Apéndices

Este libro se lo dedico a Aaron, Erica, Kevin, Peter, Skylar y Naomi.
Que este libro les ayude a comprender y amar más al mundo.
¡Los amo a todos!

Prefacio

Durante la primavera del año 2020, yo me estaba preparando para dejar mi novena carrera. Además, comenzaba a refugiarme durante un período de tiempo desconocido hasta que el caos causado por la pandemia de COVID-19 de viera un poco disminuido. Mis planes de viaje habían sido cancelados y todavía quería poder hacer la diferencia; aún tenía mucha energía que dar y no quería desperdiciar todo esto en una crisis así.

Muy serios problemas económicos acompañaron al COVID, y las tensiones políticas en los Estados Unidos aumentaban a medida que el presidente buscaba su reelección y empezaba a desarrollarse el movimiento Black Lives Matters en muchas áreas. Las malas noticias eran frecuentes por todos lados, el pesimismo, el cinismo y la angustia reinaban. Las buenas noticias, el optimismo, la empatía y la esperanza eran cada vez más difíciles de encontrar. En una época en donde la información abunda con facilidad de acceso, la verdad se había convertido en algo relativo y bastante arbitrario.

Yo vivia una vida muy distinta a la que siempre había tenido, y entonces empecé a preguntarme cómo podría usar mis experiencias de vida para mejores propósitos, en espera de que la vida volviera a ser algo normal para mi nuevamente.

• Yo ya había estado estudiando la Biblia por un poco más de 50 años, pero todavía sentía que no entendía muchas partes de ella en lo que conocía como la historia general. Era como si todas las historias bíblicas que escuché cuando niño fueran piezas dispersas de un rompecabezas que no podrían colocarse correctamente hasta que pudiera ver la imagen completa que la caja me estaba enseñando. Siendo cristiano, mis estudios se habían centrado en el Nuevo Testamento y había pasado 10 años trabajando en diferentes tipos de ministerio, incluidos varios con poblaciones desfavorecidas (personas desamparadas y refugiadas en los Estados Unidos y también, en países con menor desarrollo). Tenía el beneficio de tener dos padres involucrados toda su vida en varios ministerios. Había escuchado para entonces miles de sermones y había tomado clases de Biblia en el Wheaton College. Conocía a muchas personas que de alguna forma servían a Dios, y yo mismo había experimentado una serie de milagros y los había presenciado en muchas otras personas.

- Trabaje alrededor de 30 años en varias organizaciones no partidistas del sector público a nivel internacional, nacional, estatal e incluso local. La mayoría de ese trabajo implicó investigar problemas organizacionales y sociales complejos y resumir los problemas y las posibles soluciones en informes escritos de manera lineal y lógica y utilizando un lenguaje muy comprensible. Gracias a la capacitación en la escuela de posgrado y en el trabajo, yo tenía habilidad para escribir de manera concisa y objetiva utilizando un estilo diseñado para personas con falta de tiempo que necesitaban comprender los problemas rápidamente y tomar decisiones sobre qué hacer en función de la evidencia que estaba disponible.

- En ese momento yo era un ciudadano del mundo y conocía muchas culturas, idiomas y religiones variadas. Viví en muchos estados mientras crecía y como adulto, había vivido en cuatro países diferentes. Dos de ellos con grandes poblaciones budistas, musulmanas o hindúes. Mi trabajo me llevo también a 20 países, entre los que estaban Israel y Turquía. Trabajé en el gobierno en el extranjero con estatus diplomático y varios proyectos que se mantenían secretos, enseñé geografía e historia mundial en secundaria y tomé cursos relacionados con asuntos internacionales y desarrollo económico como posgrado.

- Mi familia era también bastante inusual. Adopté a tres niños, cada uno de ellos, enfrentaba desafíos importantes y diversos en sus vidas. Pasaba por mi segundo matrimonio y "adopté" a un hijastro adulto que era ateo y no mostraba ningún interés en nada que tuviera relación con la religión.

Con todas tantas experiencias en mi mente, un pensamiento entro en mi cabeza: Tal vez debería resumir la Biblia. Cuando menos, así la entenderé mucho mejor. La Biblia es una extensa colección de libros y por ende complicada que no estaba organizada en orden cronológico. Entenderla es complicado, y pensé que una versión más corta resumiendo los eventos y personajes clave en orden histórico podría ayudarme a mí ya otros a entenderla mucho mejor: menos, en muchos casos, es más.

No tenía idea de cuánto tiempo iba a tomar. Primero tendría que entender todos los mensajes en Biblia y luego tomar la decisión sobre qué partes eran esenciales y cuales se podrían omitir. Aunque todo importaba de alguna manera, algunas partes eran más centrales que algunas otras. Era una idea algo grandiosa, pero seguí pensando en ello. Cada palabra debía tener mucho sentido, y yo tenía bastante tiempo en mis manos.

Tengo que decir que tenía mis reservas sobre la idea de escribir un libro así. Primero pensé: ¿Realmente necesitamos otro libro que hable de la Biblia? Ya existen miles de libros y muchas traducciones y paráfrasis diferentes sobre su contenido. Comprendí que esto era un síntoma del problema: la Biblia es tan larga y complicada que se han escrito demasiados libros para explicar todos sus complicados significados.

Después de hacer una búsqueda por lo que ya se ha escrito, me sorprendió descubrir que no existiera un resumen de todo el conjunto de libros en una secuencia lógica y explicara cada uno de los mensajes clave. Algunos libros se acercaron bastante, pero dejaron por fuera la mayor parte del contenido, y estos libros aún eran muy largos y estaban escritos para una audiencia meramente cristiana. Quería que mi libro fuera lo más corto posible, pero que aún incluyera los mensajes esenciales. También quería escribir de forma que los no cristianos encontraran atractiva, más al estilo de una novela que pudiera leerse en unos pocos días. Después de todo, se podría decir que la Biblia es la colección de libros más profunda de toda la historia que incluye historias, así como mensajes a las que todavía se hace referencia hoy en día. Si bien hay más Biblias impresas que cualquier otra publicación en la historia, la mayoría de los que poseen una copia no la han leído ya es muy larga y además confusa. Muchas otras personas no han leído ninguna parte de la Biblia porque no están interesados en temas de religión y muchos solo han leído tan solo algunas partes de ella. Me ha sorprendido la cantidad de personas que nunca han escuchado las historias ancestrales de los famosos David y Goliat, el hijo pródigo y el buen Samaritano, o conocen poco sobre algunos de los personajes más importantes de la Biblia. Y los que conocen las historias, a menudo no saben el contexto ni tampoco los significados básicos. Pensé que toda persona educada debería al menos conocer las historias y los mensajes básicos de la Biblia, y un libro más corto permitiría alcanzar dicho propósito.

En el momento en que me di cuenta de que era necesario un libro de este tipo, mi segunda reserva fue la preocupación sobre si realmente tenía la capacidad para resumir la Biblia de forma precisa. Muchas otras personas estaban mucho más calificadas que yo para escribir un buen resumen. Algunas de ellas pueden leer los textos originales en Hebreo y Griego, y muchos han dedicado toda su carrera a las enseñanzas a quienes asisten a iglesias o también, a instituciones religiosas. ¿Qué pasaría si pierdo el sentido de un mensaje esencial o si omito un punto importante por completo? Pero con mi optimismo y confianza, decidí probar y ver cómo se desarrollaría todo. Podía detenerme en cualquier momento si la dificultad era mucha o requería demasiado tiempo.

Tomando en cuenta estas reservas en mi cabeza, busqué la opinión de otras personas. Conversé con mi padre durante dos horas mientras esperábamos en la sala de emergencias del hospital de Kirkland que fue uno de los que tuvo los primeros fallecimientos por COVID en el país. Hablé con personas de mi iglesia sobre lo que ellos pensaban que eran los mensajes principales de la Biblia. Les hable de mi idea a los demás y todos estaban entusiasmados con la idea de leerla cuando terminara. Muchos de los que deseaban leer mi resumen de la Biblia entera no habían podido terminarla porque era muy larga y complicada en ciertas partes y carecían de tiempo para hacerlo. Tenía amigos en otros países, que habían pasado muchos años compartiendo historias de la Biblia y dijeron que un resumen con los eventos y mensajes esenciales en orden cronológico, les sería de mucha utilidad en su trabajo.

Gracias a este estímulo, me entregué y comencé a leer Génesis para ver cómo se iba a desarrollar el proceso. Me rodeé de mis libros de texto universitarios y además de varios comentarios y también de las Biblias de estudio que había recopilado a lo largo de todos los años.

De inmediato empecé a enfrentar una serie de desafíos.

1. Tuve que tomar la decisión de cómo manejar las partes para las que no había posibles relatos de testigos presenciales pero que describían los hechos como si el autor estuviera allí presente, como sucede a menudo. En algunos casos, las cuentas no estaban destinadas para ser tomadas de forma literal. Los siete días de la creación son un excelente ejemplo.

2. Algunos eventos se describían muy brevemente y giraban alrededor de los mensajes principales (como es el caso de la Torre de Babel). ¿Qué debo hacer con este tipo de pasajes?

3. También faltaban detalles importantes en algunas de las historias. ¿Dónde estaba Ur, y por ejemplo, qué tan lejos

viajó Abram en su camino a Canaán? Los que vivían en ese momento sabían la respuesta, pero todos los que lo leen hoy en día, no conocen ninguno de estos detalles. Sentí que el lector necesitaba comprender la geografía y el contexto de las historias, especialmente cuando los lugares mencionados ya no existen o cuando en estos tiempos poseen nombres diferentes.

4. Descubrí relatos un tanto contradictorios sobre el mismo evento y tuve que encontrar una manera de describirlos de forma precisa. Por ejemplo, hubo dos descripciones distintas sobre cómo murió Judas Iscariote. (Decidí escribir que se suicidó; cómo sucedió al final no fue un detalle crucial). Los evangelios también tienen diferentes relatos del encuentro de Jesús con un hombre poseído por un demonio en la región de Gerasa ¿fue un hombre o en realidad eran dos hombres?

5. Tuve que decidir sobre qué traducción del Hebreo y Griego original debía utilizar. En un sitio web, encontré 60 versiones disponibles en Inglés, y cada una era algo distinta. Tuve acceso al texto en línea y empecé a examinar algunas traducciones, y luego simplifiqué y parafraseé el texto para que el libro fuera mucho más corto, pero, sobre todo, más fácil de entender. Hice uso de varias Biblias de estudio, pero me basé principalmente en la Nueva Versión Internacional (NIV) como la versión inicial en la que se basaba mi resumen. La Biblia de estudio del primer siglo, Nueva versión internacional (Zondervan, 2014) fue especialmente útil. (El Apéndice E enumera los versículos parafraseadas que cito en este libro.)

Una vez que escribí algunos capítulos, les pedí a otros a leer el borrador para conocer su opinión. Quería saber si estaba en el camino correcto, si mi escritura tenia claridad y presentaba una secuencia lógica, además de precisa y fácil de leer, y si había dejado por algo que fuera importante. Por ende, el proceso de escritura fue iterativo ya que cambié y agregué palabras y además expliqué el contexto para agregar una mejora a la narrativa.

La única resistencia que tuve y que sentí fue algo que me demostró que estaba realmente haciendo algo bien. Mientras investigaba y escribía, a veces me distraían lo que parecían fuerzas del mal decididas a no dejarme progresar. Sin embargo, sentí la inspiración y la protección de Dios mientras la estaba escribiendo. De hecho, mi estado mental era como una especie de oración continua, cuando me venían a la mente buenas ideas sobre lo que debería incluir o cambiar y entre tanto meditaba en silencio y realizaba las tareas rutinarias.

Empecé a leer, investigué, escribí e hice revisiones durante un período de ocho meses teniendo en cuenta múltiples audiencias. Quería que los cristianos que nunca habían leído la Biblia completa, pudieran leer este resumen para mejorar su comprensión de cómo están relacionados todos los mensajes principales. Todos los que ya habían leído la Biblia también se beneficiarían de leer una versión mucho más corta. Adquirí nuevos conocimientos y aprendí cosas nuevas mientras "conectaba las piezas del rompecabezas". También lo escribí para aquellos que simplemente quieren leer un libro interesante que contiene mensajes importantes sobre la vida. Traté de mantener el texto libre de palabras muy religiosas y redacción excesiva, similar a cómo un periodista informaría eventos y citas de relevancia a lo largo del escrito. También esperaba que los ateos y agnósticos con educación, los curiosos y todos los que nunca habían escuchado o leído estas historias, leyeran este libro. Creo que los que no están de acuerdo con los mensajes de la Biblia deberían al menos entender sus puntos y eventos clave antes de decidir rechazarlos rotundamente; no es prudente sacar conclusiones sobre todo un bosque si examínanos solo unos cuantos árboles.

* * * * *

Hubiera sido difícil escribir este libro sin el apoyo y los consejos de muchas personas. Mis padres, Bud y Patti, me brindaron siempre conocimientos valiosos sobre las Escrituras durante toda mi vida, y me dieron más información al revisar los borradores de los capítulos. Les pedí a varias personas que leyeran partes del libro y dieran su opinión sobre su legibilidad y sobre su precisión. Agradezco a Belinda Kelly y Karen Banks, quienes encontraron bastantes errores tipográficos, mencionaron la necesidad de adentrar en detalles y brindaron comentarios con ideas muy útiles sobre el contenido. También agradezco por el aliento que varios miembros del grupo "Todavía estamos aquí" de Eastlake Community Church me dieron, una reunión poco convencional "post-evangélica" de creyentes y pensadores que han desafiado mi pensamiento, así como mi fe. Agradezco de que mi esposa Noreen haya sido tan paciente conmigo mientras pasé tiempo investigando, escribiendo y revisando en tiempos que habíamos reservado para viajar juntos. Ella me dio el tipo de apoyo y comentarios adecuados que necesitaba sobre el libro. También me siento bien agradecido por Kurt Campbell, Peter Gadd, Anne Lider, Sue Nienaber, Earl y Shirley Palmer, Rich Perdue, Jeanne Smith y Judy Steele, ya que brindaron comentarios valiosos sobre el libro. También estoy agradecido con Dave Hoerlein, por crear los mapas que aparecen en el Apéndice F, y por JoAnna Weeks, quien me ayudó a crear páginas web relacionadas al libro.

Por último, estoy agradecido con Dios por las bendiciones y la protección que he recibido a lo largo de mi vida. Cuando he pasado tiempos difíciles, Dios los ha usado para el desarrollo de mi carácter y de mi empatía por los demás. Los recordatorios sutiles y constantes en tiempos de crisis me recuerdan que Dios me respalda, por lo que no hay razón de preocuparme o sentir miedo. Habiendo yo mismo sido bendecido, también quiero contribuir a bendecir a otros, por lo que donaré casi todos los ingresos y las regalías que reciba por la venta de este libro a través de la Fundación Bylsma a las organizaciones sin fines de lucro que ayudan a los necesitados, promueven la justicia en el mundo, buscan y difunden la verdad, ayudan a otros a comprender las historias y los significados de la Biblia, y animan a quienes necesitan buenas noticias.

Peter J. Bylsma

Descripción General Esencial

Hechos básicos de la Biblia

La Santa Biblia es una colección de documentos ancestrales escritos por muchos autores en el transcurso de 2.000 años. Si se suman los 66 "libros" de esta pequeña biblioteca, serian unas 2.000 páginas, en un libro común del siglo XXI. En este contexto, el significado de biblia es "el conjunto autorizado de libros pequeños", y su contenido se llama escritura, lo cual significa "algo escrito". Algunos de estos libros son bastante extensos y otros son apenas de unos pocos párrafos. Siglos después de su escritura, se dividieron en capítulos y versículos para que los lectores pudieran encontrar partes específicas de forma sencilla. Diferenciándose de los libros modernos, los capítulos rara vez tienen más de una página y, a veces, estas divisiones no son lógicas (hay más de 1.100 capítulos en toda la Biblia).

La mayoría de los autores eran Judíos, y casi todos los libros fueron escritos en Hebreo o Arameo y se tradujeron después al Griego. Todos los autores conocidos eran hombres y algunos libros tenían múltiples autores. Los autores tenían sus propios estilos, los cuales reflejaban varios géneros literarios.

La Biblia contiene dos partes. El Antiguo Testamento tiene 39 libros e incluye aproximadamente 1.500 años de historia del pueblo de Dios (los Israelitas). El Nuevo Testamento es de 27 libros y cubre los eventos del siglo I DC en Palestina y otras areas de la región del Mediterráneo oriental. Las dos partes también son conocidas como el Antiguo Pacto y el Nuevo Pacto. Un período de 400 años es lo que separa los eventos descritos en el Antiguo testamento y el Nuevo Testamento.[1] (Los nombres de los libros están en el Apéndice A.)

---

[1] La biblia Judía tiene libros adicionales y no tiene nuevo testamento, y las biblias católica y ortodoxas tienen libros adicionales. Este libro no contiene un resume de esos libros.

El Desarrollo de la Biblia moderna

Los libros del Nuevo Testamento fueron escritos todos en un período de 50 años en el primer siglo (45-95 DC) con el propósito de describir los principales eventos y las enseñanzas relacionados con Jesús y sus primeros seguidores. Los autores casi siempre describían los eventos y las ideas a un redactor quien a veces tenía la libertad para expresar las ideas del autor a su manera. Las palabras se registraron al inicio en papiro, y más tarde se utilizaron materiales más resistentes como la piel de oveja. Otros empezaron a copiar los documentos originales para que más personas pudieran leerlos. A medida que aumentaba la demanda de los documentos, se llevaron a cabo muchas copias y, a veces, los que producían las copias cometían errores menores y aclaraciones que después otros copiaban. Algunos autores leyeron los libros originales y corrigieron errores que se habían registrado anteriormente. Por ello, hay relatos ligeramente diferentes de ciertos eventos. No se ha recuperado ninguno de los documentos en su escritura original.

Otros documentos fueron escritos sobre la vida de Jesús y sus seguidores en los siglos que procedieron. Algunas personas escribieron usando nombres falsos para crear más legitimidad para sus documentos. A finales del siglo IV, todos los documentos disponibles fueron analizados por los líderes de la iglesia en el Concilio de Cartago. Se produjeron desacuerdos sobre qué documentos deben considerarse de inspiración divina y autoritaria. Los líderes de la iglesia basándose en varios criterios decidieron una lista final, y el conjunto final de documentos que es conocido como el canon. Luego, los libros se organizaron en su orden actual y para ser traducidos al Latín.

A lo largo de los siglos, varias versiones de los libros han sido escritas. Las primeras traducciones no eran capaces de reflejar los conocimientos adquiridos a partir de descubrimientos posteriores sobre el significado de las palabras Griegas y Hebreas. La primera versión en Inglés se creó a inicios del siglo XVII por eruditos religiosos que trabajaban para el rey Jaime de Inglaterra. Eso inició la creación de traducciones a mas idiomas. Los hallazgos arqueológicos de los últimos 150 años han contribuido más conocimientos sobre el significado estos libros, y han surgido muchas más traducciones y versiones de la Biblia basadas en ellos. De forma reciente, se han escrito versiones parafraseadas para hacer que el texto sea más fácil de entender para audiencias en tiempos modernos y de distintas culturas. El Apéndice C contiene información sobre recursos que aportan más información sobre la Biblia y traducciones de utilidad.

Contenido de la Biblia

En los libros de la Biblia se observan varios tipos de literatura. Entre las cuales están narraciones heroicas y embellecidas, relatos históricos, presentaciones legales, biografías, poesía, canciones, genealogías e información de censos, literatura sabia y proverbios, colecciones de cuentos, parábolas, cartas inspiradoras y predicciones muy simbólicas sobre el futuro.

El contenido de la Biblia carece de detalles que el lector podría desear conocer, lo que hace que las historias se vean en situaciones de interpretación y esto puede crear dudas sobre qué tan auténticas son. En contraste, algunas secciones incluyen muchos detalles. Los contenidos no se presentan en secuencia, lo que hace más difícil obtener una visión completa de algunos de los principales eventos e ideas. Tomando en cuenta que la mayoría de los escritos ocurrieron en tiempos de cultura agraria, hay muchas referencias y metáforas que usan elementos de esos tiempos (por ejemplo, ovejas, cabras, tierra, semillas, agua, trigo, peces, viñedos, el desierto y la naturaleza). Las historias por lo general son ricas en simbolismo y el diálogo se mezcla con una narración proporcionada por cada uno de los autores.

En general el tono es sombrío y serio. Hay poca presencia de humor, romance o ficción (algunas historias de ficción se escribieron para transmitir mensajes importantes). Todo lo complicado de la vida aparece en los escritos: vida y muerte, bien y mal, culpa y perdón, justicia y juicio, gracia y piedad, amor y odio, razón y emociones, individualismo y vida comunitaria, rivalidad entre hermanos, reflexiones del pasado, visiones del futuro, paciencia y conveniencia, disciplina e impulsividad, poder y servitud, egoísmo y sacrificio, salud y enfermedad, confianza y engaño, lógica secuencial y paradoja, idealismo y realismo. Hay mucha tragedia y héroes, muchas decepciones y también victorias.

Temas principales

La colección de los escritos en su mayoría tiene un comienzo que avanza de forma progresiva hacia una conclusión. Ningún documento cuenta la historia en su totalidad, pero juntos están basados en muchos temas comunes. A pesar de su variedad, todos los documentos contribuyen a una trama que se centra en la naturaleza de Dios y el conflicto invisible entre las fuerzas espirituales del bien y el mal que hay en este mundo.

La trama incluye una serie de temas que unen todo y que recorren desde el principio hasta el final.

- El mundo posee dos planos de realidad: uno que es el físico y se puede ver y medir, y otro que es invisible, sobrenatural y espiritual, que no se puede medir de forma empírica.
- Las fuerzas que son invisibles tienen poderes "mágicos" que son inusuales. Algunas fuerzas tienen motivos buenos y llenos de amor, pero otras tienen motivos malos que destruyen lo bueno.
- En realidad existe una sola fuerza verdadera y suprema que posee diferentes formas. Algunas personas creen que hay muchos dioses, pero ninguno tiene las características ni el poder verdadero del único Dios.
- Existe vida después de la muerte física, y la calidad de vida que haya después de la muerte depende de Dios con respecto a la vida que lleva una persona en vida terrenal. La naturaleza misericordiosa de Dios da la esperanza de que todos tengan la posibilidad de entra en un plano de existencia celestial después de la muerte.
- Dios siempre es bueno, justo, misericordioso, amoroso y misericordioso. Dios desea que las personas vivan la vida en abundancia y que les da más de lo que merecen (gracia). La mente de Dios puede cambiar del juicio al perdón y la sanación al escuchar los sinceros llamados (oraciones) de todas las personas.
- Dios escoge a las personas para mostrarle al mundo cómo deben de percibirse la vida y las relaciones en la tierra. Al principio, Dios estuvo trabajando a través de individuos y familias, luego a través de una tribu especial (los Judíos de Israel) que fueron elegidos en un área del planeta. Varias personas enviaron mensajes especiales a ellos para recordarles cómo deberían vivir. Finalmente, se eligió a personas del mundo entero para que se convirtieran en el pueblo de Dios. Estas personas deben tener cualidades específicas que las distinguen de los demás; deben ser conocidas por su amor por los demás y por defensa de la justicia.
- Dios quiere relacionarse con todas las personas sin importar sus acciones, creencias, género, tribu, raza, edad o lugar de nacimiento,

incluso hasta cuando estos no obedecen. El aumento gradual de la revelación del carácter y los deseos de Dios por todos revela un movimiento de algo exclusivo a convertirse algo inclusivo.

- Se puede vivir de forma correcta e incorrecta, hay cosas que hacer y cosas que evitar. La obediencia a los principios y la guía de Dios nos ayuda a superar muchas luchas en nuestras vidas en un mundo lleno de maldad. No seguir estos principios causara luchas más severas y en alejarnos de Dios. Es necesario un gran esfuerzo para que el bien venza el mal, pero con la ayuda de Dios, la transformación y el cambio a nivel personal son posibles, y el bien siempre va a prevalecer.

- Muchas veces el pueblo de Dios deja de vivir de la manera correcta. Por esta razón, sufren las consecuencias de su desobediencia, incluido un proceso de refinamiento que reduce su número y les ofrece mucho dolor. Pero siempre queda algo del pueblo de Dios para continuar la misión de comunicar la naturaleza amorosa de Dios y cómo debemos vivir en armonía con Dios y también con los demás.

- Es necesario tener algún tipo de ofrenda o sacrificio para restaurar una relación que se encuentra rota. La sangre que simboliza la vida a veces es utilizada en las ofrendas y sacrificios para reconocer que no estamos cumpliendo las expectativas y que debemos renunciar a nuestros intereses para poder solucionar las cosas. Con eso dicho, estos gestos simbólicos son solo expresiones externas y no comunican un cambio de sentimiento. Dios busca un corazón que cambie y que se muestre al obedecer los mandamientos de Dios y tratar a los demás con justicia, con misericordia y con amor.

- La vida es impredecible ya menudo injusta. Nuestros planes se ven interrumpidos por eventos inesperados fuera de nuestro control. Dios desafía nuestras vidas, corazones y prioridades de maneras inusuales que cambian nuestra dirección. En un mundo que tiene tanto el bien como el mal, todos sufren. Si bien muchas personas obtienen lo que se merecen, las personas buenas pueden sufrir y las personas malvadas pueden prosperar. La fidelidad a Dios y nuestra respuesta a nuestras circunstancias son lo más importante, especialmente durante los momentos de prueba. El amor, el perdón y la gracia ilimitados de Dios son regalos maravillosos para todas las personas, aunque no los merezcamos.

- Dios se preocupa por la justicia y por ayudar a los más necesitados. A Dios le apasiona especialmente ayudar a los extranjeros y a los enfermos, los pobres, los abandonados y los marginados. Los actos de servicio, compasión y sacrificio proporcionan evidencia de tener una disposición semejante a la de Dios.

- Existe una tensión por la manera en que vivimos nuestras vidas en la tierra. No debemos conformarnos con los caminos de un mundo pecador, pero se nos pide que sirvamos a otras personas en este mundo. Algunos eligen separarse físicamente de todo lo que está mal, mientras que otros viven y trabajan junto a aquellos con otros sistemas de valores mientras utilizan principios piadosos. Cada una de estas dos formas de resistencia y enfoques para traer "sal y luz" al mundo tiene sus propios beneficios, pero también sus peligros.

- El guía de Dios, así como los principios a menudo contradicen los valores y prioridades terrenales que son las más predominantes. Las paradojas y la naturaleza contradictoria de las enseñanzas bíblicas están en el corazón de algunas de las acciones más difíciles que Dios espera que todos sigan un requisito para quienes son sus seguidores. La dependencia de Dios y la comunidad de fe es más importante que la independencia personal y la autosuficiencia. La lealtad a Dios es más importante que el patriotismo nacional y seguir las normas culturales. Ser un sirviente humilde es más importante que alcanzar el poder. La búsqueda de la felicidad por cualquier otro medio que no sea el de centrarse en los caminos de Dios no va a poder satisfacer las necesidades más profundas de cada ser humano.

Interpretando la Biblia

Interpretar los escritos es algo desafiante. Muchas veces, el autor o el personaje de la historia le dice a la audiencia cual es el significado de esa historia en particular. En otras ocasiones, el autor sencillamente cuenta una historia sin describir su significado, en muchos casos porque la audiencia en ese momento entendería el punto que se está planteando. Por esa razón, es necesario comprender el contexto histórico para comprender el significado completo de varias de las historias. Dado que el contexto local influyó en lo que se escribió, la orientación específica proporcionada a las personas en un lugar en un momento particular puede no ser apropiada para quienes viven en otras áreas o épocas; la orientación puede ser instrucciones culturales en lugar de verdades universales para que todos las sigan siempre. Las interpretaciones correctas son generalmente aquellas que son consistentes con los temas principales que se encuentran en todos los documentos.

También es importante comprender el significado de las palabras utilizadas, que pueden no traducirse con precisión a otros idiomas. Por ejemplo, la palabra amor tiene varios significados y los modismos pueden resultar confusos para el lector moderno. Por lo tanto, es importante un estudio en profundidad para obtener la mejor interpretación de los escritos.[2]

Aunque los escritos bíblicos le dicen al mundo acerca de las verdades relacionadas con el bien y el mal, no todo lo que fue escrito es cierto si lo vemos de forma literal. Varios de los autores usaron diferentes recursos literarios para transmitir significados esenciales: alegorías y metáforas, ironía e hipérbole, sátira y símiles, parodias y parábolas. Los autores utilizaron estos dispositivos para transmitir sus mensajes, y sus audiencias generalmente sabían que estaban destinados a hacer un punto en lugar de ser tomados literalmente o informar hechos históricos.

La Naturaleza de Dios

Cuando nos referimos al término Hebreo Dios, es un sustantivo plural que denota una fuerza poderosa que tiene diferentes formas, similar a cómo los elementos y compuestos tienen diferentes formas (sólido, líquido, gas). El término Señor se usa en los escritos bíblicos como otra forma de referirse a Dios. Los diferentes términos para Dios eran pronombres típicamente masculinos (él, su, él) o el término Padre. Sin embargo, Dios no es una deidad masculina y no es ni hombre ni mujer. Como una fuerza multidimensional, Dios creó tanto a hombres como a mujeres a la propia "imagen" de Dios, capaces de distinguir entre el bien y el mal, poseyendo un alma, teniendo conciencia de sí mismos y conciencia de nuestro entorno, capaces de tener relaciones significativas con Dios y con los demás. y dispuesto a amar a los demás de manera sacrificada.

Dios se comunica con los seres humanos de maneras distintas.

1. La impresionante belleza del universo y sus ciclos predecibles y "leyes de la naturaleza" han inspirado a los humanos a ver el planeta y los mundos más allá, y verlos como una creación ordenada y hermosa que no está diseñada al azar.

---

[2] El campo de estudio relacionado con la interpretación de la Biblia se llama hermenéutica.

2. Dios se comunica por medio de la forma de "Espíritu" de Dios, que influye en la mente y también en las emociones humanas y proporciona dirección a los seres humanos sobre sus elecciones morales relacionadas sobre todo con el bien y el mal.

3. Cuando los seres humanos sacan parte de su tiempo para escuchar y buscar dirección, la comunicación puede ocurrir a través de percepciones divinamente inspiradas y una "vocecita" inaudible en la mente que nos habla.

4. A veces, la comunicación con Dios es más directa, a través de sueños, visiones o mensajes de ángeles o "santos extraños".

5. Algunas pocas veces, Dios interrumpe las leyes normales de la naturaleza para intervenir directamente en las actividades humanas, y Dios a veces interviene utilizando eventos naturales raros en momentos estratégicos. Estas obvias desviaciones en cómo funciona normalmente el mundo, así como las coincidencias oportunas, se denominan "milagros".

6. En algunas ocasiones, los humanos mismos son inspirados o "poseídos" por el Espíritu para hablar las palabras de Dios a otros de manera extraordinaria y sobre todo, convincente.

7. Otras personas que son creyentes pueden dar consejos piadosos y reprender a otros usando sus "dones espirituales".

8. La Biblia misma está disponible para ser estudiada y para que podamos aprender acerca de los caminos de Dios mucho después de que los eventos sucedieron.[3]

9. Por último, Dios tomó forma humana y vivió en la tierra, dándonos el ejemplo más concreto de cómo debemos vivir y amarnos los unos a los otros.

A pesar de que los eventos de los libros ocurrieron hace siglos, existe una gran evidencia de que Dios se ha comunicado con personas de todas estas maneras a lo largo de la historia e incluso en estos tiempos.

Dios siempre utiliza muchas estrategias y tácticas variadas para alcanzar el objetivo general de mostrarle al mundo cómo vivir y cómo Dios interviene en la historia de toda la humanidad. Muchos personajes de la Biblia hablan en nombre de Dios, y una cantidad de ellos actúan y

---

[3] En muchos de los casos, los documentos bíblicos se escribieron mucho después de los hechos, pero se basaron en relatos de testigos o fueron transmitidos de boca en boca de generación en generación utilizando las tradiciones de comunicación de esos tiempos.

hablan de formas bastante extrañas. Ocurren varios tipos de milagros. El castigo se da de diferentes formas, a veces de formas inesperadas, incluso dejando que las fuerzas decidan el mismo. Si bien la naturaleza de Dios no cambia, los métodos de Dios son impredecibles y, a menudo, si traen cambios.

Organización y contenido del libro

La Parte 1 es la que resume el Antiguo Testamento, con los capítulos 13 y 14 que describen libros únicos que no parecen encajar en el relato cronológico. La segunda parte es la que resume el Nuevo Testamento. Un período de 400 años divide los eventos descritos en el Antiguo y el Nuevo Testamento, y el capítulo 15 proporciona información sobre lo sucedido durante todo este tiempo.

Este libro posee un buen resumen de muchas de las historias y lecciones que se describen en todos los escritos bíblicos. Algunas secciones están totalmente excluidas ya que para mí son redundantes a los temas principales, y algunas partes se reproducen completamente tal como fueron escritas dado que nuestra comprensión de todos los temas principales. Para aclarar todos los hechos y todas las ideas, este resumen no siempre sigue la secuencia en la cual se revelan en los documentos originales, y la mayoría de las secciones citadas usan parafraseo o abreviaciones. Además, este resumen se complementa con hallazgos relacionados con arqueología, hechos históricos y geográficos y otras aclaraciones para explicar los contextos y significados de todas las historias. Los lectores de este resumen podrían desear leer la colección completa de los escritos bíblicos, incluso si ya la han leído, y o harían para obtener más detalles y conocimientos sobre los temas y mensajes que se encuentran en todos los libros. (El Apéndice F enumera las partes de la Biblia que se resumen en cada capítulo).

El resto de los apéndices de este libro proporcionan una cronología de los eventos clave que tuvieron lugar, un índice de nombres y temas clave, las secciones de la Biblia citadas y mapas que muestran donde sucedieron los eventos principales. (La ubicación exacta de algunas de las ciudades, ubicaciones geográficas y eventos aún se debaten en muchas mesas de eruditos).

Como utilizar este libro

Aunque este resumen ayudará a los lectores a comprender los mensajes importantes de la Biblia, no debe ser usado para realizar un estudio bíblico que sea muy profundo; A tal efecto, sólo deben utilizarse los documentos completos, junto con los comentarios que expliquen los mismos.

Este libro no está destinado para que lo lean niños o se les lea a niños. La comprensión de su contenido (por ejemplo, vocabulario, estructura de oraciones, y conceptos) es apropiada para personas que tienen por lo menos 16 años de edad. Aparte de esto, los conceptos de la Biblia son profundos y muchos de los eventos requieren de cierta madurez por parte del lector. Si la Biblia se condensara en una película o serie de televisión, tendría una clasificación R.

En el momento en que lea este libro, considere usar un marcador o un bolígrafo para marcar y anotar citas, conceptos o historias que sean especialmente importantes o que tengan significado. Se ha creado una guía de estudio y reflexión sin costo para acompañar este libro en el caso de los que quieran profundizar en las diversas historias y lo que significan.

Parte Uno
El Antiguo Testamento

Capítulo 1
El Inicio

La creación, las influencias malas y los acuerdos iniciales

Antes de que los tiempos empezaran y existiera algo, estaba la presencia de un Dios cósmico y multidimensional que tenía una cantidad de cualidades. Dios era todopoderoso, existía en todas partes y, además, lo sabía todo. El carácter de Dios era bondadoso y misericordioso, con una naturaleza creativa y bastante amistosa. Al estar solo, Dios creó inicialmente a otros seres cósmicos que llamo ángeles, los cuales estaban destinados a adorar al creador y contribuir a la obra de Dios. Dios continuó creando luz de la oscuridad, luego un mundo físico compuesto por una gran cantidad de estrellas y planetas. En un planeta único, Dios creó aguas y tierras secas que produjeron organismos vivos eventualmente. Organismos como plantas y animales en la tierra y en las aguas que eran todos autosuficientes. Y todo se mantuvo bien.

Con eso dicho, algunos de los ángeles envidiaban el poder de Dios y querían ese poder para ellos mismos. Se portaron rebeldes, provocando un conflicto en el universo. Todo lo bueno ahora estaba junto con fuerzas que son corruptas y engañosas y que ofrecen alternativas tentadoras. Pero igual se trata de un engaño sutil. Lo que no es bueno, justo y gracioso casi siempre produce dolor y sufrimiento y relaciones rotas, es decir, no produce nada que sea bueno.

Aún con la intrusión del mal, Dios siguió con la creación. Su creación más importante fuimos nosotros, los seres humanos, un ser único en un planeta único, que compartía importantes cualidades de Dios. Cualidades como la creatividad, relacional y la capacidad de distinguir entre el bien y el mal y de amar incondicionalmente y de forma sacrificada. Las dos "imágenes basadas en Dios" humanas, masculina y femenina, se unieron para que la especie pudiera ser autosuficiente. Dios les dio a los humanos el planeta entero y todos sus seres vivos para que lo disfrutaran. Los humanos debían cuidar el planeta y obedecer ciertas reglas para ayudarlos a todos a mantener la autosuficiencia y la armonía. Dios pensaba que todo esto era ideal.

Al inicio, los humanos disfrutaban de una vida perfecta en el planeta. Pero en algún punto, el ángel maligno líder (un enemigo llamado Satanás) se infiltró en su conciencia, y sembró semillas de duda sobre cuán buena era la vida realmente. Los humanos creyeron en los engaños del ángel maligno y violaron una de las reglas que Dios les había ordenado seguir. Como resultado de su desobediencia, los humanos fueron infectados con la enfermedad del pecado que coexistía en ellos con su naturaleza de bondad. El mal trajo dolor y convirtió la vida en una lucha. Ya la vida no era feliz ni agradable.

Dios estaba molesto porque Satanás había corrompido su mejor creación, los seres humanos. Dios permitía que los humanos tomaran decisiones morales sobre sus vidas y quería una relación con los humanos, pero solamente si optaban por estar involucrados en la relación. Proporcionar a las personas el libre albedrío era un riesgo que Dios estaba dispuesto a correr, y Dios sabía que, al estar el mal en el mundo, algunos seres humanos, no elegirían seguir el camino del bien. De hecho, muchos humanos y ángeles optaron por los caminos del mal en lugar mantener una relación con Dios. Pero en lugar de la destrucción del mal, Dios permitió que existiera el mal. Esto porque matar todo el mal habría resultado en matar a todos los seres humanos. Por ende, Dios estaba envuelto en una lucha a largo plazo con Satanás y el mal hasta que uno de los lados fuese victorioso. Las últimas consecuencias del bien trajeron salud, amor, alegría, paz y vida. En contraste, las últimas consecuencias del pecado trajeron dolor, mucho sufrimiento y muerte.

Nadie puede saber exactamente cuándo, dónde, cómo ni cuando ocurrieron todos estos eventos cósmicos al inicio, y lo cierto es que conocer la respuesta no es importante. Los puntos principales son que (1) una fuerza de bien creó el universo y todas las cosas en él, (2) los humanos toman decisiones buenas y malas, y (3) Dios constantemente revela los beneficios que puede traer la elección del bien. Dios aboga por el bien y a veces interviene directamente en oposición al mal para que los humanos puedan disfrutar de una vida mejor y relaciones significativas entre ellos mismos y con Dios. Pero, las fuerzas del mal todavía existen y quieren detener el bien. Esta lucha por el poder suele ser totalmente invisible. En pocas ocasiones, las fuerzas invisibles del bien y del mal pueden aparecerse ante las personas de diferentes formas, revelando su luz y su oscuridad espirituales. Más a menudo, la evidencia de estas influencias del bien y del mal se ven manifestadas en las características y acciones de cada persona, sus instituciones y las diferencias culturales.

Adán, Eva, y Noé

Los registros de la humanidad y sus actividades más tempranas describen la interacción de las fuerzas del bien y del mal que juegan en el mundo. La primera pareja Adán y Eva, vivió en el jardín del Edén y además tuvieron dos hijos. El hermano mayor (Caín) asesinó a su hermano menor (Abel) todo debido a sus celos. Caín fue expulsado de la familia y allí empezó su propia familia en otras áreas de la región. Adán y Eva tuvieron otros hijos y sus descendientes interactuaron pasado el tiempo. A medida que la población humana seguía creciendo, la vida se volvió cada vez más violenta y llena de corrupción, con la consecuencia de mucho dolor, tristeza y angustia. Los hombres lucharon contra otros hombres y abusaron de las mujeres, pero siempre hubo algunos que siguieron el bien en lugar de seguir el mal.

El mal estaba prevaleciendo y eso impulsó a Dios a idear una forma de eliminar el mal. El plan implicaba que Noé, un hombre bueno y justo que era descendiente de Adán y Eva, construyera un arca (un gran barco) que albergaría a toda su familia y a un pequeño número de todas las especies animales conocidas en el mundo. Dios trajo lluvias torrenciales a todas partes durante mucho tiempo, lo que resultó en grandes inundaciones y aguas que ahogaron a todos los humanos y los animales que no entraron en la barca.

Las lluvias al final acabaron y, después de muchos meses, el nivel del agua bajó lo suficiente para que las plantas surgieran y comenzaran a crecer nuevamente. Luego, las aves que fueron liberadas del arca no regresaron, lo que le indicó a Noé que la vegetación ya era sin duda visible. El arca se situó en un terreno elevado, y sus ocupantes dejaron el arca y volvieron a establecer sus hogares. Noah y su familia siguieron la tradición local de quemar ofrendas de agradecimiento al Dios que aún no conocían. Apareció un arco iris, que era una señal de que Dios nunca más acabaría con todo el mal de la tierra.

Abraham y Sara

Uno de los descendientes de Noé se llamaba Abram, un hombre que vivía con su esposa, Sarai, en Ur, la cuidad ubicada al sureste de

Babilonia en Mesopotamia hace aproximadamente 4.000 años (En la Edad de Bronce). Dios le dijo a Abram que se fuera a Canaán, un área estratégica que conectaba todas las rutas comerciales de África, Asia y Europa a lo largo de un área fértil en la costa oriental del mar Mediterráneo. Tuvieron que pasar varios años para que toda la familia hiciera el viaje de aproximadamente 1.600 kilómetros. Se produjeron una cantidad de desvíos y retrasos durante el viaje debido por la hambruna y las peleas entre los habitantes de esa región.

Varios años después de que Abram llegara a Canaán, Dios elegiría a Abram para que fuera el líder de una tribu específica que debía actuar de manera tal que ejemplificara cómo los humanos deberían vivir en todo el mundo. Así haciendo que sus hijos y descendientes obedecieran los mandamientos de Dios y actuaran siempre con justicia. Dios le hizo una promesa a Abram: "te daré una gran nación, te bendeciré y también engrandeceré tu nombre. Serás una bendición, y todas las familias de la tierra serán bendecidas".

La cantidad de descendientes de Abram llegarían a ser tal que no se podían contar, como las estrellas. Dios también le reveló a Abram que sus descendientes irían a tierras extranjeras e iban a ser esclavos durante cientos de años, pero que en algún momento sus descendientes serían libres, conquistarían las tribus cercanas y que iban a controlar enormes extensiones de tierra. Las experiencias de Abram lo convencieron de que su fe debía de ser puesta en esta buena fuerza cósmica. (La mayoría de la gente en ese momento pensaba que los espíritus cósmicos estaban enojados y tenían que ser calmados con sacrificios). Abram había obedecido a Dios y había dejado su hogar para tener un futuro desconocido. Dios consideró tanto sus creencias, como sus acciones, como señales de justicia (una vida santa). Posteriormente, su nombre se cambió a Abraham (que significa "padre de una multitud"). El nombre de Sarai fue cambiado a Sara, y Dios dijo que sería la madre de múltiples naciones y, además, que iba a tener un hijo.

Lot y Sodoma

Había un sobrino de Abraham que se llamaba Lot que vino con él a Canaán directo desde la Mesopotamia. Lot se convirtió en un ganadero de gran éxito y vivió en Sodoma, una ciudad ubicada en una llanura bastante fértil, en el extremo sur del Mar Salado (Mar Muerto). Sodoma y las otras ciudades de la zona habían tenido prosperidad, pero eran bastante conflictivas, llenas de injusticias y desviaciones sexuales. De hecho, todos en esa ciudad, excepto Lot y su familia, vivían una vida en donde no existía, ni la moral ni la ley.

Dos completos extraños llegaron a Sodoma una noche y Lot les pidió que se quedaran en su casa. Estos hombres en realidad eran ángeles, y le dijeron que Sodoma, así como las demás ciudades del valle serían destruidas debido a la maldad que existía. Cuando muchos hombres de la ciudad, tanto jóvenes como viejos, llegaron a la casa de Lot y exigieron tener relaciones sexuales con los extraños, los ángeles los volvieron ciegos para que no pudieran encontrar la manera de entrar a dicha casa. Después, los dos ángeles le dijeron a Lot que se fuera de la ciudad con su familia, de inmediato, para evitar la destrucción de la ciudad.

Esa mañana, luego de que algunos miembros de la familia extendida de Lot decidieran quedarse, los ángeles escoltaron a Lot con su esposa y sus dos hijas fuera de la ciudad y les dijeron que no querían que miraran lo que iba a pasar. Cuando escaparon al pueblo cercano de Zoar, un gran fuego quemó completamente Sodoma en una explosión y las otras ciudades del valle. La esposa de Lot sentía curiosidad por lo que sucedía y se quedó atrás observando. Mientras miraba, se sintió abrumada por el humo y también los vapores del fuego y sus saladas llamaradas que llovieron sobre ella, matándola y cubriendo su cuerpo con roca salada.

Ya que todos en la región habían muerto por el fuego, excepto Lot y sus dos hijas, ellas estaban preocupadas de que nunca tuvieran hijos y no poder continuar la línea familiar. Para resolver el asunto, ambas emborracharon tanto a Lot que no supo lo que estaba haciendo. Ambas se acostaron con él y ambas quedaron embarazadas. Las hijas pronto tuvieron hijos llamados Moab y Ben-ammi, y sus descendientes se convirtieron en los Moabitas y Amonitas que vivieron al este del mar Salado y el río Jordán.

El acuerdo de Dios con Abraham

Dios al final, hizo cambios a la promesa de Abraham a un pacto. Los descendientes de Abraham serían sumamente exitosos y gobernarían la región, mientras fuera seguro que confiaran y obedecieran a Dios. Una de las señales del acuerdo fue que, todos los descendientes varones de Abraham debían ser circuncidados. Esto también se aplicaba a aquellos que eran sus sirvientes o esclavos de grupos étnicos que no fueran de su tribu. Esto distinguiría a los que siguieron a su Dios de todo el resto. Cualquier descendiente masculino que no estuviera circuncidado estaba decidiendo rechazar el acuerdo que se había pactado. Abraham estuvo de acuerdo y mandó a circuncidar a todos los hombres de su hogar, incluidos sus servidores de otras áreas.

Después de tratar de tener hijos durante muchos años, Sara permaneció estéril, y eso desafortunadamente hizo imposible que Abraham pudiera tener descendencia. Ella le dijo que tuviera un hijo con Agar, quien era su sirvienta egipcia. Agar tenía un hijo y, a medida que crecía, Sara se tornó celosa ya que quería siempre tener descendientes. Ella trató a Agar y al niño muy mal, por eso ellos decidieron huir al desierto. Un ángel le dijo a Agar que el nombre del niño debía ser Ismael y que sus descendientes vivirían en el este y también serían innumerables al igual que las estrellas. Cuando creció, Ismael se convirtió en arquero y se casó con una egipcia.

Cuando Sara ya había pasado la edad fértil, años después de todo esto, un ángel les dijo a ella y a Abraham que tendrían un hijo. Ambos se rieron de la posibilidad de que una anciana estéril pudiera tener un hijo, pero Dios dijo que un niño iba a nacer en un año y debería llamarse Isaac (lo cual significa "hijo de la promesa"). Isaac nació en una zona desértica a cercanías de Beerseba en la región Filistea que controlaba el rey Abimelec. El área estaba en una ruta costera altamente transitada hacia Egipto al suroeste de Canaán.

Dios puso a Prueba a Abraham

Cuando Isaac apenas era un niño, Dios le puso a Abraham una enorme prueba. Dios le dijo a Abraham que llevara a su hijo único, Isaac con Sara a quien él amaba profundamente, a una montaña distante y allí debía quemarlo como una ofrenda. Demostrando que tenía fe en Dios, Abraham hizo lo que se le pidió. Él e Isaac viajaron con un grupo pequeño a la montaña y llevaron leña, fuego y un cuchillo para la ofrenda. Abraham e Isaac subieron solos, diciéndoles a los demás que regresarían después.

En el momento en que subían a la montaña, Isaac le preguntó a su padre dónde estaba el cordero que iba a ser quemado como ofrenda. Abraham dijo que Dios proporcionaría ese cordero. Entonces Abraham construyó un altar y arregló la leña. Luego de esto ató a Isaac y lo puso sobre la leña del altar. Cuando Abraham estaba a punto de matar a

Isaac, una voz vino desde arriba y dijo: "Abraham, no mates a tu hijo, no le hagas daño. Como no me has negado a tu único hijo, sé que me obedecerás". Entonces Abraham vio un ciervo que estaba trabado en un arbusto por sus cuernos. Abraham libero el ciervo y lo usó como ofrenda reemplazando a Isaac.

Continúo la voz desde el cielo: "Porque no me negaste a tu hijo, te bendeciré y multiplicaré tu descendencia para hacerla como las estrellas en el cielo y como la arena en la orilla del mar. Porque obedeciste a lo que te pedí, todas las naciones de la tierra serán bendecidas por medio de tu descendencia". Luego regresaron a Beerseba donde vivieron por buen tiempo.

Isaac y Rebeca

En el momento en que Isaac se hizo hombre, Abraham le dijo a su asesor principal que Isaac necesitaba una esposa. La mujer debía ser pariente de la familia que vivía en Mesopotamia y debía ser de carácter amable y amigable con los extraños. Cuando el consejero arribó a tierras lejanas con una caravana de diez camellos hambrientos y sedientos, le pidió a Dios ser su guía para encontrarle la mujer correcta a Isaac. Una señal de que la mujer era buena elección era si cuando se le preguntara, ella daría un trago de agua y luego les daría agua a sus camellos.

La mujer que llegó al pozo de primero, era muy hermosa y estaba sana, y cuando el consejero le pidió un trago, de inmediato ella se lo dio. Luego se ofreció para sacar agua del pozo para que los camellos pudieran beber hasta saciarse. El asesor le preguntó quién era su padre y si era posible que todos se quedaran en su casa. La mujer reveló que su padre descendía de Abraham y si podían quedarse en su casa. La mujer era Rebeca y ella era la pareja ideal para Isaac. Ella y su familia acordaron que debía dejar a su familia y casarse con Isaac.

En el momento en que todos regresaron a casa, Isaac se casó con Rebeca. Abraham, Sara, Isaac, Rebeca y sus familias extendidas vivieron cerca de Beersheba durante bastantes años. Justo antes de la muerte de Abraham, dio regalos a los hijos de sus esposas menores (sus concubinas) y los mandó a que vivieran en el este. El que heredó todo lo demás, fue Isaac. Cuando Abraham murió a una edad avanzada luego de una vida feliz, Ismael regresó para ayudar a Isaac a enterrar a su padre en una cueva al lado de Sara, que ya había fallecido.

Abraham fue el primer hombre en mostrar su fe en Dios y en llegar a un acuerdo en el que su obediencia y su ejemplo de estilo de vida correcta tendrían la recompensa de la bendición de Dios.

Esau y Jacob

Isaac y Rebeca también tuvieron problemas con la infertilidad por varios años, pero lograron traer al mundo gemelos. El primer bebé, Esaú, estaba cubierto de pelo color rojo. El segundo bebé se llamaba Jacob. Esaú se convirtió en un gran cazador, disfrutaba el aire libre y se convirtió en el hijo favorito de Isaac. Jacob prefería estar dentro de las carpas haciendo las tareas domésticas y por ello, él era el favorito de Rebeca. Esaú entró un día en la tienda con mucha hambre y le pidió a Jacob un poco del guiso que había preparado. Jacob accedió a proporcionarle la comida, pero solo si Esaú le otorgaba los derechos que tiene todo hijo primogénito. Esaú acordó a esto a cambio de la comida.

Cuando Isaac estaba a punto de morir y estaba quedándose ciego, le pidió a Esaú que fuera al campo a buscar comida, que la cocinara para poder comérsela y luego diera bendición a Esaú como hijo primogénito. Rebeca escuchó la conversación y se le ocurrió un plan para que Isaac diera bendición Jacob. Ella le dijo a Jacob que matara dos cabritos del rebaño cercano para que pudieran cocinarlos y servírselos a Isaac antes de que Esaú regresara de su casería. Jacob no estuvo de acuerdo con la idea, sabiendo que Isaac era capaz de notar la diferencia entre sus dos hijos, ya que Esaú tenía mucho pelo y por el contrario, Jacob tenía la piel suave, pero Jacob hizo lo que le ordenaron.

Rebeca cocinó los animales e hizo que Jacob se vistiera con las vestimentas de Esaú para que Isaac pensara que Jacob era Esaú si uno se acercaba al otro. Jacob afirmó que era Esaú, y Isaac estaba confundido cuando escuchó la voz de Jacob tan pronto después de enviar a Esaú. Cuando Jacob se acercó, Isaac olió la ropa de Esaú, y le preguntó varias veces si él era Esaú. Jacob siguió mintiendo, diciendo que sí, que él era Esaú. Debido a la ceguera de Isaac, no reconoció a Jacob. Para este momento, Isaac creyó todas las mentiras de Jacob y dio su bendición a Jacob en lugar de dársela a Esaú. En la bendición, Isaac menciono "Que Dios te dé tierras fértiles y abundancia de granos y vinos. Que los pueblos y las naciones estén a tu servicio. Dirige a todos tus hermanos. Los que te bendigan serán también bendecidos, y los que te maldigan también estarán malditos".

En el momento en que Isaac le dio su bendición a Jacob, Esaú regresó del campo y le llevó la comida que su padre había pedido. Isaac supo que había sido engañado cuando escuchó la voz de Esaú. Pero Isaac no eliminó la bendición que le había dado a Jacob, y tampoco le dio otra bendición a Esaú. Esto hizo que Esaú se angustiara. Jacob ya había tomado la primogenitura de Esaú, y ahora Jacob había robado la bendición de su padre que debía ser dada al hijo primogénito. Esaú luego llevo a cabo una conspiración para matar a Jacob, pero Rebeca se enteró del plan y envió a Jacob lejos para que nada le pasara y estuviera a salvo.

Rebeca se quejó con Isaac sobre Esaú y sus esposas, que eran de otra tribu, y los cuales les habían causado gran dolor a ambos a lo largo de los años. Temía que Jacob se casaría con alguien como las esposas de Esaú, lo cual sería causa de más dolor. Esaú noto que Isaac y Rebeca no aceptaban a sus esposas y por eso, tomó otra esposa, quien era una de las hijas de Ismael.

Jacob y su familia

Para estar seguros de que Jacob se iba a casar con un descendiente de Abraham, Isaac lo envió a Harán, en la región de la Mesopotamia superior donde Rebeca ya había vivido antes. Durante el camino, Jacob soñó que sus descendientes se esparcirían en todas direcciones y que a través de sus descendientes todas las familias de la tierra iban a ser bendecidas. Este era el mismo mensaje que Dios les había dado tanto a Abraham como a Isaac.

En el momento en que Jacobo arribó a Harán, conoció a una hermosa pastora llamada Raquel, que era su prima, la hija de Labán, quien era hermano de Rebeca. Jacob quería tomar a Raquel como esposa y accedió a trabajar para Labán durante siete años para de esta forma, pagar por ella. Pero Rachel tenía una hermana mayor menos atractiva, Leah, y la costumbre era que la hija mayor se debía de casar primero. Cuando Jacob terminó de trabajar para pagar por Raquel, Labán dijo que también tenía que pagar por Lea. Así que Jacobo trabajó durante siete años más para pagar también por Lea. Labán también dejó que Raquel mantuviera a su sirvienta, Bilha.

Durante el tiempo en que Jacobo trabajaba para Labán, empezó una familia con ambas esposas. Sin embargo, Jacobo amaba a Raquel más que a Lea, lo que provocó una división entre las hermanas. Lea tuvo cuatro hijos: Rubén, Simeón, Leví y Judá, pero Raquel era estéril, lo que hizo que la división se sintieras más. Rachel estaba muy celosa de Leah y quería tener hijos propios. Raquel accedió a que Jacob tuviera a su sirvienta Bilha como otra esposa para tener hijos que serían considerados como parte de sus propios descendientes. Bilha tuvo dos hijos, que se llamaron Dan y Neftalí. Mientras Leah veía crecer a la familia de Rachel, decidió darle a Jacob su sirvienta, Zilpah, como esposa. Zilpah tuvo dos hijos, Gad y Aser. Luego, en una serie de embarazos que fueron sorpresivos, Lea tuvo dos hijos más, Isacar y Zabulón, y una hija, Dina. Finalmente, después de todos los años de ser estéril, Raquel tuvo su propio embarazo el cual fue una sorpresa y dio a luz a José.

Luego de que Jacobo terminó de pagar su deuda por poder tener a las hijas de Labán, trabajó seis años más para que Labán y ambas familias pudieran prosperar. Después de esto, empezó a prepararse para su regreso a Canaán: era un heredero de la propiedad de Isaac y quería desarrollar su familia y su riqueza como el quería. Antes de regresar a casa, Jacob y Labán hicieron un trato que tenía relación con sus posesiones. Como pago por el trabajo que había hecho sin haber recibido un salario, durante los seis años adicionales, Jacob accedió a llevarse las ovejas y las cabras que tenían manchas o rayas como fuera posible. De esa manera, cualquier animal que Jacob tuviera que fuera de un solo color se consideraría robado, lo que resultaría en una multa o por ende, en una compensación. Las familias de Jacob y Labán viajaron muchas kilómetros entre sí para mantener separados a todos sus animales, y así, ambas familias, se mantuvieron separadas por un largo tiempo. Durante ese tiempo, Jacob usó métodos especiales de reproducción para hacer que sus animales fueran mucho más fuertes que los animales de Labán.

Ya que los animales de Jacob eran mejores y él se había convertido en alguien rico, los hijos de Labán se pusieron celosos. En un sueño, Dios le dijo a Jacobo que regresara a su casa en Canaán, lo cual hizo. Antes de partir, Rachel robó algunos ídolos domésticos de la casa de Labán que ella apreciaba. Jacobo abandonó la región de forma intencional rápidamente, sin despedirse de Labán y su familia y sin llevar a cabo la habitual fiesta de despedida; temía que la familia de Labán no los dejara ir sin luchar.

Cuando Labán y sus hermanos regresaron a casa con sus animales y descubrieron el robo y vieron que la familia de Jacob se había ido, se enojaron mucho y pensaron que Jacob estaba tratando de escapar. Labán empezó a perseguir a Jacob y su caravana durante una semana, hasta que logro alcanzarlos. Cuando se enfrentó, Jacob se sorprendió por la acusación de robo y le dijo a Labán que buscara cualquier artículo que hubiera sido robado, diciendo que quien tuviera los ídolos iba a morir (no sabía que Raquel los había robado de la casa de Labán). Pero Rachel se sentó sobre los ídolos que robó, y cuando Labán trató de registrar sus pertenencias, ella dijo que estaba teniendo su período y que no podía levantarse.

En el monto en que Labán no pudo encontrar nada de lo que se le habían robado, Jacobo se enojó por haber sido acusado de forma injusta. Había ayudado a Labán a hacerse rico y encima de eso, no había recibido ningún salario durante seis años. Había trabajado duro y asumido más de lo que le correspondía en lo que respectaba a las pérdidas comerciales. Luego de que discutieron sus inquietudes, acordaron apoyarse mutuamente y levantar un altar de piedra para recordar su acuerdo. El altar estaba ubicado en una ruta comercial principal en Galeed, a unas 40 kilómetros al sureste del Mar de Galilea. Luego se separaron en buenos términos.

Capítulo 2
Jacobo Regresa A Canaán
Crisis familiares y traslado a Egipto

Mientras la familia extendida de Jacobo viajaba hacia Canaán, él mandó a varios mensajeros a Esaú para anunciar de su pronto regreso. Describió las riquezas que poseía, que estaba dispuesto a compartir con Esaú, y dijo que ambos tenían que llevarse bien. Los hermanos no se habían separado en buenos términos, y cuando Esaú se enteró de que Jacobo regresaría, mandó a un pequeño ejército para recibir la caravana donde su hermano venía. Jacobo se alarmó por la reacción de Esaú y dividió sus rebaños en partes para que, si Esaú tomaba algunos de los animales, él aún pudiera quedarse con el resto. Jacobo también envió una parte de su ganado como obsequio para calmar a Esaú. Los obsequios fueron muy significativos para reflejar su riqueza: 220 ovejas, 220 cabras, 50 camellos, 50 vacas y 30 burros (la mayoría de los animales eran hembras). Los animales fueron enviados en manadas separadas para mantener que, de esta forma, se fueran separados. Después, por la noche, Jacobo y su familia cruzaron el río Jaboc.

Luego esa misma noche, un extraño apareció y luchó con Jacobo. El partido se prolongó durante muchas horas y ninguno de los dos fue capaz de imponerse. Durante la pelea, la cuenca del muslo de Jacobo se dislocó en la cadera, pero continuó luchando. A medida que se acercaba el amanecer, el extraño quiso detenerse, pero Jacobo no lo soltó hasta que el extraño lo bendijo. El hombre le pidió a Jacob que dijera su nombre. Al escuchar "Jacobo", el extraño dijo: "Tu nombre ya no será Jacobo sino Israel, porque has peleado contra Dios y los hombres y tú has prevalecido". Después de esto, Jacobo caminó cojeando por el resto de su vida.

A la mañana siguiente, Esaú y sus hombres finalmente llegaron a Jacobo y su familia. Jacobo se puso de pie de primero frente del grupo, seguido por todas las sirvientas y los niños, luego Lea y sus hijos, y luego Raquel y José en la parte de atrás. Jacob se inclinó muchas veces cuando Esaú se acercó, mostrando su humildad y deferencia hacia Esaú. Pero para sorpresa de Jacobo, Esaú lo abrazó en lugar de luchar, y ambos hermanos lloraron juntos. Esaú preguntó quiénes eran todas las personas que le acompañaban y Jacobo le explicó que todos eran parte de su familia. Cada uno de los miembros de la familia se acercaron y se inclinaron ante Esaú. Jacobo explicó que los animales que había enviado eran regalos y que había tenía la suerte de ser bendecido con abundantes riquezas. Aunque Esaú dijo que él mismo era rico y que no necesitaba nada de eso, Jacobo empezó a insistir, por lo que Esaú al final aceptó los regalos. Esaú quería ayudar a Jacob y su familia en su viaje, pero Jacobo quería viajar a su propio ritmo, diciendo que sus animales estaban cansados por la larga caminata y necesitaban moverse lentamente. Entonces Esaú regresó al sur a Edom y Jacobo continuó hacia el oeste hasta Sucot y Siquem.

En el momento en que la familia vivió fuera de Siquem, Dina fue a la ciudad para reunirse con sus mujeres. Hamor era el líder en la región, y su hijo Siquem (llamado así por la ciudad) fue cautivado por Dina en el momento en que la vio. Siquem la conoció y después procedió a violarla. Más tarde, le dijo a su padre que quería casarse con ella y le pidió que hablara con Jacobo sobre cómo arreglar dicho matrimonio. Hamor le dijo a Jacobo que, si Dina se casaba con su hijo, él le daría a Jacob un regalo nupcial bastante importante, y las dos familias se unirían y compartirían todas las riquezas de la región.

Sin embargo, de alguna forma, Jacobo se enteró de la violación y se lo contó a sus hijos, lo que hizo que ellos se enfurecieran. Dos de sus hijos conspiraron para vengarse. Le dijeron a Hamor que, si todos los varones de la ciudad eran circuncidados, dejarían que Siquem tuviera a Dina como su esposa. Siquem y Hamor lograron que todos los hombres de que se circuncidaran. Los hombres de la ciudad vieron la oportunidad de casarse con mujeres de la familia extendida de Jacob y de esta forma, beneficiarse de su riqueza. Ser circuncidado fue un pequeño precio a pagar para obtener todos esos beneficios.

Varios días después de la boda, los hermanos llegaron a la ciudad por la noche y mataron a Hamor, Siquem y a cada uno de los hombres de la ciudad. También saquearon toda la ciudad y se llevaron todas sus riquezas, las mujeres, los hijos y además a todos los animales. Jacobo se enteró de estos crímenes y se puso bastante molesto. Dijo que sus acciones pondrían a toda la región en su contra y que no iba a detenerse.

Sin embargo, los hijos dijeron que tenían que hacerlo para salvar el honor de Dinah y su familia.

En ese momento Dios le dijo a Jacob que trasladara a su familia mucho más al sur, a Betel, para así poder estar a salvo. Jacob hizo que toda su casa desechara cualquier forma de dios extranjero y además que cambiaran su apariencia, así como su vestimenta. Jacobo enterró todos los objetos extraños, sus ropas originales y sus joyas en las afueras de Siquem. Durante su viaje a Betel, la gente en el camino les tenía miedo por lo que había sucedido en Siquem y por esta razón nadie se metía con ellos. Más tarde, mientras se movían más al sur hacia Efrata (Belén), Raquel murió durante su labor de parto, cuando daba a luz a otro hijo, Benjamín.

En resumen, estos son los nombres de los 12 hijos y una hija de Jacobo (los hijos de Israel).

- De Lea: Los hijos eran Rubén, Simeón, Leví, Judá, Isacar, Zabulón y Dina.
- De Raquel: Los hijos eran José y Benjamín
- De Bilhah: Los hijos se llamaban Dan y Nephtali
- De Zilpah: Los dos hijos fueron Gad y Aser.

José y sus hermanos

El hijo que más amaba Jacobo era José. Cuando José se convirtió en un hombre joven, Jacob le dio un largo abrigo que poseía muchos colores. Cuando José trabajaba con sus hermanos mayores en el campo, le informaba a Jacobo de las cosas malas que todos sus hermanos hacían. Sus hermanos llegaron a odiar a José y además se burlaban de él. Más tarde, José tuvo varios sueños en los que ocupó una posición superior a los hermanos. En un sueño, los manojos de grano de los hermanos se inclinaban junto con su manojo. En otro sueño, 11 él vio como estrellas se postraron ante él. Cuando les contó a sus hermanos sobre los sueños, lo empezaron a odiar aún más. ¡Tener el don de interpretar sueños que le dio Dios lo metió en más problemas!

Por un tiempo, Jacobo envió a todos sus hijos, excepto a José, lejos para que sus animales pastaran en donde hubiera mejores pastos. Más tarde, Jacob envió a José para que los revisara. Cuando los hermanos lo vieron venir, idearon un plan para de esa forma, deshacerse de él. La primera idea que tuvieron fue matarlo y arrojarlo a un pozo profundo.

Rubén dijo que deberían arrojarlo a un pozo en el desierto, pero no matarlo ni tampoco hacer que su sangre se derramara. Cuando llegó José, los hermanos le arrancaron la túnica de color y lo metieron a él solito en lo más profundo de un pozo sin agua.

Por la noche, una caravana de comerciantes Ismaelitas iba pasando en su camino de Egipto. Los hermanos decidieron ganar algo de dinero y deshacerse de José al mismo tiempo al vender a José a alguno de esos comerciantes. Sacaron a José del pozo y lo vendieron a los comerciantes, quienes lo llevaron a Egipto. Pero Reuben no estaba al tanto de este trato y fue al pozo, y lo encontró vacío. Sin saber lo que le sucedió a José, Rubén entró en pánico y se deprimió mucho. A los otros hermanos se les ocurrió una idea para explicar la desaparición de José. Tomaron la túnica de color, la cubrieron con sangre de animal y se la llevaron a Jacobo, quien en ese momento creyó que su hijo José había sido asesinado por un animal salvaje. Jacobo estaba tan angustiado que se puso ropa de luto y lloró constantemente durante varias semanas. En ese momento, nadie podía consolarlo.

Justo en Egipto

Justo cuando los comerciantes llegaron a Egipto, vendieron a José a un hombre llamado Potifar, el líder de los guardaespaldas del rey (faraón). José era inteligente y también sabio y tuvo tanto éxito que Potifar lo puso a que se hiciera cargo de todo en su casa. José también era muy joven y guapo, y la esposa de Potifar trató de seducirlo en varias ocasiones.

Pero José fue capaz de resistirse a cada intento. Un día, cuando solo José y su esposa estaban en casa, la esposa trató de abrazarlo apasionadamente, pero José se fue y salió de la casa corriendo, huyendo. Para vengarse, la esposa le dijo a Potifar que José había tratado de violarla, pero se escapó cuando ella empezó a gritar. Potifar luego arrojó a José a la prisión del rey.

Sin embargo, aun en la cárcel, José se destacó y se convirtió en el supervisor de cada uno de los prisioneros. Dos hombres que estaban en la cárcel con él se habían encargado de preparar la comida, así como las bebidas del rey. Estos hombres tenían sueños bastante inquietantes, pero no tenían idea de lo que querían decir. José los interpretó, y los eventos que predijo se cumplieron unos días después (faraón liberó a los dos de la prisión y honró al copero, pero colgó al panadero). José les había contado a los hombres sobre su secuestro cuando estaban en prisión juntos y que no había hecho nada malo para merecer estar en prisión. Él les solicitó que hablaran por él cuando salieran. Pero el copero se olvidó de José cuando regresó a trabajar para el faraón.

Al transcurso de varios meses, el faraón tuvo sueños perturbadores que no pudo entender y que nadie fue capaz de interpretarlos. El copero entonces recordó la habilidad de José para interpretar los sueños. El faraón llamó a José para que le explicara el significado de los sueños. José dijo que él era simplemente un portavoz de su Dios, quien era el verdadero intérprete de dichos sueños.

El faraón le empezó a contar a José cada uno de sus sueños, quien luego interpretó su simbolismo. Los sueños predijeron que muy pronto, habría siete años de muy buenas cosechas, pero serían seguidos por siete años de una hambruna severa debido a lo que se conoce como vientos secos. Luego, José sugirió que el faraón contratara a alguien sabio para implementar un plan que estableciera un sistema de reservas de alimentos durante los años de abundancia para que los alimentos almacenados pudieran proporcionar alimentos a todos, que duraran por todos los años de hambruna. Al faraón le gustó mucho este plan y vio que José tenía la sabiduría que había sido dada por Dios. El faraón puso a José, que en ese momento tenía 30 años, a cargo de todo el reino egipcio; él fue solo superado por el faraón en lo que respecta a rango. José implementó el plan de almacenar alimentos para la próxima hambruna durante los siete años de abundancia. Mientras todo esto sucedía, José comenzó una familia con su esposa egipcia y tuvo dos hijos, Manasés y Efraín.

El hambre lleva a los Israelitas a Egipto

Toda la región fue afectada por la hambruna, incluyendo a Canaán, y el grano por pan era lo único que parecía que iba a crecer. La gente venía de todas partes a Egipto para conseguir comida, y Jacobo envió a 10 de sus hijos a Egipto para que consiguieran granos, mientras que Benjamín, el otro hijo de Raquel, permaneció atrás. Cuando llegaron los hermanos, le compraron granos a José porque él estaba a cargo de toda la distribución de alimentos en Egipto. Sin embargo, los hermanos de José no lo reconocieron porque se disfrazó cuando los vio venir y porque, además, todos creían que él había muerto.

José los interrogó con firmeza y dureza, acusándolos de ser espías que buscaban información sobre Egipto. Cuando los interrogó sobre su familia, dijeron que su padre y uno de sus hermanos aún vivían en Canaán. Los hermanos consultaron en privado entre ellos, diciendo que ahora estaban pagando un precio por su pecado de tratar mal a José y además de eso, venderlo. Los hermanos no se dieron cuenta de que José podía entender lo que decían, el cual tuvo que salir de la habitación para llorar. Cuando José regresó, fue misericordioso y les vendió granos para llevarlo de regreso a Canaán, y además, les brindó provisiones para el viaje. Pero mantuvo a Simeón en la cárcel hasta que todos los hermanos, incluido Benjamín, pudieran regresar juntos. En el momento en que se detuvieron para alimentar a sus burros durante el viaje de regreso a casa, los hermanos encontraron todo el dinero que usaban para pagar el grano en las bolsas de alimento que sus burros cargaban.

Al llegar los hermanos a casa y contarle a Jacobo lo que sucedió en Egipto y cómo encontraron su dinero en los sacos de los burros, Jacobo se puso muy preocupado. No quería que Benjamín volviera con ellos a Egipto; no quería arriesgarse a perder otro de los hijos de Raquel. Cuando se acabó todo el grano, Jacobo pidió a sus otros hijos que fueran a Egipto a que compraran un poco más de granos. Pero le recordaron que solo podían conseguir grano si Benjamín venía con ellos. Entonces Jacobo dejó ir a Benjamín, pero les dio muchos regalos y el doble del dinero para que pudieran de nuevo, pagar la primera compra de grano.

Al presentarse todos donde José, explicaron cómo encontraron el dinero de su primera compra y que ellos traían dinero para pagarlo y para otra compra de granos. José les ordenó a todos que fueran a su casa, lo que los asustó mucho; pensaron que José los iba a convertir en esclavos o que los iba a lastimar. Cuando llegaron a la casa, José les dijo que todavía tenía el dinero de su primer viaje, por lo que Dios debió haberlos bendecido y proporcionado el dinero en los sacos de burro. Los hermanos le comentaron que su padre aún estaba vivo y presentaron a Benjamín como el hermano mayor de todos ellos. José estaba tan emocionado cuando vio a Benjamín que nuevamente tuvo que salir de la habitación para ocultar sus emociones. Después de componerse, José regresó y le dio a cada uno de ellos una cantidad impresionante de comida (Benjamín recibió mucho más que los demás). Simeón había salido de la cárcel y estaba allí, y todos estaban asombrados de que los trataran tan bien.

Luego José les hizo una broma a sus hermanos. Hizo que su sirviente principal llenara todos sus sacos con comida y pusiera su dinero en la parte superior de los sacos, como había sucedido la primera vez. Pero el criado también enterró la copa de plata de José en el costal que llevaba Benjamín. Después de que los hermanos se fueron de la ciudad, José envió al criado para que los atrapara y los acusó de haberse robado la copa. Ellos de inmediato, negaron haber tomado algo que no fuera legítimamente de ellos. Todos estuvieron de acuerdo en que, si se descubría que alguien había tomado algo deshonestamente, esa persona se convertiría en esclava de José. Entonces el criado encontró la copa en el costal que pertenecía a Benjamín.

Cada uno de los hermanos estaban angustiados y regresaron rápidamente para ver a José. José les confirmo que solo el hombre que tenía la copa se convertiría en su esclavo. Entonces Judá pidió hablar con José en privado. Le contó a José cómo le habían comentado a su padre lo que sucedió inicialmente en Egipto en su primer viaje, y que su padre no quería que el hijo menor regresara con ellos a Egipto; ya había perdido a un hijo de su esposa favorita y no estaba dispuesto a perder al otro. Pero Jacobo había accedido a que se llevaran a Benjamín porque era una condición para que se pudiera comprar más grano. Judas explicó que, si el hijo menor no podía regresar con ellos, su padre sin duda alguna iba a morir. Judas también había hecho un juramento de que devolvería a Benjamín y asumiría toda la culpa y las consecuencias si Benjamín no era capaz de regresar con ellos. Entonces Judá se ofreció a sí mismo como esclavo en lugar de Benjamín.

En ese instante, José no aguantó más. Logro que todos en la casa se fueran, a excepción de los 11 hermanos. Lloró tan fuerte que todos los vecinos lograron escucharlo. Luego les dijo a sus hermanos su verdadera identidad, pero ellos no lo entendieron. Hizo que se acercaran y les habló en voz baja:

> Yo soy en realidad su hermano José. Me vendiste a esos hombres que iban a Egipto. No se entristezcan ni se enojen consigo mismos; fue Dios quien me envió ante ti para poder preservar tu vida. Porque la hambruna ha estado en la tierra estos dos años, y todavía quedan cinco años en los que no habrá ningún arado ni tampoco ninguna cosecha. Dios me envió delante de ti para conservarte como un remanente en la tierra y mantenerte con vida. Tu no fuiste el que mando

hasta aquí, sino Dios, quien me hizo como un padre para faraón y señor de toda su casa y ser el gobernante en Egipto. Ve rápido y dile a nuestro padre: "Tu hijo José dijo: Dios me ha hecho señor de todo en Egipto, así que ven aquí pronto. Vivirás en la tierra de Gosén y estarás cerca de mí, tú, tus hijos, los hijos de tus hijos y todos tus animales, incluso todo lo que poseas. Yo te proveeré porque la hambruna durará más o menos, unos cinco años más. Tú y tu familia se verán empobrecidos si no vienen". Puede ver con sus propios ojos que soy yo quien habla. Cuéntale a mi padre todo lo que has visto aquí en Egipto. Date prisa y tráelo aquí.

En ese momento, José abrazó y además, lloró con sus hermanos, primero con Benjamín y luego con los demás.

El faraón estaba complacido de ver a los hermanos de José en Egipto. Invitó a Jacob y a toda la familia extendida para que se mudarán a Egipto con él, donde la vida era buena y donde todos vivirían en una tierra mejor. Les dio muchos carros para que todos se trasladaran a Egipto, junto a sus cosas. Los hermanos regresaron a casa y le contaron a Jacob todo sobre el viaje y cómo José estaba vivo y era un gobernante en Egipto. Entonces Jacob y toda su familia se mudaron a Egipto, trayendo todo su ganado y posesiones. Dios le habló a Jacob en un sueño, diciendo: "Yo soy el Dios de tu padre; no temas ir a Egipto porque allí te convertiré en una gran nación. Estaré contigo en Egipto y te haré ir alto de nuevo".

José se dirigió a Gosén en su carro para encontrarse con Jacobo y el resto de la familia en el momento en que llegaran. Les explicó que a los Egipcios no les agradaban los pastores, que es lo que había sido su familia durante varias generaciones. Pero que debían ser honestos sobre su ocupación. Solo de esa forma, obtendrían la mejor tierra e iban a ser capaces de prosperar. Entonces el faraón les dio una mejor tierra, justo en el delta del río Nilo, y también les hizo que cuidaran de su ganado. Joseph luego proporcionó a todas las familias alimentos en función del número de sus hijos.

Capítulo 3
La Vida En Egipto
Dios rescata a los Israelitas de la opresión

En el momento en que la hambruna empeoró y los Egipcios gastaron todo su dinero en comida, fueron en busca de José y cambiaron su ganado por más comida que se había almacenado. El año después, José cambió comida por la tierra de los Egipcios, por lo que, al final, el faraón fue dueño de casi toda la tierra que había en Egipto. Sin embargo, José le dio a la gente semillas para que pudieran vivir de la tierra. Al faraón se le dio el 20% de toda la comida y la gente se podía quedar con el resto. La gente se alegró de que José hubiera encontrado una manera de salvarles la vida.

Luego de estar viviendo en Goshen durante 17 años, Jacobo se enfermó y ya se encontraba a punto de morir. Bendijo a los dos hijos de José, que se llamaban Manasés y Efraín. Rompiendo la tradición, su bendición especial fue para Efraín, quien era el hijo menor. Jacob reunió a sus 12 hijos y los bendijo, diciéndoles a cada uno lo que iba a suceder con ellos. Algunos prosperarían, pero otros tendrían problemas. Jacob luego murió y su cuerpo fue llevado de regreso a Canaán para ser enterrado con Abraham, Sara, Isaac, Rebeca y Lea. El faraón envió a muchos de sus hombres para ayudar con el lujoso entierro.

Luego de que todos volvieron a la Ciudad de Egipto, a los hermanos de José les preocupaba que pudiera guardarles rencor por todo lo malo que le había hecho en el pasado. Le pidieron perdón y se inclinaron ante él nuevamente (tal como lo predijeron sus sueños años atrás). Pero José les aseguró que él los cuidaría y que, a pesar de sus malas acciones, Dios lo utilizo todo para el bien. La tribu de Jacobo y todos sus descendientes se llamaba entonces Israelitas (a veces se les llamaba "Hebreos" gracias a su idioma). José se quedó en Egipto y vivió una larga vida con su familia extendida. Después de su muerte, fue embalsamado y puesto en un ataúd en Egipto.

Los Israelitas sufren en Egipto

Justo después de la muerte de José y sus hermanos, los Israelitas siguieron prosperando y su población aumentó de forma sustancial en todo Egipto. Pero un nuevo faraón subió al poder al cual no le interesó en absoluto José y todo lo que había logrado. El faraón notó que los Israelitas se habían vuelto más numerosos y más fuertes que incluso los mismos Egipcios, por lo que los obligó a mudarse y los puso a que trabajaran duro para construir edificios en las ciudades Egipcias. Cuando su población siguió creciendo, el faraón les ordenó trabajar aún más duro y los convirtió en esclavos no solo en las ciudades, sino que en los campos. También les dijo a las parteras Egipcias que mataran a cualquier Israelita varón que estuviera recién nacido. Sin embargo, por suerte, las parteras respetaron al Dios Israelita y no siguieron dichas órdenes. En cambio, crearon la excusa de que las mujeres Israelitas dieron a luz bebés tan rápido que los niños nacieron antes de que llegaran las parteras. El faraón después ordenó que todos los bebés varones Israelitas fueran arrojados justo en el río Nilo. Los Israelitas sufrieron mucho a manos del faraón y empezaron a clamar a su Dios.

Nace Moisés, luego habla con Dios

En medio de todo esto, dos de los descendientes de Levi se casaron y tuvieron dos hijos, un niño y una niña. Luego vino un tercer hijo, un varón, durante el tiempo en que el faraón había ordenado que mataran a todos los bebés Israelitas que fueran varones. Ellos pudieron esconder al niño de los Egipcios durante tres meses, pero pronto se dieron cuenta de que ya no podían esconderlo. Así que pusieron al bebé en una canasta y lo empujaron hacia los juncos a lo largo de la orilla del Nilo. Su hermana se escondió cerca para ver qué pasaba con la canasta mientras flotaba en el río.

La hija del faraón que se estaba bañando cerca del río y vio la canasta flotando. Lo recuperó y se dio cuenta de que dentro de la canasta, venía un bebé Israelita. Estaba llorando por lo cual se apiadó de él. En ese momento, la hermana salió de su escondite y le dijo a la hija del faraón: "¿Debería conseguir una nodriza para ti de las mujeres Israelitas para que ella pueda amamantar al niño por ti?" La hija del faraón estuvo de acuerdo y la niña llevó a la madre del bebé directo donde la hija del faraón. Le dijo a la madre que amamantara al niño y que luego se lo trajera cuando ya lo hubiera destetado. Finalmente, la madre llevó al niño a la hija del faraón, quien lo adoptó como si fuera suyo. Ella lo llamó Moisés porque "lo saqué del agua".

Siendo básicamente nieto adoptivo del faraón, Moisés se educó bien y se convirtió en un buen escritor. Conforme envejecía, se dio cuenta de que era adoptado y de quiénes eran su verdadera madre y su verdadero padre (el parecido familiar era muy obvio). Llegó a amar a los Israelitas y vio cómo los Israelitas eran constantemente reprimidos. Un día vio a un egipcio golpeando a un trabajador que era Israelita. Cuando Moisés pensó que nadie estaba mirando, asesinó al egipcio. Pero algunos Israelitas vieron lo que sucedió y, finalmente, llegó a oídos del faraón. El faraón trató de matarlo, pero Moisés se escapó hacia Madián, una región desértica a varios cientos de kilómetros al este.

En el momento en que Moisés llegó a Madián, se encontró con algunas mujeres en un pozo que habían venido a buscar agua para los rebaños de su familia. Luego llegaron unos pastores y se llevaron a las mujeres. Moisés les dio a las mujeres el agua que necesitaban y luego dio de beber a sus rebaños. Las mujeres le contaron a su padre Jethro, el sacerdote Madián, lo que sucedió en el pozo y cómo Moisés les había ayudado. Jethro lo invitó a su casa y finalmente se convirtió en un miembro más de su familia. Más tarde, tomó a una de las hijas de Jetro, Séfora, como esposa y tuvo un hijo llamado Gershom (que significa "He sido un peregrino en una tierra extranjera").

Moisés se empezó a hacer cargo de todos los rebaños de Jetro y los trasladó por la región dependiendo de cómo fuera necesario. Cuando tomó los rebaños cerca del monte Horeb en la parte sur de la península del Sinaí, se le apareció un ángel en un arbusto que estaba en llamas. Pero el fuego no quemó la zarza, y Moisés trató de averiguar por qué había pasado eso.

Entonces se escuchó una voz desde los arbustos. "¡Moisés! No te acerques más. Quítate las sandalias porque estás en tierra santa. Yo soy el Dios de Abraham, y el de Isaac y Jacob. He visto el dolor de mi pueblo en Egipto y he oído sus gritos. Por eso he venido para librarlos de su opresión, para sacarlos de esa tierra y llevarlos a una buena tierra en donde fluye leche y miel". Y Dios nombró los lugares de Canaán y sus alrededores donde irían.

La voz continúo hablando. "Te enviaré a faraón para que saques a mi pueblo, el pueblo de Israel, el pueblo de Egipto".

Luego Moisés le dijo a Dios: "¿Quién soy yo para ir al faraón y sacarlos a todos de Egipto?"

Y Dios respondió: "Yo estaré contigo, y cuando los hayas sacado de Egipto, adorarás a Dios en esta montaña".

Moisés de inmediato respondió: "Les diré a los Israelitas que el Dios de nuestros padres me ha enviado a ustedes. Pero pueden decir: '¿Cómo se llama Dios?' ¿Qué debo decirles?" Dios le dijo a Moisés:

Diles que YO SOY fue el que me envió. El Señor, el Dios de sus padres, Abraham, Isaac y Jacob, me envió a ti. También a los ancianos de Israel: "El Señor se me apareció y dijo: 'Estoy preocupado por ti y por lo que te han hecho en Egipto. Así que los sacaré de la opresión de Egipto a la tierra de Canaán, una tierra que fluye leche y miel.' Ellos te escucharán. Entonces tú y los ancianos Israelitas dirán al rey de Egipto: "El Señor, Dios de los Israelitas, nos ha salido al encuentro. Así que, por favor, viajemos ahora tres días por el desierto para poder ofrecer sacrificios a nuestro Dios". Pero sé que el rey no te dejará ir a menos que se vea obligado a hacerlo. Por lo tanto, golpearé a Egipto con muchos milagros, y después de eso, él los dejará ir. Haré que los Egipcios te apoyen para que no te vayas con las manos vacías. Cada mujer pedirá a sus vecinas artículos de plata, oro y vestidos, y los pondrás sobre tus hijos e hijas. De esta manera, tomarás las riquezas de los Egipcios.

Moisés estaba todavía preocupado y preguntó: "¿Qué pasa si no me creen ni tampoco me escuchan? Pueden decir: 'El Señor no se te ha aparecido'".

El Señor le respondió: "¿Qué es eso que tienes en la mano?"

Y él le dijo: "Un bastón de madera".

Así que el Señor le dijo: "Tíralo al suelo". Moisés lo arrojó al suelo y se convirtió en una serpiente, lo que hizo que Moisés se asustara. Pero el Señor dijo: "Agárralo por la cola", y cuando Moisés lo hizo, la serpiente se convirtió de inmediato en su bastón.

En ese momento, el Señor dijo: "Ahora mete la mano dentro de tu manto". Cuando Moisés lo hizo y luego lo sacó, su mano se veía blanca como como se ve la lepra. Entonces el Señor dijo: "Vuelve a meter la mano dentro de tu manto". Cuando se lo puso y lo sacó, su piel estaba otra vez normal.

El Señor siguió: "Si no te creen por la primera señal, creerán por la segunda señal. Pero si no creen después de las dos señales, tome un poco de agua del Nilo y viértala en el suelo. El agua se convertirá en sangre en el suelo".

Moisés empezó a inventar más excusas sobre por qué no debería regresar a Egipto. Entonces le dijo a Dios: "No soy un buen orador y además hablo muy despacio. Por favor envíe a alguien más". El Señor se enojó con las excusas de Moisés y le dijo:

> ¿Quién ha creado tu boca? ¿Quién hace que una persona sea muda, sorda o ciega? Ahora ve. Estaré con tu boca y te enseñaré qué decir. Tu hermano mayor, Aarón, el Levita, es un muy buen orador. Él vendrá a conocerte ahora y se alegrará de verte. Dile lo que te dije y él hablará por ti, y serás para él como u Dios. Tome el bastón para que pueda realizar las señales para que todos puedan ver que tu Dios está contigo.

Moisés regresa a Egipto

Fue allí cuando Moisés volvió a Egipto con su vara y se encontró con Aarón en el camino. Le dijo lo que Dios le había expresado y le mostró las señales se podían pasar con la ayuda de Dios. Cuando ambos llegaron a Egipto, se reunieron con todos los ancianos de los hijos de Israel. Aarón les contó lo que Dios le había dicho a Moisés, y Moisés hizo las señales al pueblo. La gente creyó, y cuando oyeron que Dios estaba preocupado por ellos y sabía de su aflicción, se inclinaron y adoraron a su Señor.

Moisés hizo también todas las señales ante el que era el nuevo faraón. Aarón le dijo: "Nuestro Señor, el Dios de Israel, dice: Deja ir a mi pueblo para que me celebre una fiesta en el desierto". Pero el corazón del rey se endureció y no los dejó ir. No podía permitirse que tantos de sus trabajadores se le fueran.

Luego el faraón hizo que los Israelitas trabajaran todavía más duro. Les hizo conseguir su propia paja para los ladrillos que estaban haciendo, pero la cuota para hacer ladrillos no varió, se mantuvo de la misma forma. Cuando no cumplieron con su cuota, los supervisores Israelitas fueron golpeados y la gente fue acusada de practicar la pereza. Los supervisores estaban enojados con Moisés por regresar y hacer su trabajo todavía mucho más complicado. Moisés lamentó regresar a Egipto porque había empeorado las cosas, no mejor. Cuando el Señor reiteró la promesa de liberar al pueblo de Egipto y Moisés le dijo al pueblo lo que el Señor había dicho, ellos no creyeron que sucedería. Todos ellos solo pensaron en lo cruel que se había vuelto su vida.

El Señor les habló a Moisés y Aarón y les pidió que regresaran con el faraón y le dijeran de nuevo que dejara ir tranquilo a su pueblo. Hicieron esto muchas veces, y cada vez mostraron el poder de Dios del faraón en alguna forma de milagro o magia; todas etas plagas que sucedieron, afligieron solo a los Egipcios. Cada vez, Moisés le decía al faraón a través de Aarón que el Dios de los Israelitas había dicho: "Deja ir a mi pueblo para que pueda servirme". Cada vez que el faraón accedió a dejarlos ir, y cada vez que Moisés hizo que la aflicción se detuviera extendiendo su mano. Pero una vez que las cosas mejoraban, el faraón cambiaba de opinión y se negaba a dejarlos ir.

Estos actos solo mostraron que el poder del Dios Israelita era mucho más fuerte que los poderes mágicos de los sacerdotes de los dioses Egipcios. Aquí hay algunos detalles sobre lo que sucedió.

- Moisés y Aarón golpearon el Nilo con sus varas y toda el agua se convirtió de inmediato en sangre. Luego extendieron sus manos sobre todas las fuentes de agua (arroyos, charcos y reservorios) y todos estos también convirtieron en sangre. Los peces de los ríos murieron y el agua se contaminó, por lo que los Egipcios ya no podían beberla. Pero los sacerdotes Egipcios pudieron hacer lo mismo, por lo que el faraón no quedó impresionado.
- Paso una semana, cuando Moisés y Aarón le dijeron al faraón que si no dejaba ir a su pueblo, las ranas se iban a apoderar de la tierra. Cuando el faraón se negó, las ranas invadieron todo en el mundo de los Egipcios, incluso las ranas estaban en sus camas y en sus cocinas. El faraón dijo que dejaría ir a la gente al día siguiente si las ranas dejaban de llegar. Cuando las ranas murieron al día siguiente, el faraón se sintió aliviado de que se hubieran ido y se negó a dejar ir a los Israelitas.
- Moisés y Aarón hicieron que aparecieran enjambres de mosquitos, moscas y langostas y que llenaran el aire en varias oportunidades y luego hicieron que todo se oscureciera alrededor de tres días.

- Moisés y Aarón hablaron sobre varias enfermedades las cuales comenzaron a matar a todo el ganado egipcio, tormentas de granizo que mataron a todos los cultivos y a todos los animales y personas que estaban afuera, y también aparecieron llagas en la piel, en los Egipcios y también en sus animales.

La más grave de tosas estas aflicciones fue esta última y eso fue lo que convenció al faraón para que los dejara ir. Dios primero le dijo a Moisés que hiciera que todos los Israelitas recogieran artículos de oro y plata y ropa de todos los que eran sus vecinos. La mayoría de los Egipcios respetaban a los Israelitas y les daban lo que pedían. Entonces Dios reveló los detalles del plan. A la medianoche, Dios haría morir a todos los primogénitos. Nadie se salvaría, desde el primogénito del faraón hasta el primogénito de un esclavo. El primogénito del ganado también moriría.

Para lograr que los Israelitas no sintieran en ellos toda esta ira, tenían que seguir algunas instrucciones. Debían matar un cordero joven sin tacha al atardecer. Luego debían tomar un poco de sangre del cordero y esparcirla sobre la puerta y en los postes de la puerta de su casa. Luego debían asar un cordero y comerlo todo muy rápido, junto con pan sin levadura y hierbas amargas. La sangre en las puertas era una señal para Dios de que debía pasar por encima de la familia que habitaba en ese lugar, solo salvando al primogénito de la muerte. La gente no debía salir hasta la mañana y quemar las sobras de esta comida de "Pascua". Y debían recordar estos eventos, replicando los pasos que habían dado, y convertirla en una celebración anual permanente para recordar cómo Dios los salvó de la opresión y la esclavitud. Esa noche, los Israelitas hicieron lo que Moisés dijo que debían hacer.

Moisés había hablado con el faraón diciéndole: "Mi Dios te dice: Israel es mi hijo, mi primogénito, y siempre me servirá. Pero te sigues negando a dejarlo ir. Por lo tanto, mataré a tu primogénito". Y esa noche, todo sucedió como Dios dijo que sucedería. En todos los hogares de Egipto, a excepción de los Israelitas, murió el primogénito de la familia además del ganado, víctimas inocentes de la guerra perpetua entre el bien y el mal.

El faraón estaba tan molesto y angustiado esa noche que ordenó a todos los Israelitas y su ganado que abandonaran Egipto tan pronto fuera posible. Su partida fue apresurada: Comenzaron a irse rápidamente y no tuvieron tiempo de preparar su comida adecuadamente, por lo que su pan no tenía levadura. El éxodo masivo involucró a unos 600.000 hombres, junto con sus esposas sus hijos, además de sus ganados. También se les unieron algunos esclavos y extranjeros. Los descendientes de Jacob habían estado en Egipto por más de 400 años y ahora estaban migrando de regreso a Canaán. Moisés recuperó el cuerpo de José y se llevó el ataúd con él.

Capítulo 4
Los Israelitas Dejan Egipto
Dios sostiene a los Israelitas descontentos y da leyes de por vida

Moisés no llevó a su pueblo hacia el noreste hacia Canaán. Eso los habría puesto en conflicto con los Filisteos y con todas sus guerras. En cambio, Moisés se dirigió al sureste hacia Sucot, cerca del Golfo de Suez (una extensión del Mar Rojo). Siguieron moviéndose, siguiendo pilares de nubes durante el día y pilares de fuego que proporcionaban luz durante las noches. Extrañamente, en un momento dieron marcha atrás y se acercaron de nuevo a Egipto. Hasta que al final, llegaron a las orillas de una gran masa de agua.

El faraón logró que sus exploradores rastrearan a los Israelitas justo después de que salieron de Egipto. Quería vengarse de ellos después de haber sido humillado al haber partido, y quería restaurar su reputación como un líder poderoso al traerlos de regreso como esclavos y de esa forma ayudarán en su reino. Sus exploradores le dijeron que los Israelitas no estaban muy lejos y que estaban en una posición vulnerable, apoyados en el desierto justo contra el agua. El faraón pensó que podrían ser capturados fácilmente, por lo que envió a su ejército en carros y caballos para capturarlos y también, matarlos. Cuando los Israelitas vieron que se acercaba el ejército egipcio, tuvieron mucho miedo y se enojaron con Moisés por sacarlos de Egipto. La gente decía que sería mejor vivir como esclavos en Egipto que morir en el desierto.

Dios le habló a Moisés y le dijo que hiciera que la gente comenzara a caminar hacia el agua y que levantara su bastón y entregara el mar para dividir el agua y de esta forma, todos pudieran cruzar en tierra firme. Mientras tanto, una columna de nubes se movió entre los Israelitas y el ejército egipcio para proteger a los Israelitas de la invasión que se acercaba. Esa noche, Moisés levantó su vara y su mano sobre el agua, y un fuerte viento del este empezó a soplar fuertemente. Los vientos separaron las aguas y crearon un terreno seco para que la gente caminara mientras el agua los acorralaba desde ambos lados.

Durante la siguiente mañana, los Egipcios siguieron a los Israelitas en sus carros y caballos por el mismo camino que se había hecho a través del agua. Después de que todo el pueblo cruzó al otro lado, Moisés levantó su vara y entregó las aguas nuevamente, deteniendo el viento y devolviendo el agua rápidamente a su nivel normal. El agua envolvió a todo el ejército egipcio y todos los hombres y caballos se ahogaron en se momento. Cuando la gente vio los cadáveres flotando cerca de la orilla, se asombró del poder de Dios y le empezaron a creer a Moisés. Tuvieron una gran celebración y cantaron sobre todas las cosas que habían sucedido, dando honor a Dios que los había liberado y vencido ante su enemigo. Dios había atraído a los Egipcios a una trampa, y aunque tenían la ventaja estratégica y armamentos superiores, sus actos de venganza fracasaron. Los Israelitas no podían atribuirse el mérito de haber derrotado al ejército egipcio; solo Dios fue el que hizo que eso pasara.

Moisés guía al pueblo en el desierto

Luego de que parte del ejército egipcio se ahogara, Moisés condujo a los Israelitas hacia el sur, a través del desierto de Shur. No pudieron encontrar agua por tres días, y cuando lo hicieron, era amarga y por lo tanto no se podía beber. Dios les proporcionó agua potable al hacer que Moisés arrojara árboles al agua que permitieron dulcificarla. Todos continuaron avanzando hacia el sur a lo largo de las orillas orientales del Golfo de Suez. Llegaron al oasis de Elim donde había manantiales de agua y muchas palmeras datileras.

La gran caravana siguió avanzando hacia el sur. La tierra era menos hospitalaria y la gente ya venía sufriendo de hambre. Empezaron a quejarse cuando recordaron la comida que comían en Egipto. Por esta razón, Dios hiso una sustancia dulce parecida a una galleta (maná, o "pan") apareciera en el suelo por la mañana como escarcha e hizo que los pájaros ("carne") cayeran del cielo por la tarde. El pan solo podría durar un día (se derretiría al sol o se pudriría a la mañana siguiente). El sexto día de la semana ya habría el doble en el suelo, y cuando estuviera cocido, duraría dos días. Moisés le dijo al pueblo que Dios quería que tomaran lo que quedaba del sexto día y no trabajaran en el séptimo (último) día de la semana. Esto estableció la tradición del "sábado", como un día de descanso al final de la semana, porque Dios provee lo suficiente para toda la semana.

Siguieron por su viaje hacia el sur y llegaron a Refidim, cerca del monte Sinaí. No había agua en la zona, y la gente volvió a quejarse y exigió a Moisés que les tenía que dar agua. Entonces golpeó una roca con el bastón que usó para convertir el Nilo en sangre, y de la roca comenzó a salir agua. Mientras estaban en Refidim, los Amalecitas (descendientes de Esaú) los atacaron. Josué, descendiente de Efraín, dirigió a los Israelitas y repelió el ataque.

Los Israelitas se empezaron a acercar hacia donde Moisés había trabajado justo cuando escapó de Egipto. Jetro, el sacerdote de Madián, se enteró de lo que había sucedido en Egipto y llevó a la esposa y a los hijos de Moisés a verlo de inmediato. Moisés le contó a su suegro lo que Dios le había hecho al faraón y a los Egipcios por causa de Israel, todas las dificultades que enfrentaron una vez que salieron de Egipto y cómo el Señor los había liberado a todos. Después de escuchar lo que Moisés había hecho y ver cómo tenía que supervisar a toda la gente y manejar sus quejas, Jetro le dijo a Moisés que el trabajo era demasiado grande para que lo hiciera una sola persona. Jetro dijo que Moisés debería ser el representante de Dios ante el pueblo y enseñarles sobre las leyes de Dios y cómo conducir sus vidas.

Pero Moisés necesitaba nombrar hombres dignos y que fueran de confianza, que amaban a Dios y odiaban las ganancias deshonestas, como líderes y jueces sobre el pueblo para brindar consejos y para manejar los problemas menores. Moisés debería manejar solo las principales disputas. Al compartir la carga del trabajo, Moisés podría trabajar más tiempo y la vida sería mejor para todos. Moisés tomó este consejo y estableció el sistema de supervisión jerárquica, y Jetro regresó a su casa.

Mientras los Israelitas acampaban al pie del monte Sinaí, Dios hizo un acuerdo con el pueblo. Dios le dijo a Moisés: "Dile a la casa de Jacob y dile a los hijos de Israel: 'Ustedes han visto lo que fui capaz de hacerle a los Egipcios. Si obedeces mis mandamientos y leyes, serás mi posesión entre todos los pueblos. Serás un reino de sacerdotes y una nación santa para mí, y yo te mantendré sano y salvo'". Moisés le dijo al pueblo lo que Dios había dicho, y el pueblo accedió a obedecer.

Los comandos principales y otras leyes

Luego de esto, Dios descendió al monte Sinaí en una nube de humo ardiente que cubrió la montaña y le pidió a Moisés que subiera a la cima de la montaña. Dios también dijo que todos los demás deberían mantenerse alejados de la montaña y no trataran de escalar o mirar hacia arriba para intentar ver a Dios. La montaña se estremeció mientras los truenos y los relámpagos rugían.

Dios se reunió con Moisés en la cima y le expresó lo siguiente: "Yo soy el Señor tu Dios, que te saqué de Egipto y de la esclavitud. Soy un Dios celoso que pone los pecados de los padres que me odian en sus hijos durante tres o cuatro generaciones. Pero te mostraré mi misericordia a los descendientes de los que me aman y guardan todos mis mandamientos". Entonces Dios habló estos 10 mandamientos a Moisés.

> (1) Yo voy a ser tu único Dios. (2) No hagas un ídolo ni nada que parezca un dios, y no los adores ni tampoco los sirvas. (3) No uses ni digas mi nombre descuidadamente ni en vano; trátelo con gran respeto. Castigaré a los que hagan mal uso de mi nombre. (4) Acuérdate del día de reposo y siempre santifícalo. Haga todo su trabajo en seis días, pero el séptimo día, nadie en su casa, incluidos sus esclavos, animales y visitantes que se alojen contigo, harán ningún tipo de trabajo. (5) Honra a tu padre y a tu madre para que tus días se alarguen en la tierra que Dios te ha dado. (6) No mates. (7) No cometas adulterio. (8) No robes. (9) No mientas en contra los demás. (10) No desees nada que pertenezca a tu vecino, ni su casa, su esposa o sirvientes, ni tampoco sus animales.

Pero además de estos 10 mandamientos, Dios le dijo a Moisés acerca de otra cantidad de leyes que la gente debía seguir. La mayoría está relacionada con la provisión de justicia y la garantía de una vida adecuada.

- Hay leyes sobre la propiedad de esclavos (por ejemplo, si una persona compra un esclavo Israelita, el esclavo servirá durante seis años, pero quedará libre el séptimo año sin pago alguno).
- También habían leyes sobre lesiones personales. Por ejemplo, "una persona que mata o secuestra a otra persona o maldice a su padre o madre será ejecutada. Y si hay una pelea, la pena es igual a lo que sucedió: una vida por una vida, un ojo por un ojo, un diente por un diente, una mano por una mano, una quemadura por una quemadura, una herida por una herida, hematoma por hematoma".

- Otras leyes que existían eran leyes sobre derechos de propiedad (por ejemplo, "si se produce un incendio y se propaga para quemar el grano que es propiedad de otra persona, la persona que inició el incendio deberá hacer la restitución").
- También existían leyes sobre las relaciones. Estas incluyen, "Dar muerte a una hechicera ya cualquiera que tenga sexo con un animal. Cualquiera que haga un sacrificio a cualquier dios que no sea el Señor, será destruido. No hagáis mal a los extranjeros ni los oprimáis, porque extranjeros fuisteis en la tierra de Egipto. No debes afligir a ninguna viuda ni a ningún huérfano. Si los afliges y me claman, yo oiré su clamor, me enojaré y te matarán".
- Existían leyes relacionadas con el dinero. "Si le prestas dinero a alguno de los pobres de mi gente, no cobre intereses. No debes demorar la ofrenda de tu cosecha. Debes darme tu hijo primogénito y hacer lo mismo con tus bueyes y ovejas".
- Otras de las leyes que existían eran leyes sobre la justicia y los principios de una vida correcta. "No te unas a una persona malvada siendo un testigo falso. Si encuentra que el animal de su enemigo se aleja, debe devolvérselo. Si ves un burro que pertenece a tu enemigo tirado indefenso bajo su carga, debes ayudar a tu enemigo a soltarlo. No debes aceptar un soborno, porque un soborno ciego al clarividente y subvierte la justicia. No debe oprimir a un extranjero, ya sabe lo que es vivir en otra tierra. Siembra y cosecha tu tierra durante seis años, pero en el séptimo año debes dejarla reposar y en barbecho y dejar que los necesitados coman de ella".
- Y también hay leyes sobre las tres fiestas nacionales: la Fiesta de los Panes sin Levadura, la Fiesta de la Cosecha de los primeros frutos y la Fiesta de la Recolección cuando la gente recolecta alimentos al final del año.

Además, Dios le dijo a Moisés que un ángel los protegería mientras realizaban su viaje hacia Canaán. Si la gente obedecía a Dios, derrotaría a quienes se les pusieran en el camino e intentaran interrumpirlos. No debían mantener nada relacionado con los dioses de las tribus conquistadas. Controlarían una vasta región y la conservarían solo para ellos porque dejar que otras tribus vivieran entre ellos contaminaría su cultura temerosa de Dios.

Moisés de inmediato, bajo de la montaña y le dijo al pueblo lo que Dios había dicho. La gente escuchó y dijo que seguirían los mandamientos y también las leyes de Dios. Moisés escribió todas las cosas que Dios le dijo a fin de preservar los mandamientos y las leyes como recordatorios para otros en el futuro.

Mas viajes montaña arriba

Luego de eso Dios volvió a llamar a Moisés a la montaña, y él recluto a Josué para que lo ayudara. Subieron a las nubes y permanecieron allí durante más o menos 40 días. Dios le dijo a Moisés que el pueblo debía contribuir con algunas de sus posesiones para construir un tabernáculo donde Dios viviría cerca de su pueblo. Por otro lado, se iba a construir una gran caja ornamentada (el Arca de la Alianza), cubierta de oro y que poseería decoraciones elaboradas, para almacenar los artefactos sagrados que fueron recolectados en el camino a Canaán.

Se fabricarían otros artículos para el tabernáculo, y Dios le dio a Moisés instrucciones detalladas sobre cómo se debían fabricar y operar todos. También se dieron instrucciones detalladas sobre cómo los sacerdotes deben hacer sacrificios y cómo deben ocurrir otros actos de adoración. Aarón sería el Sumo Sacerdote y sus hijos también serían sacerdotes. Cuando Dios terminó de dar estas instrucciones, Moisés bajó de la montaña con dos tablas de piedra planas que tenían las palabras de los 10 mandamientos.

Cuando Moisés y Josué regresaron de la montaña, vieron que algunos del pueblo habían construido una estatua de un becerro con el oro del pueblo. Habían pasado semanas desde que Moisés y Josué subieron a la montaña y no habían regresado, por lo que estas personas pensaron que estaban muertas y le dijeron a Aarón que creara el becerro de oro como el dios al que debían seguir. La gente adoró al becerro y le ofreció sacrificios. Moisés estaba extremadamente enojado cuando vio el becerro de oro y la gente bailando alrededor de él. Aaron inventó una historia absurda sobre cómo había aparecido el ídolo y la gente se salió de control. Enfadado, Moisés arrojó las tablas al suelo y las hizo añicos.

Moisés hizo que quemaran el becerro de oro hasta los cimientos y arrojó el residuo de oro directo al agua. Hizo que la gente bebiera el agua para que no pudieran recuperar el oro. Luego les dijo: "¡Aquellos de ustedes que viven para el Señor, vengan a mí!" Los descendientes de Leví y muchos otros se reunieron con Moisés. Entonces Moisés les dijo a los Levitas, que superaban en número a los que no se acercaban, que mataran a todos los demás hombres del campamento, incluso si el hombre era su hermano, su hijo o su vecino. Alrededor de 3.000 hombres murieron (un pequeño porcentaje de la población masculina), las bajas en la guerra contra el mal cuando los espíritus rebeldes y desobedientes fueron limpiados del acervo genético de los Israelitas. (No había cárcel en el desierto donde los rebeldes pudieran ser alimentados y ni mucho menos rehabilitados).

Un día después, Moisés dijo al pueblo que había adorado al becerro de oro: "Habéis cometido un gran pecado. Iré al Señor y trataré de reparar tus ofensas". Luego le dijo al Señor: "El pueblo ha cometido un gran pecado y se ha hecho un dios de oro. Por favor, perdona su pecado, y si no, bórrame de tu libro!"

Dios se enojó en extremo, llamando a la gente muy terca ya que se resistían al cambio y quería destruirlos a todos. Pero Moisés abogó por su pueblo, recordándole a Dios la promesa de que los haría una gran nación. Entonces Dios lo reconsideró y le dijo a Moisés: "Borraré de mi libro a los que han pecado contra mí. Ve y lleva a la gente a donde te dije que fueras. Mi ángel irá delante de ti. Sin embargo, tendré que castigarlos por sus pecados".

Dios por tercera vez, llamó a Moisés a la montaña. Mientras estaba allí, Moisés grabó dos tablas de piedra más con los 10 comandos para reemplazar las que se habían roto. Dios reiteró a Moisés los términos del pacto original hecho con Abraham, Isaac y Jacob: los Israelitas eran el pueblo de Dios y serían bendecidos y debían ir a Canaán y obedecer los mandamientos y leyes de Dios. Moisés estuvo en la montaña otros 40 días, y su rostro "resplandecía" cuando bajó, lo que asustó a la gente. Así que se cubrió el rostro con un velo cuando se encontró con la gente, pero se quitó el velo cuando se encontró con Dios en su tienda a la entrada de los campamentos.

Después de eso, Moisés dio instrucciones para comenzar a construir el tabernáculo de acuerdo con las instrucciones que Dios le había dado. El tabernáculo tenía un patio frente a una tienda santa, y dentro de esa tienda detrás de una cortina estaba el lugar santísimo donde se guardaba el arca que había salido del pacto. Los que amaban y respetaban a Dios traían lo que podían como ofrendas para poder construir el tabernáculo. Solo se aceptaron obsequios de forma voluntaria. Trabajadores calificados hicieron la estructura y Moisés estuvo a cargo de la supervisión del trabajo. Tanta gente contribuyó a su construcción que Moisés tuvo que decirle a la gente que dejara de traer ofrendas; los trabajadores ya tenían más de lo que necesitaban. Con el tiempo, se terminaron el tabernáculo y el mobiliario requerido, y se llevaron a cabo ceremonias para ungir y consagrar a los sacerdotes que trabajarían en él. Cuando terminaron las ceremonias, una nube cubrió la tienda del tabernáculo y Dios la llenó. El Dios que había liberado y salvado a Israel finalmente estaba viviendo con el pueblo elegido.

Más reglas para vivir

Dios continuó por varios meses más dándole a Moisés muchas reglas sobre cómo los sacerdotes debían conducir todos los asuntos religiosos, cómo la gente debía adorar y cómo Israel, como pueblo de Dios, debía vivir como una comunidad. Aarón y sus descendientes, todos de la tribu de Leví, fueron nombrados oficialmente como sacerdotes.

Muchas de estas reglas venían de leyes muy específicas, mientras que otras eran principios mucho más generales (similar a cómo los padres dan instrucciones específicas y generales a sus hijos pequeños sobre cómo actuar). Dios era santo e Israel había sido elegido para ser un pueblo santo, los representantes de Dios en la tierra para mostrar a otros cómo vivir y también poder glorificar a Dios. Pero dado que los humanos invariablemente pecan y no son del todo santos, la gente debía presentarse ante Dios y ser capaces de arrepentirse, haciendo sacrificios y ofrendas ardientes para mostrar su dolor y de esta forma, limpiar sus pecados. Las ofrendas y sacrificios que se realizaban en el tabernáculo debían ser de alta calidad, utilizando el mejor grano y animales sin defectos, lo que simbolizaba la perfección. Los sacerdotes involucrados en ceremonias religiosas no pueden estar enfermos o inmundos o tener alguna limitación física.

El derramamiento de sangre fue clave en el sacrificio para reparar una relación rota entre Dios y todos los humanos. Dios le dijo a Moisés: "La vida del cuerpo está en la sangre". La sangre debía provenir de animales, nunca de los humanos. A través de sacrificios y ofrendas, Dios perdonó al pueblo, separándolo de sus pecados, restaurando la relación entre Dios y los humanos. Relacionado con esta idea había un Día de Expiación especial que se celebraría todos los años. Implicaba sacrificar una cabra y hacer que el Sumo Sacerdote pusiera sus manos sobre la cabeza de otra cabra, confesar todos los pecados de la gente y transferir los pecados de la gente hacia la cabra. Este segundo macho cabrío luego fue liberado en el desierto para simbolizar que los pecados de la gente fueron removidos (un "chivo expiatorio").

Moisés dio instrucciones específicas sobre qué comer y qué no se debía de comer, qué se podía tocar y qué no se podía tocar. Las instrucciones fueron prácticas y ayudaron a mantener la salud de toda la población. Por ejemplo, las personas no debían comer ratas o lagartijas ni beber ningún tipo de sangre del tipo que fuese. Cualquier persona con una enfermedad de la piel tenía que ser puesta en cuarentena y practicar el distanciamiento social de todos los demás del pueblo: tenía que salir del campamento, usar ropa rasgada, no peinarse y gritar: "¡Inmundo! ¡inmundo!" a otros hasta que estos se pusieran sanos. Pero un hombre que era total o parcialmente calvo sin un problema en la piel se consideraba limpio. Debían seguirse nuevas técnicas de lavado. Estas instrucciones eran bastante avanzadas en comparación con las prácticas primitivas relacionadas con la salud que eran comunes en aquellos tiempos y, cuando se seguían, les daban a los Israelitas una ventaja en la batalla y también en la longevidad.

Aunque la mayoría de estas reglas se refieren a ceremonias religiosas y asuntos relacionados directamente con la salud, algunas reglas se refieren a los principios de moralidad y sobre todo la justicia. Por ejemplo, había reglas y sanciones asociadas con delitos específicos, y a las personas se les ordenaba "amar a su prójimo como se aman a sí mismos". Los ricos y los pobres debían ser juzgados de la misma forma. Los extranjeros debían ser aceptados y amados como todos los demás, tal como los Egipcios habían dado la bienvenida a los Israelitas durante la época de la hambruna. Un campo no debía ser cosechado hasta el borde, y los pobres y los extranjeros podían comer la comida en el borde, así como cualquier cosa que cayera al suelo durante la primera cosecha.

Se llegó a establecer un año sabático similar al día sabático de cada semana. En el séptimo año, la tierra no se debía labrar y la comida que provenía de ella estaba disponible gratuitamente para cualquiera que necesitara comerla. Los alimentos del sexto año debían almacenarse hasta el séptimo año (similar a cómo se trataba el maná cada semana). Y cada 50 años, el año extra después de siete ciclos de años sabáticos, se celebraba el Año del Jubileo. Las posesiones de los pobres que se habían comprado para que los pobres sobrevivieran tenían que ser devueltas a los que originalmente eran sus dueños.

Las reglas e instrucciones terminaron con recordatorios de las consecuencias de cómo vive la gente. Hay muchas recompensas y bendiciones para aquellos que obedecen las leyes y mandamientos de Dios, pero el castigo sigue a la desobediencia. Si Israel rompe su acuerdo con Dios, Israel perderá su tierra, será esparcido por la región y se convertirá en esclavo de sus enemigos. Sin embargo, incluso después de que la gente desobedece, hay perdón y reconciliación cuando la gente se arrepiente y se disculpa y comienza a obedecer a Dios nuevamente. No hay una condena permanente para aquellos que desobedecen a Dios; siempre hay una manera de volver a cosechar los beneficios del acuerdo.

La naturaleza de Dios es indulgente y generosa cuando se trata de estar en una relación con los humanos, la creación más valorada.

Capítulo 5
Vida En El Desierto
La falta de fe prolonga el viaje de regreso a Canaán

Para cuando los Israelitas acamparon al pie del monte Sinaí, su población era ya de unos cuantos millones, que incluía un ejército de más o menos unos 600.000 hombres.[4] Los Levitas se ocuparon del tabernáculo en su totalidad y toda la tribu estaba dedicada casi todo el tiempo a Dios, dirigidos por Aarón, en lugar de que el primogénito de cada familia Israelita fuera el que sumiera todas estas tareas importantes. Moisés le brindó más orientación al pueblo sobre la ubicación de los campamentos en donde estaba cada familia, con el tabernáculo puesto en el centro de todos los campamentos. Se establecieron reglas sobre cómo tratar con la gente enferma, como lidiar con los ladrones y todo aquel que cometiera adulterio. Aquellos que querían dedicarse a Dios por un tiempo limitado hicieron un voto Nazareo de no consumir nada que tuviera uva (por ejemplo, vinos, jugos, o las pasas), no se debía tocar a un muerto y no estaba bien afeitarse la cabeza (una señal externa para los demás que demostraba que habían tomado el voto).

---

[4] Cabe la posibilidad de que los números muy grandes escritos en las Escrituras no estén en acuerdo con nuestra comprensión moderna cómo funcionan los números. No es muy probable que millones de personas puedan sobrevivir durante largos períodos de tiempo en áreas donde el agua es tan escasa. Los Israelitas pueden haber tenido un método diferente al contar personas y animales, y la palabra "mil" puede no tener el significado moderno (es probable que se agregara un 0 a algunos de los números, lo que hace de 60.000 a 600.000, cuando ciertas historias fueron copiadas por otros mucho más adelante). Igualmente es posible que los números sean algo exagerados o simbólicos de alguna manera para lograr explicar un punto. De forma similar, la avanzada edad a la que se dice que las personas murieron podría reflejar una manera diferente en la que se usaron los números para explicar el paso del tiempo. Se dice que Matusalén es el ser humano más longevo y que murió a la edad de 969 años (Génesis 5:7), pero es probable que su edad inicialmente tuvo un punto decimal, lo que lo significa que tendría unos 97 años.

Los Israelitas acamparon bastante cerca del monte Sinaí por alrededor de un año. Después de la celebración anual de la Pascua y de haber salido de Egipto, Moisés les dio a los sacerdotes la bendición de Dios para que la compartieran con el pueblo: "El Señor les bendiga y les guarde y el Señor haga resplandecer su rostro sobre ti y tenga piedad de ti; el Señor vuelva su rostro hacia ti y te conceda por siempre la paz". Después de que el tabernáculo estuvo enteramente dedicado, los líderes de cada una de las 12 tribus se aseguraron de entregar uno a uno sus ofrendas.

Crisis en el camino a Canaán

Entonces, los Israelitas comenzaron su viaje hacia el norte buscando Canaán, que se encontraba alrededor de unas 400 kilómetros de camino. Dios se encontraba en el tabernáculo, y cuando la nube se levantó del tabernáculo, los Israelitas siguieron avanzando. Los sacerdotes utilizaban trompetas hechas con cuernos de animales con la cual anunciaban las reuniones que se hacían, también señalaban el tiempo para avanzar de una manera predeterminada, prepararse para la batalla y celebrar ofrendas cuando se llevaban a cabo los festivales. Moisés estaba familiarizado con el área, habiendo vivido allí antes de regresar a Egipto. Él logró que un pariente de su esposa de Midian, quien vivía en el área, los ayudara como exploradores mientras ellos atravesaban el desierto.

En un principio, se mudaron unas 50 kilómetros hacia el norte, donde muchas personas comenzaron a quejarse nuevamente de lo que comían. Ellos expresaban que les hacía falta la comida que tenían en Egipto, sobre todo la carne, y estaban cansados de comer lo mismo, todos los días. Dios estaba molesto con el pueblo, lo que asustó a Moisés, quien comenzó a pensar que el trabajo de dirigir al pueblo era mucho más que abrumador. Moisés le dijo a Dios: "¡La gente me sigue pidiendo carne, eso quieren comer! No puedo cuidar de todas estas personas sin ayuda y la carga sobre mí es muy grande. Si así es como voy a ser tratado, mejor entonces mátame de una vez".

Entonces Dios hizo que Moisés reuniera a 70 hombres y el Espíritu los llenó para que también ellos se volvieran sabios y ayudaran a controlar al pueblo. Sin embargo, Dios seguía molesto de ver que la gente deseaba regresar a Egipto y entonces decidió cambiar la dirección de los vientos por alrededor de un mes. Esto trajo enormes bandadas de codornices del oeste. Cuando los pájaros murieron, la gente comió tanta cantidad de carne que al final se hartaron de consumirla. Además, comieron la carne cruda, lo que provocó que se enfermaran físicamente y muchas murieron. El lugar donde acamparon fue Kibroth-hattaavah (que significa "tumbas de lujuria").

Fue en ese momento cuando Dios menciono a Moisés que un hombre de cada una de las 12 tribus debería viajar a Canaán para recopilar información relevante sobre el área. Moisés les dijo: "Pasen por el Negev hasta llegar a la región montañosa. Vea si la gente es fuerte o débil, si son pocas personas o muchas. Averigüen si la tierra es buena o mala, si el suelo es fértil o débil, y si hay suficientes árboles. Determinen en qué tipo de ciudades viven y si tienen murallas o algún tipo de fortificación. Si es posible, trae de vuelta algunos frutos de la tierra". (Las uvas maduraban en ese momento).

Los 12 espías fueron a explorar toda la región y regresaron después de 40 días con algunas de las cosechas que había en esas tierras. En ese momento, los Israelitas estaban acampando cerca de Cades Barnea, una ciudad semiárida a unas 80 kilómetros al suroeste de Beersheba. Una asamblea de líderes se reunió para escuchar sobre la exploración que se estaba llevando a cabo. Los 12 hombres informaron que la tierra era muy buena, que en ellas fluía leche y miel, y que la gente era fuerte y que podrían ser enemigos fuertes. Diez de los espías dijeron que ocupar Canaán no iba a ser fácil, porque las ciudades eran grandes y fortificadas y había muchas tribus diferentes con feroces combatientes que vivían en toda esa área. La gente era grande y los espías se sentían pequeños comparándose con los habitantes.

Dos de los espías, Caleb de la tribu de Judá y Josué de la tribu de Efraín, tenían una perspectiva distinta. Dijeron: "Dios nos llevara a la tierra si el Señor está contento con nosotros. Si no existe rebelión contra el Señor y no le tenemos temor a los habitantes, acabaremos con ellos. Su protección se ha ido si el Señor está con nosotros".

Los diez escépticos convencieron a la asamblea sobre una invasión exitosa la cual sería casi imposible de hacer. Todos los que estaban en la asamblea entonces acusaron a Moisés y Aarón por guiarlos en un viaje que parecía no tener sentido. Amenazaron con apedrear a Caleb y Josué e incluso consideraron el reemplazo de Moisés con un líder que si sería capaz de llevarlos de regreso a Egipto.

Dios se puso muy molesto con los Israelitas y entonces le dijo a Moisés: "¿Hasta cuándo se negarán a creer en mí, incluso después de todas las señales que hice por ellos? Los derrotaré a todos tirándoles una plaga y los voy a destruir".

Moisés entonces expresó que la reputación de Dios se podría ver arruinada porque todas las demás naciones sabían lo que Dios había prometido que le iba a suceder a los Israelitas. "Las naciones dirán que no llevaste a tu pueblo a la tierra que les habías prometido, y que por eso los mataste en el desierto. Se te conoce como el Dios que no anda en busca de la ira, por el contrario, eres abundante en amor y perdonas el pecado y la rebelión. Por esa razón, como Dios amoroso, perdona el pecado de estas personas, tal como los has perdonado todas las veces desde que salieron de Egipto".

El Señor al final estuvo de acuerdo con todo lo que Moisés le dijo. "Los perdonaré como siempre me lo has pedido. Pero ninguna persona que en este momento tenga al menos 20 años, aparte de Caleb y Josué, entrará en Canaán como se los habíamos prometido. Ellos tendrás que morir en el desierto. Sus hijos sufrirán por ser infieles al trabajar como pastores en el desierto por 40 años, un año por cada día que los espías se pusieron a explorar la tierra. Ellos sufrirán por sus pecados y van a saber lo que es tenerme contra ellos".

Dios entonces le solicitó a Moisés que llevara al pueblo de regreso al desierto en una ruta que se hacía por el Mar Rojo. Los 10 espías que agitaron a la multitud se contagiaron de una plaga y de inmediato fallecieron. Después de ver que estos espías murieron y enfrentar la perspectiva de 40 años más de andar vagando por el desierto, la gente comenzó a arrepentirse. Pero muchas de sus confesiones no fueron verdaderas; se habían arrepentido sólo para que se reanudara el viaje hacia el norte dirigiéndose a Canaán. Moisés les dijo que tenían que permanecer juntos y regresar al desierto, y que Dios no estaría con ellos si decidían dejar el grupo. Pero algunos de ellos insistieron en moverse hacia el norte por su cuenta para de esa forma, invadir Canaán. Cuando lo hicieron, fueron derrotados por los Amalecitas y los Cananeos, y los que no murieron fueron expulsados a un área cerca de la ciudad de Beerseba.

Moisés les expresó a los Israelitas que tendrían que seguir ofreciendo ofrendas y sacrificios en el momento en que pusieran un pie en Canaán. La perspectiva de llegar a Canaán le dio esperanza a la generación más joven mientras soportaban 40 años en el desierto, y estableció altas expectativas para su vida en Canaán. Las reglas iban a ser aplicadas a cualquier persona que entrara a Canaán, incluidos los extranjeros. Moisés también brindó más reglas para la vida, incluidas las consecuencias que podrían pasar, si toda la comunidad cometiera un pecado involuntariamente o en otro caso, cuando una persona pecara de forma involuntaria. Sin embargo, cualquiera que pecara en todo desafiante, sería expulsado de la comunidad de inmediato.

Moisés es desafiado

Aun cuando se encontraban en Cades, cuatro hombres llevaron a Moisés a 250 líderes comunitarios muy respetados y comenzaron a desafiar su autoridad política. Uno de estos rebeldes era un Levita que siempre cuestionaba la autoridad del sacerdocio de la familia de Aarón. Moisés les dijo a todos que regresaran a su tienda al día siguiente con carbones encendidos e incienso para que Dios pudiera enseñarles a todos los santos. Cuando los cuatro líderes rebeldes y los otros 250 aparecieron el día siguiente, Dios les dijo a Moisés y Aarón que se apartaran y que la gente que vivía cerca de los líderes rebeldes se alejara de esas tiendas. Las esposas, hijos y bebés de los líderes rebeldes se quedaron en la entrada de sus tiendas.

En ese momento, Moisés le dijo a los reunidos cerca de las tiendas: "Si estos líderes rebeldes mueren de forma natural, entonces el Señor no me envió. Pero si el Señor hace algo totalmente diferente, y la tierra se abre y se los traga a todos incluyendo sus pertenencias, entonces sabrán que estos hombres trataron a Dios con total desprecio". Tan pronto como Moisés dijo esto, la tierra se partió y se tragó a los líderes rebeldes junto a todas sus familias. Luego la tierra se cerró y todos desaparecieron. Momentos después, el fuego quemó a los 250 hombres que habían ofrecido su incienso.

A la mañana siguiente, la comunidad de Israel seguía enojada con Moisés y Aarón y se quejaron de que habían matado a muchas personas que eran parte del pueblo de Dios. Los líderes de cada una de las tribus se reunieron en la tienda donde hacían este tipo de reuniones para enfrentar a Moisés y Aarón. Dios les dijo a Moisés y Aarón que dejaran la tienda para que la gente muriera allí. Inmediatamente una plaga se extendió, y Moisés le dijo a Aarón que corriera rápidamente hacia la multitud para hacer una ofrenda para que la plaga se detuviera. Aarón hizo la ofrenda, logrando contener la plaga, sin embargo, más de 14.500 personas ya habían muerto. La rebelión se detuvo, pero esto fue con una grave pérdida de vidas.

Moisés continúa liderando

Moisés proporcionó un sinnúmero de reglas para vivir en la comunidad con el fin de tener a Dios en la conciencia de la gente y mantenerlos lo más sanos posibles luego de que la plaga pasara. Por ejemplo, cualquiera que manipulara un animal o la sangre del mismo, debería lavarse la ropa y el cuerpo. Aquellos que toquen algún cadáver o cualquier parte de una persona que ya esté muerta, deberá asegurarse de ponerse en cuarentena durante siete días y además, lavarse al tercer y séptimo día. Los que vivían con una persona que ya había muerto eran impuros y debían buscar cómo ponerse en cuarentena durante siete días.

Mientras los Israelitas se preparaban para trasladarse hacia el desierto, hubo una gran escasez de agua en Cades porque muchas personas vivían en los bordes del desierto. La gente empezó a quejarse de nuevo ya que deseaba estar muerta o en todo caso, volver a Egipto. Moisés y Aarón pidieron ayuda a Dios, y Dios le dijo a Moisés que tomara un palo largo, reuniera a la asamblea y luego le dijera a la roca que tenían enfrente que comenzara a producir agua. Cuando las personas se reunieron junto a la roca, Moisés se impacientó y golpeó la roca dos veces con el palo, y de inmediato se produjo un chorro de agua. Pero Moisés no honró a Dios en el proceso y golpeó la roca en lugar de decirle directamente que produjera agua. Debido a su impaciencia, Dios les dijo a Moisés y Aarón que tenían prohibido entrar a Canaán. La frustración e impaciencia momentáneas de Moisés llevaron a acciones que tuvieron al final graves consecuencias.

Aarón fue uno de los que falleció en el monte Hor, cerca de la frontera de Edom; y de allí, Moisés condujo al pueblo hacia el sur a través del valle controlado por los Edomitas, hasta Ezion-Geber, en el extremo norte del Golfo de Aqaba. Cuando la gente se empezó a quejar otra vez, sobre la falta de agua, pan y de la comida miserable que tenían, Dios envió serpientes venenosas y muchos Israelitas fueron mordidos y fallecieron de inmediato. El pueblo confesó y le pidió a Moisés que Dios le quitara las serpientes de encima. El Señor le dijo a Moisés que hiciera una serpiente de bronce y la pusiera en un poste, y cualquiera que fuera mordido podría mirarla y de esta forma vivir.

Moviéndose hacia Canaán

Los Israelitas entonces decidieron girar hacia el norte y atravesaron áreas controladas por los Moabitas, quienes eran descendientes de Lot. En ese tiempo, derrotaron a los Amorreos en la batalla cuando sus reyes se negaron a dejarlos viajar por toda la tierra. Ocuparon la tierra de los Amorreos, que estaba al norte del río Arnón, en el lado este del mar Salado, y acamparon a lo largo del río Jordán frente a Jericó, la cual era una ciudad importante al noroeste del mar Salado.

Conflictos con los Moabitas y Madianitas

El área en donde se ubicaron limitaba con los Moabitas y eso, alarmó a Balac, el rey moabita. Balac vio lo poderosos que se habían vuelto los Israelitas, por lo que contrató a Balaam para que fuera a maldecirlos. Balaam era un conocido hechicero mesopotámico, muy hábil para comunicarse con los espíritus y entre esos espíritus, estaba el espíritu de Dios. El Espíritu le reveló que los Israelitas tenían la bendición de Dios y que por ningún motivo debían ser maldecidos El burro de Balaam jugó un papel bastante dramático: se detuvo en varias ocasiones en el camino cuando un ángel se posó en frente para evitar que Balaam se encontrara con Balac. El burro le habló a Balaam y le dijo que tenía una buena razón para no continuar; luego Dios abrió los ojos de Balaam para que pudiera ver al ángel. El espíritu de Dios llenó a Balaam y le anunció varias veces a Balac que los Israelitas fueron bendecidos, y entonces, gracias a eso, Balaam no maldijo a los Israelitas. Balac estaba enojado con Balaam y le dijo que se fuera, sin pagarle a Balaam por sus servicios de adivinación. Balaam luego habló de nuevo, guiado por el Espíritu, y predijo la caída de los Moabitas y las otras tribus cercanas, todo esto a manos de los Israelitas.

Mientras los Israelitas esperaban al este de Canaán, algunos de los hombres cometieron inmoralidad de tipo sexual con mujeres Moabitas y además hicieron sacrificios a sus dioses. Dios se enfureció y le dijo a Moisés que matara a todos los hombres que estuvieran involucrándose con las mujeres Moabitas.

Un hombre Israelita trajo al campamento a la hija de un líder tribal madianita a quien la tenía como su amante secreta. Esto impulsó a Dios a esparcir otra plaga entre su misma gente. Finees, uno de los nietos de Aarón, persiguió al hombre y a la mujer y los mató a ambos con un solo golpe de su lanza. Esto detuvo la plaga, pero 24.000 Israelitas murieron a causa de la misma. Dios se alegró de que Finees defendiera el honor de Dios y renovó el compromiso de que los descendientes de Aarón dirigieran el sacerdocio.

Los Madianitas fueron en ese momento considerados enemigos porque habían tratado de infiltrarse entre los Israelitas. En respuesta a esto, Moisés reunió un ejército de 12.000 hombres que atacaron a los Madianitas, matando a sus cinco reyes incluyendo a Balaam. Todas las ciudades y campamentos fueron quemados, y todas las mujeres, niños y ganado fueron tomados como botín o trofeo por haber ganado la batalla. Pero Moisés estaba molesto con los comandantes porque las mujeres fueron capturadas en lugar de ser asesinadas como él lo había pedido; habían seguido a otros dioses y eran parte del engaño, y serían una mala influencia para el resto de los Israelitas. Entonces Moisés ordenó a los comandantes que mataran a todas las mujeres, con excepción de todas las vírgenes. También mataron a todos los muchachos Madianitas. El ejército tuvo que limpiarse después de la batalla, de acuerdo con las pautas para quienes tocan cadáveres, y todos los bienes y metales se limpiaron tanto con agua, como con fuego. El oro en forma de joyas que se tomaron durante la batalla pesaba alrededor de 420 libras, y todo fue entregado a los Levitas para que pudieran usarlo en el tabernáculo. En su totalidad, más de 800.000 animales y 32.000 vírgenes fueron arrebatadas a los Madianitas. Los soldados recibieron la mitad del botín (menos una pequeña cantidad de animales reservados exclusivamente para los Levitas) y la otra mitad se dividió en partes iguales entre el resto de los Israelitas.

Preparativos finales para la entrada a Canaán

Moisés y el resto de los otros líderes Israelitas comenzaron los preparativos para cruzar el río Jordán hacia Canaán. Antes de cruzar el río Jordán, Moisés llevo a cabo otro censo. Había más de 601.000 hombres que tenían al menos 20 años de edad y que podían servir en el ejército (este número excluía a los Levitas que administraban el tabernáculo). Esa cantidad era parecida al número de hombres que salieron de Egipto y acamparon en el monte Sinaí, pero ninguno de los hombres contados había sido parte del conteo durante el censo anterior, excepto por Caleb y Josué.

La tierra en Canaán debía distribuirse entre todas las tribus ancestrales dependiendo de la población de cada tribu. Además, se establecieron reglas para el manejo de las herencias. Por ejemplo, cinco hijas de un hombre que murió sin tener hijos se acercaron a Moisés y a otros líderes para solicitar una herencia. Hasta ese momento, ninguna mujer recibía ningún tipo de herencia. Después de consultar al Señor, Moisés dijo que era apropiado que las mujeres obtuvieran una herencia familiar, pero siempre y cuando un hombre no tuviera hijos. Si no había hijos o hijas, las pertenencias de un hombre debían pasar a los hermanos del hombre o a los hermanos del padre del hombre (las esposas jamás obtendrían nada). Por otro lado, ninguna herencia podía pasar de una tribu a otra; cada una de las tribus, debía quedarse con la tierra que había heredado.

Un poco antes de cruzar el río Jordán para entrar a Canaán cerca del extremo norte del mar Salado, los líderes de dos de las tribus (descendientes de Rubén y Gad) le pidieron a Moisés que les diera tierras en el lado este del río Jordán y que fueran como un tipo de herencia; pensaban que el área era perfecta para la crianza de sus animales. Moisés lo permitió un poco a regañadientes, después de que las dos tribus acordaron que sus hombres pelearan junto con el resto de los Israelitas en Canaán hasta que el área fuera por fin conquistada en su totalidad. (La otra mitad de la tribu de Manasés también hizo el mismo acuerdo y se apoderó de parte de la tierra al este del Jordán. A las mujeres, así como a los niños y el ganado se les permitió permanecer en la tierra al este del Jordán hasta que los hombres volvieran de la batalla). Canaán se dividiría en exactamente nueve tribus y media, por lo que cada una de las tribus restantes obtendría una porción de tierra de un tamaño más grande. Una vez que toda la tierra estuviera ocupada, se distribuiría dependiendo de su población: las tribus más grandes heredaban un poco más mientras que las tribus más pequeñas heredaban por lógica, u poco menos. Los Levitas debían recibir 48 ciudades para que puedan vivir dentro de la tierra de cada tribu y también pastos fuera de las ciudades para que sus animales puedan estar.[5]

Seis de las ciudades heredadas por la tribu de Levi iban a convertirse en "refugios seguros" para que la gente pudiera buscar seguridad si por

---

[5] Las doce tribus que heredaron la tierra fueron Rubén, Simeón, Judá, Isacar, Zabulón, Benjamín, Dan, Neftalí, Gad, Aser y los dos hijos de José, Efraín y Manasés. Leví era una de las tribus de Jacob, pero recibió las ciudades esparcidas entre las 12 tribus.

accidente, mataba a alguien. (Tres de estos pueblos debían estar al este del río Jordán para que los extranjeros pudieran utilizarlos). Una persona que fuera acusada tenía que presentar su caso a los jueces, y nadie que asesinara a otra persona, podía recibir la pena de muerte basándose en la declaración de solo un testigo, debían haber más.

El Señor estableció los límites exteriores de la tierra en el norte, este, sur y oeste donde la gente iba a habitar. El Señor también le dijo a Moisés que le dijera al pueblo:

> Cuando crucen del Jordán hacia Canaán, expulsen a todos sus habitantes, destruyan además todas sus imágenes e ídolos tallados y demuelan todos y cada uno de sus altares. Ocupen y establézcanse en la tierra, porque yo te he dado la tierra. Si no los expulsan, los que se queden se convertirán en obstáculos. Les van a dar problemas, y luego les haré lo mismo que planeo hacer con ellos.

Ya que Moisés no iba a entrar en Canaán, Dios eligió a Josué para que se convirtiera en nuevo líder de los Israelitas. El sumo sacerdote Eleazar, que había reemplazado a Aarón, impuso sus manos en Josué y lo presentó delante de todo el pueblo. Moisés entrego instrucciones sobre cómo se deben realizar las ofrendas y las celebraciones en Canaán, y dio reglas sobre los votos que la gente hace para de esa forma, servir a Dios. También se tomó el tiempo para registrar todos los eventos importantes que habían ocurrido después de que los Israelitas salieron de Egipto y donde vivieron durante los 40 años en el desierto. Había tomado notas detalladas sobre estos viajes y lo que Dios le había expresado durante los mismos.

Moisés da sus últimas palabras

Un poco antes de que las personas cruzaran el río Jordán hacia Canaán, Moisés les habló y resumió los principales eventos que habían pasado durante los últimos 40 años. Hablo de lo importante que era honrar a Dios, guardar los mandamientos y obedecer las reglas que había establecido; ya que todas ellas eran de Dios.

Moisés también advirtió al pueblo sobre las consecuencias que podía tener no serle fiel. Sabía que su mayor desafío sería de naturaleza espiritual. Él les dijo:

Si te corrompes y haces lo malo a los ojos del Señor, Dios se enojará y pronto perecerás de la tierra. El Señor los esparcirá entre otras naciones, y solo unos pocos de ustedes sobrevivirán. Pero si desde allí buscas al Señor con todo tu corazón y con toda tu alma, encontrarás a Dios. Más tarde, volverás al Señor, que es misericordioso y que no te abandonará, ni destruirá ni olvidará el pacto con tus antepasados. Oye, Israel: el Señor nuestro Dios, el Señor uno es. Amarás al Señor tu Dios con todo tu corazón, con toda tu alma y con todas tus fuerzas.

Moisés dio aún más instrucciones sobre lo que debería suceder cuando los Israelitas entraran por fin a Canaán. Dios los conduciría a la victoria sobre las naciones más grandes y sobre las más fuertes, y estas naciones debían ser totalmente destruidas. Los Israelitas no debían sentirse aterrorizados por las naciones que ocupaban Canaán porque Dios era "grande y temible" y él, estaba siempre con ellos. No debían hacer ningún trato con las otras naciones y tampoco debían mostrarles misericordia. Igual no debían casarse con familias de otras naciones porque llevaría a los Israelitas a seguir a otros dioses. Todo lo relacionado con otro dios tenía que ser destruido. Su Dios celoso había elegido a los Israelitas de entre todos los pueblos de la tierra para que fueran la posesión más preciada de Dios.

Para evitar que los Israelitas se volvieran arrogantes acerca de su éxito, Moisés les dijo: "No es porque sean justos o tengan integridad que tomarán posesión de su tierra. Más bien, se debe a la maldad de estas naciones. Después de todo, Dios nos considera un pueblo terco". La gente debía amar y obedecer a Dios, no de una manera legalista, sino porque Dios primero había mostrado amor por los Israelitas de muchas maneras. El amor estaba en el corazón de la relación y necesitaba ser mutuo.

Moisés le dijo al pueblo que recordara la bondad de Dios leyendo las historias sobre cómo Dios los liberó de Egipto y todas las otras cosas que sucedieron desde entonces. La lectura colectiva de las historias cada siete años, en el año en que se cancelaron las deudas, daría a la gente confianza y esperanza al entrar y conquistar Canaán y les recordaría la bondad de Dios hacia ellos. Moisés les dijo que se rodearan de recordatorios de esa bondad y que obedecieran los mandamientos de Dios. Les dio este mensaje de Dios:

> Fija mis palabras en tu corazón y en tu mente; átalos como una señal en tus manos y frentes. Enséñelas a sus hijos, hablando de ellas cuando esté en casa y caminando por la calle, cuando se acueste y se levante. Escríbalos en los marcos de las puertas de sus casas y en sus portones para que sean muchos sus días y los días de sus hijos. Pongo ante ti una bendición y una maldición. Serás bendecido si escuchas mis mandamientos, pero serás maldecido si no escuchas mis mandamientos y te alejas de mí para seguir a otros dioses.

Moisés le dijo al pueblo que Dios solo les estaba pidiendo que respetaran al Señor. "Camina en obediencia, ama y sirve al Señor con todo tu corazón y con toda tu alma. Observa los mandamientos y decretos de Dios que te doy hoy para tu propio bien. Esto no es demasiado difícil para ti. Hoy les presento la vida y la prosperidad, la muerte y la destrucción. Elige la vida".

Moisés tenía 120 años en ese momento, y Josué había sido designado para tomar su lugar para liderar a los Israelitas. Moisés le dijo a Josué que el Señor estaba con él, que había ido antes que él y que nunca lo dejaría. Por lo tanto, no debe tener miedo ni desanimarse.

Justo antes de que Moisés muriera, Dios le habló en secreto a él y a Josué y dijo que el pueblo ciertamente se alejaría de Dios. Los últimos 40 años demostraron que los Israelitas eran rebeldes y obstinados por naturaleza, tenían poca capacidad de atención, eran propensos al olvido y daban por sentadas las bendiciones de Dios. Dios le dijo a Moisés que escribiera una canción que la gente pudiera cantar cuando las cosas empeoraran en el futuro. La canción describía cómo el buen Dios los había dejado porque no habían sido fieles a los mandamientos de Dios. Los Israelitas cantarían la canción en el futuro y recordarían por qué sufrieron. Moisés enseñó el cántico al pueblo como uno de sus últimos actos como líder. Luego les dio a los Levitas todos sus escritos sobre los eventos que habían ocurrido desde sus días en Egipto. Estos libros se colocaron en el Arca de la Alianza. Finalmente, bendijo a las 12 tribus por su viaje a Canaán.

Como todavía se sentía fuerte y su vista todavía era buena, Moisés quería entrar a Canaán. Pero Dios le dijo que solo podía verlo desde la cresta panorámica de Pisga en la cima del monte Nebo, al este del río en Moab. Moisés murió en Moab y los Israelitas lamentaron su pérdida durante 30 días. Josué luego le dijo a la gente que se preparara para cruzar el río Jordán hacia Canaán en unos días.

Capítulo 6
La Ocupación De Canaán

Las victorias de Joshua eliminan la mayoría de las áreas de idolatría

Había una gran cantidad de naciones, así como de grupos étnicos variados que vivían en Canaán cuando los Israelitas acamparon al otro lado del río viniendo desde Jericó. La región era una encrucijada estratégica que unía tanto a Europa, África y también a Asia y estaba en medio del Creciente Fértil que unía el río Nilo con los otros ríos de Mesopotamia. Esa región por lo general, se veía envuelta en guerras con naciones más grandes y poderosas que siempre pelean por el control; este podría ser un territorio de amortiguamiento entre dos potencias y, además, tenía la ventaja de tener tierras fértiles muy bien valoradas, así como también acceso al mar. Tribus más pequeñas y menos poderosas estaban en Canaán, pero no estaban unidas, lo que las hacía más fáciles de vencer. Una gran cantidad de ciudades de la región tenían muros fuertes y eran autosuficientes mientras realizaban pagos a naciones más poderosas con el fin de evitar. Si un invasor fuerte amenazaba su área específica, las tribus formaban alianzas y se defendían entre ellas. Las naciones que ocupaban Canaán creían en varios dioses y diosas que tenían un sentido de moralidad precario. El sacrificio de niños y la prostitución sagrada eran hechos muy comunes en su existencia religiosa.

Israel cruza el Jordán y ataca a Jericó y Hai

Un poco antes de que Josué guiara a las personas a través del río Jordán, envió a dos espías para aprender un poco más sobre Jericó, la primera ciudad que iba a encontrar en la batalla. Los espías se encontraron con una prostituta llamada Rahab que les informó que todas las naciones de Canaán ya sabían acerca de la llegada de los

Israelitas, así como su Dios poderoso y su objetivo que era apoderarse de la región. Todo el mundo les tenía temor. Desgraciadamente, los espías fueron vistos visitando a Rahab, y los guardias de la ciudad vinieron y le dijeron que dejara a los espías en paz. Pero ella de inmediato escondió a los espías en su techo y les mintió a los guardias, diciendo que habían venido a ella, pero luego habían seguido su camino. Los guardias la creyeron y se fueron a buscarlos a otro lugar.

Más adelante, Rahab les pidió a los espías que la salvaran a ella ya su familia de la destrucción que venía más adelante; así como ella los había salvado, así que así quería que también la salvaran a ella. Los espías le prometieron no lastimarla y le dijeron que dejara una cuerda escarlata en su ventana como señal para saber en dónde vivía (su casa formaba parte de la muralla de la ciudad). Mientras ella no comentara con nadie sobre su visita, y no se moviera de su casa cuando la ciudad fuera invadida, ella y su familia iban a sobrevivir al asalto. Luego permitió que los dos espías bajaran al suelo con una cuerda a través de una ventana colgada en la pared. Los dos hombres escaparon a las colinas, se escondieron de sus perseguidores y finalmente cuando era seguro, volvieron a donde Josué. Le dijeron que Dios había preparado la tierra para la conquista; todos en la región les temían, y algunos incluso ya estaban huyendo cuando vieron acercarse a los Israelitas.

Josué les dijo a las personas que se reunieran cerca del río Jordán a la mañana siguiente, bien temprano. Debían seguir el Arca de la Alianza a más o menos, media milla de distancia. Ya por la mañana, los sacerdotes llevaron el Arca a la orilla del río y se detuvieron justo cuando comenzó a ingresar al agua. Era primavera y las aguas del río estaban bastante inundadas. Josué les había dicho que entraran al agua solo con sus pies y que no siguieran avanzando hasta que el río ya dejara de fluir. Por otro lado, 24 kilómetros río arriba cerca de la ciudad de Adam, una gran sección de piedra caliza se desprendió de la ladera y comenzó a llenar el río, lo que provocó la formación de un depósito y detuvo el flujo del río completamente lo cual el río ya no siguió su flujo hacia abajo.[6] Cuando las aguas ya no siguieron fluyendo, los sacerdotes llevaron el arca a la mitad del lecho del río, y la gente cruzó en tierra seca más abajo hasta que lograron cruzar al otro lado. Los ejércitos de las tribus de Rubén, Gad y Manasés también cruzaron, sin embargo, dejaron atrás a todas sus familias.

---

[6] Un derrumbe similar ocurrió en 1927 y paro el rio por más de 21 horas.

En ese momento, Dios le dijo a Josué que hiciera que un hombre de cada una de las 12 tribus agarrara una gran roca del medio del lecho del río y entonces la llevara directo a la orilla occidental. Luego de que todos hubieron cruzado el río, los sacerdotes llevaron el Arca el resto del camino y entonces, el río comenzó a fluir de nuevo. Más adelante, la gente acampó en Gilgal, muy cerca de Jericó. Josué erigió un monumento con las rocas que los 12 hombres llevaron a tierra para recordarle al pueblo que Israel cruzó el Jordán a pesar de hacerlo sobre tierra seca. Dios lo había secado, tanto, así como Dios secó las aguas cuando los Israelitas escaparon de los Egipcios. Dios hizo esto para que todos en la tierra se sorprendieran con el poder de Dios y supieran que todos deben amarlo y sobre todo, respetarlo. El pueblo estaba asombrado por el poder que su Dios tenía y asombrado por lo que Josué había hecho, tal como antes los había asombrado Moisés. Más adelante, Josué hizo que todos los varones nacidos en el desierto fueran circuncidados (no sucedió ninguna en el desierto). Todos se quedaron en Gilgal hasta que el último hombre por fin había sanado.

Las puertas de Jericó se cerraron pensando que habría una batalla sin embargo Joshua no atacó. En cambio, el Señor le dijo a Josué que hiciera que todo el ejército marchara alrededor de la ciudad una vez al día durante al menos seis días seguidos. Siete sacerdotes abrieron el camino y a su vez, tocaron sus siete trompetas mientras otros sacerdotes llevaban el Arca, y el resto iba detrás. El ejército guardó silencio mientras marchaban, reservando su energía para el gran ataque que vendría más adelante. Un poco después, al amanecer del séptimo día, todos marcharon alrededor de la ciudad siete veces, mientras los sacerdotes tocaban las trompetas y caminaban alrededor. Luego, cuando el ejército escuchó un toque prolongado de trompetas, todos dieron un fuerte grito y los muros de la ciudad se derrumbaron de inmediato. En ese momento, el ejército aprovechó e hizo su entrada en la ciudad desprotegida y mató a todas las personas y a todos los animales, con la excepción de Rahab y sus padres y hermanos, que se quedaron escondidos con ella.

Joshua procedió a quemar Jericó hasta los cimientos. Todas las cosas valiosas como el oro, playa y los metales de la ciudad se guardaron y se entregaron a los sacerdotes para que fueran sus tesoros. Josué maldijo a la ciudad y a cualquiera que intentara volver a construirla. Se corrió la voz sobre la caída de Jericó en otras áreas de la región. Debido a que Rahab había escondido a los dos espías, a todos sus parientes se les permitió vivir con los Israelitas, y lo hicieron durante muchos años.

Uno de los soldados Israelitas que atacó a Jericó se logró quedarse con algunos de los objetos de valor. Esto molesto mucho a Dios, y cuando tuvo lugar la siguiente batalla entre un pequeño número de soldados y el pequeño ejército en la ciudad amorrea de Hai, a unas 24 kilómetros de distancia, los Israelitas fueron por fin derrotados. Esto asombró a Joshua pues no se lo esperaba; se rasgó la ropa y se tumbó boca abajo por el resto del día. Le preocupaba que Dios los hubiera abandonado y que las ciudades vecinas se enteraran de su derrota y comenzaran a ganar confianza para enfrentarse contra Israel. Pero Dios le reveló a Josué que algo prohibido había sido quitado de Jericó, y hasta que fuera destruido, no iba a ganar jamás ninguna otra batalla.Joshua llevo a cabo una inspección para encontrar los objetos de valor que se habían desaparecido y que estaba prohibidos. El hombre confesó haber tomado una valiosa túnica, plata y oro y haberlos escondido en su tienda. Los artículos fueron al fin encontrados, y el hombre, su familia, sus animales y sus pertenencias (incluidos los objetos de valor que había robado) fueron llevados al valle de Acor, donde todos los Israelitas los agarraron a pedradas a todos, luego quemaron todo y los enterraron.

Josué después de eso, envió a todo el ejército a Hai para tenderle una trampa a su ejército el cual estaba demasiado confiado. Cuando una pequeña parte del ejército Israelita volvió a acercarse a la ciudad por el este, todo el ejército de Hai y los refuerzos de la ciudad cercana de Betel los persiguieron hacia el este, tal como lo habían hecho antes. Esto dejó a Hai y Betel desprotegidas, y el resto del ejército de Israel, que había acampado en secreto entre las dos ciudades, prendió fuego a Hai. Cuando el ejército de Hai vio su ciudad ardiendo en llamas, decidieron retirarse. El ejército Israelita que huía se dio la vuelta y en ese momento, atrapó al ejército de Hai entre las dos partes del ejército de Israel. Todos en Ai murieron y también fue quemada hasta los cimientos. Su rey fue empalado en un poste y dejado colgado en la puerta de la ciudad. La ciudad se cubrió entonces con rocas y nunca volvió a ser reconstruida. Después de la victoria, a los Israelitas se les permitió guardar el ganado y los objetos de valor dentro de la ciudad. Luego, los Israelitas viajaron más de 24 kilómetros al norte hasta un área entre el monte Ebal y el monte Gerizim, donde Josué construyó altares para realizar ofrendas a Dios y poder leer las leyes que había hecho Moisés, a todo el pueblo.

Las fuerzas Israelitas atacan a otros en Canaán

Las noticias de esto se difundieron como pólvora rápidamente por toda la región sobre cómo Israel había cruzado el Jordán en tierra seca y, además, las victorias que habían obtenido en Jericó y Hai. Los reyes que gobernaban las tierras desde el Jordán hasta la costa entendieron que el dios de Israel era superior al de ellos, y entonces, perdieron el valor para enfrentarse a Israel. Pero los reyes aún se unieron y formaron una alianza en contra de Israel. El pueblo de Gabaón, que estaba cerca de Hai y Jerusalén, se dieron cuenta que estaban condenados y engañaron a Israel para que hiciera un tratado de paz directamente con ellos. Se disfrazaron de extranjeros de apariencia pobre y se ofrecieron a servir a Israel. Josué, sin buscar el consejo de Dios, hizo un tratado con los gabaonitas y sus tres aldeas dependientes. Joshua pronto descubrió que todo había sido un truco, pero aun así hizo cumplir el tratado. Los gabaonitas no murieron, pero por su engaño, fueron maldecidos para ser siervos de Israel.

El rey de Jerusalén se enteró del trato que había con Gabaón, y comenzó a recibir ayuda de los otros reyes Amorreos de la región montañosa y entonces allí atacó a Gabaón. Los gabaonitas le dieron un mensaje a Josué para que los defendiera de todos los ataques. Josué y su ejército marcharon toda la noche y sorprendieron a los invasores al caer la mañana. Los Israelitas lucharon todo el día y después, derrotaron a todos los ejércitos enemigos en Gabaón. Mientras perseguían a los ejércitos que iban en retirada, una tormenta de granizo que se enfrió oscureció el cielo y mató a más enemigos mientras que, por el contrario, este refrescaba al ejército de Israel. Lleno de adrenalina e inspirado por la confianza de que Dios les daría la victoria, el ejército de Israel que perseguía a las fuerzas en retirada cubrió un viaje de un día en menos de la mitad del tiempo que duraba en realidad. Finalmente capturaron y mataron a todos los reyes Amorreos, que se habían escondido en cuevas. Se hicieron dos días de trabajo en un día, y Joshua celebró el día muy largo como si "el sol se detuviera y la luna se detuviera".

Josué junto con el ejército siguieron hacia el sur y conquistaron otro montón de ciudades, no dejaron a ningún sobreviviente. Cuando terminó, había dominado por completo toda la región: La región montañosa, así como el Negev, las colinas occidentales y las laderas de las montañas, desde Cades Barnea, Gaza y Gosén hasta Gabaón. Luego, él y el ejército regresaron al norte y se quedaron en su campamento en Gilgal.

Joshua dirige los ataques hacia el norte

Justo cuando las naciones ubicadas en las llanuras y montañas del norte de Canaán se enteraron de lo que les había pasado a todos esos ejércitos en el centro y sur de Canaán, se unieron para luchar contra el ejército de Israel, que se había vuelto completamente en contra suya. En un ataque sorpresa y de tipo preventivo, Israel derrotó a la coalición de fuerzas reunidas en las colinas cercanas a las Aguas de Merom. Después también derrotó al enorme ejército dirigido por carros de la gran y estratégica ciudad de Hazor y logro quemarlos por completo (Hazor estaba en una ruta comercial importante en un valle, a 24 kilómetros al norte del mar de Galilea y a ocho kilómetros al oeste del río Jordán, y era el líder entre los reinos del norte). El ejército de Israel empezó a perseguir a los ejércitos en retirada de las naciones que estaban en el norte. hasta Tiro en Fenicia e incluso la base del monte Hermón. Todos en los reinos del norte y en Hazor fueron asesinados, uno por uno. Pero, aparte de Hazor, ninguna ciudad fue incendiada ni tampoco destruida, ya que la población ocupante de Israel la iba a utilizar en un futuro. Los Israelitas se llevaron todo el ganado y los objetos de valor de la zona. Esto fue lo que puso fin a todos los combates que se habían dado.

La conquista está completa

Ya cuando Josué terminó todas las batallas durante el período de siete años de limpieza étnica, se habían conquistado un total de 31 reinos en toda el área de Canaán. Solo los que vivían en Gabaón firmaron un tratado de paz con Israel y se convirtieron en siervos de Israel. Sin embargo, algunas ciudades y áreas no fueron capturadas ni tampoco fueron ocupadas, por lo que los Cananeos se quedaron en la región. Josué había hecho en esencia, lo que Dios y Moisés le habían dicho que tenía que hacer: eliminar a los habitantes de Canaán que habían endurecido sus corazones contra el único Dios verdadero. Esto permitió que los Israelitas se establecieran en la tierra prometida, pero aun así coexistían con los no creyentes.

Josué después dio la tierra como herencia a las tribus de Israel de acuerdo con cada una de las divisiones que habían. Él estableció los límites para cada tribu, aunque hubo algunos desacuerdos y negociaciones con respecto a la tierra que recibieron varias de esas tribus. Caleb, el único otro sobreviviente de la generación anterior que cruzó a Canaán además de Josué, recibió la ciudad de Hebrón. Se designaron ciudades de refugio para que las personas pudieran huir a un lugar seguro y evitar las represalias de otros que buscan venganza inmediata cuando sucede una muerte que es inesperada.

Shiloh se llegó a convertir en el centro religioso donde se guardaba el Arca de la Alianza y donde se manejaban todas las disputas nacionales que se daban. Las tribus designaron ciudades y áreas de pasto exclusivamente para los Levitas. Los ejércitos de las tribus de Manasés, Rubén y Gad regresaron a su tierra al este del río Jordán. (Hubo una controversia momentánea sobre el gran altar que construyeron cerca del río en las afueras de Canaán. Con la ayuda de Finees, se evitó el conflicto entre las tribus sobre estos detalles).

Cuando Josué distribuyó la tierra entre todas las tribus, ya él era un anciano. En Siquem, reunió a los líderes de las tribus para recordarles que se mantuvieran fieles y leales al único Dios verdadero y que no se mezclaran con los Cananeos que aún habitaban en toda esa región. Les recordó que les iban a llegar solo cosas buenas porque eran obedientes a Dios, pero que Dios los destruiría si se comportaban mal y no obedecían. Las batallas y la limpieza de Canaán estaban destinadas a eliminar los poderes del mal dentro de la región, demostrar al mundo el poder del Dios de Israel y crear una sociedad de gente santa que no se comprometiera jamás con el mal. El juicio y la muerte tenían que preceder a una paz que fuera duradera. Entonces les dijo a los presentes:

> Teme al Señor y siempre sirve a Dios con alta fidelidad. Desecha a los dioses que adoraron tus antepasados al otro lado del río Éufrates y en Egipto, y sigue sirviendo al Señor. Pero si servir al Señor te parece difícil, entonces debes elegir a quién vas a servir, ya sea a los dioses a los que sirvieron tus antepasados más allá del Éufrates, o a los dioses de los Amorreos, en cuya tierra estás viviendo. Pero en cuanto a mí y mi familia, debes estar seguro que siempre le vamos a servir al Señor.

Todo aquel que era líder, se comprometieron a confiar, servir y adorar al Señor, así como a seguir los mandamientos de Dios y no mezclarse con cualquier habitante que fuera cananeo.

Josué falleció a la edad de 110 años y fue enterrado en la campiña montañosa de Efraín. El sumo sacerdote Eleazar también murió aproximadamente al mismo tiempo y fue enterrado en ese mismo lugar.

Capítulo 7
Israel Y Su Lucha En Canaán
Las tribus se separan, abandonan su fe, y van perdiendo la bendición de Dios

Todas las tierras ubicadas en Canaán eran en estos momentos poseídas por 12 tribus distintas y hasta el este del río Jordán. Ya que las distancias eran largas y no existía una estructura política unificadora, no había lugar para que los líderes y administradores tribales se reunieran y tomaran decisiones o donde pudieran poner en coordinación, cada acción que fueran a tomar. Como resultado de ello, cada tribu empezó a desarrollar sus propios métodos y sistemas para vivir en donde cada una ya se había establecido con anterioridad.

Las tribus también tuvieron batallas con los Cananeos locales que se quedaron en esa región. Varias ciudades importantes (como ejemplo, Taanac y Meguido) continuaron en manos de los Cananeos dado que los Israelitas en esa área no tenían la fuerza para derrotarlos por ellos mismos. En varias ocasiones, los habitantes locales reconstruyeron ciudades que Israel había destruido y llegaron a tener el mismo poder que habían tenido antes. Algunos Israelitas pudieron asimilar y además fraternizar con los Cananeos, lo que incluyó participar en ceremonias religiosas de otros Dioses. Los matrimonios mixtos llevaron a una mayor erosión de la fidelidad de los Israelitas a los mandamientos de Dios y peor aún, de los rituales religiosos. Moisés había desde antes advertido al pueblo que no hicieran este tipo de cosas, y el pueblo había prometido que jamás las haría. Pero, la mayoría de la gente todavía hacía lo que pensaba que era correcto a sus solo ante sus propios ojos.

Durante los siglos siguientes, los Israelitas de vez en cuando, se alejaron tanto del Dios de sus padres que las bendiciones prometidas por Moisés y Josué se fueron alejando cada vez más de ellos. Este adulterio espiritual, en el que el pueblo rompió las promesas que había hecho de seguir siendo fiel a Dios, provocó la opresión de otra gran cantidad de grupos. Algunos líderes Israelitas con fe en Dios ayudaron a las tribus a superar la opresión, lo cual creó tiempos de paz y prosperidad hasta la siguiente ronda de idolatría. Las naciones alrededor también invadieron Canaán por aquel tiempo.

La opresión y las victorias periódicas

La primera invasión que cayó sobre Canaán vino de forma directa de las fuerzas basadas en la alta Mesopotamia. Oprimieron a los Israelitas durante alrededor de ocho años. Otoniel, un juez y líder militar de la tribu de Judá y hermano menor de Caleb, acabo con los ejércitos del rey de Aram, haciendo marca al comienzo de lo que fueron alrededor de 40 años de mucha paz. Pero los Israelitas nuevamente hicieron el mal ante los ojos de Dios, y los Moabitas invadieron y dominaron el área durante 18 años. Aod, de la tribu de Benjamín, engañó al rey moabita y acabo con su vida, y el ejército Israelita tuvo una gran victoria contra las fuerzas Moabitas. Ese suceso llevó a 80 años de paz.

Deborah y Barak

Después de que esto sucedió, el resto de la región fue tomada por los poderes Cananeos con base en Hazor, la cual se había reconstruido, luego de que fuera destruida por las fuerzas de Josué. La profeta y juez Israelita Débora vivía en las colinas de Efraín, lugar cercano a Ramá y Betel (aproximadamente 24 kilómetros al norte de Jerusalén).[7] Ella llegó a manejar disputas entre los Israelitas mientras era testigo de toda la opresión que sufrían. Dios le dijo que se contactara con Barak en Cedes (que estaba 160 kilómetros al norte en Neftalí) y le dijera que el Señor deseaba que liderara una alianza de fuerzas contra Hazor y su fuerte ejército de carrosas acorazadas. Dios le prometió a Barac que tendría la victoria, pero que iría solo si Débora lo acompañaba. Ella estuvo de acuerdo, y ambos lideraron fuerzas contra el ejército de Hazor en el valle del río Kishon, cerca de Taanach y Megiddo. Los ejércitos de ciertas tribus Israelitas se unieron a esta lucha, pero los ejércitos de las otras tribus se negaron a brindarles apoyo.

---

[7] Los profetas hablaron la palabra de Dios y sus enseñanzas a la gente y los lideres, y en algunos casos hicieron predicciones del futuro.

En ese periodo de tiempo, estaban en la época conocida como la Edad del Hierro y por esa razón, los carros de Hazor tenían refuerzos con hierro. Antes de la batalla, cayeron fuertes lluvias, y por eso, sus carros no pudieron maniobrar en el barro y se convirtieron en un algo inservible. Conforme las aguas del pequeño río fueron aumentando de forma rápida, los soldados del ejército de Hazor murieron rápidamente y el río lavó sus cuerpos. Dios usó la fe y la valentía de Débora y las fuerzas de la naturaleza para asegurar nuevamente la victoria de Israel. Ella y Barak escribieron una canción juntos para celebrar la victoria, y 40 años de paz siguieron a la misma.

Gedeón y los forajidos del este

Luego de un tiempo, Israel regresó a la idolatría y los nómadas hostiles de Madián en el este asaltaron la comida y los animales de cada uno de los Israelitas. Estas incursiones periódicas llevaron a los Israelitas a que se movieran a cuevas y colinas.

Cuando por fin los Israelitas le pidieron ayuda a Dios, el Señor les envió directamente a un profeta. Gideon era un joven agricultor que vivía en la aldea de Ophrah en el centro de Palestina. Él en algún momento, tuno una conversación con un extraño sobre cómo Dios lo convertiría en un poderoso guerrero. Gideon tenía grandes dudas de que esto fuera posible. No tenía entrenamiento, y él era de una pequeña aldea de la tribu más débil, y además, era el más joven de su familia, y lo cierto es que Dios había abandonado a Israel debido a su continua pecaminosidad. Pero el extraño dijo que Dios estaría con él y expulsaría a todos los Madianitas.

Gideon aún tenía algunas dudas. Quería recibir una señal que le demostrara que Dios estaba de su lado. Llevó una ofrenda al extraño y la puso sobre una roca. El hombre tocó la ofrenda con su cayado, y de la peña salió fuego y el cual luego consumió la ofrenda. El hombre desapareció y Gedeón se dio cuenta de que el hombre era un ángel de Dios.

Luego ese mismo día, ya más tarde, Dios le dijo a Gedeón que derribara el altar de su familia a Baal (el dios local principal) y el poste de madera dedicado a la diosa Asera y que construyera un altar apropiado para el Dios verdadero. Gedeón estuvo de acuerdo y se llevó a algunos de sus sirvientes para que construyeran dicho altar. Usando la madera del poste como combustible, quemó un toro como ofrenda adecuada.

Sin embargo todo esto se llevó a cabo por la noche porque tenía miedo de cómo reaccionarían su familia, además, su pueblo. Por la mañana, cuando la gente vio que el altar de Baal y el poste estaban destruidos, y que había un altar nuevo y un holocausto en su lugar, querían matar a Gedeón. Pero el padre de Gideon dijo que, si Baal era realmente un dios, mataría a quienquiera que lo hubiera hecho. Entonces nadie lastimó a Gedeón.

La próxima vez que los asaltantes Madianitas entraron a la ciudad de Canaán, Gedeón reunió una coalición de fuerzas de las tribus del norte para que se pudiera llevar a cabo una batalla. A pesar de eso, todavía quería una señal de que Dios estaba de su lado. Le dijo a Dios que dejaría un vellón de lana en el suelo, y que si el vellón de lana en el suelo estaba mojado pero el suelo estaba seco por la mañana, sabría que Dios estaba de su lado. Al día siguiente, el vellón estaba bastante empapado; Gideon exprimió todo un cuenco de agua, pero el suelo estaba seco.

Pero Gideon todavía no se veía muy convencido. Así que le dijo a Dios que dejaría un vellón seco en el suelo, y que si todavía estaba seco por la mañana pero todo lo demás estaba húmedo, entonces creería que Dios sin duda estaba del lado suyo. Por la mañana, un rocío húmedo lo cubrió todo, pero el vellón aún estaba seco.

Gideon poseía toda la confianza para seguir adelante en la batalla. Tenía más de 32.000 hombres que estaban bajo su cargo en el ejército. Sin embargo, Dios le dijo: "Tienes demasiados hombres. Si sales victorioso, la gente dirá que Israel ganó y yo no recibiré ningún crédito. Dígales a los hombres que cualquiera que tenga miedo se debe de marchar". En respuesta, 22.000 hombres abandonaron el ejército de Gedeón, dejándole tan solo 10.000 hombres.

Aun así, Dios le dijo a Gedeón que todavía tenía demasiados hombres y que necesitaba que su ejército fuera más pequeño. Para identificar a más hombres que deberían irse, se le dijo a Gideon que los llevara a todos al agua y les dijera que la bebieran. "Envíe a casa a cualquiera que se arrodille a beber, y mantenga solo a los que beben el agua lamiendo como un perro". Gideon hizo beber a todos los hombres y envió a todos a casa, excepto a 300 hombres que tomaron agua en sus manos y la bebieron como un perro. Con un ejército tan pequeño, si Gedeón ganaba una batalla contra todo pronóstico, solo Dios obtendría el crédito.

Durante el tiempo que los enormes ejércitos de los Madianitas y otros invasores del este estaban acampando juntos y durmiendo en el valle cerca de la colina de Moreh, los 300 hombres de Gedeón realizaron un ataque sorpresa al anochecer. Rodearon el campamento enemigo, pero en lugar de atacar con sus armas, tocaron cuernos y sostuvieron antorchas de fuego que habían escondido en tinajas vacías mientras gritaban: "¡Una espada para el Señor y para Gedeón!" Esto hizo que hubiera confusión y el enemigo en pánico comenzó a pelear entre sí. Muchos de ellos huyeron en sus camellos hacia el río Jordán y fueron perseguidos por otras tribus Israelitas. Los Israelitas de Efraín les impidieron la retirada hacia el río, y los reyes del enemigo fueron capturados y asesinados. Las cabezas de los reyes se colocaron en postes y se llevaron a Gedeón mientras él dirigía la carga hasta el río Jordán.

A pesar de que estaban agotados por la persecución, los 300 hombres continuaron persiguiendo al enemigo hasta el este del Jordán. Pidieron comida y apoyo a los habitantes de Sucot y Penial, pero su gente se negó porque pensaban que la batalla ya había concluido. Sin embargo, todavía había 15.000 soldados enemigos que huían hacia el este (ya habían muerto 120.000) y todavía los 300 hombres continuaban con su persecución. (En ese momento, estaban a 65 kilómetros de donde ocurrió el ataque sorpresa). Gideon les dijo a los que se negaron a ayudarlos que él regresaría y los atacaría también.

También los 15.000 soldados enemigos que sobraban, pensaron que la batalla había terminado. Mientras descansaban cerca del borde del desierto, Gideon y sus 300 hombres los sorprendieron nuevamente y los asesinaron uno por uno. Entonces Gedeón regresó a Sucot y Penial y castigó a los ancianos de Sucot con espinas del desierto, derribó una torre en Penial y mató a todos sus hombres.

Al final, cuando todas las batallas concluyeron, los Israelitas querían hacer de Gedeón su rey y de sus hijos los reyes sucesivos. Pero él no quiso y afirmó que Dios era su rey. Pero, pidió un pendiente de oro a todos los que los habían tomado como botín del enemigo. La gente estuvo de acuerdo y le dio a Gedeón 43 libras de oro. Desafortunadamente, Gideon se hizo una elaborada prenda con el oro, similar a la que usaba el sumo sacerdote, y se la llevó a su ciudad natal. Allí se convirtió en una prenda sagrada que la gente veneraba más que a Dios.

Obtener la victoria trajo consigo 40 años de paz. Gedeón tuvo 70 hijos de sus esposas. Sin embargo, al morir, los Israelitas volvieron a adorar a Baal. Olvidaron lo que Gedeón y el Señor habían hecho por ellos. De hecho, el hijo de Gedeón, Abimelek, mató a todos menos a uno de sus hermanos (Jotam, el más joven, escapó huyendo), se erigió en rey en Siquem (una de las seis ciudades de refugio) y se corrompió con su poder. Jotam maldijo la ciudad de Siquem, y Abimelec gobernó Israel por sólo tres años; lo mataron en una batalla con una ciudad cerca de Siquem.

Después de la muerte de Abimelek, un grupo jueces llevaron a Israel a través de 45 años de paz. Pero, otra vez, los Israelitas hicieron lo malo a los ojos del Señor. Adoraban a Baal y a los dioses de las naciones vecinas, y los Amonitas en el este y los Filisteos en el suroeste oprimían a los Israelitas.

Jefté y los Amonitas

Luego de haber pasado por 18 años de opresión por parte de los Amonitas, los Israelitas de Galaad volvieron a apelar a Dios y empezaron a buscar el perdón. Galaad era un área densamente boscosa al este del río Jordán en el área poblada por la tribu Manasés. Los Israelitas destruyeron a sus dioses extranjeros y sirvieron al Señor. Luego llamaron a un hombre llamado Jefté para que los liberara.

El papá de Jefté también se llamaba Galaad y su madre era considerada una prostituta. Sus dos medios hermanos lo habían rechazado y maltratado por el hecho de ser ilegítimo, por lo que se había ido de casa. Allí conoció a algunos vagabundos al borde del desierto y se convirtió en un guerrero endurecido y valiente que lideraba una banda de bandidos.

El grupo de ancianos de Galaad le pidieron a Jefté que dirigiera un ataque contra los Amonitas. Si ganaba la batalla, lo convertirían en el líder de todos los Israelitas que vivían en Galaad. Jefté aceptó su oferta una vez que estuvo seguro de que la oferta era legítima. Primero intentó usar la diplomacia con el rey de los Amonitas, buscando recuperar la tierra Israelita sin luchar. Pero el rey no estaba de acuerdo con el argumento de Jefté de que, sobre la base del precedente histórico, los Israelitas deberían ocupar la tierra. Jefté dijo que lo tomaría pacíficamente o mediante una pelea; se convertiría en la tierra de Israel sin importar qué. Pero el rey ignoró la amenaza.

A continuación, Jefté hizo un trato con Dios: "Si permites que yo derrote a los Amonitas, te sacrificaré todo lo que salga por la puerta de mi casa para recibirme cuando regrese de la batalla". Después fue y destruyó las 20 ciudades de Ammón.

Cuando regresó a su casa en Mizpa, lo primero que salió de su casa fue su pequeña hija, su única hija, ¡que salió corriendo a saludarlo porque estaba muy emocionada de volver a verlo! Cuando la vio, se rasgó la ropa y gritó: "¡Oh, no, hija mía! Le hice un voto a Dios que no puedo romper". Y le explicó lo que le había prometido a Dios.

Entonces ella respondió: "Papá, debes de mantener tu palabra al Señor. Hazme lo que prometiste porque el Señor cumplió dándote al enemigo. Pero tengo que pedir un favor. Dame dos meses para vagar por las colinas y llorar con mis amigos, porque nunca voy a casarme. Jefté la dejó ir a estar con sus amigos y lamentar el hecho de que ella moriría y nunca se casaría ni tendría hijos. Ella regresó después de dos meses, y Jefté la sacrificó como había prometido que haría. Su trato innecesario con Dios resultó en que él realizara la práctica prohibida del sacrificio humano. Algunas mujeres Israelíes todavía lamentan la muerte de su hija durante el solsticio de invierno.

Jefté había pedido al ejército de la tribu de Efraín que ayudara en el ataque contra los Amonitas, pero se negaron. Una vez que los Amonitas fueron derrotados, los que vivían en Efraín se sintieron amenazados y ofendidos. La victoria de Jefté permitió al pueblo de Galaad controlar las aguas río arriba del río Jordán, por lo que los efraimitas querían matar a Jefté. Las dos tribus tenían problemas y no se llevaban bien y los que vivían en Efraín pensaban que la gente de Galaad era inferior (no era parte de Canaán, y las dos tribus pronunciaban algunas palabras de manera diferente). Las dos tribus lucharon y Jefté terminó matando a 42.000 efraimitas. Después de eso, dirigió a todo Israel durante seis años hasta que murió.

Samson y los Filisteos

Jefté fue perseguido por diferentes jueces estuvieron en servicio otros 25 años, pero después de esto, los Israelitas se apartaron del Señor y abrazaron a dioses extranjeros. Cayeron bajo el dominio de los Filisteos, una nación que ocupaba un área de tierra muy fértil al oeste de Judá en el mar Mediterráneo. La opresión duró un total de 40 años.

Durante ese tiempo, un hombre que se hacía llamar Manoa, vivía con su esposa quien era estéril en Zorah, en la tribu de Dan. Un ángel se les apareció y les dijo que iban a tener un hijo. Sería un Nazareo de nacimiento y haría un voto de no consumir ninguna forma de uva (incluido el vino), no tocar a una persona muerta y no cortarle el pelo de la cabeza. El niño crecería y libraría a Israel de los Filisteos. Cuando nació el niño, lo nombraron Sansón (que significa "luz").

Este niño que se llamaba Sansón se hizo famoso por su gran fuerza, pero también era impulsivo y de mal genio y carecía de sabiduría y buen carácter en la parte moral (por ejemplo, se acostó con prostitutas, se casó con extranjeras y, a menudo, rompió su promesa de no tocar un cadáver).

Sin embargo, luego de un tiempo, Sansón conoció a una mujer Filistea que vivía a unas ocho kilómetros colina abajo de su casa y decidió que quería casarse con ella. Cuando llevó a sus padres a conocerla, un león los atacó. Pero el espíritu de Dios llenó a Sansón de fuerza y él fue capaz de matar al león con sus propias manos. Más tarde, cuando fue a casarse, vio el cadáver del león. Las abejas vivían en él y el cadáver estaba lleno de miel. Sansón tomó un puñado y lo probó, y era tan dulce como la miel.

En el transcurso de la fiesta en que se celebraba la boda, Sansón hizo una apuesta con los 30 hombres Filisteos que estaban en la celebración de los siete días. Prometió darle a cada hombre vestidos de lino y un conjunto de ropa si podían resolver un acertijo en siete días. Si no pudieran resolverlo, cada uno tendría que darle ropa de lino y un conjunto de ropa. Les dijo el acertijo: "Del comedor salió algo para comer; de los fuertes salió algo dulce".

Ninguno de los hombres pudo resolver el acertijo, por lo que amenazaron con matar a la esposa de Samson y a su familia si no encontraba la respuesta. Ella le gritó a Sansón, pidiéndole que le dijera la respuesta. El último día de la fiesta, él le dio la respuesta y luego ella se lo contó a los 30 hombres. Justo antes de la puesta del sol, los hombres le dijeron a Sansón la respuesta: "¿Qué es más dulce que la miel? ¿Qué es más fuerte que un león?"

Luego Sansón les dijo a todos: "Si no hubieran utilizado a mi esposa, no habrían resuelto mi acertijo". En ese instante, el espíritu de Dios lo fortaleció y bajó a la ciudad costera de Ashkelon, a más de 30 kilómetros de distancia, y mató a 30 hombres. Tomó sus ropas y se las dio a los asistentes a la fiesta que habían explicado el acertijo (esto violaba su voto de no tocar a un muerto). Regresó a la casa de su padre, pero dejó atrás a su esposa. Luego, su padre se la entregó al padrino de boda principal de la boda.

Después de eso, Samson volvió a ver a su esposa para disculparse por su desaparición en el momento de su boda. Pero su padre pensó que Sansón se había ido para siempre y le dijo que la habían entregado a otro hombre. El enojado Sansón ató cuerdas a las colas de 300 zorros y luego prendió fuego a las cuerdas en los campos de trigo. Los zorros entonces, empezaron a correr por los campos y les prendieron fuego justo antes de la cosecha. También se quemaron viñas y olivares Filisteos. Cuando los Filisteos se enteraron de que Sansón había sido responsable de todo esto, mataron a su esposa y a su padre. Sansón respondió y mató a muchos de los asesinos, luego huyó a una cueva en la roca de Etam cerca de Belén, a unas 16 kilómetros tierra adentro de su casa.

De inmediato, los Filisteos entraron en Judá y le pidieron a toda su gente que les dieran a Sansón. Dado que los Filisteos gobernaban el área y la gente de Judá quería mantener la paz, enviaron a 3.000 hombres a buscar a Sansón en nombre de los Filisteos. Por fin lo encontraron en una cueva y lo ataron con dos cuerdas nuevas. Prometieron que no lo matarían, solo lo entregarían a los Filisteos. Cuando los Filisteos vieron a Sansón, se acercaron para matarlo. Pero el Espíritu de Dios hizo a Sansón muy fuerte y se liberó de las cuerdas. Agarró una quijada fresca de un burro y mató a mil Filisteos. Cuando terminó, tiró la mandíbula. El lugar se conoció entonces como Ramath Lehi ("colina de la quijada").

Dalila

Con el paso del tiempo, Sansón gobernó Israel por alrededor de 20 años. Ya casi al final de su reinado, Sansón se enamoró de una mujer llamada Dalila que vivía cerca de su casa. Los Filisteos se acercaron a ella para que engañara a Sansón para que dijera por qué era tan fuerte. Le pagaron alrededor de 30 libras de plata para descubrir su secreto.

Dalila le preguntó varias veces a Sansón cómo se había vuelto tan fuerte. Cada vez que contó una historia falsa, y cada vez que Dalila les contó a los Filisteos el secreto y luego obtuvo lo que necesitaba de ellos para debilitar a Sansón. Pero Sansón no pudo debilitarse. Cuando Dalila gritó: "Los Filisteos te están atacando", rompió todo lo que lo ataba. Sansón primero le dijo a Dalila que su secreto estaba relacionado con cuerdas de arco nuevas, luego dijo que las cuerdas nuevas podrían contenerlo, y luego dijo que podría ser superado cuando su cabello se trenzara de cierta manera. Cada vez que él se escapaba y Delilah le lloraba, le decía que le estaba mintiendo, que no la amaba y que la hacía parecer una tonta.

Aunque parezca increíble, Sansón no estaba al tanto de los engaños de Dalila. Ella siguió regañándole por eso todos los días hasta que él se cansó de todo eso. Entonces, cuando ella volvió a preguntarle sobre el secreto de su fuerza, él le dijo la verdad: era un Nazareo que obtuvo su fuerza de Dios al no cortarse el cabello. Córtelo y perdería su fuerza. Dalila les contó este secreto a los Filisteos, y después de que ella le cortó el cabello mientras dormía, Dios lo dejó, y los Filisteos lo capturaron fácilmente. Le sacaron los ojos, lo hicieron prisionero y lo obligaron a moler grano.

Con el transcurso del tiempo, el cabello de Sansón creció más y se hizo más largo y así, comenzó a recuperar su fuerza. Para ese entonces, los gobernantes Filisteos sacaron a Sansón de la prisión para burlarse de él y entretener a una gran multitud que se reunió en el templo religioso para burlarse de él. Al ser ciego, le pidió a su manejador que lo pusiera entre dos pilares que sostenían el edificio para que pudiera apoyarse en ellos.

Después Sansón le oró al Señor: "Por favor, Señor, acuérdate de mí. Fortaléceme una vez más y déjame vengarme de los Filisteos por lo que pasó con mis dos ojos". En ese momento, Sansón se apoyó entre los dos pilares centrales que sostenían el templo y dijo: "¡Déjame morir con los Filisteos!" Luego comenzó a empujar las columnas con todas sus fuerzas, y el templo se derrumbó sobre los gobernantes y la gente que se encontraba adentro. Así fue como mató a muchas más personas cuando murió que cuando vivió. A pesar de que Sansón era un hombre profundamente imperfecto, Dios todavía lo usó para guiar a Israel durante 20 años.

Noemí y Rut

Para cuando sucedieron todos esos tiempos turbulentos, los miembros de las tribus Israelitas se movieron por toda la región. Varios de ellos, se trasladaron al norte hacia Fenicia mientras que otros se trasladaron al este. Las migraciones se produjeron debido a las luchas, la unificación familiar cuando las personas se empezaron a casar entre ellos y también por el hambre. Durante una hambruna, una pequeña familia que vivía en Belén se mudó al sureste de Moab, más allá del Mar Salado. El esposo murió y dejó a su esposa Noemí y dos hijos. Los hijos se casaron con mujeres Moabitas, Orfa y Rut. Cuando murieron los hijos, todo lo que quedó fue Noemí y sus dos nueras.

Luego, Noemí se enteró de que Dios había provisto comida en Judá, por lo que decidió irse de Moab con Orfa y Rut. Sin embargo, durante el camino, Noemí les dijo a las dos mujeres que regresaran a Moab para poder casarse nuevamente. Orfa regresó, pero Rut insistió en quedarse con Noemí. Rut le dijo: "A donde tú vayas, yo iré; donde vives yo viviré. Tu pueblo será mi pueblo, tu Dios será mi Dios. Donde tú mueras, yo moriré, y allí seré enterrado. Que el Señor me trate con severidad si dejo que otra cosa que no sea la muerte nos separe". Ella estaba renunciando a su vida anterior y comprometiéndose con recorrer los caminos de los Israelitas.

Los habitantes de Belén se quedaron sorprendidos al ver que Noemí volvió. La llamaron por su nombre, pero ella dijo que iba a cambiar su nombre de Noemí (que significa "agradable") por el de Mara (que significa "amarga") porque ella consideraba que Dios le había amargado la vida. Ella le dijo a la gente: "Me fui llena, pero el Señor me ha traído de vuelta con las manos vacías. El Todopoderoso me ha traído toda esta desgracia". Pero la gente todavía la llamaba Naomi.

Rut deseaba utilizar parte de su tiempo trabajando en los campos de cebada que en ese momento estaba siendo cosechados. Terminó trabajando en los campos que pertenecían a Booz, un rico terrateniente que era pariente del difunto esposo de Noemí (su madre era Rahab). Cuando Booz vino a supervisar a los trabajadores una mañana, vio a Rut. El superintendente le explicó que era la nuera de Noemí de Moab y que trabajaba muy duro.

Booz se le acercó a Rut y le dijo: "No trabajes más en el campo y tampoco te vayas a ir. Quédate aquí con las mujeres que trabajan para mí y ayúdame a cuidar los campos. Les he dicho a los hombres que no te toquen y que te den agua cuando tengas sed".

Rut se inclinó lo más cerca posible y le preguntó: "¿Por qué te has fijado en mí y te agrado, a pesar de ser extranjera?"

Entonces Booz le respondió: "Me han contado todo lo que has hecho por tu suegra desde que murió tu marido y cómo dejaste a tus padres y tu tierra natal para venir a vivir aquí con gente que ni siquiera conoces. Que el Dios de Israel te recompense".

Rut le respondió a Booz: "Que pueda seguir siendo favorecido ante tus ojos. Me tranquilizas hablándome amablemente, aunque no soy uno de tus sirvientes".

Cuando estaban en medio de la comida del medio día, Booz invitó a Rut a comer con él. Comió todo lo que quiso. Luego trabajó duro el resto del día y llevó un poco de la cebada sobrante a su casa con Noemí, quien le preguntó de dónde venía. Rut le explicó cómo había trabajado en los campos que pertenecían a Booz y él la dejó llevar algo de comida a casa. Noemí se sintió llena de alegría y le explicó a Rut que Booz era su pariente y era un hombre muy amable. Rut continuó trabajando para Booz durante varias cosechas más ese año mientras vivía en casa con Noemí.

Cuando la temporada de cosecha estaba terminando, Noemí le dijo a Rut que se lavara y se vistiera y luego fuera a la zona de trilla mucho después de que terminara la cena y se acostara a los pies de Booz mientras él estuviera durmiendo. Rut fue allí y durmió a sus pies mientras él dormía encima de una cantidad de grano. Se despertó en medio de la noche y se sorprendió al encontrar a alguien acostado cerca de él. Como estaba oscuro, preguntó quién era. Rut se identificó y le pidió que la cubriera con una esquina de su manta. Booz estaba legalmente obligado a ayudar a los miembros de la familia en apuros, y Rut estaba al tanto de eso.[8]

Tan pronto Booz se enteró de que era Rut, dijo: "¡El Señor te bendiga! No tengas miedo. Quédate aquí esta noche, pero luego tienes que irte por la mañana. No dejes que nadie sepa que estuviste aquí. Todos en la ciudad saben que tienes un carácter noble". Entonces Booz la cubrió con una esquina de su manta mientras ella permanecía a sus pies. Por la mañana, le dio una gran cantidad de cebada para que se la llevara a Noemí y ella se fue sin que la vieran.

Rut después fue hacia su casa y le contó a Noemí lo que había sucedido en la noche. Al mismo tiempo, Booz fue a la ciudad y se reunió con otro hombre que también tenía la obligación de ayudar a la familia de Noemí y que era un pariente más cercano de Noemí que Booz. Le dijo al hombre que Noemí estaba vendiendo la tierra que era propiedad de su esposo quién había fallecido. El hombre tenía los primeros derechos para comprar la tierra, pero eso no significaba que tuviera que hacerlo. Si aceptaba, también adquiriría a Rut porque se la consideraba parte de la herencia del difunto esposo. Booz quería saber si el hombre quería comprar la tierra. El hombre se negó porque adquirir a Rut en el trato tendría un impacto negativo en su familia. Así que el hombre y Booz hicieron un trato, atestiguado por los ancianos de la

---

[8] Esta obligacion vino de las reglas que creo Moises mientras los Israelitas vivian en la naturaleza. Miembros de familias a los que se les requeria ayudar a un familiar en necesidad tomaron el rol de "guardianes y ayudantes". El pariente mas cercano era quien tendria esa oportunidad.

ciudad y otros como lo requiere la ley Israelita, para que Booz comprara la tierra y Rut.

Booz después procedió a tomar a Rut como su esposa. Tuvieron un hijo y lo llamaron Obed, quien más tarde fue padre de Isaí y a su vez, abuelo de David. El estado de Rut había cambiado drásticamente debido a su integridad y coraje para cambiar su lealtad. Pasó de ser una viuda sin hijos de una nación la cual era odiada, a una mujer respetada que se casó con un Israelita acomodado y tuvo un hijo cuyo descendiente se convertiría en el líder más grande que Israel jamás había tenido.

Otros conflictos y períodos de paz

Existió un patrón que fue constante en el transcurso de estos siglos. Los Israelitas empezarían honrando a Dios, pero se sentirían cómodos, se ajustarían a las costumbres y la cultura locales y eventualmente, como ha pasado antes, se olvidarían de seguir los caminos de Dios. Esto llevó a la opresión de otros y llevó a la gente a experimentar la ausencia de las bendiciones y la protección de Dios. Cuando las cosas se pusieron realmente mal para los Israelitas, acudieron a Dios en busca de ayuda, y surgieron diferentes líderes heroicos para derrotar a los opresores. Sus victorias fueron producto del poder de Dios, no al poder de los ejércitos de Israel. Fue a través de la debilidad y las limitaciones humanas que se revelaron el poder y la gloria de Dios. Dios continuó siendo fiel y perdonando a todo aquel que pidiera ayuda, obedecían las reglas del buen vivir y tenían fe. Las victorias restauraron la paz (Shalom en Hebreo) y la justicia hasta que el ciclo de decadencia comenzó de nuevo.

En algunas ocasiones, la miseria se produjo porque las diferentes tribus Israelitas empezaron a pelear entre sí. En algunos casos, las tribus se enojaron al quedar al margen de las batallas en las que habrían obtenido algo de una victoria. En otros casos, las tribus lucharon entre sí porque se había producido alguna ofensa entre miembros de las diversas tribus. Durante estas guerras civiles, la gente de las diversas tribus se robaba entre sí, incluso tomando mujeres de otras tribus para convertirlas en sus esposas. No existía la unidad entre las tribus y prevalecieron los celos. El Arca de la Alianza se trasladó de Siloh a las ciudades de Gilgal, Mizpa y Betel en diferentes momentos. No había rey, y cada tribu actuaba según sus propios intereses.

Capítulo 8
Coronando A Un Rey Que Unifica
El estatus nacional inicial tiene resultados mixtos

Al no tener un rey que los unificara, y tampoco un sistema de sucesión, Israel tenía poco prestigio nacional en la región. Los Filisteos en el suroeste representaban la maxima amenaza para Israel, y sus cinco ciudades independientes (estas ciudades eran: Ashkelon, Ashdod, Ekron, Gaza y Gath) eran supervisadas por un "señor" que veia la tierra circundante. Los Filisteos habían perfeccionado un sistema secreto que lograba que el hierro se convirtiera en armas y también, en herramientas agrícolas, por lo que tenían una fuerza económica y militar superior. Israel no tenía esa experiencia, lo que los hacía muy vulnerables a la dominación Filistea. Israel también tenía otros enemigos tanto en el norte así como en el este, y con el mar al oeste, pero sin experiencia marítima, estaban cercados por todos lados. Necesitaban defenderse, pero las 12 tribus carecían de una estructura política que fuera bien coordinada para ello.

Samuel, el profeta y juez

En el transcurso de este tiempo, la vida religiosa en Israel fue ampliamente descuidada. Los sacerdotes actuaron de forma muy inapropiada y se aprovecharon de los que iban al tabernáculo en Silo para adorar y a su vez, sacrificios.

Un día, una mujer de aspecto inusual llamada Ana llegó al tabernáculo. No tenía hijos, pero deseaba desesperadamente uno. Su hermana que si tuvo hijos, le hizo comentarios groseros e irritantes sobre el hecho de que ella no tenía hijos. Esto la hizo llorar y perder su apetito. Durante muchos años, Ana le pidió a Dios que le abriera el útero y le permitiera dar a luz. Hizo un juramento a Dios: "Si ves mi miseria y me das un hijo, te lo daré todos los días de su vida. Los cabellos en su cabeza nunca se cortarán".

El que era un sumo sacerdote, Elí, vio a Ana orando con tanta pasión que pensó que probablemente estaba borracha. Ella le dijo: "Soy una mujer profundamente atribulada, pero no soy una borracha. Estoy derramando mi alma al Señor, orando de esta manera debido a mi angustia y dolor".

Elí le respondió: "Puedes irte en paz. Que el Dios de Israel te conceda lo que has pedido". Se alejó contenta y empezó a comer. Cuando Hannah regresó a casa al día siguiente, ella y su esposo hicieron el amor. Dios le concedió su pedido y de inmediato, ella quedó embarazada. Cuando al paso del tiempo tuvo un hijo, lo llamó Samuel (que significa "Dios ha oído").

Tan pronto Samuel fue destetado, Ana lo llevó al tabernáculo y se lo dedicó al Señor. Samuel se quedó con Elí y trabajó en el tabernáculo. Mientras los hijos de Elí abusaron de sus privilegios como trabajadores del tabernáculo, el joven Samuel se tomó en serio todos los deberes que le daban. Sus padres lo visitaban con frecuencia y apoyaban su ministerio. Elí bendijo a los padres y además, Ana tuvo cinco hijos más. Mientras tanto, Samuel crecía en estatura y en el favor del Señor y del pueblo.

Todavía cuando Samuel todavía era un niño y vivía en el tabernáculo, escuchó que alguien lo estaba llamando. Pensó que era Eli y fue a verlo tres veces. Pero el sumo sacerdote dijo que no estaba llamando a Samuel y luego se dio cuenta de que era en realidad Dios estaba llamando a Samuel. Le dijo a Samuel que esperara la próxima vez que escuchara la llamada. Cuando volvió la llamada, Samuel esperó y entonces Dios le habló. Dios dijo que Elí y sus hijos serían destruidos porque no habían honrado a Dios como debían. Lo cierto es que no podían salvarse haciendo ofrendas y sacrificios. Por la mañana, Elí le preguntó a Samuel quién lo había llamado. Samuel le dijo a Elí que era Dios y relató lo que Dios había dicho. Se corrió la voz por todo Israel de que Samuel, todavía un niño, era el profeta de Dios.

Conflicto con los Filisteos

Entonces Israel fue a la batalla contra los Filisteos. En ese momento Israel ya estaba perdiendo la batalla, y algunos de los líderes dijeron que el ejército debería traer el Arca de la Alianza de Siloh al campo de batalla y que hacer esto, ayudaría a Israel a ganar. Cuando el Arca llegó al campamento del ejército, los soldados gritaron en voz alta con confianza, creyendo que Dios estaba se encontraba allí con ellos. Los Filisteos conocían el poder del arca y entonces en ese momento, se arrepintieron de luchar contra Israel. Pero fueron a la batalla de todos modos y derrotaron a los Israelitas. Muchos soldados Israelíes murieron, incluidos los hijos de Elí, y los Filisteos capturaron el arca.

En el momento en que esta Arca fue llevada a las principales ciudades Filisteas para de esta forma, mostrar a su gente el botín de la batalla, las estatuas de sus dioses se rompieron y su gente murió tras presentar diversos tumores en todo su cuerpo. Entonces enviaron el arca de regreso a los Israelitas.

En los siguientes 20 años, los Israelitas lamentaron la opresión de los Filisteos y comenzaron a buscar al Señor. Samuel les dijo que destruyeran a sus dioses extranjeros y que una vez más, se comprometieran a seguir a Dios. Así que el pueblo abandonó a sus otros dioses y solo le sirvió solo al Señor. Luego, Samuel reunió a los Israelitas en Mizpa e intercedió por ellos ante Dios. Los Filisteos se enteraron de la asamblea de Mizpa y atacaron a los Israelitas. Pero Dios trajo truenos a la región y los Filisteos se retiraron. Los Israelitas los persiguieron y mataron a muchos de ellos. Después de esta derrota, los Filisteos dejaron de invadir Israel durante muchos años.

Samuel se convirtió en juez y líder religioso en todo Israel por todo el tiempo en que duró su vida. Viajó de ciudad en ciudad tomando decisiones legales, liberó ciudades que los Filisteos habían capturado de Israel y expulsó a los ocupantes Filisteos de otras áreas. En ese momento, había paz entre Israel y los Amorreos, estando Samuel como líder.

Saúl, primer rey de Israel

Para cuando Samuel ya había envejecido, nombró jueces a sus dos hijos, pero ellos cometieron el error de aceptar sobornos y pervirtieron la justicia. Así que los ancianos acudieron a Samuel y le pidieron que nombrara un rey para dirigir la nación; querían ser como las otras naciones que tenían un rey. El Señor le dijo a Samuel que estaban rechazando a Dios como líder de Israel y que tener un rey significaría que los Israelitas tendrían que proporcionar muchos de sus propios recursos y contratar a más personas para servir al rey y de esta forma, proteger el reino. Habría impuestos que la gente resentiría.

Cuando Samuel le dijo a la gente lo que sucedería si tuvieran un rey, no escucharon. Dijeron: "Queremos que un rey nos dirija, queremos ser como otras naciones". Dios le dijo a Samuel que escuchara al pueblo y nombrara un rey.

Dios le habló a Samuel y le dijo que, al día siguiente, un hombre vendría a la ciudad de la tribu de Benjamín (la cual era la más pequeña y menos prestigiosa de las 12 tribus), y que el mismo, debería ser seleccionado para ser el primer rey de Israel.

Tal como Dios lo dijo, al día siguiente, un hombre muy alto y guapo llamado Saúl entró en la ciudad en busca de ayuda para encontrar algunos burros que habían abandonado el rebaño de su familia. Samuel conoció a Saúl y le reveló en privado que se efectivamente se convertiría en el primer rey de Israel. Samuel derramó aceite de oliva sobre la cabeza de Saúl para ungirlo y bendecirlo, y luego describió las señales que ocurrirían al día siguiente y que confirmarían a Saúl que él en realidad era el elegido. Saúl se convirtió en un hombre cambiado, y al día siguiente sucedieron todas las cosas que Samuel había dicho que sucederían. El espíritu de Dios llenó a Saulo, y habló con gran claridad y verdad. De camino a casa, algunas personas que conocían a Saúl lo conocieron y se sorprendieron de su cambio de personalidad.

Después de esto, Samuel convocó a los líderes de todas las tribus a una reunión en Mizpa y describió cómo Dios iba a seleccionar un rey. La suerte se iba a sacar por tribu, luego por clan y, por último, por familia. Primero se seleccionó la tribu de Benjamín, luego el clan de Saúl, luego la familia de Saúl. Cuando seleccionaron a Saúl, él no estaba allí (estaba escondido cerca sí). Cuando encontraron a Saulo y lo llevaron ante la asamblea, era claramente superior a todos los demás que estaban presentes. Samuel les dijo: "Mirad al hombre que el Señor ha escogido. No hay nadie como él entre todas las personas".

La gente empezó a responder en voz alta: "¡Viva el rey!"

Algunas de esas personas, tenían dudas sobre las habilidades de Saúl. Lo despreciaron, no lo respetaron ni mucho menos, les trajeron regalos. Pero Saúl solo guardó silencio. Después de que Saúl llevó a Israel a la victoria en una batalla contra los Amonitas en Jabes de Galaad, el pueblo se reunió en Gilgal y celebró a Saúl como su verdadero rey. Tenía 30 años en ese momento. Algunas personas habían oído hablar de quienes dudaban del liderazgo de Saúl y querían matarlos por traidores, pero Saúl dijo que no los matarían.

Después, Samuel pronunció su último discurso a los Israelitas y les recordó sobre su pasado. Dijo que Dios los amaba y, a cambio, ellos debían honrarlo y amarlo a él. El Señor los sacó de Egipto y los sostuvo por su camino en el desierto. Entonces Dios fue delante de ellos para que pudieran apoderarse de Canaán, la tierra que se les prometió. A pesar de que los Israelitas constantemente le dieron la espalda al Señor y siguieron a dioses extranjeros, lo que llevó a la eliminación de la protección y la opresión de Dios por parte de otros y a la injusticia en toda la tierra, Dios permaneció fiel y continuó apoyando a los Israelitas cuando se arrepintieron y cambiaron sus caminos. . Muchos líderes fieles se habían adelantado para ayudar a salvar a los Israelitas, incluidos Gedeón, Débora y Barac, Jefté y Sansón. Pero querían un rey, y ahora tenían uno, aunque esta petición era una ofensa contra Dios.

En tanto que sirvieran y obedecieran al Señor, todo saldría bien. pero, si cayeran como lo habían hecho en el pasado, la mano de Dios estaría contra Israel y su rey, tal como ya había pasado antes. Tener un rey no los salvaría. Para mostrarle al pueblo que Dios estaba detrás de sus palabras, Samuel llamó a truenos y lluvia en una época del año en la que nunca llovía. Este milagro impresionó a la gente, y sabían que debían tomar en serio las palabras y advertencias de Samuel.

Los defectos de Saúl

A pesar de tener una apariencia física increíble, Saúl tenía defectos de carácter que arruinaron sus posibilidades de alcanzar la grandeza total. A pesar de liderar la batalla inicial contra los Amonitas y liderar otras batallas contra los Filisteos y otras naciones poco después de convertirse en rey, el padecía de complejos de inferioridad. Venía de la tribu más pequeña y estaba preocupado por lo que los demás pensaban de él. Carecía de confianza en sus estrategias militares, que se mostraban en el campo de batalla. Le faltaba buen juicio al tratar con los demás. Siempre estaba sospechando de los motivos de los demás, estaba celoso cuando otros recibían reconocimiento y erigía monumentos para honrarse a sí mismo.

Más allá de esos defectos personales, Lo peor de todo era su desobediencia hacía su Dios. Se asustó y ofreció sacrificios prematuramente cuando las probabilidades militares estaban en su contra (Samuel tuvo que reprenderlo por esta situación). Antes de una batalla importante contra los Amalecitas, Samuel le dijo a Saúl que Dios quería que destruyera por completo a su pueblo y todas sus posesiones. Pero, después de ganar la batalla, Saúl perdonó a su rey y sus soldados lo persuadieron de que les permitiera tener los mejores animales.

Dios de inmediato le dijo a Samuel que Saúl había desobedecido la orden de Dios de destruir todo y se arrepintió de haber hecho rey a Saúl. Luego de la batalla, Samuel se encontró con Saúl, entonces Saúl dijo que todo había sido destruido. Samuel sabía que esto no era cierto, y cuando escuchó los sonidos de las ovejas y el ganado en el fondo, confrontó a Saúl en su mentira. La excusa de Saúl fue que sus soldados guardaban los animales para usarlos en los sacrificios. Samuel se enfureció y le dijo a Saúl: "¿Se deleita el Señor en tus ofrendas y sacrificios más que en obedecer a Dios? Obedecer a Dios es más importante que el sacrificio de animales engordados. La rebelión es pecado y la arrogancia es mala. Debido a que rechazaste la palabra del Señor, entonces Dios te rechazó como Rey".

Saúl comprendió que había pecado, y le pidió a Samuel que lo perdonara y que regresara con él para adorar a Dios. Pero Samuel no quiso, y cuando Samuel se dio la vuelta para irse, Saúl tomó su túnica y se la rasgó. Samuel respondió diciendo: "El Señor te ha arrancado hoy el reino de Israel y se lo ha dado a uno de tus vecinos, quien es alguien mejor que tú". Saúl le suplicó a Samuel que regresara con él para poder honrar a Samuel frente a todos los Israelitas. Samuel accedió a ir con Saúl a Gilgal, pero cuando estuvieron allí, Samuel mató al rey Amalecita. Luego se fue y nunca volvió a hablar con Saúl.

David se levanta, Saúl cae

Samuel se encontraba de luto por Saúl y por Israel también, el Señor reveló que debía ir a Belén y encontrarse con Isaí, el nieto de Booz y Rut, para de esta forma lograr identificar al próximo rey. Fue en ese momento, cuando conoció a Isaí y a sus muchos hijos, Samuel los consagró e hizo un sacrificio. El primer hijo que se le apareció a Samuel fue Eliab, que tenía una apariencia física bastante impresionante. Samuel pensó que seguramente este sería el hombre que Dios quería que fuera rey. Pero Dios le dijo a Samuel: "No, no consideres su apariencia ni su altura. Dios no mira lo que la gente ve, su apariencia exterior. El Señor mira el corazón".

Luego Isaí llevó a siete de entre todos sus hijos ante Samuel, y Samuel los fue rechazando a uno por uno. Samuel preguntó si había otros, e Isaí dijo que el más joven estaba cuidando ovejas en el campo. David fue convocado y entró en la habitación, él era muy sano y guapo. Samuel dijo: "Este es el indicado", y ungió la cabeza de David con aceite delante de toda la familia. Y en ese instante, el espíritu de Dios vino sobre David.

Más allá de ser guapo y saludable, David también era bastante elocuente, un valiente guerrero, pero además era buen músico y poeta. Cuando Saúl fue atormentado por espíritus malignos, sus siervos le contaron acerca de la habilidad de David para tocar la lira, y eso hizo que los espíritus de Saúl se calmaran. Saúl estaba muy complacido con David y lo invitó a que lo visitara bastantes veces. David también continuó siendo un pastor que cuidaba los rebaños de su familia.

Goliat

Cuando los Filisteos empezaron a hacer amenazas sobre atacar de nuevo a Israel, ambos ejércitos se enfrentaron en las colinas sobre el valle de Ela. El ejército Filisteo tenía armaduras de hierro y bronce y un gran soldado llamado Goliat que era originario de la ciudad de Gat. Goliat medía casi dos metros y medio y su armadura pesaba 50 kilos. La punta de hierro de su lanza pesaba 15 libras y tenía un asistente que llevaba su pesado escudo y lo guiaba. Estas herramientas eran perfectas y adecuadas para el combate cuerpo a cuerpo, pero su tamaño inusual significaba que tenía una deformidad que lo hacía lento y con discapacidad visual, por lo que era vulnerable en una batalla poco convencional.

Goliat comenzó a descender al valle y desafió a Israel a que le enviara un soldado al valle para enfrentarse a él en una pelea en la que el ganador se lo iba a llevar todo como premio. El lado del perdedor se iba a transformar en el sirviente del ganador. De esa manera, no habría derramamiento de sangre en una batalla a gran escala. Saúl y todo su ejército estaban aterrorizados por este desafío, y nadie quiso ofrecerse como voluntario para luchar contra Goliat. Este desafío se llevó a cabo diario durante alrededor de 40 días.

Varios de los hijos de Isaí estaban con Saúl en el lugar de la batalla, pero David estaba en casa cuidando de las ovejas. Isaí le dijo a David que llevara comida a sus hermanos y a otros que estaban con Saúl donde se llevaría a cabo la batalla. Cuando llegó David, se enteró de cómo Goliat estaba desafiando a un soldado Israelita a pelear contra él. Saúl había prometido darle a cualquier soldado que matara a Goliat una gran cantidad de dinero, además le daría a su hija en matrimonio y toda una vida libre de impuestos. Saúl se enteró de que David estaba de visita y lo llamó a su lado. David se ofreció como voluntario para luchar contra Goliat, pero Saúl dijo que no tenía ninguna posibilidad contra un guerrero experimentado.

Entonces David le respondió a Saúl: "He estado cuidando las ovejas de mi padre. Cuando un león o un oso ataca a una oveja del rebaño, yo la mato de inmediato. Si se vuelve contra mí, le agarro el pelo y también los mato. Si puedo matar a un león y al oso, seguramente puedo matar a este Filisteo. Ha desafiado a los ejércitos del Dios viviente. El Señor, que me ha rescatado de las garras de leones y osos, sin duda me va a rescatar de Goliat". Entonces Saúl le dijo a David que fuera a pelear con él.

Saúl fue de visita a donde David con una armadura pesada, pero David dijo que no podía pelear utilizando eso. En cambio, usaría las armas que solía utilizar como pastor: un bastón de madera, piedras grandes y lisas y además, una honda. Las piedras, azotadas rápidamente y liberadas por la honda, podían viajar a más de 160 kilómetros por hora y eran muy letales en manos de un hondero experto, incluso si se usaban a cientos de metros de distancia. Era como si David estuviera usando una pistola moderna para luchar contra alguien armado solo con un cuchillo. Con Dios de su lado y un arma letal en la mano, ingresó al valle con confianza para enfrentarse en contra del gran Goliat.

Cuando Goliat se dio cuenta de lo pequeño que David era y que no tenía armadura, se burló de él y comenzó a maldecirlo. Pero David le dijo: "Tú me peleas con espada y lanza, pero yo peleo contigo en el nombre del Señor Todopoderoso, Dios de los ejércitos de Israel, a quien tú desafías. Así que ahora el Señor te entregará en mis manos. Te cortaré la cabeza y el mundo entero sabrá que existe en Israel, un verdadero Dios.

Cuando Goliat se acercó para atacar, David corrió rápidamente hacia él. Puso una piedra en su honda y la disparó directamente al gigante, golpeando a Goliat en la frente y tirándolo instantáneamente al suelo boca abajo. David corrió, agarró la espada de Goliat y cortó la cabeza del gigante, levantándola para que todos la vieran.

Cuando los Filisteos vieron que Goliat estaba muerto, se volvieron y corrieron. El ejército Israelita los persiguió hasta sus ciudades y los mató a medida que avanzaban. David llevó la cabeza y las armas del gigante a Jerusalén y le dio la cabeza a Saúl.

Saúl persigue a David

David se comenzó a hacer bastante famoso y Saúl lo mantuvo en su casa, donde David desarrolló una amistad muy cercana con Jonatán, quien era hijo de Saúl. David tuvo mucho éxito cuando empezó a entrar en las batallas, lo que aumentó su popularidad. Saúl se puso celoso de la fama de David cuando escuchó a la gente decir después de las batallas: "Saúl ha matado a miles, y David ha matado a sus decenas de miles". Saúl se volvió cada vez más paranoico y trató de matar a David varias veces, pero David siempre escapó. Saúl lo envió a la batalla con la esperanza de que lo mataran, pero David siempre regresaba victorioso.

Mical, la hija de Saúl, amaba mucho a David y por eso se convirtió en su esposa. Al ver la felicidad de David, Saúl se enojó se comenzó a enojar aún más. Envió hombres para matar a David nuevamente, pero Mical advirtió a David, quien escapó y fue a Ramá para contarle a Samuel lo que estaba sucediendo. Saúl envió hombres tras David, pero no lo encontraron. Por otro lado, David regresó a Jerusalén para hablar con Jonatán porque lo que estaba haciendo Saúl no tenía sentido. Jonatán pudo determinar que Saúl era un tanto irracional y quería matar a David, y le advirtió a David, a través de una serie de señales preestablecidas, que Saúl realmente tenía intenciones de matarlo. Saúl había sido irracional y paranoico durante algún tiempo, y David sabía que tenía que irse para sobrevivir. Los dos amigos cercanos lloraron juntos antes de que David se fuera.

Entonces David huyó lo más lejos que pudo de Filisteo en busca de seguridad, pero Saúl descubrió dónde estaba y envió hombres para que lo encontraran y mataran. David casi fue capturado varias veces mientras los hombres de Saúl lo perseguían por la región mientras David se escondía en diferentes lugares. Saúl hizo matar a muchas personas inocentes durante su búsqueda de David. Por un instante, Jonatán encontró a David y le dijo que no se preocupara, que se convertiría en rey de Israel, e incluso Saúl sabía que esto era cierto.

David tuvo un sinnúmero de oportunidades para matar a Saúl, pero cada vez decidió no hacerlo porque Saúl había sido designado como un rey por Dios. David sabía que, si iba a convertirse en rey, no debería acelerar el proceso desobedeciendo el mandato de Dios que dictaba que no hay que asesinar. El proceso de Dios le permitiría convertirse en rey de la manera correcta. Para hacer que Saúl retrocediera en su deseo irracional de matarlo, David se reveló a Saúl después de que pudo haberlo matado, pero Saúl todavía lo quería muerto.

Mientras David se manejaba por la región, conoció a Abigail, una mujer inteligente y hermosa que además de eso, honraba a Dios. Ella había sido maltratada por su esposo, y después de que ella proporcionó alimentos y suministros para David y sus hombres, su esposo murió de un ataque cardíaco y entonces David provecho eso y la tomó como otra esposa. También tomó a Ahinoam como otra de sus tantas esposas.

Finalmente, se le dio permiso a David de quedarse como fugitivo en territorio Filisteo. Vivía en Siclag, a unas 65 kilómetros al suroeste de Jerusalén, así que eso hizo que Saúl dejara de perseguirlo porque ya no estaba en territorio controlado por los Israelitas. David vivía allí con un gran grupo de amigos leales, y también con algunas mujeres y niños. Sobrevivió al asaltar áreas no Filisteas, tomar sus pertenencias y matar a toda su gente para que nadie pudiera informar a los Filisteos sobre lo que había hecho.

Con el tiempo, Los Filisteos y los Israelitas empezaron a pelearse otra vez. Como Saúl ya no podía comunicarse con Dios a través de profetas o sueños, decidió consultar a un médium para discernir de Samuel, que había muerto, cómo sucedería la próxima batalla en Jezreel. El espíritu de Samuel reveló que Saúl y sus hijos, junto con muchos otros Israelitas, morirían al día siguiente en medio de una batalla, y los Filisteos iban a salir ganadores de la batalla. Saúl estaba profundamente asustado por la predicción del médium y perdió la fuerza y el apetito.

David se fue con los Filisteos a pelear en la batalla, pero a sus comandantes les preocupaba que en algún momento el pudiera revelarse ante ellos. Así que David y sus hombres regresaron a Siclag y descubrieron que había sido atacado por los Amalecitas, la misma tribu de personas que David había atacado antes. En esa redada sus dos esposas fueron tomadas. David persiguió a los asaltantes y pudo asesinar a la gran mayoría de ellos. Él y los que lo acompañaban encontraron a Abigail y Ahinoam y recuperaron todo lo que había sido saqueado de Siclag. Envió parte del botín de sus incursiones a las áreas donde se había refugiado mientras era perseguido por Saúl.

Esa batalla fue ganada por los Filisteos justo en el valle de Jezreel. Cerca del final de la batalla, Saúl fue herido por flechas enemigas y entonces decidió irse al monte Gilboa. Cuando vio que Israel perdia y él sería capturado, le pidió a su guardia personal que lo matara, pero el guardia no quiso hacerlo. Así que Saúl decidió suicidarse, al caer sobre su propia espada.

Al encontrar los Filisteos el cuerpo de Saúl y los de sus tres hijos, procedieron a cortarles la cabeza, los despojaron de sus armaduras y los colgaron en una pared en Beth Shan, que quedaba a pocas kilómetros de distancia. Los Israelitas que vivían en Jabes de Galaad, al este del río Jordán, llegaron de noche y recuperaron sus cuerpos, los quemaron y enterraron sus huesos debajo de un árbol en su ciudad. La gente de la ciudad ayunó durante una semana y Saúl no pudo recibir un entierro real. Con su victoria, los Filisteos controlaron el territorio Israelita desde la tierra fértil a lo largo del mar Mediterráneo en el oeste hasta el río Jordán y el extremo norte hasta lo que había sido territorio Israelita.

En realidad, la vida de Saúl fue una tragedia clásica. Desde sus humildes comienzos se elevó teniendo poder y prestigio, pero sus defectos psicológicos, comportamiento inadecuado y decisiones de desobedecer a Dios resultaron en una pérdida de la bendición de Dios y es por eso que su final fue vergonzoso.

Capítulo 9
El Rey David Y El Rey Salomón
Personajes conflictivos lideran durante la Edad de Oro de Israel

David no pudo más que estremecerse al recibir la noticia de la derrota de Israel y de las muertes de Saúl y de Jonatán. Sabía que este era el momento apropiado para hacerse rey. Reunió a sus hombres y a todas sus familias y se dirigió al norte hacia Hebrón, donde los hombres de Judá lo ungieron como el nuevo rey. Pero Is-boset, uno de los hijos de Saúl, también fue coronado como el próximo rey de Israel por otro grupo de tribus. Las familias de ambos hombres tuvieron disputas durante varios años sobre quién era el verdadero rey. A través de varias negociaciones y peleas entre quienes respaldaban a cada hombre durante esta guerra civil, David emergió como el rey y todas las tribus se unieron para acreditarlo como tal. Apenas tenía 30 años cuando esto sucedió. Mical, su primera esposa e hija de Saúl, se había quedado atrás mientras David estaba escondido y Saúl se la había dado a otro hombre. David logro que ella volviera a ser su esposa otra vez.

David reina e Israel se expande

Desde el momento en que tomó la posición de rey, David atacó y derrotó a los Jebuseos que habían ocupado Jerusalén, y la ciudad fue conocida como la Ciudad de David (también conocida como Sion debido a una colina en la ciudad con ese nombre). La ciudad se convirtió en ese momento en la capital política y religiosa de la nación y, con la ayuda de los fenicios que trabajaban bajo contrato, se construyó un gran palacio y la fortaleza se convirtió en la residencia donde habitaba David. Se casó con muchas esposas y concubinas y tuvo muchos hijos. (Mucha gente murió en la batalla, muchos niños se necesitaban para mantener la población fuerte. Las esposas de los hombres que murieron en batallas necesitaban a un hombre que las apoyara, asi que se convirtieron en las esposas de otros hombres.) Los que lo ayudaron cuando vivía en Siclag y Hebrón fueron aliados de confianza y se convirtieron en príncipes y líderes de su administración. Bailó en las calles de Jerusalén cuando el Arca del Pacto ingresó a la ciudad. Su esposa Michal estaba disgustada al verlo bailando en las calles frente a las personas que lideraría. Después, le dijo que celebraba que el Señor lo eligiera para ser rey y que probablemente se comportaría de manera vergonzosa ante sus ojos nuevamente. Para ese entonces, Michal se volvió estéril debido a su desprecio por él.

Dios le dijo a David a través del profeta Natán: "Yo engrandeceré tu nombre. Proporcionaré un lugar para mi gente para que tengan un hogar propio y ya no sean molestados. Cuando se acaben tus días, levantaré a tu descendencia para que te suceda, y estableceré su reino. Cuando haga algo malo, lo castigaré, pero mi amor nunca lo dejará, como se lo quité a Saúl. Tu casa y tu reino permanecerán para siempre". David reconoció estas promesas y pidió la bendición de Dios para ayudar a garantizar que se hicieran realidad. La construcción de un templo permanente para reemplazar la tienda del tabernáculo esperaría hasta que el hijo de David lo sucediera.

En el momento en que David tomó posesión como rey, los Filisteos pelearon contra Israel dos veces, y el ejército de David los derrotó en las dos ocasiones, dirigiendolos hacia el sur. Sabía de los métodos militares de los Filisteos, así como de las ciudades y la geografía de Israel desde su época en que evadió a Saúl. Este conocimiento, pero además con la bendición de Dios, salió victorioso. David también derrotó a los Moabitas en el sureste y se convirtieron en siervos de Israel. Avanzó hacia el norte pasando Damasco y hacia el este, 160 kilómetros más allá del río Jordán para ocupar más territorio. El Señor le dio a David victorias dondequiera que fuera.

Cuando Israel se expandió a tierras lejanas se le proporcionó a la nación los recursos naturales, el armamento militar y los conocimientos metalúrgicos que ayudaron a solidificar todos sus alcances territoriales. El oro, la plata y las joyas arrebatadas a sus oponentes llenaron el tesoro de Israel. David siempre le dio a Dios el crédito por las victorias militares y la prosperidad material a medida que el imperio se expandía. Escribió muchos poemas que describen la grandeza de Dios; El capítulo 13 contiene más información sobre estos escritos.

David y Bathsheba

Como sucedía con otros a lo largo y ancho de la región, David practicaba la poligamia y era común que todos los lideres, tuvieran un gran harén. Algunas de las esposas de David tenían conexiones políticas (Michal era la hija de Saúl y Maacah era la hija de Talmai, quien era el rey de Geshur) y él claramente tenía un fuerte impulso sexual. Esto provocó una gran crisis en su liderazgo.

Durante la primavera, una tarde, mientras caminaba por su techo, observó que había una hermosa joven bañándose. Quería saber quién era ella y un asistente le dijo que se llamaba Betsabé. Estaba casada con Urías, un soldado que estaba lejos en el frente de batalla luchando contra los Amonitas. David la invitó a su palacio y tuvieron relaciones sexuales. Poco después, le dijo a David que había quedado embarazada. David llamó a Urías del frente de batalla para que se encontraran. Urías era un buen soldado y buen esposo, y David lo envió de regreso al frente de batalla con una carta para Joab, el comandante del ejército. En la carta, David le dijo a Joab que pusiera a Urías al frente de la próxima batalla contra la ciudad de Rabá, donde la lucha era más encarnizada. Entonces Joab debía retirarse y dejar a Urías sin apoyo. La batalla se desarrolló como ordenó David, y algunos de los soldados Israelitas murieron, incluido Urías. Betsabé se lamentó cuando se enteró de que habían matado a su marido. Un tiempo después, David la tomó como otra esposa y tuvieron un bebé.

David pensó que había cometido el crimen perfecto. Nadie conocía la historia completa de todos los eventos que llevaron a la muerte de Uriah. Pero Dios lo sabía. El profeta Natán fue a David y le contó una historia.

> Había dos hombres en una ciudad, uno rico y otro pobre. El rico tenía muchas ovejas y vacas, sin embargo, el que era más pobre, solo tenía un cordero que había comprado. El pobre crió su cordero y creció con él y sus hijos. Compartió su comida y durmió en sus brazos, se volvió como una hija para él. Cuando un viajero visitó al rico, el rico no tomó uno de sus propios animales para preparar una comida para el visitante. En cambio, el rico tomó el corderito que pertenecía al pobre y lo usó para alimentar al viajero.

Cuando David escuchó la historia, se enojó mucho con el hombre rico. Le dijo a Natán: "El rico debe morir después de pagarle al pobre cuatro veces el valor del cordero porque hizo algo tan horrible". Nathan luego le dijo a David:

¡Eres el rico! El Dios de Israel te dice: "Te ungí rey de Israel y te salvé de Saúl. Te di su casa y sus esposas. Les di todo Israel y Judá, y les habría dado aún más si eso no fuera suficiente. Entonces, ¿por qué despreciaste al Señor al hacer el mal? Hiciste matar a Urías con espadas Amonitas y tomaste a su esposa. Ahora, la espada nunca saldrá de tu casa. Tu familia te traerá calamidades. Mirarás cuando tome a tus esposas y se las dé a alguien cercano a ti, y él dormirá con tus esposas a plena luz del día. Pecaste en secreto pero esto sucederá a plena luz del día".

Después de escuchar esta profecía, David le dijo a Natán: "He pecado contra el Señor".

Nathan respondió: "El Señor ha perdonado tu pecado, no vas a morir. Pero su hijo morirá como consecuencia de su pecado". Poco después de que nació Betsabé, se enfermó y luchó por su vida. David pasó muchas horas orando a Dios por el bebé, llorando y sin comer durante días. Después de vivir solo siete días, el bebé murió. David consoló a Betsabé mientras ella se lamentaba. Pronto tuvieron otro bebé y lo llamaron Salomón. David tenía muchos otros hijos de sus muchas esposas, pero amaba más a Salomón.

Problemas en Israel y la familia de David

David era un padre bastante condescendiente y durante muchos años hubo conflictos dentro de su familia, así como también en todo el imperio. Como había predicho Natán, prevalecieron la inmoralidad y la rebelión, y hubo mucho derramamiento de sangre dentro de Israel, pero también dentro de la familia. En ese tiempo, Absalón (el tercer hijo mayor de David) hizo matar a Amnón (su hijo mayor) debido a la traicionera violación de una de sus hermanas (Tamar). Absalón huyó de Jerusalén durante varios años y David quería reconciliarse con él. Cuando Absalón finalmente regresó a Jerusalén, David le dio una guardia real con 50 hombres con caballos y carros.

Absalom había pasado alrededor de cuatro años realizando muchas actividades cívicas en Jerusalén y eso lo hizo ser muy admirado. Pero luego conspiró y llevó a cabo un golpe político, tomando como rey a un sorprendido David que se vio obligado a huir al este del río Jordán. Siendo un brillante estratega militar, David reunió a sus partidarios y atacó a Absalón y su pequeño ejército. Durante la persecución después de la batalla, Joab mató a Absalón, aunque David le dijo que perdonara la vida de Absalón. David lamentó la muerte de su hijo traicionero en lugar de celebrar su victoria.

Al final de su reinado que duro alrededor de 40 años, David hizo planes elaborados para la construcción del Templo y cómo se realizaría el culto religioso, haciéndolo dentro de una estructura clara y organizada. Fue un administrador eficaz y desarrolló la burocracia de Israel para que la nación llevara a cabo sus asuntos internos y externos siempre de forma eficiente, así como eficaz. Cuando se hizo un censo, Israel tenía una población de alrededor de cinco millones, y alrededor de 1.5 millones eran hombres sanos en su ejército. Dios se sintió ofendido con el hecho de que David hiciera el censo; mostraba el orgullo que tenía en su reino, como si fuera crédito de él, su crecimiento y prosperidad. David estaba consciente de este pecado y aceptó el castigo de Dios, una pestilencia de un día que se cobró 70.000 vidas en todo Israel.

Acercándose el final de tu largo reinado, celebró una asamblea pública para reconocer a Salomón como su legítimo sucesor. David se retiró con Betsabé en su palacio una vez que Salomón se hizo cargo. Cuando David murió, fue enterrado en Jerusalén, la Ciudad de David. Aunque usó su poder para cometer adulterio y asesinar, David también amaba mucho a Dios y a su familia. Se aseguró de que las personas fueran tratadas de manera justa y equitativa, y sabía que todas las riquezas y todo lo bueno proviene del Señor. Hasta la fecha él es conocido como el líder más grande de Israel, a pesar de que él y muchos otros sufrieron las consecuencias de la gran mayoría de sus pecados.

El Rey Salomón y el Templo

Luego de que David estableció y amplió el reino de Israel en donde hubo mucho derramamiento de sangre, siguió un tiempo de paz y prosperidad bajo el gobierno de Salomón. Su reinado tuvo un comienzo problemático porque uno de los hijos de David afirmó ser rey después de que David dejó el trono. Finalmente, Solomon consolidó su poder al eliminar a todos sus competidores. Esto ocurrió antes del trigésimo cumpleaños de Salomón.

Una de las cosas más importantes que logró Salomón, fue la construcción y dedicación de un Templo permanente el cual se convirtió en el punto central del culto religioso que se daba en Israel. Hasta entonces, el tabernáculo utilizaba algunas carpas para llevar a cabo el culto. Israel tenía un tratado de paz con los fenicios, que proporcionó arquitectos y técnicos expertos para diseñar el templo. Su madera se proporcionaba a cambio de grano, aceite de oliva y vino. Trabajadores Israelíes y extranjeros transportaron materiales y construyeron el Templo bajo la supervisión de 3.850 gerentes nacionales y extranjeros.

El templo tenía adentro no solo arte, sino que también la arquitectura de estilo fenicio, sin embargo, adentro, se ajustaba a los planos del tabernáculo elaborados por Moisés. El templo era tenía una enorme escala y ocupaba el doble de la cantidad de tierra que requería el juego de tiendas para el tabernáculo. La entrada del templo tenía enormes pilares hechos de bronce, de 24 pies de alto y 18 pies alrededor. Sus enormes puertas tenían incrustaciones de oro y elaboradas decoraciones que daban al santuario, que tenía pisos de enebro bien decorados y paredes de cedro del Líbano; no se podía ver ninguna piedra en el interior. Las ventanas en lo alto de cada lado proporcionaban luz natural, y muchas de las decoraciones e instrumentos de adoración estaban hechos de oro macizo o con incrustaciones de oro. El altar estaba hecho de cedro y oro.

Justamente detrás del altar había dos grandes puertas plegables que conducían directamente al lugar más sagrado (el lugar santísimo), una habitación cuya altura, ancho y profundidad eran de exactamente 30 pies. Una elaborada cortina colgaba frente a la habitación interior para mantenerla fuera de la vista cuando las puertas estaban abiertas. El arca del pacto era resguardada dentro de esta habitación, que tenía paredes de oro puro y macizo. Afuera, grandes patios abiertos tenían altares de bronce para holocaustos que eran cuatro veces más grandes que los altares del tabernáculo. Todas las piedras para el templo se cortaron en la cantera, por lo que ninguna herramienta hizo ruido donde se estaba construyendo el templo.

Transcurrieron siete años para que al final se completara el Templo, y cuando estuvo terminado, la gente estaba tan feliz que sacrificaron miles de animales en su dedicación para mostrar su agradecimiento a Dios. Salomón oró públicamente a Dios en el transcurso de la dedicación.

Cumple las promesas que le hiciste a tu siervo David cuando le dijiste: "Nunca dejarás de tener un sucesor que se siente delante de mí en el trono de Israel, siempre y cuando tus descendientes tengan cuidado de caminar siempre delante de mí fielmente como tú lo has hecho". Pero, ¿Dios realmente vive solo en la tierra? Los cielos no te pueden contener.

Cuando tu pueblo empieza a pecar en contra tuyo, porque todos pecan, y te enojas con ellos y sus enemigos los llevan cautivos, si cambian de corazón y se arrepienten y dicen: "Hemos pecado y obrado mal", y se vuelven a ti con todo su corazón y alma y rezarte, luego escucha sus oraciones y súplicas. Perdona a tu pueblo y haz que sus captores tengan misericordia de ellos. Ellos son tu pueblo y tu herencia; los sacaste de Egipto, un horno de fundición de hierro.

Cuando se trata de los extranjeros que no pertenecen a tu pueblo de Israel pero que han venido de muy lejos para orarte en este Templo, escucha también sus oraciones. Haz lo que te pidan para que todas las personas de la tierra conozcan tu nombre y te teman, al igual que tu propio pueblo Israel.

Salomón también se dilató 13 años en construir un complejo de edificios que incluía una sala de justicia y además el lugar donde habitaba, un palacio. También construyó un palacio para la hija del faraón, con quien se había casado. La ayuda técnica y los materiales de construcción vinieron nuevamente de los fenicios en el Líbano.

La sabiduría y las riquezas de Salomón

Salomón también se dio a conocer como un rey sabio que sabía cómo lidiar con casos difíciles y bastante inusuales. Le pidió a Dios sabiduría y la obtuvo. En un caso, dos mujeres acudieron a él, ambas afirmando ser madre de un niño. Solomon dijo que como ambos dijeron que eran la madre, él cortaría al niño por la mitad y le daría a cada mujer una parte del niño. Luego de oír eso, una madre dijo que le entregaría el niño a la otra, demostrando así que ella era la verdadera madre.

Gente de todos los rincones del mundo, acudieron a Salomón para aprender de toda su sabiduría. Cuando la reina árabe de Saba lo visitó con muchos acertijos, él fue capaz de responde a todos. Ella se fue asombrada y dijo que él era mucho más sabio de lo que todos decían. Antes de irse, le dio varias toneladas de oro, muchas piedras preciosas y una gran cantidad de especias. Salomón escribió extensamente sobre la sabiduría (vea el capítulo 14).

La eficiente organización que existía y la sabia administración de Salomón, permitieron que Israel se convirtiera en un estado pacífico que mejoró su prosperidad y progreso a medida que florecía el comercio. Usó sus recursos estratégicamente para mejorar varias ciudades en todo el imperio. Israel se encontraba justo en la encrucijada entre Europa, Asia y África, lo que le permitió realizar intercambios comerciales y a su vez, aprovechar los avances tecnológicos. Israel tenía los recursos naturales necesarios para desarrollar los metales que deseaban otras naciones, y estos metales se enviaron a Arabia y África a través de sus vías fluviales del sur. La creciente riqueza que las personas poseían, subió a medida que pagaban fuertes impuestos, y con los regalos de muchos visitantes, Salomón se convirtió en el rey más rico de todo el mundo.

En el tiempo que duro su reinado, Salomón tomó muchas esposas, incluidas mujeres provenientes de otras naciones. A pesar de la advertencia de Moisés de no casarse con extranjeros, no le importó y se casó con la hija del faraón egipcio y además con mujeres de los Moabitas, Hititas, Amonitas, Edomitas y Sidonios. Había llevado el imperio de Israel más lejos que David y había conocido a mujeres con diferentes sistemas de valores y creencias, que Salomón toleraba en el espíritu del inclusivismo religioso. Su harén tenía 700 esposas y princesas y otras 300 concubinas. El éxito y la prosperidad empezaron a nublar su juicio, y gradualmente comprometió sus valores y adquirió ídolos de adoración y construyó altares para adorar a los dioses asociados con sus esposas. Esto desobedeció el primer mandamiento de Dios. Debido a su desobediencia, el reino se dividiría después de la muerte de Salomón.

Cuando ya se acercaba el fin del reinado de Salomón, los adversarios se levantaron en los bordes sur y norte del reino y comenzaron a desafiar al gobierno. Un líder Edomita amenazó el puerto del Mar Rojo que era esencial para el comercio en Arabia y África. Además, se desarrolló un reino sirio cerca del río Éufrates que puso en peligro las rutas comerciales en el norte, y su líder vivía en Damasco, donde representaba un peligro para la paz de Israel. Las amenazas también vinieron desde adentro. Jeroboam era uno de los funcionarios de Salomón y conoció a un profeta que le dijo que Israel se dividiría en dos después de la muerte de Salomón y que Jeroboam sería el líder de una parte del reino. Salomón se enteró de esta profecía y trató de matar a Jeroboam, pero Jeroboam se fue a Egipto hasta que Salomón murió.

Salomón reinó durante un total de 40 años. Fue enterrado en Jerusalén y reemplazado por su hijo que se llamaba Roboam. Su reputación como un gobernante sabio perdura hasta el día de hoy, pero muchos de sus logros dependieron del trabajo esclavo de los Israelitas, a quienes se les gravó fuertemente para hacer grande a Israel. Habían pasado casi 500 años desde que Moisés sacó a los Israelitas de Egipto y estableció el tabernáculo en el desierto. Ahora Israel era una nación como muchas otras, con un rey y un lugar para adorar. Como David, el legado de Salomón fue una gran mezcla de grandeza y también de fracasos personales. Ambos reyes todavía son altamente venerados, pero David todavía es condierado el más grande de todos los reyes de Israel.

Capítulo 10
El Reino Dividido
Los reyes malvados del norte y del sur resisten las advertencias de los profetas

Cuando Salomón finalmente murió, había dos hombres que querían convertirse en reyes. Como sucesor de Salomón, Roboam fue coronado rey en Siquem por todas las tribus de Israel. Pero, en el momento de la coronación, los representantes del pueblo se quejaron de que querían un alivio de los bajos salarios y los elevados impuestos que les había impuesto el antiguo Salomón. Roboam consultó con sus mayores, quienes le dijeron que debía servir al pueblo lo más posible y aliviar su pesada carga, pero sus amigos más jóvenes lo alentaron a hacer todo lo contrario. Jeroboam había regresado de su exilio en Egipto y acompañó al pueblo cuando fueron a Roboam para averiguar cómo iba a gobernar. Cuando Roboam dijo que exigiría aún más del pueblo, los de todas las tribus, excepto Judá, salieron e hicieron a Jeroboam su rey.

Aun así, Roboam siguió siendo el rey de Judá, y ordenó a las tribus que se retiraron que le fueran leales a el, y que no le fueran leales a Jeroboam. El funcionario que llevaba este mensaje fue asesinado y la nación ya estaba a punto de empezar una guerra civil. Pero la guerra se evitó cuando Dios dijo a través de un profeta que la división era la voluntad de Dios. Entonces las tribus se empezaron a dividir en dos reinos. Las tribus de Judá y Benjamín estaban en el sur, y se llamaban a sí mismos Judá. Era conocido como el Reino del Sur e incluía la capital en Jerusalén. Los de las otras diez tribus del norte se llamaban Israel, y su "nación" se conocía como el Reino del Norte. Ambas naciones eran rivales y a menudo lucharon durante las décadas siguientes. La frontera entre los reinos atravesaba la tierra ocupada por la tribu de Benjamín, justo al sur de Betel, a unas 16 kilómetros al norte de Jerusalén. Ambas naciones contaban con 20 reyes y su poder colectivo se disipó, por lo cual a menudo fueron atacados por una gran cantidad de invasores extranjeros. Varios profetas escribieron ambas naciones cuando su pueblo se desvió de los caminos de Dios.

El reino del norte y sus profetas

Tomando en cuenta que el Templo de Jerusalén estaba ubicado en el sur, Jeroboam estableció dos centros de adoración en el norte (uno en Betel y otro en Dan) para que su gente no tuviera que viajar fuera de su región y poder cumplir con sus deberes religiosos. Pero los nombramientos y rituales de Jeroboam se desviaron de los del pasado. Él estableció dos becerros de oro como su dios y nombró sacerdotes que no eran Levitas. En ese momento, cualquiera podía ser sacerdote y además, era un trabajo relativamente fácil con muchos beneficios. El reinado de Jeroboam como rey duró 22 años. Se resistió a los profetas que condenaban sus decisiones que eran incompatibles con los mandamientos y valores de Dios.

Del total de los 20 reyes que sirvieron en el norte, algunos de ellos contaron con reinados muy largos (Jeroboam II duró 41 años) y en otros casos, fueron muy cortos (el reinado de Zimri duró solo siete días). Casi todos los reyes eran malos ante los ojos del Señor. Muchos profetas hablaron la verdad de Dios al poder sobre la necesidad de apartarse de los caminos perversos, pero por lo general fueron ignorados o asesinados.

Amos

El profeta Amós era un granjero que se dedicaba a la crianza de ovejas y además al cultivo de higos. Durante la última parte del reinado de Jeroboam, escribió un mensaje de Dios al pueblo de Dios. En aquel entonces, la región estaba experimentando una vida relativamente fácil durante una época de prosperidad. Pero la riqueza no se distribuyó de manera uniforme y existieron muchas injusticias sociales. A través del lujo egoísta y la opresión de los pobres, los ricos vivían bien mientras otros luchaban.

La alta corrupción moral y la complacencia impregnaron la cultura de Israel, y fue entonces cuando Amos escribió que los rituales religiosos no tienen sentido sino prevalece la injusticia. Pero primero criticó la injusticia social en algunas de las demás naciones. Mencionó a los de Damasco y luego a los Filisteos, fenicios, Edomitas, Moabitas y Amonitas. Él afirmó que el juicio divino llegaría a todos ellos, y los lectores Israelitas sin duda se alegraron de saber de la inminente condenación de esos vecinos que tanto odiaban: ¡los paganos deberían ser castigados! Luego mencionó la maldad de los Israelitas en Judá que estaban orgullosos de lo religiosos que eran, pero desobedecían a Dios. Amós vivía en un pueblo de Judá, así que sabía de qué estaba escribiendo.

Él tenía claro que su audiencia del norte estaría de acuerdo con todo lo que había escrito hasta ese momento. Pero entonces empezó a describir todas las cosas que estaban sucediendo en el Reino del Norte. Los males sociales que aquejaban, la injusticia, la inmoralidad, la blasfemia, todos existían, tal como existían en todos esos lugares que acababa de nombrar. Si otros merecían castigo, pues entonces también Israel lo merecía. De hecho, fue aún peor porque los Israelitas eran el pueblo elegido por Dios y deberían saberlo mejor. Los ricos de Israel odiaban la rendición de cuentas, se resistían a la verdad, aceptaban sobornos, descuidaban a los pobres y hostigaban a los justos. Su castigo sería inevitable y se necesitaba un reinicio total. Amos predijo un exilio y nada lo detendría. Este castigo se aplicaría a todo el pueblo de Dios, no solo a los del Reino del Norte. Dios no podía ser sobornado con ofrendas y sacrificios mientras prevalecieran los pecados y las prioridades de la gente.

En el momento en que el sumo sacerdote de Betel se enteró de lo que había escrito Amós, pidió al rey que se lo llevara de inmediato. Pero Amós sabía que Dios lo había llamado para decir la verdad y señalar lo que iba a pasar a continuación, por lo que respondió con confianza. Dijo que el sumo sacerdote y su familia serían asesinados y que Israel iba a ser llevada al exilio.

Sin embargo, Amos terminó su escritura con una nota de esperanza. Él predijo que los Israelitas regresarían del exilio y experimentarían un tiempo de paz y que la dinastía de David continuaría a través de un remanente de personas que se mantuvieron fieles.

Elías

Elías es conocido como el que fue el profeta principal que surgió para hablarles sobre la verdad de Dios a la gente del Reino del Norte. Él vivió durante el reinado de Acab y Jezabel, la malvada esposa de Acab. Después de que Elías tuvo una predicción sobre una sequía que solo terminaría cuando él dijo que lo haría, se recluyó junto a un arroyo en el desierto y fue capaz de sostenerse solo con la comida que le traían los cuervos. Cuando el arroyo se secó, se mudó a vivir con una viuda muy pobre en Sarepta (cerca de Sidón) que de alguna manera siempre tenía suficiente harina y aceite de oliva para alimentarse. Jezabel envió hombres para matarlo, y mataron a algunos de los otros profetas en el camino, pero Elías no fue encontrado.

Muchos años después de que paso la sequía, Dios le dijo a Elías que hablara con el rey Acab. Cuando se conocieron, Acab dijo que Elías era un alborotador porque detuvo la lluvia. Pero Elías dijo que Acab fue quien causó la sequía porque él no quiso seguir a Dios. Elías le dijo a Acab que convocara a 850 profetas de Baal y otros dioses al monte Carmelo cerca de la costa norte para llevar a cabo una prueba de poder. Elías sería el único profeta de Dios.

En el momento en que todos pudieron reunirse, Elías les dijo: "¿Hasta cuándo van a tener dos opiniones? O van a seguir al Señor o seguirán a Baal. Pondremos los dos a prueba usando dos toros para ver qué toro se consume en el fuego. Tú ve primero, pon tu toro en el altar a Baal y llama su fuego".

Entonces, los profetas de Baal prepararon el sacrificio, pero solo lo prepararon, no lo encendieron. Llamaron a Baal para que lo encendiera, pero tampoco sucedió nada. Bailaron y rezaron desde la mañana hasta el mediodía, pero tampoco se inició ningún fuego. Elijah se burló de ellos: "Griten más fuerte. ¡Seguramente Baal es un dios! Tal vez esté absorto en sus pensamientos, ocupado o viajando. Quizás esté durmiendo". Los profetas gritaron más fuerte y se cortaron hasta que les brotó la sangre. Continuaron orando frenéticamente hasta el momento del sacrificio vespertino. No hubo respuesta de Baal.

Allí fue cuando Elías reconstruyó su altar (el cual había sido derribado desesperadamente por los profetas de Baal) y usó 12 rocas, una para cada tribu Israelíta. Cavó una zanja alrededor de su altar y empezó a preparar al toro con el cual realizaría su sacrificio. Les dijo a los que se habían reunido que echaran agua sobre el toro para que estuviera totalmente empapado. Había tanta agua del altar que llenó la zanja a su alrededor. Entonces Elías empezó a orar: "Dios de Abraham, Isaac e Israel, que todos sepan hoy que tú eres Dios en Israel y yo soy tu siervo. He hecho estas cosas bajo tus órdenes. Contéstame para que estas personas sepan que eres Dios". Entonces comenzó a caer fuego del cielo y de inmediato, quemó el sacrificio, la madera, las piedras y la tierra, y también consumió toda el agua de la zanja. Cuando todos los que habían estado observando esta lucha por el poder vieron lo que había sucedido, se postraron y gritaron: "¡Tu Señor es Dios!" Luego, Elías les dijo que mataran a todos los profetas de Baal, y le dijo al rey Acab que regresara a casa en su carro antes de que llegaran las lluvias para que no se quedara atascado en el barro. Pronto llegaron lluvias torrenciales y la sequía de 40 meses llegó a su fin.

Cuando Jezabel se enteró de lo sucedido, quiso matar a Elías. Así que huyó rápidamente desde el norte y se adentró en el desierto, hasta el monte Horeb en la parte sur de la península del Sinaí (a unas 320 kilómetros de distancia). Cuando estuvo allí, Dios se acercó a él en un susurro tranquilo, diciéndole que regresara a Damasco, muy al norte. Dios le aseguró que todavía había 7.000 personas que todavía honraban a Dios y no habían adorado a Baal.

Entonces Elías empezó su viaje hacia el norte, donde encontró a Eliseo y lo ungió como el que sería el próximo profeta. Elías tuvo varios encuentros más con el rey Acab en los próximos años, y trabajó junto a Eliseo para decirle la verdad al Reino del Norte hasta que Elías fue llevado al cielo en un tornado justo ante los ojos de Eliseo. Un gran grupo de búsqueda pasó tres días buscando el cuerpo de Elijah, pero no se encontró ningún cuerpo.

Eliseo

Para ese entonces, Eliseo reemplazó a Elías como el profeta prominente en el Reino del Norte y comenzó a hacer una gran cantidad de milagros entre todas las personas. En un caso, un sirio que trabajaba para el ejército de Israel llamado Naamán tenía una enfermedad cutánea notable. Se había casado con una mujer Israelita la cual le empezó a contar todos los milagros de curación de Eliseo. Fue a encontrarse con Eliseo y le dijeron que se lavara en el río Jordán siete veces. Naamán se molestó porque se trataba de una demanda inesperada. Pero los sirvientes de Naamán le dijeron que, si Eliseo le hubiera pedido que hiciera alguna gran hazaña usando su fuerza para ser sanado, seguramente lo haría. ¿Era acaso demasiado orgulloso para bañarse en el río? Entonces Naamán se humilló y se lavó en el río, como dijo Eliseo. Naamán fue sanado y trató de pagarle a Eliseo por su trabajo, pero Eliseo no aceptó ningún tipo de pago.

Durante ese tiempo Israel y Siria lucharon en algunas ocasiones y el tamaño del Reino del Norte se redujo gradualmente a medida que perdía tierras en el norte y también al este del río Jordán. Al usar sus conocimientos proféticos, Eliseo a menudo aconsejaba a los líderes Israelítes sobre los planes sirios, por lo que Israel siempre estaba preparado para cualquiera de sus ataques. Entonces, el rey sirio pensó que había un traidor entre ellos, pero se le informó que Eliseo podía predecir el futuro y que por esa razón, sabía de los ataques de antemano. El rey sirio luego quería a Eliseo muerto.

En el momento en que el rey sirio se enteró de que Eliseo se hospedaba en la ciudad de Dotán, envió a su ejército con una cantidad de caballos y carros y empezó a rodear la ciudad por la noche. Por la mañana, el criado de Eliseo vio los carros sirios y le preguntó a Eliseo qué debían hacer. Eliseo dijo: "No tengas miedo. Tenemos muchos más carros que ellos. Abre los ojos y solamente míralos". Y en ese momento, el criado vio una multitud de caballos y carros ardiendo en llamas en las colinas. Cuando los sirios se acercaron a Dotán, Eliseo le pidió a Dios que los cegara, y todos los sirios quedaron ciegos al instante. Eliseo salió y les dijo a sus líderes que estaban atacando la ciudad equivocada y que los llevaría a donde encontrarían a quienes buscaban. Luego, Eliseo condujo al ejército ciego a Samaria, que era donde se encontraban el rey y el ejército de Israel. Guio a los sirios directamente a la ciudad, luego hizo que Dios les abriera los ojos para que pudieran ver dónde estaban. Estaban rodeados de sus enemigos.

Joram quien era el rey de Israel, le preguntó a Eliseo qué era lo que tenía que hacerse, ¿debía matarlos a todos? Eliseo dijo que no, que el ejército sirio debería recibir comida y bebida y luego ser enviado a casa. El rey siguió la orden de Eliseo y se les dio un banquete a los sirios. Cuando regresaron a casa, detuvieron sus incursiones en Israel durante muchos años.

Cuando los ataques sirios empezaron a pasar de nuevo, rodearon Samaria y esto impidió que los alimentos entraran a la Ciudad de Samaria. Esto provocó una hambruna en la ciudad, y como la gente estaba tan hambrienta, empezaron a comerse a sus propios hijos. Eliseo le dijo a la gente que Dios proporcionaría comida a la mañana siguiente. Cuatro leprosos sin hogar que vivían a las puertas de la ciudad estaban tan desesperados por comida que se arriesgaron a la mañana siguiente y fueron a los sirios a pedir comida. Cuando llegaron al campamento enemigo, no encontraron soldados. En cambio, encontraron mucha comida y todos los animales de los sirios. En medio de la noche, Dios había creado sonidos parecidos a truenos que se asemejaban a un ejército cargando con carros, y el ejército sirio huyó para salvar sus vidas.

Todos los leprosos que no tenían hogar, regresaron a la ciudad y les dijeron a todos que los sirios se habían marchado. El rey no les creyó, pensando que era una trampa hacer que los Samarianos abandonaran la ciudad en donde los iban a matar. Envió hombres a caballo para averiguar dónde estaban los sirios. No se encontró ningún sirio durante su búsqueda de alrededor de 32 kilómetros hasta el río Jordán. Cuando los exploradores regresaron para informar que el enemigo se había retirado más allá del Jordán, la gente de Samaria salió y consiguió toda la comida y los animales que habían quedado atrás.

Hosea

Oseas era uno de los últimos profetas en advertir a Israel de su ruina venía en camino. Escribiendo en forma poética, le dijo a su audiencia que Dios le pidió que tomara a una prostituta como esposa y que además tuviera hijos con ella. De esa manera entendería cómo se siente Dios cuando trata con un socio infiel. Los nombres simbólicos de los niños se asociaron con el mal. Jezreel, su primogénito, recibió su nombre de una ciudad del Reino del Norte que era conocida por sus famosos asesinatos. A su siguiente hijo se le dio un nombre que significa "no amado", y a su tercer hijo se le dio un nombre que significa "no mi gente". Estos nombres indicaban que Israel era como una prostituta: no habían sido fieles y se habían enamorado de otros dioses. Por tanto, Dios los dejaría porque habían cometido adulterio.

Oseas estaba advirtiendo a Israel que serían separados de la protección de Dios y que sus palacios y ciudades fortificadas serían destruidas. Dios desea misericordia y reconocimiento, no sacrificios y holocaustos. "Israel debe volver a Dios, mantener el amor y la justicia, y esperar siempre a Dios". La restauración era posible, pero por lo demás, el cautiverio bajo los Asirios en Persia y Mesopotamia era inevitable. Se mencionó específicamente como culpables a los efraimitas que vivían en las ciudades montañosas de Samaria y Betel (las sedes del poder político y religioso). Oseas termina su mensaje como Amós, quien escribió antes que él prediciendo que Dios todavía los amaría como los padres aman a sus hijos. Dios perdona y sana a los fieles, y algunos regresarían del exilio y vivirían en la tierra que Dios les había dado.

El reino del sur y sus profetas

Así como pasaba con los reyes del norte, muchos de los reyes de Judá le fueron infieles a Dios. Hubo períodos bastante prolongados de paz y prosperidad en el Reino del Sur que en el norte y períodos más prolongados en los que estos descendientes de David y Salomón escucharon a los profetas de Dios y dejaron de adorar a los demás dioses. Algunos de los fieles que vivían en el norte desertaron y se mudaron al Reino del Sur; Jerusalén aún era respetada y estaba cerca de la frontera entre las dos naciones. De los 20 reyes de Judá, Manasés tuvo el reinado más largo (55 años), y varios sirvieron solo tres meses.

Tal como pasaba con la gente que vivía en el Reino del Norte, los que vivían en Judá hicieron lo malo ante los ojos del Señor. Bajo Roboam, el primer rey, la gente instaló muchos altares a otros dioses y se portó mal de la misma manera terrible de aquellos que originalmente vivían en Canaán. Egipto atacó a Jerusalén y se llevó todos los artefactos de oro que Salomón había puesto en el Templo y el palacio real. Otros de Etiopía y Libia también participaron en redadas en la región.

Así como los profetas hablaron y escribieron a los líderes y a la gente del norte e hicieron predicciones sobre los eventos venideros, varios profetas hablaron y escribieron de la misma manera a los del Reino del Sur.

Josafat

Luego de que Roboam murió y Judá tuvo dos reyes más, Josafat fue el que se convirtió en rey. Durante su reinado de 25 años, el rey Josafat hizo reformas que devolvieron a la gente a las prácticas religiosas que habían sido utilizadas en la época de David y Salomón. Logro que se retiraran los altares a los dioses extranjeros, y su buena política trajo la paz entre Judá, los Filisteos y también con las naciones árabes. También tenía buenas relaciones con el Reino del Norte, por lo que Judá no tenía enemigos en sus fronteras. Estas políticas religiosas y políticas llevaron a la paz y la prosperidad económica en el Reino del Sur. Cuando fue reprendido por un profeta, Josafat escuchó y comenzó a realizar reformas. Por ejemplo, instaló jueces imparciales que enfatizaron la justicia en lugar de aceptar sobornos. Paso orando fervientemente a Dios cuando hubo amenazas de guerra de los invasores del sur, y sus victorias reforzaron la estrategia de confiar en Dios. También evitó las alianzas con reyes malvados en Israel.

Pero Josafat no escuchó a todos los profetas cuando se enfrentó, y algunos de sus caminos se transmitieron a su hijo Jehoram quienes estaban gobernando juntos. Cuando Jehoram asumió el control total del trono, Judá volvió a caer en la idolatría y el derramamiento de sangre. Jehoram asesinó a seis de sus hermanos y construyó altares a los ídolos. Elías lo amonestó por escrito y las naciones vecinas atacaron a Judá. Cuando Jehoram murió de una enfermedad fatal después de ser rey durante siete años, nadie se arrepintió de su muerte y no se le dio el honor normal de ser enterrado con los otros reyes. Ocozías era su único hijo que había sobrevivido a las incursiones árabes, por lo que era la única opción para ser el próximo rey. Ocozías continuó el horrible gobierno de su padre, y cuando murió en la batalla un año después, su madre (la esposa de Jehoram) asumió el cargo de rey de Judá y se deshizo de sus competidores políticos ejecutando a casi toda la familia real. Como su madre Jezabel, la esposa del rey Acab en Israel, ella gobernó sin piedad.

Isaías y las predicciones de un rey venidero

Isaías fue el más prolífico de todos los profetas. Nació en Jerusalén durante una época próspera y se hizo famoso por primera vez cuando le fue revelada una visión sobre la muerte del rey Uzías de Judá. Su extensa poesía y prosa condenaban constantemente el constante declive moral de Israel debido a su corrupción e injusticia, pero también brindó una gran esperanza en lo que vendrá en el futuro. El juicio y la esperanza se entretejen a lo largo de las palabras de Isaías, que fueron escritas colectivamente durante muchos años.

Lo primero que escribió fue que Dios condena a los de Judá y Jerusalén porque son corruptos y estaban llenos de malos caminos. Sus sacrificios y reuniones religiosas no tienen sentido porque la gente no obedece a Dios. A través de Isaías, Dios dijo,

> ¿Crees en verdad que quiero todos estos sacrificios y ofrendas? No soporto el olor de tu incienso. Cuando levantas las manos en oración, no te miro; cuando me dices muchas oraciones, no te escucho. ¡Deja de hacer el mal! Tienes las manos manchadas de sangre y debes lavarlas, porque no has hecho justicia, no has defendido a los oprimidos ni has abogado por los huérfanos y las viudas.

Israel era algo así como la viña de Dios, y si no producía fruto a pesar de los muchos esfuerzos del propietario, la viña iba a ser lógicamente destruida. En la vida real, las naciones impías de los Asirios y Babilonios serían los destructores, usados por Dios para castigar a los Israelitas.

Isaías también brindó esperanza en lo que respectaba a la restauraciòn. Aunque los Israelitas serían derrotados y destruidos, la justicia conduciría a la paz a todos aquellos que confiaran en Dios. Eventualmente, las naciones conquistadoras del mal serían derrocadas, y del remanente de Israelitas que sobrevive, un descendiente de David llegaría al poder y lideraría un reino universal y eterno. El mal sería destruido y la viña de Dios volvería a ser fructífera.

Isaías presenta al líder justo que iba a llegar como Emanuel ("Dios con nosotros"), quien será "Dios fuerte" en forma humana y prevalecerá en todo el mundo. Isaías escribe lo que Dios dice: "Pongo una piedra angular preciosa para un fundamento sólido. Aquellos que confían en él nunca deben entrar en pánico. La justicia es la vara de medir, y la justicia es la plomada". Pero, el juicio y la destrucción van a ser lo primero. Los que tienen fe no tienen que preocuparse porque "los granos de trigo se separarán de la paja". Su esperanza está en lo que viene después de todas esas luchas dificiles y los que esperan serán bendecidos, porque Dios da fuerza a los que están cansados y débiles. "Los que tienen esperanza en el Señor renovarán sus fuerzas. Volarán alto como águilas, correrán y no se cansarán, caminarán y no se desmayarán".

El que vendrá pronto se puede describir como un "sirviente". Abraham fue el primer siervo de Dios porque obedeció el llamado cuando se le solicito mudarse a Canaán. Israel fue una nación elegida por Dios para ser un siervo obediente y un testigo del poder y la compasión del mundo de Dios. El siervo venidero tendrá el espíritu de Dios para que su reino establezca una justicia tal que la misma se extienda a otras naciones (incluidos los no Israelitas o "Gentiles"). Será inocente y justo y será como un pastor que cuida tiernamente de todas sus ovejas. Se verá como cualquier ser humano normal (ni alto ni guapo), pero será excepcionalmente especial en otros aspectos. Él va a ser incomprendido y rechazado por muchos, y lo matarán de una manera terriblemente espantosa. Pero, mediante el sacrificio de su propia sangre, este siervo salvará a todas las personas de sus pecados, reconciliando a todas las personas con Dios, incluso a los que no son parte de la nación de Israel. Más tarde será resucitado y exaltado.

Estos mensajes paradójicos están entrelazados. Una persona de gran poder y bondad será rechazada por aquellos a quienes viene a servir. No usará su poder o razón para defenderse o salvarse a sí mismo, y su muerte da vida a otros. Va al infierno, vence a la muerte y regresa más poderoso que nunca, y les da a otros algunos de sus grandes poderes. ¡El sirviente es el más grande de todos!

Isaías escribió extensamente sobre el rey venidero de las tribus de Israel y Judá que se habían vuelto ciegos, sordos y desobedientes. Escribió que Dios dice:

> ¡Estoy haciendo algo nuevo! ¿Qué acaso no puedes notarlo? Estoy haciendo un camino a través del desierto. Conduciré a los ciegos por caminos que no conocen y los guiaré por caminos para ellos desconocidos. Convertiré las tinieblas en luz y allanaré los lugares que sean más difíciles. No tengas miedo, ¡te he redimido! Te he llamado por tu nombre y eres mía. Cuando pases por las aguas, estaré contigo; los ríos caudalosos no te arrastrarán. Cuando caminas por los fuegos de la vida, no te quemarás

> El rey que viene en camino, será despreciado y rechazado, sufrirá mucho y será tenido en baja estima por muchas personas. Será considerado castigado por Dios, pero asumirá nuestro dolor y será asesinado por cada uno de nuestros pecados. Su castigo nos traerá paz; a través de sus heridas vamos a ser sanados. Aunque no ha cometido ningún tipo de violencia y nunca ha mentido, no protestará. Será llevado a la muerte como un cordero inocente al matadero. Pero sabrá lo que viene y por qué. Es la voluntad de Dios que sea aplastado, porque su vida es una ofrenda por nuestro pecado y él intercederá por los que pecan.

Isaías empieza a escribir de nuevo sobre el juicio. Él sabe lo que Dios requiere y eso no lo ve entre la gente. Hace un llamado a la gente y a los líderes para que se aparten de la injusticia social, la violencia y la idolatría y regresen al Señor. Dios dice:

> Haz lo posible por participar en rituales religiosos, ayuna y ora, pero trata a los demás siempre con injusticia. ¿Espera

que escuche sus oraciones, quede impresionado y lo bendiga? Tus rituales ocurren una vez a la semana. Lo que deseo es que tengas un espíritu humilde y ofrezcas aliento y apoyo a quienes tienen el corazón roto. Me complace ver a mi gente soltar las cadenas de la injusticia, desatar las cuerdas de pesados yugos, alimentar a los hambrientos, brindar refugio a los que no tienen hogar, vestir a los desnudos y liberar a los oprimidos: estos son signos de la verdadera religión. Cuando vea que suceden estas cosas, te escucharé y te sanaré, y la luz se elevará en tu oscuridad. Pero no habrá paz para los malvados.

Isaías dice que Dios no ve a ninguna persona que cumpla con los criterios de santidad, y concluye con una descripción de las señales que indican que ha llegado el rey venidero, el Redentor. Él dice:

El Espíritu del Señor está sobre mí y me ha ungido para anunciar buenas nuevas a todos los pobres. Dios me ha enviado para consolar a los quebrantados de corazón, para liberar a los cautivos y liberar a los prisioneros de las tinieblas que los rodean, para proclamar el Año del Jubileo, para consolar a todos los que lloran y lloran, para darles una corona de hermosura en lugar de cenizas, aceite de alegría. en lugar de dolor, y un manto de alabanza en lugar de un espíritu de desesperación.

Isaías dijo que el gobernante que vendría como un pacificador de este reino revivido iba a ser un descendiente directo de David. El reino del gobernante crecería y dominaría el mundo, traería paz, influiría en otras naciones y triunfaría sobre los impíos. Isaías escribe:

Durante los últimos días, las naciones irán juntas al Señor y aprenderán a trabajar unas con otras de la mejor forma posible. Dios será el juez entre las personas y resolverá todas las disputas que las naciones tengan entre sí. Las naciones no lucharán entre sí y su gente ya no se entrenará para ir a la guerra. Convertirán sus espadas en rejas de arado y sus lanzas en podaderas.

Mensajes de juicio y esperanza de Miqueas

El profeta Miqueas escribió al mismo tiempo que Isaías y Oseas y además lo hizo con el mismo estilo poético. Creció y fue criado en una aldea a 40 kilómetros al sur de Jerusalén y observó la corrupción política y religiosa que se producía en la región. Usando un lenguaje muy fuerte en su dura reprimenda, su mensaje fue similar al de Isaías y Oseas. Condenó tanto a Jerusalén como a Samaria (las principales ciudades del sur y del norte) por su idolatría, su corrupción que oprimía a los pobres e ignoraba la justicia en los tribunales, y su desprecio general por las preocupaciones sociales. El rey Salomón había escrito sabios proverbios sobre cómo la pereza causaba la pobreza de las personas (ver capítulo 14), pero Miqueas escribe que las personas también pueden ser pobres porque están oprimidas por los poderosos que quieren mantener su estilo de vida extravagante a través de sus privilegios sociales, económicos y políticos. .

Pero a diferencia de Amós, Isaías y Oseas, Miqueas no les dice a los Israelitas que se arrepientan. En cambio, los llama a "tribunales" para presentar su caso ante Dios, quien es tanto el testigo como el juez. ¿Qué requiere Dios para que la gente escape a un posible castigo? Las personas deben "actuar con justicia, amar la misericordia y caminar humildemente con Dios". Moisés dijo que la gente debería amar a Dios y a su prójimo como a sí mismos, y la gente no había hecho eso. Por lo tanto, la gente perderá en la corte de Dios porque no tuvo la relación correcta con Dios y con los demás. El castigo por su mala conducta fue la destrucción de sus naciones y ciudades, y serían llevados al exilio a Asiria y Babilonia.

Después de predecir el juicio y también el exilio, Micah brindó esperanza para un mejor futuro. Un pequeño remanente de débiles y exiliados regresaría y lograrían reconstruir las ciudades. "Dios no permanece enojado por siempre, más bien se deleita cuando la gente muestra misericordia". Miqueas también predijo que el futuro líder de Israel vendría de la ciudad de Belén.

* * * * *

Sin embargo, los Israelitas del norte y del sur no se tomaron en serio las advertencias y predicciones que habían hecho los profetas. La injusticia, la violencia y la idolatría continuaron tanto en Israel como en Judá, y ninguno de sus líderes se dio cuenta de cuán pronto se harían realidad todas esas predicciones de los profetas.

Capítulo 11
Ambos Reinos Se Vienen A Bajo
Asirios y Babilonios conquistan Israelitas

Por alrededor de más de un siglo, los Asirios que vivían en Mesopotamia y Persia atacaron periódicamente áreas ocupadas por Israelitas, y también por los sirios y fenicios. El rey Pul de Asiria tuvo un nivel particular de agresividad y brutalidad en su expansión hacia el mar Mediterráneo. Sus ejércitos masivos y además bien equipados presionaron a ambos reinos. El rey también inició una política de llevar cautivos hacia Asiria en lugar de dejar que todos los capturados permanecieran en las que eran sus tierras. Los forasteros fueron llevados a las áreas desocupadas y se instalaron líderes y funcionarios Asirios para dirigir los asuntos en la tierra capturada. Esto redujo mucho las posibilidades de rebelión entre aquellos ya conquistados.

La caída del Reino del Norte

En el inicio cuando Asiria atacó áreas en el Reino del Norte, los reyes de Israel comprarían la paz pagando con dinero y productos recaudados por medio de los impuestos. Pero los reyes de Israel también colaboraron con los sirios en su capital, Damasco, para enfrentarse a los cada vez más agresivos Asirios.

Cuando Asiria atacó y al final derrotó a los sirios, el Reino del Norte tenía ya en ese momento, pocas posibilidades de sobrevivir. Los reyes de Israel intentaron lograr la paz calmando a los Asirios con dinero. Pero los Asirios se trasladaron de forma sistemática al oeste y al sur, tomando el control de Galaad y otras áreas al este del río Jordán. Luego se trasladaron a otras áreas del norte de Israel. Solo las colinas estaban controladas por Israel. El rey Hoshea se retiraba lentamente, buscando una forma de sobrevivir. Cuando murió el rey asirio, Oseas pensó que la presión sobre la región terminaría. Dejó de pagar a los Asirios y consiguió la ayuda de Egipto para resistir la agresión asiria. Pero el nuevo rey asirio fue igualmente agresivo y atacó el resto del territorio de Israel. Sus fuerzas capturaron la capital de Samaria después de asediarla tres años, lo que obligó al rey Oseas a terminar rindiéndose.

Los Asirios de inmediato, deportaron a más de 27.000 de los líderes políticos y militares de Israel a Persia y Mesopotamia y fueron reemplazados por personas que vivían en Mesopotamia. La mayoría de los Israelitas se quedaron atrás y continuaron trabajando en la tierra bajo la supervisión de varios funcionarios Asirios. La mezcla de personas de muchas áreas y culturas fuera de Israel dio como resultado muchos tipos diferentes de prácticas religiosas. Ninguna de las personas siguió al Señor y todas las culturas se casaron entre sí. De forma colectiva, eran conocidos como Samaritanos porque la ciudad capital había sido en su momento, Samaria.

El Reino del Norte se desvaneció en el 722 AC Dicho reino había durado unos 210 años después de separarse de los que vivían en Judá. En los últimos 30 años, Israel tuvo seis reyes y estaba perdiendo poder. Los profetas predijeron sin fallar su colapso, pero sus líderes nunca pidieron la ayuda de Dios. Habían olvidado cómo la obediencia a Dios les había dado grandeza.

El Sur sobrevive

La estrategia de Judá para lidiar con Asiria fue diferente a la que llevo a cabo el Reino del Norte. Judá tenía ventajas geográficas que, por ende, el norte no tenía. Al estar en el sur, estaba más lejos de los invasores del norte y del este. Judá se alegró de ver al ejército asirio someter a los Filisteos mientras su ejército avanzaba a lo largo de la larga y estrecha llanura costera en su conquista del imperio egipcio el cual era el más preciado. Judá no se unió a la alianza del norte con Siria contra los Asirios; si lo hiciera, los habría convertido en un oponente asirio en el que no se podía confiar mientras el ejército asirio marchaba hacia Egipto. El Reino del Sur también se obtuvo beneficios al no tener que luchar más contra el Reino del Norte. Los que estaban en el poder en Judá entendieron la ventaja estratégica que podía mantener una postura proasiria que mantuvo la paz mientras los Asirios expandían su imperio a su alrededor.

Para ese entonces, el Reino del Sur continuó con sus malas prácticas de idolatría religiosa. Una gran cantidad de profetas habían hablado contra el norte y habían predicho su caída del poder, y sus predicciones se habían cumplido. En vez de de prestar atención a sus advertencias y depender de Dios, los líderes de Judá dependían principalmente de estrategias políticas, alianzas extranjeras y bendiciones geográficas para mantener su prosperidad y paz con las naciones más poderosas. Cuando un profeta advirtió al pueblo de Judá que no prosperarían si continuaban desobedeciendo los mandamientos de Dios, algunos lo apedrearon en el patio del templo.

Ezequias

Aun así, varios de los líderes del sur fueron fieles a Dios. Un ejemplo de ello es que cuando el rey Ezequías llegó al poder poco después del colapso del norte, empezó a instituir muchas reformas religiosas. Además, fue capaz de abolir la adoración de ídolos y rompió altares de todos aquellos dioses falsos. Limpió el templo y comenzó a celebrar la Pascua otra vez. Invitó a los Israelitas del norte a participar en estas actividades mientras trataba con cuidado con los Asirios. Veinte años después de la caída del Reino del Norte, le dio al rey Senaquerib de Asiria 11 toneladas de oro del Templo como pago por la paz y el retiro de las ciudades de Judá que habían sido capturadas. En ese momento, Ezequías también reforzó las defensas de Jerusalén y construyó un túnel de 1.777 pies de largo a través de roca sólida debajo de la ciudad para proporcionar agua de un manantial a un estanque dentro de las murallas de la ciudad para usar cuando la ciudad estaba bajo asedio. Cuando un comandante militar asirio amenazó con atacar Jerusalén, reprendió a Dios y pidió al pueblo que se rindiera, Ezequías le pidió a Isaías su guía divina. Isaías le dijo a Ezequías que no se preocupara: los Asirios morirían y no atacarían; el Señor tenía una reputación que defender. Esa noche murieron misteriosamente 185.000 soldados Asirios, y su ejército se retiró hasta su capital en Nínive (un viaje de unas 950 kilómetros) sin realizar ningún tipo de ataque. El Señor hizo que Ezequías tuviera éxito en todo lo que hizo.

Sin embargo, en el momento en que Ezequías falleció, su hijo Manasés asumió el cargo de rey y llevó a Judá de regreso a su peor período de maldades. Los altares de Baal fueron reconstruidos y las prácticas asociadas con el ocultismo predominaban, incluidos los sacrificios humanos, la prostitución de culto y el culto hacia los demonios. Los profetas que condenaron estas prácticas fueron de inmediatos asesinados

(Isaías probablemente fue uno de ellos). Ezequías había llevado a Judá a su punto más alto de moralidad, pero su hijo llevó a Judá a su punto más bajo. Al final de su gobierno, Manasés fue capturado y llevado a Nínive, donde se arrepintió y regresó a Jerusalén como un rey que servía a los Asirios. Pero no tuvo tiempo de hacer ninguna reforma, y tras su muerte, su hijo se hizo cargo y continuó la adoración de la región a los dioses falsos y la adoración de lo oculto.

Josias

Cuando Josías, quien era nieto de Ezequías, se convirtió de forma abrupta en rey apenas siendo un niño (ocho años), el Reino del Sur se había convertido en una región semiautónoma a la sombra de la expansión de Asiria en Egipto. Judá había mantenido la paz haciendo tratados, pagando a los Asirios, usando la diplomacia y beneficiándose de intervenciones divinas ocasionales. Cuando la influencia de Asiria comenzó a declinar debido a los problemas que tenía con sus oponentes en Mesopotamia, su control sobre la región se aflojó. Esto le dio a Judá la oportunidad de tener más influencia en las áreas habitadas por las tribus del norte, y esto reavivó el sentido de nación entre todos los Israelitas.

Para cuando el rey Josías había cumplido los 16 años, había terminado de adorar a dioses falsos y se dedicó a honrar al Dios verdadero. Años después, inició otra ronda de reformas religiosas. El templo fue reparado nuevamente, la gente celebró la Pascua y las prácticas religiosas asociadas con los Asirios se detuvieron. Después de una evaluación de 12 años de las prácticas religiosas de la región, Josías abolió las observancias paganas en Judá y entre las tribus del norte y eliminó a los sacerdotes que habían sido nombrados por reyes anteriores que se dedicaban a la adoración de ídolos. Los Levitas se encargaron de restaurar las funciones del Templo.

El libro original de la Ley escrito por Moisés fue encontrado entre los escombros del Templo, y cuando Josías lo leyó, quedó consternado por lo lejos que habían caído los Israelitas de Dios y de la Ley. Cuando consultó a la profeta Hulda en Jerusalén sobre lo que debía hacerse, ella le dijo que el juicio de Dios era inevitable: el pueblo elegido no había obedecido las leyes y los mandamientos que Dios le había dado a Moisés. Aunque el libro de la Ley se había perdido durante décadas, el desconocimiento de la Ley no era una excusa para evitar el castigo. La instrucción oral y las palabras de los profetas debieron bastar para que los reyes supieran lo que debían hacerse.

Jeremías y otros profetas

Para este período de tiempo, el profeta Jeremías habló al pueblo y a los líderes de Judá y dijo que el destino de Jerusalén iba a ser el mismo que el que Samaria había tenido un siglo antes: destrucción y por ende más exilio. Josías y Jeremías nacieron aproximadamente al mismo tiempo y vivían a solo cinco kilómetros uno del otro. Dios llamó a Jeremías a ser profeta usando dos visiones simples, y sabía que encontraría oposición a su mensaje. Pero también sabía que Dios lo ayudaria en tiempos difíciles y lo mantendría fuera de problemas. Dios le dijo: "Te escogí antes de formarte en el vientre; Te aparté antes de tu nacimiento. Te nombré profeta de las naciones". Jeremías le dijo a Dios que no sabía hablar bien y que era demasiado joven para ser profeta. Pero el Señor le dijo: "No digas que eres demasiado joven. Deberás acudir a todas las personas a las que te envío y decir lo que te ordeno. No temas, estaré contigo y te rescataré".

Jeremiah apoyó todas y cada una de las reformas religiosas de Josiah y se lamentó durante el funeral de Josiah. Cuando el siguiente grupo de reyes de Judá regresó a la adoración de ídolos, Jeremías dio advertencias intrépidas y persistentes sobre los desastres venideros de la derrota y el exilio. Esta vez, la gente y los líderes persiguieron al mensajero en lugar de matarlo. Fue arrestado, golpeado, encarcelado y amenazado de muerte muchas veces. En un momento dado, Jeremías fue arrojado a un pozo sin agua para morir de hambre lentamente en el barro, pero fue sacado por un equipo de hombres liderados por un eunuco etíope que usaba una cuerda larga hecha de trapos. Los falsos profetas mencionaron que las predicciones de Jeremías no se harían realidad y que la gente debia ignorar sus mensajes de juicio y la necesidad de arrepentirse.

Los mensajes de Jeremías también venían cargados de esperanza. Un remanente del pueblo de Dios regresaría después de ser exiliado, y Dios establecería un nuevo pacto con ellos que reemplazaría el acuerdo original hecho con Moisés y los Israelitas. En este nuevo acuerdo, todas las leyes de Dios iban a ser escritas en el corazón de todas las personas y todos sus pecados iban a ser perdonados. Un descendiente de David emergería y traeria justicia y rectitud en la tierra, y su tierra nunca más sería destruida.

Los escritos de otros profetas hacia Judá se conservaron a lo largo de los siglos, y sus mensajes son similares a los mensajes que había dado Jeremías: Dios juzgará al pueblo por su desobediencia, deben arrepentirse porque Dios es misericordioso y sabe perdonar, los que no se arrepienten y obedecen lo van a tener que hacer. será destruido y quitado, pero hay esperanza de restauración para el que sobreviva.

- El profeta **Joel** escribió mensajes para el pueblo de Judá y Jerusalén. Su mensaje usó la langosta que acababa de invadir su tierra como símbolo de cómo Dios los iba a castigar. También escribió que Dios tiene un Espíritu que está disponible para todas las personas sin importar su edad, género o estatus social. Como el único Dios universal que tiene autoridad sobre todas las criaturas de la tierra, Dios eventualmente juzgaría a todas las naciones. Los que se oponen a Dios serán derrotados, pero los fieles saldrán victoriosos.

- El profeta **Sofonías** habló durante el período del reinado de Josías, convirtiéndolo en básicamente un par de Jeremías. Quizás era un descendiente de Ezequías y probablemente vivía en Jerusalén, por lo que sabía cómo era la religión verdadera y también, como era la falsa. Sorprendió al complaciente pueblo de Judá al escribir que el juicio de Dios vendría pronto. Predijo que Jerusalén sería destruida y su gente sería exiliada a Mesopotamia como castigo. Dijo que la gente debería aceptar este castigo sometiéndose a los invasores extranjeros. Sofonías le dijo al pueblo que fuera humilde, se arrepintiera y buscara la justicia. Si Dios castigaba a otras naciones por su comportamiento impío, seguramente Dios castigaría a los Israelitas por hacer lo mismo. Terminó con un mensaje de esperanza: un remanente de la nación regresaría y los humildes y comunes vivirían en paz y reemplazarían a los orgullosos y arrogantes.

- El profeta **Abdías** condenó a los Edomitas, los descendientes de Esaú (Edom es otro nombre de Esaú), quienes vivían al sureste del Mar Salado y tenían muchos conflictos con los Israelitas a lo largo de los siglos. En el "libro" más corto del Antiguo Testamento (una página de poesía), Abdías dice que Edom caería del poder debido a su arrogancia y orgullo por su autosuficiencia. Edom había tomado tierra de Judá durante varias invasiones babilónicas y ayudó a los Babilonios a destruir Jerusalén. Se aprovecharon de la desgracia de los demás, especialmente de los migrantes y refugiados. Pero serían destruidos y su tierra sería habitada y controlada por aquellos que regresaran del exilio.

- El profeta **Nahum** escribió dos páginas de poesía condenando a los Asirios por su opresión, crueldad y maldad. Los líderes de las ciudades que conquistaron fueron brutalmente torturados antes de ser ejecutados. Mientras que los de Nínive se arrepintieron después de haber sido condenados por **Jonás** (véase el capítulo 14), pronto reanudaron su violencia y maldad. Si bien Dios es "lento para la ira y refugio para los que confían en el Señor, Dios no dejará impunes al culpable". Cualquier nación construida sobre la inmoralidad y la tiranía eventualmente caerá. El reino de Dios que se basa en la justicia y la rectitud triunfará. Dios es el Señor de todas las naciones y controla sus destinos.

- El profeta **Habacuc** escribió sobre una conversación que tuvo con Dios en lugar de dirigirse directamente al pueblo de Judá. En ese momento, los fieles a Dios se preguntaron por qué no se castigaba a quienes practicaban la injusticia y usaban la violencia. Dios respondió que sucedería algo muy inusual: los malvados Babilonios administrarían el castigo de Dios al conquistar a Judá. Habacuc luego preguntó por qué Dios usaría el mal para castigar al mal. Dios respondió que eventualmente los Babilonios serían conquistados y el pueblo de Dios resucitaría. Mientras tanto, "los justos vivirán por su fidelidad" y deben confiar en el Señor con paciencia hasta que la calamidad sobrevenga a los Babilonios. Ser fiel significa confiar y depender de Dios, no simplemente seguir las leyes y reglas de una manera legalista. Como había dicho Jeremías, las leyes de Dios estaban en el corazón de los justos.

El Reino del Sur cae

Los Asirios finalmente habían perdido su poder ante los Babilonios en Mesopotamia, y los Babilonios ejercieron su poder en Judá mientras buscaban la conquista de Egipto más al sur. En un momento, 10.000 líderes de Jerusalén fueron capturados y enviados de vuelta a Babilonia. La esperanza alguna de un Israel revivido se desmoronó cuando Judá fue desmembrada gradualmente y sus reyes sirvieron a las demandas de naciones extranjeras, incluido Egipto, que estaba también luchando en la región contra los Asirios y el ejército del Reino del Sur. Jeremías continuamente aconsejaba al rey Sedequías de Judá que se rindiera a los Babilonios para evitar el derramamiento de sangre, pero él no hiso caso.

Jerusalén fue entonces capturada por los Babilonios en el verano de 586 AC después de un asedio de dos años y medio. Algunas personas de la ciudad, incluidos Sedequías y su familia, escaparon durante la noche. Pero el ejército babilónico finalmente los atrapó a 320 kilómetros al norte de Jerusalén. Sedequías vio como mataron a su familia frente al rey de Babilonia (Nabucodonosor), y luego lo cegaron y lo llevaron encadenado a Babilonia con los otros Israelitas que habían sido capturados. Jerusalén fue reducida a cenizas y sus muros fueron destruidos. Los más pobres de los supervivientes se quedaron atrás.

Los Babilonios fueron amables con Jeremías después de destruir Jerusalén. Había servido como profeta de Dios durante 40 años y sabían que les había dicho a los Israelitas que se rindieran. Le dieron una opción: podía regresar a Babilonia y recibir un trato justo, o podía quedarse en Canaán. Eligió quedarse y se mudó a 16 kilómetros al norte de Jerusalén a Mizpa, adonde iban la mayoría de los Israelitas restantes. (Era la ciudad principal del norte en ese momento y se convirtió en la capital de la colonia babilónica).

Todavía había focos de resistencia contra los Babilonios en la región, y los ataques de los nómadas Amonitas en el este pronto interrumpieron las migraciones de la gente hacia Mizpah. El resto del pueblo de Dios de repente se quedó sin hogar. Le preguntaron a Jeremías qué hacer y él pasó 10 días orando para determinar cual sería la voluntad de Dios. Cuando dijo que deberían permanecer en Palestina y ser parte del remanente del pueblo de Dios, junto con otros que eventualmente regresarían de Babilonia, la gente no obedeció. En cambio, decidieron por ir a Egipto para salvarse de los Babilonios. Jeremías dijo que experimentarían hambre y muerte y morirían en ese lugar, pero fueron de todos modos. Jeremías probablemente fue con ellos a Egipto y murió allí.

Jeremías lloro durante muchos años por los insensibles Israelitas y su indiferencia ante sus mensajes sobre juicio y el arrepentimiento de Dios. Él estaba desanimado e incluso maldecido el día en que nació mientras lo perseguían. Probablemente sea el autor del libro de poesía cuidadosamente diseñado conocido como **Lamentaciones**. El libro describe cuidadosamente lo que ocurrió durante la destrucción de Judá por Babilonia y la increíble sensación de pérdida del pueblo después de la caída de Jerusalén, la destrucción del Templo y el exilio del pueblo a Babilonia. Los Israelitas ya no vivirían en la tierra que Dios prometió darles; habían perdido su gloriosa herencia. La única respuesta justificable al juicio de un Dios amoroso es el reconocimiento del pecado y la rebelión. Pero escribió que todavía hay esperanza porque "la compasión del Señor nunca falla. Son nuevas cada mañana; grande es tu fidelidad. Por lo tanto, te esperaré. El Señor es bueno con aquellos cuya esperanza está en Dios y que buscan a Dios. Tú gobernaras para siempre y tu trono perdurara de generación en generación".

El Reino del Sur duró alrededor de 136 años más que el Reino del Norte, y Sedequías fue el último de los 40 reyes que sirvieron después de que el reino por fin se había dividido. Los descendientes de Abraham y Sara que se mudaron a Canaán se conocían como Judíos, un término derivado de la tribu y nación de Judá. El término fue ampliado después para aplicarse a todos los Israelitas, independientemente de su tribu o nación. Su religión se conoció como Judaísmo y creó una cultura Judía única. El pueblo Judío tiene un sentido compartido de nacionalidad y una identidad como pueblo elegido por Dios. La zona conocida como Canaán, desde el mar Mediterráneo hasta el río Jordán, también se llama Palestina y Tierra Santa.

Capítulo 12
La Vida En El Exilio, Seguida De La Restauración

Los Israelitas prosperan en tierras muy lejos y un remanente regresa a Canaán

Los Israelitas lograron siempre registrar apropiadamente los eventos históricos y de personas clave en su época en Canaán, luego emigraron a Egipto, y anduvieron vagando por el desierto, conquistaron Canaán y después, vivieron en Palestina. Sin embargo, luego de caer Jerusalén, la gran mayoría de los Judíos fueron llevados a Babilonia, y entonces se detuvo el buen mantenimiento de registros (si se llevaron registros, no se han encontrado). En consecuencia, se sabe poco sobre los que vivieron por aquel tiempo en el exilio.

El territorio que dejaron los Israelitas acabo siendo controlado tanto por los Edomitas como por los Babilonios. Los Judíos dejaron atrás la esclavitud en Egipto, derrotaron a los poderes de Canaán, pero, además, fueron capaces de resistirse a las naciones más fuertes de Siria, Asiria y Babilonia. Pero ya que desobedecieron a Dios tantas veces, en unos 500 años los Judíos pasaron de tener su primer rey a no tener ni uno solo. Cuando Jerusalén cayó, habían pasado más de 1.250 años desde que Abraham se mudó del sur de Mesopotamia hacia la ciudad de Canaán, y en ese momento, la mayoría de los Judíos estaban localizados en Mesopotamia, a cientos de kilómetros de sus antepasados que eran de Canaán. Palestina se convirtió en su mayoría, en un campo de batalla librada entre las naciones de Egipto y Babilonia.

El rey Nabucodonosor convirtió a Babilonia en una de las ciudades más impresionantes de todo el mundo y fue capaz de llevar a cabo muchos proyectos de construcción en Mesopotamia. Los registros históricos que se recuperaron de esa época enumeran las naciones de Palestina entre las conquistadas por los Babilonios, junto con otras ciudades como Egipto, Persia y Asia Menor (la cual hoy es conocida como Turquía). Pero en algún punto, los Babilonios sufrieron un mal liderazgo y, además, las tensiones de la guerra a medida que el imperio se expandía y sus energías se concentraban en todos los asuntos de índole religioso. Esto llevo a situaciones como la injusticia, la corrupción y la opresión económica en todo su imperio, y fue allí cuando empezaron a ocurrir rebeliones en Mesopotamia. En 539 AC los medos, un pueblo del norte de Persia, capturaron Babilonia, liderados por Ciro el Grande. Como habían predicho los profetas, tanto los Asirios como los Babilonios fueron finalmente derrotados.

En aquellos tiempos la religión persa era el zoroastrismo y sus sacerdotes eran llamados magos. La región que había sido controlada por los Asirios y los Babilonios quedó totalmente bajo el control de los persas. Dicho imperio se extendió hacia el este hasta llegar a la India, y se expandió hacia el oeste cuando se apoderaron de las tierras que habían sido controladas por los Babilonios (eventualmente controlarían Asia Menor y algunas partes de Grecia).

Los Judíos habían sido transportados de Palestina a Babilonia varias veces antes, incluidos los que llegaron después de la caída del Reino del Norte, y ahora se les unieron los que abandonaron el Reino del Sur. En su mayor parte, fueron tratados amablemente. Aprendieron el idioma Arameo, que se usaba en el comercio internacional y las negociaciones, y la mayoría se volvió activo en la economía local. Algunos trabajaron en proyectos de construcción; habían perfeccionado sus habilidades construyendo grandes estructuras en Palestina y los Babilonios aprovecharon su experiencia. Algunos persiguieron vocaciones agrícolas en las fértiles llanuras mesopotámicas, y otros se involucraron en negocios y comercio. Algunos se involucraron en asuntos gubernamentales. Socialmente, trataron de vivir juntos en ciudades dispersas por toda la región donde pudieran mantener sus costumbres y religión.

Los rehenes tomados de Judá a Babilonia más de una década antes de que Jerusalén fuera destruida se preguntaban cuándo regresarían. Anhelaban regresar a casa, y algunos creían las predicciones de los falsos profetas de que regresarían pronto. Esto llevó a rebeliones contra los Babilonios en la creencia de que Dios los liberaría. Pero los líderes rebeldes fueron ejecutados. Mientras tanto, Jeremías escribió cartas desde Palestina a los exiliados para decirles que debían establecerse y aceptar su castigo de Dios. Debían "construir y vivir en casas, plantar jardines, tomar esposas y tener hijos, buscar el bienestar de la ciudad donde Dios te envió, y orar a Dios por la ciudad, porque en su bienestar encontrarás tu bienestar". Sus predicciones de que regresarían algún día les dieron esperanza: solo tenían que ser pacientes para el momento adecuado para irse. En consecuencia, los exiliados estaban confundidos: ¿se iban a casa pronto o no?

Los mensajes de Ezequiel al exiliado

El profeta Ezequiel era considerado como un hombre bastante culto y bastante devoto a la religión que vivía en aquellos tiempos entre los Judíos de Babilonia. A los 25 años, llegó con otros exiliados, y cinco años después, Dios lo llamó para hablar con los exiliados en Babilonia acerca de su regreso a Palestina. Su llamado involucró una gran visión, y comenzó a utilizar acertijos, parábolas y acciones simbólicas para borrar las esperanzas de los exiliados que iban de regreso a Jerusalén. En ese momento dijo y demostró que Dios castigaría al pueblo de Jerusalén por ser inmorales y por todas sus injusticias sociales. Eran peores que los que vivían en Sodoma y sus ciudades vecinas, y Jerusalén iba a ser completamente destruida. Los exiliados no regresarían a casa en un futuro cercano, pues no tendrían lugar a donde ir.

La forma en que Ezequiel se comunicaba eran inusual. Por ejemplo, solamente se acostaba sobre su lado izquierdo durante 390 días seguidos, después hacia solo lo mismo sobre su lado derecho, durante 40 días consecutivos, para así simbolizar la caída de los Reinos tanto del Norte como del Sur. Dios le dijo que usara excrementos humanos como combustible cuando fuera a hornear su pan (le repugnaba tanto la idea que negoció con Dios para usar estiércol de vaca en su lugar). No hablaba con nadie a menos que Dios le dijera que podía hacerlo.

Todo esto era tan extraño ante los ojos de los exiliados que vinieron a su casa para ver su extraño comportamiento con sus propios ojos. Él se afeitó la cabeza y se dividió el cabello en varias partes iguales: quemó una de ellas, cortó otra con una espada y, por último, arrojó la tercera al viento. Esto era un simbolismo de lo que le sucedería a Jerusalén, y que la condenación que venía estaba justificada. Su injusticia, violencia, orgullo e idolatría causaron toda la ira de Dios. Demostró la partida de los Judíos al ser alguien que se escurre a través de un pequeño agujero ubicado en una pared, lleva consigo un paquete pequeño con algunos elementos esenciales y después, se come rápidamente algunos bocados de pan mientras se retira tiritando de miedo. Las visiones que él tenía, eran mensaje de que los Judíos regresarían en algún momento a su tierra natal. Compartió dicho contenido de la visión con los ancianos Judíos que le visitaban en el exilio. Estos mensajes concordaban con los de Jeremías.

Ezequiel estuvo profetizando por alrededor de siete años hasta la inevitable caída de Jerusalén, y continuó sus enseñanzas durante otros 14 años más luego de que los del Reino del Sur comenzaran a llegar a Babilonia. Los exiliados se sentían dispuestos a escuchar lo que Ezequiel decía después de que sus predicciones se convirtieron en realidad y sus mensajes venían cargados de más esperanza. Dijo que la reputación de Dios en todo el mundo sería restaurada e Israel volvería a ser una gran nación. Ezequiel tuvo una visión donde pudo ver huesos secos tendidos en un campo que volvieron a la vida y se unieron y luego se cubrieron con piel para volver a estar vivos. Les dijo a los Israelitas lo que Dios quería que todos ellos supieran.

> No es por ninguno de ustedes que hago estas cosas, sino que por mi santo nombre, que ustedes han profanado entre todas las naciones. Yo les mostraré la santidad de mi gran nombre. Las naciones sabrán que yo soy el Señor. Los voy a reunir de todas las naciones y los traeré de regreso a su propia tierra. Te limpiaré de todas tus impurezas. Les daré un corazón nuevo y pondré mi espíritu en cada uno de ustedes. Habrá un rey sobre todos ustedes, un pastor.

Daniel y sus fieles compañeros

Daniel fue un líder además de un político que vivió entre los exiliados a Babilonia antes de que Jerusalén fuera destruida. Él se encontraba bien entrenado en actividades religiosas mientras vivía en Judá, y era muy inteligente y considerado como un hombre sabio. Fue capaz de hablar y escribir con fluidez en Arameo dado que él y otros tres Judíos (Sadrac, Mesac y Abednego) fueron invitados por el rey Nabucodonosor para poder aprender Arameo cuando en el momento en que llegaron a Babilonia. Daniel escribió muchos mensajes tanto en Hebreo como lo hiso en Arameo, lo que hizo que dichos mensajes estuvieran disponibles para los no Judíos que se encontraban en otras naciones. El rey utilizó el nombre de Baltazar.

Cuando él y sus otros tres colegas debieron comer alimentos sucios durante su entrenamiento, ellos no quisieron hacerlo. Entonces solicitaron comer solamente verduras y agua nada más, y en 10 días estaban más saludables que los que comían la comida normal del menú. A partir de entonces, empezaron solo a comer verduras. Después de tres años de entrenamiento, los cuatro fueron llevados directo ante el rey, quien descubrió que eran superiores de muchas maneras a los demás que también lo servían.

Justo cuando el rey tuvo un sueño muy inquietante, pidió a sus magos y astrólogos consejos sobre qué había soñado y qué era lo que esto significaba. Los sabios dijeron que era algo imposible de que sucediera: nadie podía leer la mente de otra persona excepto solo que fuera un dios, ¡y los dioses no viven en la tierra! El rey se molestó tanto con su respuesta que ordenó la ejecución de todos los sabios que habitaban en Babilonia.

En el momento en que los hombres del rey vinieron a llevarse a Daniel, él preguntó por qué lo iban a matar. Al enterarse de la orden del rey, pidió hablar con él directamente. En ese momento le solicitó al rey más tiempo para así poder comprender el sueño y lo qué esto significaba. El rey estuvo de acuerdo y entonces Daniel se acercó a sus tres compañeros para explicar la situación que estaban atravesando. Todos estaban rezándole mucho a Dios pidiendo misericordia y, sobre todo, saber de qué se trataba el sueño; ya que no querían que los matara. Esa noche, Daniel tuvo un sueño que reveló las respuestas a las preguntas que el Rey tenía. Por la mañana, le dijo al rey: "Nadie en la tierra puede responder a todas estas preguntas, pero hay un Dios en el cielo que conoce el significado de cada uno de tus sueños. Y justamente este Dios me ha revelado el significado de tu sueño. Cuenta lo que sucederá en el futuro". Entonces Daniel le explicó al rey qué era el sueño y qué significaba. El final del sueño reveló que Dios establecería un reino indestructible.

Daniel había contestado de forma apropiada. El rey Nabucodonosor se postró boca abajo y honró a Daniel y su Dios, diciendo: "Estoy seguro que tu Dios es el Dios de dioses y el Señor de reyes y revelador de misterios, porque tú has revelado este misterio que nadie podía revelar". Entonces el rey nombró a Daniel gobernador de toda la provincia de Babilonia y lo puso a cargo de cada uno de sus sabios. Daniel dispuso que el rey nombrara a Sadrac, Mesac y Abednego como los administradores de la provincia de Babilonia mientras él se encontraba trabajando en la corte real.

Después, durante su reinado, el rey Nabucodonosor hizo una estatua de oro de 90 pies de su imagen en un campo que se encontraba cerca de Babilonia. Durante el evento, se ordenó a todos que se inclinaran y que además, lo adoraran. Los que no lo hicieran serían condenados a ser tirados dentro de un horno de fuego. Los tres compañeros de Daniel estaban en la dedicación, pero no se inclinaron y de inmediato su desafío fue más que obvio. Entonces, los tres hombres fueron arrestados y llevados ante el rey el cual estaba enfurecido. Estando allí los hombres le dijeron al rey: "No necesitamos defendernos ante ti. Si nos arrojas al fuego, nuestro Dios es capaz de librarnos de él. Pero incluso si nuestro Dios no nos salva, queremos que sepas que no adoraremos a otro dios ni nos inclinaremos ante la imagen de oro que pusiste en ese campo cerca de Babilonia".

El rey estaba muy molesto por su insubordinación y ordenó que los ataran y los arrojaran directo al horno de fuego. El calor del horno era tan intenso que los soldados que llevaron a los hombres al horno murieron a consecuencia de las llamas. Sin embargo, los tres hombres no se quemaron en el horno, y los que miraban vieron cuatro figuras que caminaban en el fuego: La cuarta figura era Dios estaba con ellos. El rey les ordenó salir del horno, y cuando los tres hombres salieron, no habían sufrido ni una quemadura. Incluso su cabello y ropa estaban sin quemarse, y no había olor a humo en ellos. El rey estaba tan sorprendido que emitió un decreto que decía que nadie debería decir nada malo sobre el Dios de los Judíos, y cualquiera que lo hiciera iba a ser asesinado de inmediato. Entonces el rey decidió en ese momento, ascender a los tres hombres.

El rey tuvo otro sueño que sus consejeros no fueron capaces de interpretar, así que entonces le hizo la pregunta a Daniel sobre qué significaba. Daniel explicó el simbolismo que el sueño poseía y dijo que el rey necesitaba cambiar sus costumbres y no pensar tan bien de sí mismo si quería evitar llegarse a enfermar de forma grave. El rey ignoró esta advertencia, y justo un año después, cuando se jactó de lo maravillosa que se había vuelto Babilonia bajo su gobierno, el mismo se engañó y empezó a actuar como un total animal. Se fue a vivir en la naturaleza con otros animales y comió pasto hasta que un tiempo después, volvió en sí. Cuando regresó a sus deberes reales, hizo una proclamación oficial de que Dios era todopoderoso en el cielo y en la tierra y tenía razón y que habría justicia en todos los sentidos. Dios siempre humilla a los orgullosos.

Un tiempo después de que todo esto pasara, el rey Nabucodonosor murió y Babilonia estaba perdiendo el control del poder ante los persas, los cuales estaban siendo liderados por Ciro el Grande. Durante este tiempo, Daniel tuvo una serie de visiones que predijeron el futuro y estaban llenas de simbolismo ambiguo donde animales y bestias extrañas representaban no solamente a reyes, sino que también a las naciones. Él no era capaz de entender estas visiones, incluso cuando fueron explicadas por un ángel, por lo que se las guardó solo para él. Pero su capacidad para interpretar otros mensajes misteriosos se volvió a confirmar cuando reveló la caída de Babilonia en un gran banquete donde estaban varios dignatarios. Babilonia cayó ante los persas a la mañana siguiente.

Los persas al final, no destruyeron Babilonia y Daniel continuó trabajando como líder para el gobierno persa. Otros estaban celosos de su poder y de la conspiraron que había en contra de él, pero la integridad de Daniel como funcionario del gobierno fue perfecta. Dos funcionarios conspiraron para castigar a Daniel debido a su religión. Consiguieron que el rey emitiera un edicto de que cualquier persona que adorara a un dios que no fuera el rey durante los próximos 30 días sería arrojada a un foso con leones. Cuando los oficiales encontraron a Daniel orando hacia Jerusalén en su forma habitual, fueron y se lo contaron al rey.

Dado que Daniel era una persona sumamente respetada, el rey estaba afligido. Pero los funcionarios le recordaron al rey que había emitido un edicto irrevocable, por lo que Daniel tuvo que ser arrojado directo a los leones. El rey le dijo a Daniel: "¡Que tu Dios, a quien siempre sirves, seas el que te rescate!" La guarida estaba sellada con una piedra grande y el rey no pudo dormir esa noche. Por la mañana, el rey fue a la parte superior del foso y llamó a Daniel. Entonces, Daniel respondió: "Mi Dios envió un ángel que cerró la boca de todos los leones. No me han hecho daño porque fui encontrado inocente a los ojos de Dios. ¡Que el rey viva para siempre!"

El rey ordenó sacar a Daniel del foso y salió de allí caminando sin un solo rasguño en todo su cuerpo. Luego, el rey hizo que los hombres que conspiraban contra él fueran arrojados al foso, junto con sus esposas e hijos, y todos fueron devorados rápidamente por los leones hambrientos.

Daniel continuó sirviendo como líder en el gobierno persa. Cuando era muy mayor, Daniel tuvo sueños y visiones más desconcertantes sobre lo que sucedería en el futuro. Escribió que se iban a levantar un sinnúmero de reinos malvados y muchas personas santas iban a caer en sus manos. Pero estos reinos terrenales algún día serían destruidos para siempre por un reino final, el cual era establecido por Dios, el cual jamás terminará. Aunque no entendía el significado de estas visiones, las escribió para que otros pudieran leerlas en el futuro, cuando se pudiera determinar qué significado tenían. Daniel murió poco después de que Ciro el Grande llegara a tener el poder en Babilonia.

Una nueva política impulsando su devolución y restauración

Una vez que fue capaz de conquistar a los Babilonios, el rey Ciro de Persia restituyó la política de trasladar a la gente de los enemigos derrotados hacia Mesopotamia. Animó a todas las personas capturadas de tierras extranjeras a que regresaran y empezaran a adorar a sus propios Dioses. También emitió un decreto en 539 AC el que permitió que los Judíos volvieran a su casa. Pero ya para ese momento, muchos Judíos se habían adaptado a rutinas cómodas y bien establecidas, e ignoraron el decreto y la oportunidad de regresar a Palestina.

El rey Ciro poseía creencias firmes en el Dios de los Judíos y quería reconstruir el templo que se encontraba en Jerusalén. Por esa razón, dio animo a los Judíos de Babilonia a que entregaran oro, animales y otros suministros necesarios a quienes quisieran regresar a casa y así poder reconstruir la ciudad y el templo. (El profeta Isaías predijo el dicho suceso). Cerca de 50.000 Judíos hicieron entonces el viaje de aproximadamente 1.500 kilómetros hacia la ciudad de Palestina, y Ciro envió con ellos artículos del Templo que habían sido llevados a Babilonia. Al llegar allí, habían pasado unos 70 años desde que el primer grupo de exiliados de Judá había llegado a la ciudad de Babilonia. (Jeremías había predicho que iban a suceder 70 años de exilio).

Jerusalén ya había estado desierta durante 50 años y estaba básicamente en ruinas. A los Judíos les tomó siete meses organizarse y comenzar a practicar sus actividades religiosas otra vez. Comenzaron a hacer holocaustos y, además, celebraron sus fiestas. La construcción el nuevo templo comenzó con materiales comprados a los fenicios, y los Levitas estuvieron a cargo de supervisar todo el trabajo. Mientras muchos celebraban su regreso y alababan a Dios por medio de canciones coordinadas, los ancianos que recordaban cómo era Jerusalén lloraban abierta y amargamente al ver el estado en que esta se encontraba.

Los que habitaban en la ciudad cercana de Samaria querían participar en la construcción de dicho templo. Los Samaritanos ocuparon lo que antes se conocía como el Reino del Norte y se habían casado con los extranjeros que fueron traídos a la región por el grupo de Asirios. La solicitud que hicieron fue denegada, y fue allí cuando se volvieron abiertamente hostiles hacia los Judíos que habían regresado y minaron las actividades de la nueva colonia que se encontraba en lucha. El trabajo en el templo se detuvo durante 16 años debido a todos estos problemas.

Hageo y Zacarías

El trabajo en el templo comenzó otra vez cuando el rey Ciro fue destronado por un nuevo rey en Persia (Darío) que estaba interesado en la religión de su imperio. El profeta Hageo le hizo recordar a todos que construir el templo era una prioridad más alta que mejorar sus propias casas las cuales eran elaboradas. La construcción empezó de inmediato otra vez, pero la algarabía por el proyecto se disipó cuando, después de su arduo trabajo, se dieron cuenta de que la nueva estructura no iba a estar para nada cerca de lo que se había construido durante el reinado del rey Salomón; ya que carecían de la mano de obra y los recursos para hacer bien el trabajo. Hageo animó a la gente al predecir que el nuevo templo sería más grande que el anterior. Dios habló a través de Hageo.

> Sé fuerte, porque yo siempre estoy contigo. Mi Espíritu permanece entre todos ustedes. Dentro de poco conmoveré a cada una de las naciones, y vendrá lo que todas ellas desean, y la casa se va a llenar de mucha gloria. La gloria será más que en la casa anterior. En este lugar se te va a conceder la paz.

A su vez, el profeta Zacarías tenía un mensaje similar pero más extenso el cual iba dirigido a los Judíos. Todo esto pasaba en una serie de sueños, visiones y mensajes simbólicos, ve que el pueblo de Dios ha regresado y que su nación se había comenzado a restaurare gradualmente. Cuando se construye el templo, se promete a la gente un futuro glorioso. Aunque Judá había caído, Jerusalén se levantará de nuevo mientras todas las demás naciones caerían una por una.

Una Jerusalén totalmente restaurada y nueva tendrá tanta gente en ella que ya no habrá muros que puedan protegerla. El Señor además declaró: "Jerusalén no tendrá muros porque muchas personas y animales vivirán adentro de ella. Mi fuego será el muro a su alrededor, y yo seré la gloria que habita en él". Dios va a reprender al mal, personificado como Satanás, y un líder siervo llamado el Renuevo será el que dirija dicha restauración. Este líder va a ser un sacerdote ante Dios y va a eliminar todos los pecados de todas las personas en tan solo un solo día. Los trapos sucios que lleva la gente se transformarán en un montón de prendas bonitas. La justicia y la paz van a reemplazar al mal, y los caballos llevarán el espíritu de Dios hacía cada dirección que haya en el mundo. Todas estas cosas van a ocurrir si la gente acata lo que Dios dice; no es suficiente que ayunen ni tampoco que oren. El Señor habló a través de Zacarías:

> Tienes que administrar la verdadera justicia. Muestren misericordia y compasión los unos con los otros. No opriman jamás a la viuda, a las personas sin hogar, a los extranjeros ni tampoco a los pobres. No planeen el mal el uno contra el otro. Los que vinieron antes que tú no fueron capaz de escuchar y fueron esparcidos y se convirtieron en extranjeros en varias otras naciones. Por tanto, hablen la verdad unos a otros y hagan juicios sólidos en sus tribunales.

Zacarías también pudo hacer algunas predicciones sobre el futuro. Un rey humilde y bueno entrará en Jerusalén montado en un simple burrito. Se quitarán las armas de guerra y la paz va a venir a la tierra. Muchos tipos de personas y naciones poderosas se hablarán entre sí hablando sobre este rey. "Te agarrarán y te pedirán ir contigo porque saben que Dios está tu lado". Pero Zacarías terminó dando una advertencia: Jerusalén será destruida nuevamente y mucha gente dejará la región porque los Judíos van a rechazar al pastor que solo vino aquí a salvarlos. Pero después de una crisis masiva, Dios regresará y entonces en ese momento, gobernará todo el mundo.

Alentados por estos dos profetas y con la esperanza de un futuro mucho más glorioso, el pueblo logró terminar el templo cinco años después de que se reiniciara su construcción. Fue construido en el mismo sitio en donde había estado el anterior, pero no fue tan elaborado y la dedicación que se le puso, no fue como la de antes. Sin embargo, los Judíos comenzaron sus actividades religiosas siguiendo las mismas instrucciones que les dio Moisés, y los Israelitas que se habían quedado en Palestina se les unieron en sus ceremonias, así como en sus festividades religiosas.

Ester y Mordecai en Persia

Una gran cantidad de Judíos no quisieron regresar a Palestina, sino que, por el contrario, pertenecieron a las tierras que estaban controladas por los persas. Cuando la reina del rey persa Jerjes desobedeció una orden directa de aparecer en un banquete real en Susa, Jerjes decidió que ella tenía que ser reemplazada. Si él la dejaba hacer lo que ella quisiera con tal desafío, se correría la voz y las mujeres dejarían de obedecer a sus respectivos esposos. Así que las jóvenes vírgenes de todo el imperio fueron llevadas al harén del rey para que, entre todos, pudieran escoger una nueva reina. Cada mujer tuvo que someterse a un año de tratamiento de belleza antes de ver a Xerxes.

Ester fue una de las mujeres que fueron llevadas al harén. Era una Judía joven y fiel que también habitaba en esos tiempos en Susa. Había sido adoptada por uno de sus primos, el mayor Mordecai cuando quedó huérfana porque sus padres habían fallecido. Cuando fue su turno de conocer al rey, lo impresionó tanto que de inmediato, fue elegida para ser la próxima reina. Pero Mardoqueo le dijo que no revelara que era adoptada o Judía.

Cuando Mardoqueo escuchó una conversación que hablaba de un complot para matar al rey, se lo informó a Ester, quien luego se lo contó al rey, diciendo que lo escuchó de un hombre que se llamaba Mardoqueo. Cuando el rey se enteró de que el complot era cierto, ejecutó a cada uno de los que conspiraron en contra de él.

Amán era el primer ministro eren aquel entonces y fue él quien les ordenó a todos que se inclinaran ante él cuando cualquiera lo viera, pero Mardoqueo no quiso hacerlo. Amán no se atrevió a matar a Mardoqueo porque acababa de informarle sobre el complot al rey, pero descubrió que Mardoqueo era Judío. Así que ideó un complot para deshacerse de todos los Judíos que habitaban en el reino. (Había más o menos dos millones de Judíos viviendo en tierras que eran controladas por los persas). Le dijo al rey Asuero: "Hay un cierto grupo de personas dispersas por todo tu reino que continúan estando separadas. Sus costumbres son diferentes a las de todos los demás y tampoco obedecen a tus reglas. No debería de tolerarlos. Si le place al rey, sería bueno emitir un decreto para destruirlos". El rey estuvo de acuerdo y se envió a todas las provincias un decreto que venía sellado con el anillo del rey. Dijo que todos los Judíos, incluyendo también a las mujeres y los niños, deberían ser asesinados en un día específico, casi 11 meses después.

Los Judíos que estaban en el imperio persa lloraron y ayunaron cuando escucharon dio decreto. Mardoqueo se vistió de cilicio y ceniza y gritó por todas las calles de Susa. Cuando Ester se enteró de lo que pasaba, decidió dirigirse al rey, que no la había visto en más o menos 30 días. Pero a nadie se le permitió ver al rey en su patio interior del palacio a menos que ellos fueran invitados a pasar; los que entraron solos fueron asesinados por los guardias. Mardoqueo le dijo a Ester que era su deber como líder Judía hacer algo; tal vez no se la perdonara por ser Judía. Ester le dijo que hiciera que todos los Judíos de Susa oraran por ella por alrededor de 3 días, y luego de eso, entraría en el patio interior donde estaba el rey. Ella le dijo a Mordecai: "Si muero, pues entonces moriré".

Pasados los tres días, Ester entró en el patio interior del rey y se paró justo frente a su habitación. Él la invitó a pasar a su habitación. Aliviada ya que no había sido arrestada ni asesinada, le preguntó al rey si podía organizar una cena esa noche solo con él y con Amán. Él estuvo de acuerdo, y mientras comían y bebían esa noche, el rey le preguntó a Ester qué era lo que ella quería: él haría casi cualquier cosa, incluso darle la mitad de todo su reino si así lo deseaba. Dijo que le daría su respuesta a la mañana siguiente, cuando los tres pudieran cenar juntos de nuevo.

Esa noche, Amán se fue a casa y se jactó con su esposa de que tenía una cena privada con el rey y la reina y que iba a hacerlo de nuevo la noche después. Pero dijo que, a pesar de eso, había tenido un mal día porque Mordecai no volvió a inclinarse ante él al pasar por la calle. Su esposa dijo que Mordecai debería ser empalado en un poste alto a la mañana siguiente antes de la hora de la cena. De esa forma, podría disfrutar de la comida con el rey y la reina. A Amán le gustó la idea y ordenó que se instalara el poste.

El rey, esa noche, no pudo dormir. Al caer la mañana, se enteró de que Mardoqueo, el hombre que denunció el complot de asesinato, era un Judío, pero no se había hecho nada para honrarlo. Cuando Amán entró en la habitación para hablar con el rey sobre la muerte de Mardoqueo, el rey primero le preguntó qué se debía hacer por una persona que honra al rey. Amán en ese momento pensó que el rey lo iba a honrar a él, por lo que dijo que la persona debería ponerse ropa real y aparecer en un gran desfile. Entonces el rey le dijo a Amán que fuera y que hiciera lo que le sugirió a Mardoqueo, el que era Judío. El humillado Amán lo hizo, y luego volvió a cenar con el rey y con la reina.

Mientras estaban comiendo, Ester dijo que su pedido era que el rey perdonara a los Judíos, el cual era su pueblo. El rey había olvidado a quién se le había ocurrido la idea de matar a cada uno de los Judíos, por lo que preguntó quién era el responsable de haber dado esa orden. ¡Dijo que era Amán, el hombre que en ese momento estaba sentado con ellos! El rey se fue furioso, pero Amán se quedó atrás y comenzó a suplicarle a Ester por su vida. Cuando el rey regresó, vio a Amán arrodillado a los pies de Ester y pensó que estaba tratando de abusar de ella. El rey ordenó a sus asistentes que se llevaran a Amán. Los asistentes dijeron que había un poste alto fuera de la casa de Amán y que es el que se iba a usar para empalar a Mardoqueo. El rey ordenó que se empalara a Amán en dicha vara, y el rey le dio la propiedad de Amán a Ester. Cuando el rey se enteró de que los dos estaban relacionados, nombró a Mardoqueo como su nuevo primer ministro.

Sin embargo, el decreto que se había dado de matar a todos los Judíos todavía había entrado en vigor. Ester le rogó al rey que emitiera otro decreto que eliminara la orden de matar a todos y cada uno de los Judíos. El rey le dijo a Mardoqueo, quien era el nuevo primer ministro, que redactara un nuevo decreto. Este fue escrito de forma rápida, y fue traducido a un montón de idiomas, que se hablaban en aquel entonces en el imperio, se selló con el anillo del rey y se envió a todas las provincias utilizando los caballos más rápidos que el rey poseía. El edicto del rey concedía a los Judíos de todas las ciudades el derecho a reunirse, protegerse y matar a cualquier hombre que intentara atacarlos. El texto del edicto se emitió como ley y se dio a conocer entre todos en el imperio para que los Judíos pudieran estar listos para protegerse en el momento en que quisieran asesinarlos.

Cuando arribó la noticia, los Judíos de todas las provincias se llenaron de regocijo y alegría. Su valiente reina y su nuevo primer ministro habían sido capaces de perdonarlos. Todos lo celebraron con un delicioso banquete. Muchas personas de otras nacionalidades se convirtieron en Judíos y comenzaron a seguir sus actividades religiosas porque tenían miedo de que los Judíos pudieran hacerle algo.

Para este entonces, los Judíos estaban al tanto de que muchos de sus enemigos habían planeado matarlos ese mismo día, justo como había sido señalado. Los hombres Judíos de muchas ciudades se aprovecharon de su nuevo poder y decidieron reunirse ese día, matando a todos sus enemigos. En Susa, los Judíos mataron a 500 hombres y empalaron en postes a 10 de los hijos de Amán. Pero ninguno de los Judíos tomó las posesiones de sus enemigos como botín, a pesar de que el decreto les dejaba hacerlo. Un total de 75.000 hombres murieron ese día alrededor de todo el reino de Persia.

Después de eso, Mardoqueo envió cartas a todos los Judíos que habitaban el imperio, diciéndoles que celebraran los dos días del mes en que recibían alivio de parte de sus enemigos. Su dolor se había convertido en mucha alegría y su duelo se había convertido en un día en que había que celebrar. En el transcurso los dos días, los Judíos debían celebrar fiestas, darse regalos de comida entre sí y, además, darles regalos a los pobres. La ocasión se conoció como los días de Purim que aún se recuerdan y celebran entre todos los Judíos en la actualidad. La historia de Ester se lee de manera dramática durante el festival.[9]

Esdras regresa a Jerusalén

Después de que el rey Asuero muriera, su hijo Artajerjes tomó de inmediato su lugar como rey. Un Judío altamente educado llamado Esdras vivía exiliado en Babilonia en aquel momento. Era un Levita y descendiente de Aarón, el primer sumo sacerdote y hermano de Moisés, y estaba bien versado en lo que respectaba a los escritos religiosos que se habían transmitido a través de los siglos. A su vez, mantuvo un registro de todos los eventos que estaban ocurriendo entre los Judíos a lo largo de los siglos y los anotó como registros considerados como históricos. Estaba ansioso por regresar a Jerusalén y se acercó al rey Artajerjes para pedirle permiso de emigrar como él quería.

En ese momento, el rey apoyó la idea de que más Judíos regresaran desde Palestina, por lo que emitió un decreto que le dio permiso a Esdras para establecer estructuras de gobierno para que Palestina pudiera continuar su proceso en torno a lo que se conocía como la restauración. El rey le dio a Esdras toda la ayuda financiera que necesitaba para restablecer los sistemas, así como las estructuras religiosas, incluido todo lo que se necesitaba para tener en el templo. Además, todos

---

[9] Incluir el libro de Ester en el Antiguo Testamento es algo que se puede discutir. El autor se desconoce y las palabras Dios y del Señor están ausentes. La historia trata más sobre nacionalismo Judío que lo que habla sobre Dios. Algunos estudiosos consideran que muchos eventos de la historia nunca pasaron. Pero Ester y Mardoqueo fueron Judíos que en el exilio fueron valientes y sirvieron fielmente a toda la autoridad. También utilizaron sus posiciones de poder para luchar contra la injusticia y el mal dentro del sistema político. Son ejemplos de cómo el pueblo de Dios hacia voluntad de Dios en la tierra de muchas maneras distintas.

los asociados con el templo (sacerdotes, Levitas, músicos, sirvientes, porteros) contaban con la ventaja de estar exentos de pagar impuestos.

Ezra entonces comenzó a alertar a los Judíos acerca del viaje planeado de regreso a Palestina, pero no eran muchos los que querían caminar casi 1.600 kilómetros a una tierra que no conocían para comenzar una vida nueva. Otros grupos de personas, también estaban preocupados por su seguridad durante el tiempo que iban a caminar. Entre los que aceptaron ir se encontraban 1.800 hombres junto a sus familias. Al inicio del recorrido, no se presentó ningún Levita, pero después de un llamamiento especial a la tribu, 20 acordaron ir con otros 220 para así apoyar con el templo. Esdras no quería pedirle al rey ningún tipo de protección armada porque se sabía que los Judíos confiaban en Dios ya que él los protegería. Así que todos oraron y ayunaron pidiendo la protección de Dios durante el viaje, y después de un viaje que duró tres meses y medio, todos llegaron sanos y salvos a la ciudad de Jerusalén.

Ezra entonces logró establecer que todos los Israelitas de la región, incluidos los sacerdotes, se habían casado con personas de otras culturas y que también profesaban otro tipo de religiones. Esdras se rasgó la ropa y se arrancó parte del cabello y la barba para mostrar su disgusto e indignación por la adopción de prácticas no Judías que algunos grupos de Judíos estaban adoptando. Rezó en voz alta en el templo y confesó los pecados de cada uno de los Judíos. Les ordenó a todos los Judíos que vinieran al templo en tres días para una reunión (los que no se presentaran serían excomulgados y perderían absolutamente todas sus posesiones).

En el transcurso de dicha reunión, Ezra se dirigió a la multitud que estaba reunida, mientras estaban sentados bajo la lluvia fría en el gran patio del templo. Habló sobre el peligro de casarse con personas que no eran Judías, igual que ellos. La gente estaba dispuesta a cambiar sus costumbres y parta eso, se seleccionaron líderes para representar a todas las personas en reuniones que iban a suceder en el futuro (viajar era un problema porque era invierno). Esdras dirigió una investigación para determinar qué sacerdotes y Levitas se habían casado entre sí, y todos los sacerdotes que habían regresado del exilio (114 en total) eran culpables. Todos acordaron anular sus matrimonios.

No había pasado casi que un año desde que Esdras tuvo el permiso para salir de Babilonia del rey persa quien era temeroso de Dios hasta que se le anularon cada uno de los matrimonios. Estos Judíos, más los demás que habían llegado antes, eran el remanente del pueblo de Dios que vivía aún en Palestina.

Nehemías

Alrededor de 13 años luego de que Esdras regresara a Jerusalén, la ciudad se encontraba aun en un estado de completa transición. El templo había sido terminado, pero los muros de la ciudad aún estaban derribados y las puertas estaban siendo quemadas. La ciudad ya no era un lugar seguro en dónde se pudiera vivir.

Nehemías era un Judío sumamente leal que servía como copero del rey en las cortes reales en la ciudad de Susa. Cuando su hermano lo visitó viniendo desde Palestina, se enteró de que la vida entre el resto de exiliados en Palestina no era tan buena como se pensaba. Lloró después de recibir este informe y oró a Dios durante varios meses para determinar qué era lo que debía de hacer a continuación.

Su comportamiento triste se notaba al servir bebidas al rey Artajerjes y su reina, y fue por eso que el rey preguntó qué era lo que lo entristecía. Nehemías le contó al rey sobre las condiciones en su tierra natal y le pidió permiso para regresar y de esa forma, reconstruir Jerusalén. Obtuvo el permiso del rey y consiguió muchos suministros para llevar en su caravana en su viaje de regreso a la ciudad de Jerusalén. También recibió cartas del rey para garantizar su paso seguro y obtener madera gratis para las puertas y también para los edificios de la ciudad.

En el momento en que Nehemías llegó a Jerusalén, se fue en privado durante la noche junto a otro grupo de personas, para hacer un análisis rápido de las defensas con las que contaba la ciudad. Por la mañana, les dijo a los funcionarios locales lo que ya sabían: Que la ciudad era bastante insegura y necesitaba solidificar sus muros, así como sus puertas. Todos acordaron comenzar a trabajar de inmediato en las Reparaciones. Estableció un sistema para proteger las puertas y los huecos en las paredes mientras grupos de hombres de diferentes tribus realizaban Reparaciones en todas las áreas que se consideraban vulnerables.

Todas estas actividades llegaron a llamar la atención de los funcionarios de todos los alrededores. Entonces, se sintieron amenazados por una ciudad más fuerte controlada por los Judíos, y eso fue lo que necesitaban para decir que los Judíos se estaban rebelando contra el rey.

Se burlaron de los esfuerzos para construir las murallas y planearon entonces atacar la ciudad. Por esa razón, Nehemías aumentó la seguridad en la ciudad y todos de alguna forma, empezaron a contribuir. Algunas personas trabajaban mientras otras montaban guardia armadas con espadas, arcos, escudos y trompetas para tocar en caso de un ataque. Los pobres de la ciudad se vieron liberados de pagar impuestos e intereses sobre sus deudas porque no ganaban dinero haciendo su trabajo normal. Nehemías quiso que la gente tratara a los pobres de una forma más justa. Sus enemigos siguieron probando nuevas formas de engañarlo para que cayera e hiciera las cosas mal, pero Nehemías manejó cada situación con habilidad y evitó meterse en más problemas.

El muro y las puertas fueron terminadas en 52 días. Todo el mundo de la región quedó impresionado con la fuerza que tenían los Judíos y su Dios, y restauró el respeto y el prestigio de la nación Judía entre los que vivían al oeste de la gran Mesopotamia.

Después de que fueron aseguradas todas las murallas y las puertas de la ciudad, Nehemías centró su atención en otro tipo de asunto. Estableció un sistema de guardia utilizando civiles que compartían el deber de cuidar en las paredes cerca de sus casas. Los Judíos de las zonas rurales llenaron las secciones escasamente pobladas de la ciudad. Dentro de la ciudad más segura, la moral de la gente comenzó a mejorar.

Nehemías estuvo también trabajando con Esdras para fortalecer las actividades religiosas de todos los Judíos. El pueblo volvió a retomar el hábito de confesar sus pecados, hacer sacrificios y también ofrendas, apoyar la obra de los Levitas y celebrar sus fiestas tal como lo hacían los Israelitas durante la época de Moisés. La gente también se comprometió a no permitir que sus hijos se casaran con nadie que no fuera Judío.

Después de hacer entre los muros en una gran celebración, Nehemías regresó a Susa. Cuando regresó a Jerusalén años más tarde, descubrió que los Judíos eran negligentes ya que no seguían sus prácticas religiosas, las cuales eran las apropiadas. Trabajaban y vendían bienes en sábado. Los Levitas empezaron a irse para buscar trabajos en otros lugares porque no se dieron los diezmos para mantenerlos a ellos y a otros trabajadores del templo. Los extranjeros habían puesto oficinas en el patio del templo. Todo esto enfureció mucho a Nehemías. Tiró los muebles que eran propiedad de los extranjeros, cerró las puertas de Jerusalén en sábado y recordó al pueblo que los que ignoraban los mandamientos de Dios iban a ser castigados con el exilio y la destrucción de sus ciudades.

Malaquias

El conocido profeta Malaquías reforzó las advertencias que le dio Nehemías. Los Judíos estaban descuidando su enfoque y también su confianza en Dios. Estos fueron sus pecados: Dar animales contaminados en sacrificio, casarse con gente que no fueran Judíos, ser infiel en el matrimonio, no cuidar el diezmo, oprimir a las viudas y huérfanos, y privar a los pobres y extranjeros de la justicia. Malaquías también ofreció una idea de lo que vendrá en el futuro. Las bendiciones y el juicio vendrían, a veces a través de un proceso doloroso. Por medio de él, Dios dijo a los Judíos:

No voy a cambiar la forma en que trato contigo: te bendeciré siempre que honres y obedezcas mis mandamientos; Pero, por el contrario, te voy a castigar si eres arrogante y me desobedeces; Seré compasivo si regresas a mí. Enviaré a mi mensajero para preparar el camino ante mí. De repente, el que buscas vendrá al templo; vendrá el mensajero del pacto. Será como un fuego refinador o un jabón. Purificará a los Levitas como se refina el oro y la plata. Entonces el Señor tendrá personas que traerán ofrendas en justicia, y sus ofrendas serán aceptables para el Señor como antes. También golpearé la tierra con destrucción total.

(La historia continua en el capítulo 15.)

Capítulo 13
La Poesía Bíblica

La poesía se utilizó en una gran cantidad de libros incluidos en la Biblia, y algunos la utilizaron prácticamente en su totalidad. El libro de los Salmos es una colección de 150 poemas líricos escritos por David y también por otros autores desde hace más o menos unos 3.000 años. Estos poemas reflejan fuertes emociones y pensamientos relacionados con lo que sucedió entre todos los Israelitas y también sobre su historia. Los escritos interpretan la vida y los acontecimientos utilizando imágenes y símbolos vívidos y emplean muchas figuras retóricas, especialmente en lo que respecta a metáforas y símiles.

La mayoría de los salmos que se leen en la Biblia, se relacionan de alguna forma con los conceptos y las diferencias entre lo que es el bien y lo que significa el mal. Los autores tienen una clara preferencia por perseguir el bien y beneficiarse de todas las bondades que Dios les ofrece, mientras rechazan los malos caminos que conducen a situaciones altamente negativas. Alrededor de la mitad de los salmos son parte de las oraciones en tiempos de angustia, y otros sencillamente, alaban a Dios. Algunos reflejan un nacionalismo patriótico el cual está basado en una experiencia cultural compartida. Algunas estaban destinadas a ser cantadas o acompañadas de algún tipo de música. En lugar de reflejar una rima, los salmos contienen una repetición de ideas usando una estructura bastante paralela.

La siguiente muestra contiene 13 salmos con sus traducciones modernas de los que eran textos en un principio. Los autores suelen utilizar pronombres y sustantivos masculinos para describir a Dios y a todas las demás personas.

Salmo 1 *(El justo y el malvado contrastado)*

Bienaventurado todo aquel hombre que no sigue el consejo de los
    malvados,
¡Ni se sienta en el camino junto con los pecadores, ni se sienta en
    los asientos con aquellos que se burlan!
Pero su felicidad está en la ley del Señor,
Y siempre medita sobre sus leyes día y noche.
Será como un árbol plantado junto a corrientes de agua,
Que da su fruto en su tiempo
Y cuya hoja jamás se marchita.
Todo lo que hace viene con prosperidad.
¡No es así con los malvados! Son como paja que el viento se lleva.
Por tanto, los impíos no participaran en el juicio,
Ni los pecadores se podrán reunir con los justos.
Porque el Señor conoce el camino de los justos,
Pero el camino de los malvados va a perecer.

Salmo 23 *(A Psalm of David)*

El Señor es mi pastor, con él tengo lo que necesito.
En verdes pastos me hará reposar;
Junto a aguas tranquilas me conduce.
El siempre restaura mi alma;
Me guiará por sendas de justicia por el amor de su nombre.
Aunque camino por el valle de sombra de muerte,
No temeré mal alguno, porque tú estás conmigo;
Tu vara y tu cayado me infundirán mucho aliento.
Preparas una mesa ante mí en presencia de todos mis enemigos.
Ungiste mi cabeza con aceite;
Mi copa se desbordará.
Ciertamente el bien y la misericordia me seguirán todos los días
    de mi vida,
Y habitaré en la casa del Señor por muchos años.

Salmo 46 *(Una canción de dios, el refugiado de la gente)*
Dios es nuestro refugio y nuestra fortaleza,
Una ayuda que está siempre presente en medio de los problemas.
Para que no tengamos miedo, aunque la tierra ceda abajo
Y las montañas caen en el corazón del mar,
Aunque bramen y sus aguas se espumen,
Y las montañas tiemblen cuando se levanten.

Pausa para escuchar la música

Hay un río cuyas corrientes agradan la ciudad de Dios,
El lugar santo donde siempre habita el Altísimo.
Dios está dentro de ella, no va a caer.
Dios la ayudará en cuanto amanezca.
Las naciones se alborotaron, y los reinos se van a tambalear,
Alzó su voz y la tierra se derritió.
El Señor Todopoderoso está siempre con nosotros;
El Dios de Jacob es nuestra fortaleza.

Pausa para escuchar música

Ven y mira las obras que hace el Señor,
Las desolaciones que ha traído sobre la tierra.
Hace cesar las guerras hasta el fin de toda la tierra.
Rompe el arco y hace añicos la lanza;
Quema los escudos con mucho fuego.
"Quédense quietos y reconozcan que yo soy Dios,
Seré exaltado entre las naciones,
Seré exaltado aquí en la Tierra".
El Señor de los ejércitos está con nosotros;
El Dios de Jacob es siempre nuestra fortaleza.

Termina con música

Salmo 51 *(Salmo de David después de que el profeta Natán lo confrontó al involucrarse en adulterio con Betsabé)*

Ten piedad de mí, oh mi Dios
Según tu amor inagotable, y según tu gran compasión
Borra todas mis rebeliones, lava toda mi iniquidad,
Y límpiame también de todo mi pecado.
Porque conozco mis transgresiones, y mi pecado, por eso estás siempre delante de mí.
Contra ti, y solo contra ti, he pecado y he hecho cosas malas ante tus ojos;
Así que tienes razón en tu veredicto y estás justificado cuando me juzgas.
Probablemente fui pecadora al nacer, pecadora desde el momento en que mi madre me concibió.
A pesar de eso, deseaste mi fidelidad al estar en el vientre;
Me enseñaste sabiduría en ese lugar secreto.
Límpiame con hisopo, y así seré limpio;
Lávame y entonces seré más blanco que la nieve.
Déjame oír gozo y alegría; que se regocijen los huesos que ya has aplastado.
Esconde tu rostro de mis pecados y borra toda mi iniquidad.
Crea en mí un corazón limpio, oh Dios, y renueva un espíritu recto muy dentro de mí.
No me alejes de tu presencia, ni me quites tu santo Espíritu nunca.
Devuélveme el gozo de tu salvación
y concédeme un espíritu dispuesto para sostenerme.
Entonces les enseñaré a los transgresores todos Tus caminos,
para que los pecadores regresen a ti.
Líbrame de la culpa del derramamiento de sangre, oh Dios,
Tú que eres mi Dios, y mi Salvador,
Y mi lengua cantará toda tu justicia.
Abre mis labios, Señor, y mi boca anunciará tus alabanzas.
No te agrada el sacrificio, o lo traería;
No te gustan los holocaustos.
Mi sacrificio, oh Dios, es mi espíritu quebrantado;
Un corazón contrito y humillado Tú, Dios, no vas a despreciarlo.
Que te plazca ver prosperar a Sion,
Para edificar los muros en Jerusalén.
Entonces te deleitarás de todos los sacrificios de los justos,
En holocaustos ofrecidos de forma total;
Entonces se ofrecerán toros sobre tu altar.

Salmo 66 *(Un cántico de alabanza por las maravillas de nuestro Dios y por las respuestas a las oraciones)*

¡Gritad a Dios con gusto, en toda la tierra!
Canten la gloria de su nombre, y hagan gloriosas todas sus
    alabanzas.
Dile a Dios: "¡Cuán maravillosas son todas tus obras!
Tu poder es tan grande que tus enemigos tiemblan ante Ti.
Toda la tierra te adorará y te cantará sus alabanzas;
Cantarán alabanzas a tu nombre".

Pausa para escuchar la música

Ven y mira las obras de nuestro Dios,
Quien es asombroso en sus obras para con los hijos de todos los
    hombres.
Transformó el mar en tierra seca;
Atravesaron el río a pie;
¡Regocijémonos en Él!
Él gobierna con su poder por siempre;
Sus ojos vigilan a todas las naciones;
Que no se elogien los rebeldes.

Pausa para escuchar música

Bendecid a nuestro Dios, todos los pueblos,
Y suene su alabanza en todos los lugares,
Quien nos mantiene en la vida
Y no permite que nuestros pies resbalen.
Porque nos has probado siempre, oh Dios;
Nos has refinado tal como se refina la plata.
Nos metiste en una red;
Pusiste una carga abrumadora sobre nuestros hombros.
Hiciste cabalgar hombres sobre nuestras cabezas;
Pasamos por el fuego y también por el agua
Aun así, nos sacaste a un lugar de abundancia.
Entraré en tu casa con holocaustos;
Te pagaré mis votos
Que pronunciaron mis labios
Y mi boca habló cuando te encontrabas angustiado.
Te ofreceré holocaustos de animales gordos,
Con el humo de los carneros;
Haré una ofrenda de toros y de machos cabríos.

Pausa para escuchar la música

Venid y escuchad todos los que temen a nuestro Dios,
Y contaré todo lo que ha hecho por mi alma.
Le clamé con mi boca,

Y fue ensalzado con mi propia lengua.
Si considero la maldad en mi corazón,
El Señor entonces no me escuchará;
Pero ciertamente Dios me ha escuchado;
Ha escuchado mi voz y mi oración.
Bendito sea Dios
¿Quién no ha rechazado mi oración?
Ni su misericordia de mí.

Salmo 96 *(Un llamado a adorar al Señor, el juez justo)*
Cantad al Señor un cántico nuevo;
Cantad al Señor, toda la tierra.
Canten al Señor, y siempre bendigan su nombre;
Proclame buenas nuevas de su salvación todos los días.
Cuenta su gloria entre las naciones,
Sus maravillas entre cada uno de los pueblos.
Porque grande es el Señor y es muy digno de siempre ser alabado;
Debe ser temido por encima de todos los dioses.
Porque todos los dioses de los pueblos son ídolos,
Pero el Señor creo los cielos.
Esplendor y majestad en frente de él,
La fuerza y la belleza, están presentes en su santuario.
Tributad al Señor, oh familias de todos los pueblos,
Dad al Señor gloria y fuerza.
Dad al Señor la gloria que es su nombre;
Trae una ofrenda y entra en sus atrios.
Adora al Señor con vestiduras sagradas;
Temblad ante Él, en toda la tierra.
Di entre las naciones: "El Señor siempre reina;
De hecho, el mundo está firmemente establecido, no va a moverse;
Juzgará a los pueblos con equidad".
Alégrense los cielos y que se regocije la tierra;
Brame el mar y todo lo que tiene adentro;
Que se regocije el campo y todo lo que hay en él.
Entonces todos los árboles del bosque cantarán con alegría
Delante del Señor, que viene,
Porque viene a juzgar a la tierra.
Juzgará al mundo con su justicia
Y los pueblos siempre en su fidelidad.

Salmo 97 *(El poder y el dominio del Señor)*

El Señor reina, y se regocija la tierra;
Que se alegren todas las islas.
Lo rodean nubes y las densas tinieblas;
La rectitud y la justicia son el fundamento de su trono.
El fuego va delante de él
Y quema a sus adversarios en todas partes.
Sus relámpagos iluminan el mundo;
La tierra vio y a su vez, también tembló.
Los montes se derritieron como cera al estar frente al señor,
En presencia del Señor en toda la tierra.
Los cielos declaran siempre su justicia,
Y todos los pueblos han visto la gloria.
Sean avergonzados todos los que sirven a todas esas imágenes
    esculpidas,
Que se jactan de los ídolos;
Adoradlo todos los dioses.
Sion escuchó esto y se entusiasmó,
Y las hijas de Judá se regocijaron
A causa de tus juicios, oh Señor.
Porque tú eres el Señor Altísimo que está sobre toda la tierra;
Eres exaltado por encima de todos los dioses.
Odia el mal, los que aman al Señor,
Que preserva las almas de sus piadosos;
Los libras de la mano de todos los impíos.
La luz se siembra como semilla para los justos
Y alegría para los rectos de corazón.
Alégrate en el Señor, justos,
Y da gracias en su santo nombre.

Salmo 100 *(Salmo de Acción de Gracias)*

¡Aclamad al Señor con alegría, cada una de las tierras!
Servid al Señor con alegría, venid ante su presencia con sus
    cánticos.
Recuerde, el Señor es Dios; Él nos hizo a nosotros, no nos hicimos
    nosotros mismos;
Somos su pueblo y las ovejas de su prado.
Entrad por sus puertas con acción de gracias, y por sus atrios
    siempre con alabanzas.
Sé agradecido con él y también bendice su nombre.
Porque el Señor es bueno y su misericordia es eterna,
Y su verdad perdura por todas las generaciones.

Salmo 121 *(Canción de ascensos)*

Alzaré siempre mis ojos hacia las montañas.
¡De donde viene mi ayuda?
Mi ayuda viene siempre del Señor
Quien hizo el cielo y también la tierra.
No permitirá que tu pie se resbale;
El que os cuida no se adormecerá.
He aquí el que guarda a Israel
No dormirá ni va a descansar.
El Señor es tu guardián;
Él es tu sombra siempre a tu diestra.
El sol no te herirá de día,
Ni la luna te herirá de noche.
El Señor te protegerá de todo mal;
Él guardará siempre tu alma.
El Señor guardará tu salida y tu entrada
De ahora en adelante y para siempre.

Salmo 124 *(Cantar de las subidas de David)*

"Si no hubiera estado el Señor a nuestro lado"
Dejemos que Israel sea la que diga,
"Si no hubiera estado el Señor de nuestro lado"
Cuando la gente se levanto en contra nosotros,
Entonces nos habrían comido a todos vivos
Cuando su ira se encendió en contra de nosotros;
Entonces las aguas nos habrían tragado,
La corriente habría barrido toda nuestra alma;
Entonces las aguas embravecidas habrían barrido nuestra alma".
Bendito sea siempre el Señor
Quien no nos ha dado para ser arrancados por todos sus dientes.
Nuestra alma se ha escapado como un pájaro de la trampa del
     cazador;
La trampa está rota y nosotros hemos escapado.
Nuestra ayuda está en el nombre del Señor,
Quien hizo el cielo y la tierra.

Salmo 139 *(Salmo de David sobre la omnipresencia y la omnisciencia de Dios)*

Señor, me has examinado y también me has conocido.
Sabes cuándo me siento y también en que momento me levanto;
Entiendes mis pensamientos desde lejos.
Escudriñas mi salida y en el momento en que me acuesto,
Y conocen todos mis caminos.
Incluso antes de que haya una palabra en mi lengua,
Señor, tú lo sabes todo.
Me has rodeado por detrás y también por delante
Y has puesto tu mano sobre mí.
Tal conocimiento es demasiado asombroso para mí;
Es demasiado alto, tanto que no puedo entenderlo.
¿A dónde puedo ir de tu espíritu?
¿O adónde huiré de tu presencia?
Si subo al cielo, tu siempre estás allí;
Si hago mi cama en lo más profundo, he aquí que estás allí.
Si alzo las alas del alba,
Si habito en la parte más remota del mar,
Incluso allí Tu mano me va a guiar,
Y tu diestra me va a sujetar.
Si digo: "Seguramente la oscuridad me incomodará,
Y la luz a mi alrededor va a ser solo la noche"
Incluso la oscuridad no es oscura para ti,
Y la noche es tan brillante como lo es el día.
La oscuridad y la luz son iguales para ti.
Porque tú creaste todas mis entrañas;
Me tejiste en el vientre de mi madre.
Te alabaré porque estoy hecho de una manera asombrosa y
    maravillosa;
Maravillosas son tus obras,
Y mi alma lo sabe muy bien.
Mi marco no te fue oculto
Cuando fui hecho en secreto
Y fui hábilmente formado en las profundidades de la tierra;
Tus ojos han visto mi sustancia sin forma;
En tu libro fueron escritos
Todos los días que me han sido ordenados,
Cuando todavía no había ninguno de ellos.
¡Cuán preciosos son también tus pensamientos para mí, mi Dios!
¡Cuán grande es la suma de todos ellos!
Si los contase, superarían en número a todos los granos de arena.
Cuando despierto, aún estoy contigo.
Si tan sólo dieras muerte a los impíos, oh Dios;
Dejadme, hombres derramados de sangre.

Porque están hablando mal de ti,
Y tus enemigos toman tu nombre siempre en vano.
¿No odio yo a los que te odian, Señor?
¿No aborrezco a los que se levantan en contra de ti?
Los odió, con el mayor de los odios;
Se han convertido en todos mis enemigos.
Examíname, Dios, y conoce mi corazón;
Ponme a prueba y conoce todos mis pensamientos ansiosos;
Mira si hay alguna forma ofensiva en mí
Y guíame por el camino correcto.

Salmo 146 *(El Señor, un gran ayudante)*

¡Aleluya! ¡Alabado sea el Señor, que es mi alma!
Alabaré al Señor por el resto de mi vida;
Cantaré alabanzas a mi Dios mientras esté vivo.
No confíes en los príncipes,
En los seres humanos, que no te pueden salvar.
Cuando su espíritu se va, regresan siempre a la tierra;
Ese mismo día sus planes fracasaron.
Bienaventurados aquellos cuya ayuda es la del Dios de Jacob,
Cuya esperanza está en el Señor que es su Dios.
Él es el Creador del cielo y de la tierra,
El mar y todo lo que habita en ellos.
Él permanece fiel para siempre.
Él defiende la causa de los oprimidos
Y da de comer al que está hambriento.
El Señor libera a los presos,
El Señor da la vista a los ciegos,
El Señor levanta a los abatidos,
El Señor ama a los que son justos.
El Señor cuida al extranjero
Y sostiene al huérfano y a la viuda,
Pero frustra los caminos de los malvados.
El Señor reina por siempre,
Tu Dios, oh Sion, por todas las generaciones.
¡Aleluya!

Salmo 149 *(Israel invocado para alabar al Señor)*
¡Alabado sea el Señor!
Cantemos al Señor siempre un cántico nuevo,
Y su alabanza en la congregación de todos los piadosos.
Alégrese Israel en su Hacedor;
Que los hijos de Sion se regocijen en su Rey.
Alaben su nombre con sus danzas;
Que le canten alabanzas con pandero y lira.
Porque el Señor se complace siempre en su pueblo;
Él embellecerá con salvación a los afligidos.
Que los piadosos se regocijen en su gloria;
Que canten de alegría en sus camas.
Que las alabanzas de Dios estén en sus bocas,
Y una espada de dos filos en sus manos,
Para ejecutar venganza sobre las naciones
Y el castigo a los pueblos,
Para atar a sus reyes con cadenas
Y sus nobles con grilletes de hierro,
Para ejecutar en ellos la sentencia escrita;
Este es un honor para todos sus seguidores.
¡Alabado sea el Señor!

Capítulo 14
Libros Únicos Del Antiguo Testamento

Algunos de los libros que vienen incluidos en la Biblia no están narrando eventos históricos, sino que contienen lecciones sobre cómo vivir de forma apropiada, lidiar con la adversidad y sobre todo, amar al prójimo.

- Los libros de Proverbios y Eclesiastés hablan específicamente sobre la sabiduría y fueron escritos casi exclusivamente por el rey Salomón. Proverbios proporciona refranes e historias cortas sobre cómo los humanos deberían vivir de forma apropiada. En Eclesiastés, Salomón menciona que la vida es mucho más complicada y confusa que las verdades en blanco y negro simples y relacionadas con las consecuencias que puede traer la forma en que se comporta el ser humano.
- Job es una narración con conversaciones teológicas sobre por qué alguien posee fe en Dios y que lleva una buena vida, igual puede sufrir de momentos de dolor y sufrimiento. La historia termina con un giro muy inesperado.
- Jonás es una breve biografía sobre un hombre llamado por Dios para decir la verdad sobre un enemigo bastante peligroso. Cuando no lo hace, sufre consecuencias inusuales.
- El Cantar de los Cantares es un diálogo poético entre una mujer joven y su amante.

Proverbios

El libro de Proverbios fue escrito en su gran mayoría por el rey Salomón. Un proverbio es básicamente una declaración de una verdad general y una especie de "literatura sapiencial". El libro de Proverbios trata de la conducta moral, en ocasiones utilizando dichos específicos.

Los escritores son "hombres sabios" que enseñan lo que consideran que es verdad, basándose en sus observaciones y su propia experiencia. Por lo general, los proverbios indican que quienes siguen estas verdades evitarán el mal y serán recompensados; todos los que no sigan sus consejos sufrirán consecuencias bastante negativas. Muchas veces, las declaraciones positivas y negativas se combinan proporcionando un contraste entre el bien y el mal. Otras veces, estos cuentan con solo una oración. Por ejemplo, el último versículo del capítulo 3 dice: "El sabio hereda la honra, pero los necios la deshonra" (Proverbios 3:35). Aquí se puede ver que hay grupos de proverbios que se complementan entre sí y pueden no contrastar apropiadamente el bien y el mal. Muchos de los dichos y viñetas tratan sobre el dinero, la justicia y la moralidad sexual (muchos versículos hablan de evitar las tentaciones de los pecados relacionados con el sexo y con las ganancias ilícitas). El libro tiene bastantes recordatorios para sus lectores de que deben permanecer vigilantes en su búsqueda de la sabiduría, pero también que deben evitar las acciones mal intencionadas.

El libro comienza con la afirmación de que la sabiduría proviene de Dios. Por ende, una persona sabia se comporta de forma correcta, justa y piadosa. El último capítulo se enfoca en las cualidades que, en aquel entonces, una esposa debía de tener. Hay una considerable repetición entre los temas de los 31 capítulos. Aquí hay ejemplos de algunos de los proverbios que se encuentran en los versículos y capítulos señalados.

Capítulo 1:7, 20–23, 33

El temor al Señor es considerado el comienzo de la sabiduría; los necios desprecian la sabiduría, así como las instrucciones. La sabiduría pega gritos en la calle y levanta la voz en la plaza. A la entrada de las puertas de la ciudad ella dice: "¿Hasta cuándo a los ingenuos les gustará seguir siendo ingenuos? ¿Cuánto más los ingenuos se deleitarán en burlarse y los necios odiarán el conocimiento? Si respondieras a mi represión, habría derramado mi espíritu sobre ti y te habría dado a conocer mis palabras. Aquellos que me escuchen vivirán seguros y sentirán tranquilidad del temor al mal".

Capítulo 3:3–12

Nunca permitas que la bondad y la verdad se alejen de ti. Átalas alrededor de tu cuello y escríbelas en la tabla de tu corazón para que te ganes el favor de Dios y de los demás y, sobre todo, que tengas una buena reputación. Confía en el Señor con todo tu corazón y no te apoyes solo en lo que entiendes. Reconoce al Señor en todos tus caminos, pues él es el que enderezará tus sendas. No seas sabio a tus propios ojos; Teme al Señor y aléjate del mal. Será curativo y refrescante para tu cuerpo y para tus huesos. Honra al Señor con tus riquezas y dale al Señor lo primero que tengas de todos tus productos. De esa forma, sus graneros se llenarán en abundancia y rebosarán de vino nuevo. Hijo mío, no rechaces la disciplina, porque el Señor disciplina a los que Dios ama, como los padres corrigen a los niños que aman.

Capítulo 4:23–27

Protege tu corazón porque todo lo que haces al final de cuentas, fluye de él. Mantén tu discurso limpio y honesto. Deja que tus ojos miren al frente y piense detenidamente en la trayectoria que siguen tus pies. No gires a la derecha ni a la izquierda, y trata de mantener tus pies alejados del mal.

Capítulo 6:6–11, 16–19, 30

Perezoso, pon atención a la hormiga y mira sus caminos. No tiene jefe, oficial ni gobernante, pero guarda su comida en el verano y recoge su provisión durante la cosecha. ¿Cuánto tiempo te acostarás sin hacer nada? ¿Cuándo te levantarás del sueño? Con un poco de sueño, un poco de sueño y un pequeño cruzamiento de manos para descansar, tu pobreza dejará ver su presencia como un vagabundo y tu necesidad se verá como un intruso armado.

Existen seis cosas que el Señor aborrece, sí, siete cosas que para sus ojos son abominables: Los ojos altivos, la lengua mentirosa, las manos que derraman sangre de un inocente, un corazón que piensa siempre en planes perversos, pies que corren hacia el mal, un testigo falso que solo dice mentiras, y quien crea disputas entre otros.

La gente no desprecia a un ladrón si roba comida cuando tiene hambre.

Capítulo 10:1–5, 8–13, 23–28

El hijo que es sabio alegrara al padre, pero el hijo necio trae siempre dolor a su madre.

Las ganancias mal habidas no producen ninguna ganancia, pero la justicia te librara de la muerte.

El Señor no permitirá que los justos padezcan hambre, pero si va a rechazar el anhelo de los malvados.

Todo aquel que tenga las manos ociosas se vuelven pobres, pero los que trabajan se van a enriquecer

Los que se reúnen durante el verano actúan sabiamente; los que duermen en la cosecha son los vergonzosos.

El sabio recibirá mandatos, pero el necio que balbucea se va a arruinar.

Aquellos que caminan en integridad caminan seguros, pero aquellos con caminos pervertidos serán descubiertos.

Los que guiñan el ojo con engaño solo causaran problemas, y el necio que balbucea se va a arruinar.

La boca del justo es un manantial de vida, mientras que la boca del impío esconde tras de sí solo violencia.

El odio suscita contiendas, pero el amor cubre cualquier transgresión.

La sabiduría está presente en los labios de los entendidos, pero la vara se usa en la espalda de los que carecen de todo entendimiento.

El necio se complace en llevar a cabo cosas malas, pero los sabios disfrutan aprendiendo.

Lo que temen los impíos les llegará, pero los deseos de los justos serán concedidos.

Cuando pasa un torbellino, los malvados ya no existen, pero los justos siempre se mantienen firmes.

Como el vinagre a los dientes y el humo a los ojos, así son los perezosos para quienes los envían.

El temor del Señor nos alarga la vida, pero los años de los impíos se acortan.

La esperanza de los justos es alegría, pero las expectativas de los impíos perecen.

Capítulo 11:13–19

Todo aquel que chismea revela secretos, pero los dignos de confianza ocultan estos todos estos asuntos.

Cuando no puedes dar consejos, la gente falla; al contar con muchos consejeros, hay victoria.

Una mujer bondadosa gana honor, y un hombre despiadado solo obtiene riquezas.

Las personas amables se hacen bien a sí mismas, mientras que las personas crueles se hacen daño a sí mismas.

El impío gana salarios extraños y engañosos; los que siembran justicia reciben siempre una correcta recompensa.

El justo alcanzará la vida; los que persiguen el mal provocan su propia muerte.

Capítulo 13:9–12, 21–24

La luz de los justos brilla, pero la lámpara de los impíos se mantiene apagada.

El comportamiento grosero genera disputas, pero los que reciben consejos se convierten en sabios.

La riqueza obtenida mediante el fraude disminuye, pero para todo aquel que trabaja duro aumentará su riqueza.

La esperanza retrasada enferma el corazón, pero el deseo cumplido es un árbol de vida.

La adversidad persigue a los pecadores, pero todo el que sea justo será recompensado con prosperidad.

Los que son buenos padres dejan una herencia a los hijos de sus hijos, pero la riqueza de los pecadores termina yendo siempre a los justos.

La tierra que no es arada, les da alimento a los pobres, pero la injusticia lo barre todo.

Aquellos que retienen la vara odian a sus hijos, aquellos que aman a sus hijos los disciplinan cuidadosamente.

Capítulo 15:1–4

Toda respuesta amable aplaca la ira, pero una palabra fuerte provoca enojo.

Los sabios dan conocimientos útiles, pero la boca de los necios profiere necedad. Los ojos del Señor están en todo lugar, mirando tanto a los malos, como a los buenos.

La lengua que consuela es árbol de vida, pero las palabras perversas, aplastan el espíritu.

Capítulos 16 y 17 (extractos)

Las personas hacen los planes, pero el Señor es el que dirige sus pasos.

Es mejor un poco ganado con justicia que mucho ganado por medio de la injusticia.

El justo equilibrio pertenece al Señor; todos los pesos de la bolsa son asunto de Dios.

Es horrible que los reyes cometan actos perversos: un trono de debe basar en la justicia.

Mejor es ser humilde con los humildes que repartir el botín con aquellos que son orgullosos.

Es preferible un bocado seco y donde haya tranquilidad, que una casa llena de banquetes con discusiones.

El orgullo antecede a la destrucción; la arrogancia antecede a la fuerte caída.

Los que se burlan de los pobres se burlan del Señor que los creó.

Las reprimendas son más profundas para los entendidos que cien golpes al necio.

Un corazón contento es una buena medicina, pero un espíritu abatido es capaz de secar los huesos.

Hay un camino que puede parecerle bien a una persona, pero su final, es el camino hacia muerte.

Incluso un necio, cuando guarda silencio, se considera sabio.

¡Mejor es la sabiduría que el oro! Para adquirir entendimiento hay que elegir por encima de la plata.

Mientras el crisol prueba la plata y un horno prueba el oro, el Señor prueba el corazón humano.

Capítulo 22 (extractos)

El hombre que es bueno, es más deseable que cualquier gran riqueza. Ser respetado es mucho más importante que el oro o la plata.

Los ricos y los pobres tienen una cosa en común: Todos fueron creados por el señor.

Los prudentes ven el mal y se esconden; los ingenuos van y pagan el precio.

Enseñe a los niños cómo deben ir; cuando sean viejos, no se apartarán de él.

Los que son generosos serán bendecidos, porque dan de comer a los pobres.

Todos los que oprimen a los pobres para hacerse más ricos ellos mismos o dar a los ricos, terminarán estando en la pobreza.

Capítulo 25:14–17; 21–25

Como nubes y viento sin lluvia son las personas que se jactan falsamente de los dones que poseen.

Si tu tienes paciencia se puedes persuadir a un gobernante, pero una lengua blanda puede romper un hueso.

Si encuentra miel, coma solo lo que necesite. Comer demasiado te hará vomitar.

No visite la casa de sus vecinos con demasiada frecuencia, o se cansarán de ti y lo odiarán.

Si tu enemigo tiene hambre, debes darle de comer; si tiene sed, debes darle de beber. Esto amontonará carbones encendidos sobre sus cabezas,[10] y el Señor siempre los va a recompensar.

El viento del norte trae consigo lluvia, y una lengua murmuradora trae miradas llenas de ira.

Es mejor vivir en un rincón del tejado que en una casa grande con gente mala.

Como agua fría para un alma cansada, así son las buenas noticias de una tierra lejana.

Capítulo 26:20–28

Por no poner más leña, el fuego se apaga; cuando no hay murmuradores, las disputas se calman.

Así como el carbón para las brasas y la leña es para el fuego, una persona discutidora se enciende para discutir todo el tiempo.

---

[10] Hay varios significados posibles para esta frase, todos con una intención de carácter positivo. La frase puede verse de forma literal dentro del contexto de la cultura, aludiendo a la provisión de mucho carbón para rescatar el fuego de un vecino. En la antigüedad, las personas a veces llevaban sus cargas en la cabeza. La frase también tiene un significado de mayor profundidad, en el que la gran generosidad de una persona hacia el enemigo despierta su conciencia en cuanto al trato del prójimo. El resultado práctico de tal gesto es el incremento de la probabilidad de una relación más armoniosa entre ambas partes. La frase no se debe tomar literalmente.

Las palabras de un murmurador son bocados deliciosos; proceden a las partes más internas de nuestro cuerpo.

Como el vaso de barro cubierto de plata, así son los labios ardientes y todo corazón perverso;

los que odian, disfrazan ese odio con sus labios, pero llevan engaño en su corazón.

Cuando hablen con bondad, nunca les creas, porque hay muchas abominaciones en el fondo de sus corazones.

Aunque su odio esté cubierto de engaño, su maldad, sale a notarse ante los demás.

Los que cavan un hoyo van a caer en el eventualmente,

Y a los que hacen rodar una piedra, se les va a regresar.

La lengua mentirosa odia a todos aquellos que aplasta, y la boca aduladora arruina.

Capítulo 27:5–6

Es mucho mejor la represión abierta que el amor que se ve encubierto.

Las heridas de un amigo se consideran fieles, pero engañosos son los besos que te da un enemigo.

Capítulo 29 (extractos)

Los reyes proveen estabilidad a su tierra al utilizar la justicia, pero los que aceptan sobornos son los que la derrocan.

Las personas que son justas se preocupan por los derechos de los pobres, las personas malvadas no comprenden ni les importan tales cosas.

Si los gobernantes les dan atención a las mentiras, todos sus ministros se vuelven malvados.

Si los reyes juzgan al pobre con justicia, sus tronos se establecerán para siempre.

En donde no existe visión, la gente se desenfrena.

Más esperanza hay para el necio que para quien se apresura en sus palabras.

El orgullo de la gente hace que se humillen, pero los que tienen un espíritu humilde siempre obtendrán honor.

* * * * *

Eclesiastés

Lo que el libro de Eclesiastés contiene, son las reflexiones de un rey sabio, probablemente el rey Salomón en etapas adelantadas de su reinado, y quien se llama a sí mismo el Maestro. Contrario a los Proverbios, la sabiduría se ve con ojos más realistas y matizados: no hay un optimismo ciego por hacer el bien ni tampoco un pesimismo escéptico por hacer el mal. Por el contrario, la vida se ve con su conjunto de complejidades y frustraciones. Al igual que la vida misma, la estructura y el contenido de los 12 capítulos del libro son inconexos, divagan en diferentes direcciones y, a menudo, son repetitivos. Esto puede deberse a la probabilidad de que el libro tuviera varios autores.

El libro empieza con el Maestro exclamando: "¡No todo tiene sentido!" Los ciclos interminables de la vida y de la naturaleza parece que no cambian nada en la tierra. Obtener sabiduría y conocimiento trae dolor. Esto tiene sus limitaciones, y crear cambios para mejorar la vida es como "perseguir el viento, ya que no se gana nada bajo el sol".

El Maestro hizo lo posible por encontrar la felicidad de diversas formas. Primero fue en busca de los placeres terrenales: beber, tener relaciones sexuales, trabajar duro, adquirir materiales y riquezas y también, obtener poder. Pero en el momento en que reflexionó sobre sus acciones, todas ellas carecían de sustancia. De inmediato, pensó en la búsqueda de la sabiduría y las consecuencias que el pecado trae consigo, pero se dio cuenta de que tanto los sabios como los necios al final mueren de la misma forma. Las posesiones adquiridas durante la vida les quedan a otros después de la muerte, que pueden ser sabios o tontos, por lo cual los frutos de las labores de una vida pueden desperdiciarse. ¿Por qué perseguir lo que no es posible conservar?

El Maestro concluyó diciendo que lo mejor que pueden hacer las personas para encontrar la verdadera felicidad es siempre honrar a Dios, disfrutar de sus alimentos y sus bebidas, hacer el bien y encontrar un trabajo que sea importante. También dijo que, en lugar de seguir reglas fijas en cada situación, el comportamiento correcto depende de las circunstancias específicas dentro de cada contexto: hay un momento adecuado para cada experiencia humana.

> Hay un tiempo de nacer y tiempo de morir,
> un tiempo de plantar y tiempo de cosechar,
> un tiempo para matar y un tiempo para sanar,

un tiempo para derribar y un tiempo para construir,
un momento para llorar y un momento para reír,
un momento para llorar y un momento para bailar,
un tiempo para tirar piedras y un tiempo para recogerlas,
un tiempo para abrazar y un tiempo para estar separados,
un tiempo para buscar y un tiempo para rendirse,
un tiempo para guardar y un tiempo para tirar,
un tiempo para rasgar y un tiempo para coser,
un tiempo para callar y un tiempo para hablar,
un tiempo para amar y un tiempo para odiar,
un tiempo para la guerra y un tiempo para la paz.

El Maestro hizo una reflexión sobre cómo los poderosos oprimen siempre a los más pobres, cómo los logros de algunas personas hacen que los demás se llenen de celos y cómo trabajar y vivir con otros tiene más beneficios que hacer las cosas solos. Observó cómo los ricos acumulan sus posesiones para sí mismos, pero aún se siguen preocupando y nunca llegar a estar satisfechos. Todo esto fue tan deprimente que el Maestro dijo que el día en que una persona muere, es mucho mejor que el día en que nace. Las personas son felices cuando aprecian sus riquezas y posesiones y sobre todo cuando pueden disfrutarlas.

El Maestro a veces describe la sabiduría de la misma forma en que se escribió Proverbios, aunque ensalza las experiencias negativas y muestra frustración ante los intentos de las personas por encontrar la felicidad. Algunos ejemplos son:

Dos siempre son mejor que uno. Siempre se puede hacer más cuando se trabaja juntos. Porque si uno de ellos cae, el otro puede levantarlo. Pero ¡ay de los que caen y no tienen a nadie para ayudarlos! Cuando dos se acuestan juntos, ambos se van a mantener calientes; uno no puede mantenerse caliente solo. Además, aunque uno es dominado por un enemigo, dos pueden defenderse mejor. Un cordón de tres hebras no se puede romper rápido.

Mejor es ir a una casa de duelo que ir a una casa donde haya un banquete, porque la muerte nos va a llegar a todos; todos los que viven deberían tomar esto en serio. La frustración es mejor que la risa, la tristeza al final es buena para el corazón.

> Solo he encontrado esto: Dios creó a los humanos en forma
> recta, pero ellos viven la vida de muchas otras maneras.

Aun así, el Maestro todavía ensalza los atributos de la sabiduría, aunque la vida puede ser por lo general, injusta.

> Aunque una persona malvada que comete cien crímenes
> puede llegar a vivir por muchos años, sé que las cosas irán
> mejor para quienes, sobre todo, respetan y aman a Dios.
> Pero, debido a que los impíos no respetan a Dios, las cosas no
> les saldrán bien y sus días no se alargarán como su sombra.
> Y hay otra cosa que no tiene sentido: los justos que obtienen
> lo que los malvados merecen y los malvados que reciben lo
> que los justos merecen.

El Maestro termina pidiéndole a las personas que deben disfrutar la vida al máximo, trabajar duro y aceptar los eventos inesperados de la vida como oportunidades que Dios les da para poder crecer y aprender de los mismos. La vida nos trae muchas pruebas y decepciones, y "nadie sabe cuándo llegará su hora. Así como los peces son atrapados en crueles redes y los pájaros en las trampas, la gente queda atrapada inesperadamente en tiempos malos". Por eso, la gente debe volverse sabia y obedecer a Dios, quien es el juez supremo.

* * * * *

Job

Job es una larga narración que ofrece un sinnúmero de conversaciones sobre la fe, la obediencia, las recompensas, los castigos, el bien y el mal, y por qué a las personas que son fieles, les ocurren cosas malas también. La naturaleza amorosa y justa de Dios se ve cuestionada a través del diálogo entre los personajes principales: Dios y Satanás, Job y sus amigos, así como Dios y Job. El libro no es una historia real (no hay autores, fechas o lugares específicos). Más bien, Job es un libro único escrito para discutir puntos teológicos usando varias formas literarias (literatura de sabiduría, poesía, drama, tragedia y comedia). Contiene una gran cantidad de sarcasmo e ironía y tiene claras estructuras y patrones literarios: comienza con un prólogo y es seguido por varios conjuntos de discursos y un breve epílogo. El lector sabe lo que sucede, pero los personajes de la historia no lo saben.

El libro comienza describiendo a Job como un hombre que posee mucho dinero y es rico, que vive con su gran familia (siete hijos y tres hijas) y además con 11.000 animales. Tiene muchos siervos y es considerado "el hombre más grande en el este y es irreprensible, tiene rectitud, es fiel a Dios y siempre cuidadoso de evitar hacer cosas malas". También hace sacrificios a Dios en caso de que algún miembro de su familia caiga en pecado.

Un día, Satanás se le acercó a Dios explicando que Job solo es bueno y fiel porque Dios lo ha bendecido en todos y cada uno de los sentidos. Satanás hace un desafío a Dios y le pide que quite todas las bendiciones de Job para ver si al no tener esas bendiciones, Job todavía ama a Dios, Satanás asegura que Job terminaría maldiciendo a Dios cuando ya no cuente con esas bendiciones. Dios acepta dejar que Satanás atormente a Job para ver su reacción, pero Dios le prohíbe a Satanás quitarle la vida a Job.

Luego de que se hace este trato en el cielo, Job y su familia comienzan a sufrir una gran cantidad de calamidades. Primero, Job recibe un mensaje de que un enemigo ha robado todos sus bueyes y burros y ha matado a todas las personas que estaban allí, menos a uno de los sirvientes que cuidaban el rebaño. Justo en ese instante, Job recibe otro mensaje más: Le dicen que un fuego del cielo ha matado a sus ovejas y a todos menos uno de los sirvientes que cuidaban los rebaños. Mientras Job escucha esto, le llega un mensaje más: Otro de sus enemigos, ha robado todos sus camellos y ha matado a todos los sirvientes excepto por el mensajero. Por último, llega otro informe: la casa donde sus hijos e hijas se reunieron para comer se derrumbó por un fuerte viento, y los mató a todos. Después de escuchar estos relatos, Job se quitó la ropa, se afeitó la cabeza, cayó al suelo y adoró a Dios diciendo: "Salí desnudo del vientre de mi madre y dejaré el mundo sin nada. El Señor da y el Señor quita. Bendito sea el nombre del Señor". Job no pecó ya que no culpó a Dios por todos estos eventos que habían sucedido.

En la siguiente reunión que Dios y Satanás tienen, Dios le recuerda a Satanás cómo Job se mantuvo fiel incluso después de perderlo todo. Satanás hace una nueva acusación, diciendo que Job maldecirá a Dios si el que llega a sufrir es su propio cuerpo. Dios acepta que Satanás inflija dolor y enfermedad a Job, y entonces el cuerpo de Job empieza a desarrollar dolorosas llagas desde su cabeza hasta los dedos de los pies.

Su piel está "cubierta de gusanos y costras, con yagas y supurante". La esposa de Job, quien aún está viva, le pregunta a Job: "¿Por qué mantienes tu integridad en esto? ¡Maldice de una vez a Dios y muere!" Job le responde: "¿Deberíamos solo aceptar el bien de Dios y no los problemas?" Y Job tampoco peca ni maldice a Dios.

Cuando tres de los más amigos de Job (Elifaz, Bildad y Zofar) se dan cuenta de lo que le sucedió a Job y a toda su familia, visitan a Job juntos para consolarlo. Cuando ven a Job por primera vez, apenas si pudieron reconocerlo. Empiezan a llorar en voz alta, se arrancan las ropas, se ponen polvo en la cabeza y se sientan en silencio con Job por al menos una semana entera. Job rompe el silencio y los cuatro hombres comienzan a tener una larga conversación (escrita en declaraciones poéticas a lo largo de muchos capítulos) sobre las aflicciones de Job.

Job comienza explicando todos sus sufrimientos y cómo desearía no haber nacido nunca. Elifaz cree que las aflicciones de Job son a causa del pecado que Job ha cometido y le dice que debe de arrepentirse. Bildad y Zofar están de acuerdo con Elifaz, diciendo que Job debe haber cometido algún tipo de maldad para haber ofendido tanto a Dios, y todos dicen que Job debe obedecer a Dios para recuperar su favor. Bildad sugiere que los hijos de Job quizás provocaron su propia muerte. Los tres amigos le recuerdan a Job que Dios no castiga a las personas buenas por nada, por lo que Job debió cometer un pecado importante para merecer un castigo tan significativo. Todo lo que Job necesita hacer es arrepentirse y hacer un cambio en su camino.

Cuando eso pase, todo volverá a estar bien. Job no está de acuerdo con sus amigos, diciendo que no ha hecho ningún mal, y la conversación se convierte en un fuerte debate. Los amigos se burlan de la actitud y las afirmaciones de inocencia de Job, pero Job dice que no ha hecho nada para merecer ese trato. Mientras los amigos culpan a la víctima, Job se irrita mucho con las falsas acusaciones de su pecaminosidad y su confianza engreída en sus sencillas respuestas para abordar su situación. Les dice:

> Mis ojos han observado todo, y mis oídos te han oído y te han comprendido. Lo que sabes, yo también lo sé; No soy inferior a ti. Pero quiero hablar con el Todopoderoso y discutir mi caso con Dios. ¡Pero todos ustedes me difaman

con mentiras y, además, son médicos inútiles! ¡Si tan solo te callaras! Para ti eso sería sabiduría.

A pesar de eso, Job está bastante desorientado por cómo sus vida cambiaron de forma tan abrupta y dramáticamente sin que él haya cometido en realidad ningún acto pecaminoso. Se pregunta cómo los seres humanos pueden agradar a un Dios que lo sabe todo pero que puede ser justo y perdonar a quienes merecen un castigo severo. Los caminos de Dios están más allá del entendimiento del ser humano.

Se realiza otra ronda de debates y discursos entre Job y todos sus acusadores. Sus amigos insisten en que Job se comporta como un terco por no escuchar sus consejos basados en sus "intuiciones" sobre la difícil situación que está atravesando. Continúan insistiendo en que Job hizo algo mal, por lo que todo lo que le está pasando está más que merecido. Job lamenta sus circunstancias y cree que Dios finalmente responderá porque él es inocente. Su experiencia demuestra que el sufrimiento no está necesariamente vinculado a la pecaminosidad y la maldad. E incluso si muere, dice que volverá a vivir. "Sé que mi redentor vive y que, al final, Dios seguirá en pie. Después de que mi cuerpo sea destruido, todavía veré a Dios". Job no sabe por qué suceden ciertas cosas: a veces los malvados prosperan, y a veces la vida puede ser algo injusta. Pero su fe le da la esperanza de que el amor y el juicio de Dios resultarán en un veredicto de "no culpable" para él en la otra vida.

Elifaz empieza con una tercera ronda de debates diciendo que Job sufre porque descuidó a todas las personas pobres.

> Les pediste a tus parientes que te protegieran sin ningún motivo, y despojaste a la gente de sus ropas, y las dejaste desnudas. No le ofreciste agua al cansado y no le diste de comer al hambriento, a pesar de que eras un hombre poderoso y honrado que poseía varias tierras. Enviaste a las viudas con las manos vacías y rompiste el espíritu de los huérfanos. Es por eso que todas estas trampas te rodean, por eso los problemas repentinos te están aterrorizando, por qué las cosas están tan oscuras que no puedes ver y por qué estás cubierto por esta inundación.

Aun así, Job insiste en que estas acusaciones son falsas. Él siempre ha mantenido la fe, ha obedecido los mandamientos de Dios, ha apoyado consolando a los desesperados y ha ayudado a los impotentes, así como a los necesitados. Los sufrimientos de Job lo impulsan a buscar a Dios para comprender su difícil situación. Pero no puede encontrar a Dios, no importa dónde mire, aunque Dios sabe exactamente dónde está Job en cualquier momento. Job se siente frustrado pues no recibe la justicia que merece; no ha cometido ninguna ofensa para justificar tales aflicciones. Dios tiene el poder de cambiar las cosas, pero se muestra silencioso y distante. Job mantiene su inocencia y se burla de los jóvenes que creen que lo saben todo. "Mi lengua no dirá mentiras, y jamás voy a admitir que tienes razón. No perderé mi integridad. Mantendré mi inocencia y no admitiré haber hecho algo que no he hecho". Job es un hombre quebrantado, pidiendo ayuda a Dios, pero no hay respuesta. Job concluye esta ronda de debates enumerando todas las cosas malas que quizás pudo haber hecho, pero lo cierto es que las evitó todas. Sin embargo, todavía sufre al escuchar a los falsos que lo acusan.

En ese momento, llega un amigo aún más joven (Eliú) y comienza a hablar. Critica a los tres amigos por acusar a Job sin proporcionar ninguna evidencia de las supuestas irregularidades. Dice que Dios les habla a los humanos a través de los sueños y a través del dolor, lo que impulsa a las personas a buscar a Dios y evitar el mal para eliminar el dolor. También asegura que Dios no recompensará a los que no se arrepientan y no responderá cuando los inicuos griten, sino que actúen como si lo supieran todo.

En el transcurso de este tiempo, Dios ha estado escuchando pacientemente a Job y sus amigos mientras se justifican entre ellos mismos. Entonces Dios entra en la conversación y le hace a Job muchas preguntas retóricas que exponen la ignorancia de Job sobre cómo funciona el mundo y de cómo documentan el poder de Dios.

> ¿Quién eres tú para tener esos conocimientos? Prepárate, porque te haré preguntas y tú tendrás que responderlas. ¿Dónde estabas cuando puse los cimientos de la tierra? ¿Quién marcó sus dimensiones? ¡Eres tan inteligente, entonces probablemente sabes todo eso! ¿Le das órdenes a la mañana para que agarre los bordes de la tierra y sacuda a los malvados? ¿Dónde viven la luz y la oscuridad? ¿Eres capaz de llevarme allí? ¿Qué pasa con la lluvia y el viento? ¿De dónde vienen? ¿Quién les da de comer a los pájaros cuando sus crías piden comida a gritos? ¿El águila vuela a tus órdenes?

Job se siente abrumado. Y completamente humillado, le dice al Señor: "No puedo responder, porque soy indigno. Me tapo la boca y no diré más, porque no tengo las respuestas. Hablé de cosas que no entendía, cosas demasiado maravillosas para que yo pudiera saberlas. Mis oídos habían oído hablar de ti, pero ahora te he visto. Me arrepiento humildemente en polvo y en cenizas".

Entonces Dios vuelve su rostro hacia los amigos de Job con enojo por decir de forma incorrecta que el sufrimiento solo ocurre debido al pecado y que la justicia solo ocurre durante esta vida. Las respuestas fáciles pueden aliviar la conciencia del mensajero, pero no necesariamente se aplican a situaciones complejas. Irónicamente, ignoraron el dolor de Job y no sintieron empatía en el tiempo en que intentaron ayudarlo. Job intercede por sus jóvenes amigos; a pesar de su ignorancia, dice que tenían solamente tenían buenas intenciones. Dios escucha la oración de Job y no los castiga.

La historia termina muy rápido sin revelar detalles demasiado importantes, pero incluye algunos detalles inusuales. En los últimos párrafos de la larguísima historia, Dios honra la humildad y fidelidad de Job y lo bendice de nuevo con más de lo que en un principio tenía. Tiene el mismo número de hijos (siete varones, tres hijas) y exactamente el doble de animales de los que tenía antes. Sus familiares y amigos sobrevivientes vienen a consolarlo y apoyarlo en medio de sus problemas. Job continúa viviendo una larga vida y tiene muchos nietos y bisnietos. También les otorga a sus diez hijos una generosa herencia. Sin embargo, la historia no explica lo que pasó con el trato entre Dios y Satanás. La victoria de Dios sobre las estrategias de Satanás para socavar el poder de Dios está implícita; al final, el bien prevalece contra el mal porque Job jamás vaciló. Derrotado de nuevo, Satanás no regresó donde Dios a hablare sobre ninguna otra apuesta. La historia nunca explica por qué los seguidores que son fieles a veces sufren o por qué prosperan los que son malvados, por lo que los lectores deben reflexionar sobre las respuestas por sí mismos. Curiosamente, solo se nombran las tres hijas de Job, una ruptura con la tradición en la que se nombra a los hijos. Incluir a sus tres hijas en la herencia también es una ruptura en la tradición, y se las describe como las mujeres más bellas de toda la tierra.[11]

---

[11] Detalles así plantean preguntas en cuanto al autor. Siempre se asumió que el autor es un hombre, pero tal vez el autor era una mujer con educación que defendía los

El lector debe reflexionar sobre los significados de la historia. A menudo no entendemos por qué suceden las cosas; ¿cómo puede la gente comprender las complejidades y los motivos de un Dios misterioso? La vida es impredecible cuando coexisten las fuerzas del bien y del mal. Los caminos de Dios no son nuestros caminos, el tiempo de Dios no es nuestro tiempo. El único Dios no es responsable ante los miles de millones de personas que han vivido en la tierra. En un mundo que tiene tanto el bien como el mal, todos sufren. La fidelidad a Dios y nuestra respuesta a nuestras circunstancias, especialmente durante tiempos de prueba y cuando somos tentados por el mal, es lo más importante. Las crisis de la vida se pueden utilizar para bien: ponen a prueba y profundizan nuestro carácter, fortalecen nuestra resistencia y agallas, enfocan nuestras prioridades y nos ayudan a sentir empatía por los que sufren. A la oscuridad le sigue la luz para los que aguantan. Así como las sombras oscuras brindan profundidad en hermosas pinturas y los diamantes se crean bajo una presión prolongada y luego son cuidadosamente cincelados y pulidos por un maestro joyero, los humanos también se desarrollan y moldean en tiempos difíciles. Pero todo les sale bien, ya sea en esta vida o en la próxima, para los que aman a Dios. La muerte es una coma, no un punto, en una vida que no tiene fin.

* * * * *

Jonás

En este breve bosquejo satírico, el profeta Jonás es llamado por Dios para hablar sobre la verdad y el juicio al pueblo de Nínive, la cual es la capital del imperio asirio en Mesopotamia (cerca de la actual Mosul en Irak). La historia tiene en realidad pocos detalles y sus dos páginas se pueden leer muy rápidamente, sin embargo, está cargada de lecciones universales. La historia tiene relación con la desobediencia humana, las consecuencias de no seguir a Dios cuando nos llama, el uso de los

---

derechos de la mujer. Después de todo, las mujeres estaban y siguen estando mucho más familiarizadas con el dolor inmerecido que los hombres, y una mujer escritora podría estar más motivada que un hombre para escribir tal historia. Las escrituras de las mujeres no eran respetadas o leídas, así que ellas no se nombraban autores de sus libros.

elementos de la naturaleza para llevar a las personas una comprensión de lo que es divino, la gracia y el perdón de Dios que se extiende a los forasteros, el fanatismo hacia los extranjeros y la decepción de las personas cuando Dios muestra compasión por ellos, aquellos que parecen indignos.

En los inicios de la historia, encontramos que Jonás tenía miedo de ir a predicar sobre el juicio a Nínive. En lugar de emprender el largo viaje hacia el este y arriesgarse a morir a manos del enemigo de Israel, se fue completamente en la otra dirección. Paga para hacer un viaje en barco a Tarsis, una ciudad a 3.200 kilómetros al oeste en el sur de España.

En el transcurso del viaje, una fuerte tormenta empieza a amenazaron hundir el barco. Mientras la tripulación arroja la carga por la borda para aligerar la carga, Jonás duerme tranquilamente debajo de la cubierta. Pero la tormenta continúa y la tripulación clama a sus dioses que salven el barco. El capitán despierta a Jonás y le dice que también ore a su dios. La tormenta es tan inusual que la tripulación sabe que alguien en el barco está maldito. Sacan suertes para averiguar quién tiene la culpa, y se descubre que Jonás es el hombre. Explica que es Israelita pero que desobedece a Dios. Dice que, si lo arrojan por la borda, la tormenta se detendrá. La tripulación no quiere hacer esto, por lo que remar con fuerza hacia tierra. Pero no pueden hacer ningún progreso y la tormenta empeora, por lo que tiran a Jonás por la borda. La tormenta se detiene de inmediato, lo que incita a todos en el barco a adorar al Dios Israelita, el que creó y controla los mares.

Entonces Jonás se comenzó a enredar entre las algas y en ese momento es tragado por una gran ballena que se alimentaba por esa área. Jonás pasó encerrado tres días en el estómago de la ballena y casi muere por el agua de mar y las algas que lo mantenían atrapado dentro de la ballena. Jonás ora a Dios y promete ir a Nínive si sale. La ballena se enferma porque Jonás se mueve dentro de su estómago, se posa y entonces vomita a Jonás en tierra.

Al final, Jonás se dirige a Nínive, una gran ciudad con decenas de miles de personas que viven esparcidas a lo largo del río Tigris. Allí predica su inminente destrucción debido a sus malos caminos y a la violencia que sucede. La gente sorprende a Jonás y cree en su mensaje y cambia sus caminos. El rey escucha el mensaje de Jonás y decreta que toda la gente de la ciudad ayune, se vista de cilicio y que acaben con la maldad y la violencia. Quieren convertir la ira de Dios en compasión.

Al observar cómo responde la gente de Nínive, Dios muestra compasión y se abstiene de destruir la ciudad. Esto enoja mucho a Jonás: Él quiere que el enemigo sufra, y que no se salve de la destrucción. Él le dice a Dios: "Sé que eres bondadoso y compasivo, y que eres lento para la ira y generoso en tu amor, un Dios que se abstiene de enviar calamidades. Señor, quítame la vida, porque prefiero morir que quedarme viviendo aquí".

Jonás se va de la ciudad a una colina donde puede ver desde allí lo que sucederá. Construye un refugio y se sienta a la sombra de una frondosa planta. Está feliz por la sombra que hay en esa zona tan calurosa, sin embargo, al día siguiente, un gusano se come la planta donde él se resguardaba y la sombra desaparece. La cabeza de Jonás se quema mucho con el sol, y por eso empieza a sentir que está a punto de desmayarse. Siente pena por sí mismo y dice: "Estoy tan enojado que prefiero estar muerto que estar vivo".

La historia se acaba de forma abrupta cuando Dios le dice a Jonás: "¿Estás tan preocupado por no tener sombra? ¿No debería preocuparme por una ciudad con más de 120.000 niños inocentes e ignorantes?" Irónicamente, Jonás carece de compasión y perdón, aunque el Dios al que sigue, es un Dios compasivo y perdonador.

* * * * *

La canción de Salomón

El famoso autor del Cantar de los Cantares, es en realidad desconocido, aunque Salomón aparece como uno de los personajes en el libro. El escritor utiliza un diálogo, que está enmarcado en poesía lírica similar en estilo a los Salmos, para describir una historia de amor perfecta entre una joven y su amante. Algunas veces, los amigos se dirigen a los amantes. El romance, sin conflicto, ha sido considerado una alegoría del amor que hay entre Dios y los humanos, pero claramente está plagada de dimensiones sensuales y eróticas. El autor utiliza imágenes de plantas y animales en el mundo natural cuando describe la atracción terrenal que las parejas sienten entre ellos. La ausencia de cualquier referencia del amor afirma el carácter sagrado del amor físico dentro del contexto de la unión matrimonial.

El cuento empieza con una descripción de la pareja. La joven doncella está bronceada por trabajar al aire libre en el viñedo familiar, y el hombre es una persona que posee una importante posición tanto social, como económica. Se enamora a primera vista de ella y comienza a imaginar el día de su boda con ella. Anhelan estar juntos y fantasean con las características de sus hermosos cuerpos y los movimientos del otro, comparándolos con algunas partes y aromas que la naturaleza posee. Él dice acerca de ella, "Tu cabello es... Tus dientes son... Tus labios son... Tu cuello es... Tus pechos son... Eres completamente preciosa, querida; no tienes defectos". A pesar de que él puede elegir a muchas mujeres a su alrededor, ella es la única que él desea, ya que tiene belleza tanto externa como interna; esta trabajadora humilde y sincera es para él la única. Ella tiene sueños eróticos sobre él y se pone triste cuando se despierta y descubre que él no está a su lado. Cuando se encuentran y se van de la ciudad juntos al campo, se vuelven uno. Luego le dice a su amante:

> Colócame como un collar siempre colgando junto a tu corazón,
> Como un brazalete en tu brazo, expuesto para que todos lo vean
> Porque el amor es fuerte como la muerte; sus celos son inquebrantables como la tumba.
> El amor arde como un fuego ardiente, como una llama divina.
> Las aguas no pueden apagar el amor, ningún río puede tampoco lavarlo.

Termina recordando algunos de los días más tristes de su juventud, cuando era inmadura y poco apreciada. Ahora que ha madurado y es adorada por la persona que es, esos días se quedaron atrás.

Parte Dos
El Nuevo Testamento

Capítulo 15
La Llegada Del Mesías
Dos bebés crecen y se anuncia una nueva era

Antecedentes

Las profecías de Malaquías fueron escritas en 420 AC y son el último registro que existe de los profetas en el Antiguo Testamento. Una gran cantidad de Judíos siguieron viviendo fuera de Palestina, principalmente en Babilonia y Egipto, y sus comunidades crecieron bastante. Para mantener su fe en Dios, estas comunidades establecieron lugares para culto (llamadas sinagogas) las que eran dirigidas por un erudito religioso (rabino) que leyó y explicó los libros (Tanaj[12]) que fueron escritos sobre el pacto de Dios con los Israelitas.

Por los 400 años que siguieron a las profecías de Malaquías, sucedieron muchos eventos importantes en esa parte del mundo, y los cambios políticos relevantes continuaron influyendo siempre en todos los Judíos:

* Por alrededor de más o menos 10 años (336–326 AC), los Griegos, liderados por Alejandro Magno, conquistaron Asia Menor y luego los Egipcios, Asirios, Babilonios y persas creando un imperio que abarcaba hasta la India. Los Griegos trajeron consigo nuevas formas de pensar sobre el mundo a través de sus filosofías religiosas y también, las políticas. También influenciaron en la arquitectura y las artes en todo el imperio, y el idioma Griego se volvió ampliamente hablado y escrito (los Judíos también usaban el Hebreo y el Arameo). Las comunidades Judías disfrutaron de una paz relativa durante el tiempo que duro el reinado de Alejandro.

---

[12] Tanaj es un acrónimo de iniciales en Hebreo de las tres divisiones tradicionales: Torá ("Enseñanza", conocida también como los cinco libros de Moisés), Nevi'im ("Profetas") y Ketuvim ("Escrituras").

• Cuando Alejandro falleció en el 323 AC, fue reemplazado por dos de sus generales, quienes empezaron a formar sus propias dinastías. Los seguidores de un general prohibieron el Judaísmo en Palestina, y algunos Judíos devotos iniciaron una rebelión contra los gobernantes que habían exigido a los Judíos que cometieran sacrificios paganos. Esta revuelta macabea se extendió por tod o el territorio de Palestina y, después de 25 años de lucha, los Griegos fueron expulsados en el 142 AC y las actividades religiosas apropiadas regresaron por fin a Palestina. (Lo que Hanukkah celebra, es justamente la victoria sobre estos opresores Griegos).

• Luego, los Romanos conquistaron Palestina y lograron tomar el control de Jerusalén en el 63 AC Ellos no soportaban la rebelión y por esa razón, ejecutaron sin piedad a muchos sacerdotes y también a líderes Judíos. En el 37 AC, Herodes el Grande consiguió que Roma lo declarara como el rey de los Judíos y comenzó a construir una gran cantidad de edificios, incluido un templo mucho más grande en Jerusalén. Cuando murió en el 4 AC, Roma lo reemplazo poniendo a otros líderes en su lugar.

La gente de Palestina

Por todo este período de 400 años, el pensamiento Griego (helenísticas) se volvió atractivo para muchos de los Judíos, y surgieron diferencias entre los mismos Judíos sobre cómo deberían interactuar con el mundo helenístico mientras, preservaban su fe.

• Los *Fariseos* eran un grupo pequeño, pero sin embargo eran bastante influyentes y se enfocaba en la estricta obediencia a los mandamientos que Dios dejó. También querían estar separados del mundo ya que no querían "mezclarse" con aquellos que eran no creyentes. Hicieron hincapié en mantener la piedad personal y mantuvieron una visión legalista relacionadas al bien y del mal. La independencia de la influencia extranjera era muy importante para los Fariseos, y por ende, seguían reglas adicionales (el Talmud) que fueron hechas para garantizar que los Judíos no se acercaran a tratar de romper ninguno de los mandamientos esenciales de Dios. Estaban orgullosos y expresaban sus creencias religiosas a los demás de forma visible, sin esconderse.

- Los *Saduceos* eran otro grupo pequeño, pero igual de influyentes que los Fariseos, sin embargo, ellos se centraron en la moralidad y rechazaron la noción de los poderes sobrenaturales. Aceptaban más las influencias extranjeras, especialmente las ideas de los Griegos, así como los principios de la filosofía ética. Los Saduceos eran en su gran mayoría ricos y bien educados, y no aceptaban las reglas adicionales seguidas por los Fariseos.

- Los *Esenios* se enfocaron en el autocontrol y en alejarse del mundo. Este pequeño grupo de místicos se retiró a áreas un poco más remotas de la región, principalmente al desierto, al oeste del Mar Salado (Muerto).

- Los *Fanáticos* deseaban utilizar la fuerza física para asegurarse de que ninguna potencia extranjera controlara la vida del pueblo de Dios. Ellos estaban dispuestos a morir por su causa.

También existían otros subgrupos de personas dentro de Palestina que eran diferentes. A varios de ellos se les etiquetó según el lugar donde vivían, como los Samaritanos impuros y los Galileos, que eran vistos con desprecio porque a menudo se habían casado con no Judíos o, por ende, no tenían nada de Judíos. (Galilea era la parte norte de Palestina, Samaria era la parte central y Judea era la parte sur que antes había sido conocida como Judá). Los Galileos también eran conocidos por rebelárseles a la autoridad extranjera. Algunos grupos eran distintos dependiendo de la profesión que tenían, como los escribas, que escribían documentos importantes (a menudo de naturaleza religiosa) y eran expertos en la Ley, y los miembros del Sanedrín, un grupo grande y diverso de líderes que velaban por la vida religiosa correcta de los Judíos y además poseían el poder de castigar a los Judíos. Algunos eran conocidos por su lealtad: los Herodianos eran Judíos que seguían las tradiciones y creencias Romanas, los Helenistas eran Judíos que seguían las tradiciones y creencias Griegas, y los Nazareos que todavía existían, eran los que hacían voto para dedicarse a Dios).

Debido a la inmigración de aquellos que no eran Judíos a Palestina y la emigración de Judíos fuera de Palestina, la mayoría de las personas que vivían en Palestina hace 2.000 años ya no eran Judíos, y la mayoría de los Judíos para ese entonces vivían en otros lugares. De los cuatro millones de Judíos estimados del Imperio Romano, apenas solo 700.000 de ellos, vivían en Palestina. Había más Judíos viviendo en Alejandría, Egipto, que los que vivían en Jerusalén y más en Siria que en Palestina.

A pesar de que los Romanos establecieron una buena infraestructura de carreteras en todo el imperio, el sistema de transporte en Palestina todavía no estaba del todo desarrollado. La gente casi todo el tiempo caminaba de un lugar a otro o se movilizaban en burro o mula. Algunas posadas existían a lo largo de las carreteras, pero en general estaban sucias, por lo que los viajeros más acomodados confiaban principalmente en su red de amigos y familiares para alojarse mientras durante sus viajes.

La gran mayoría de los profetas habían escrito acerca de un Rey-Siervo que vendría y devolvería la gloria a toda la nación. Los Judíos se preguntaban cuándo enviaría Dios esa persona que tanto esperaban y por qué estaba tardando tanto en venir. Los acontecimientos que sucedían en la región, ciertamente estaban dispuestos para que los Judíos pensaran que alguien los libraría de las garras de las naciones poderosas. La opresión Romana les recordó cuando sus antepasados habían sido oprimidos en Egipto y también, cuando fueron conquistados por los Asirios y Babilonios. Habían transcurrido alrededor de 400 años desde la última vez que escucharon de un profeta, de esa persona que aparecería de pronto. Estaban atentos a la venida del Mesías (Cristo en Griego), el Ungido que vendría y los salvaría mientras Roma aplastaba a los líderes rebeldes Judíos y los ejecutaba lentamente clavándolos vivos en cruces que se esparcían por toda la región.

La vida de Jesús

El resto de lo que contiene este capítulo y los capítulos 16–19 describen los eventos más relevantes que tuvieron lugar en la vida de Jesús y sus principales enseñanzas, tal como fueron registradas por cuatro importantes hombres. Dos de esos autores fueron testigos presenciales que siguieron a Jesús de cerca y estuvieron mezclados entre los primeros discípulos (Juan, un pescador, y Mateo, un recaudador de impuestos de nombre Leví). Los otros dos autores eran Marcos, un amigo cercano de Pedro, y Lucas, quien era un médico Gentil que investigó las historias de Jesús las cuales eran contadas pos otros. El relato de Mark fue el primero de todos y es el más corto. El relato de John se escribió de último e incluye muchas historias y detalles que los demás jamás incluyeron. Cada autor tenía una audiencia diferente y su propio estilo, así como sus propias perspectivas, por lo que los relatos que registran estos autores son algo distintos entre sí. En conjunto, todos estos relatos son como los "evangelios" (buenas noticias relacionadas con Jesús).

Un bebé ha nacido

En el 5 AC, Herodes era para ese entonces el rey Romano a cargo de Judá, un sacerdote llamado Zacarías y su esposa Isabel vivían en Hebrón, a unas 40 kilómetros al sur de Jerusalén. Los dos eran descendientes directos de Aarón, el primer sumo sacerdote, y ambos eran justos ante los ojos de Dios y obedecían todos sus mandamientos. Habían envejecido sin tener hijos, aunque a menudo oraban para poder tener uno.

Un día, un ángel se le apareció a Zacarías cuando estaba de guardia y quemaba incienso dentro del Templo. Se sobresaltó y se asustó cuando vio al ángel. Allí el ángel le dijo: "No tengas miedo. Dios ha escuchado tu oración. Tu esposa tendrá un hijo y van a llamarlo Juan. Él será importante ante los ojos de Dios. Nunca beberá del fruto de la vid. El Espíritu Santo lo llenará, y pasará incluso, antes de que nazca. Él traerá a muchos Israelitas desobedientes al Señor, y preparará al pueblo para estar con el Señor".

Zacarías le preguntó al ángel: "¿Cómo puedo estar seguro de esto? Soy un anciano y mi esposa también".

El ángel respondió: "Soy Gabriel. Y estoy ante la presencia de Dios y fui enviado para contarles esta buena noticia. Pero no podrás hablar hasta que nazca el niño, ya que no me crees".

Cuando Zacarías salió del templo, ya no pudo hablar. Con movimientos de la mano, describió a los que lo esperaban sobre su visión de un ángel, pero no podía hablar al respecto ya que había quedado mudo. Se fue a casa y se lo contó a Elizabeth con movimientos de la mano. Luego cuando se cumplió lo que el ángel dijo, quedó embarazada, y así permaneció recluida durante cinco meses.

Cuando Isabel ya tenía seis meses de embarazo, el mismo ángel se le apareció a una joven adolescente llamada María que vivía en Nazaret, una ciudad de Galilea a unas 110 kilómetros al norte de Jerusalén. María estaba comprometida con José, quien era descendiente del rey David. El ángel le dijo a María: "¡Saludos, tú que eres muy favorecida! ¡El Señor está contigo!" María estaba confundida y asustada cuando escuchó esto de un completo extraño que había aparecido de repente. Sin embargo, el ángel hablo otra vez: "No tengas miedo. Has encontrado el favor de Dios. Darás a luz un hijo, y lo vas a tener que llamar Jesús. Él será grande y será llamado Hijo del Altísimo. Dios le dará el trono del rey David, quien es su antepasado. Él reinará sobre la descendencia de Jacob por siempre y para siempre".

María le preguntó al ángel cómo podía suceder, si ella todavía era virgen. El ángel respondió: "El Espíritu Santo será el padre, y tu pariente Isabel también tendrá un hijo, aunque ella es muy mayor. Ella ya está en su sexto mes de embarazo".

María estaba estupefacta de que algo tan imposible le sucediera a Elizabeth. Inmediatamente fue a ver a Elizabeth, que vivía a casi 160 kilómetros de distancia. En el momento en que María entró en la habitación y saludó a Isabel, el bebé dentro de Isabel saltó y el Espíritu Santo le dio a Isabel una idea de lo que le había sucedido a María. Ella le dijo a María: "¡Bendita tú entre todas las mujeres, y bendito el fruto de tu vientre! Estoy tan bendecida de que la madre del Señor haya venido a mí". María respondió glorificando a Dios y se quedó con Isabel durante tres meses hasta que por fin nació su bebé.

Al momento de circuncidar al niño, todos esperaban que fuera llamado para Zacarías en honor a su padre, ya que esa era la tradición. Pero Elizabeth dijo que su nombre no sería Zacarías, sino que sería John. Sus vecinos y parientes estaban desconcertados: ninguno de sus familiares se llamaba John. Se volvieron hacia Zacarías y le pidieron que escribiera el nombre del niño en una tableta. Escribió que sería John. Inmediatamente ya puedo volver a hablar y explicó lo que le había sucedido. También hizo predicciones sobre cómo sería la vida del niño.

> Alabado sea el Dios de Israel que ha venido a redimirnos. Dios ha levantado un rey de salvación en la casa de David, tal como lo expresaron hace mucho tiempo los santos profetas, para recordar el pacto hecho con nuestro padre Abraham: Y para rescatarnos de la mano de nuestros enemigos y capacitarnos para servir a Dios sin temor a ninguno de nuestros días. Mi hijo será llamado profeta del Altísimo porque irá delante del Señor para preparar el camino para Dios, para dar a las personas el conocimiento de la salvación a través del perdón de sus pecados. El sol naciente vendrá a nosotros desde el cielo para brillar sobre los que viven en la oscuridad y en la sombra de la muerte y guiarnos por el camino de la paz.

Otro bebé ha nacido

Cuando María regresó del tiempo que pasó con Isabel, su prometido José se enteró de que estaba embarazada. Era un hombre fiel que obedecía la Ley, pero en lugar de divorciarse abiertamente de ella por haberle sido infiel (estaban legalmente obligados a casarse, aunque solo estuvieran comprometidos), consideró divorciarse de ella en completo silencio. Pero mientras pensaba en ello, un ángel se le apareció en uno de sus sueños. El ángel le dijo: "José, hijo de David, no temas tomar a María como tu esposa. El Espíritu Santo de Dios es el padre. Tendrá un hijo, y le pondrás por nombre Jesús, porque él salvará a todas las personas de sus pecados".

Esto ya había sido mencionado anteriormente por el profeta Isaías: "La virgen concebirá y dará a luz un hijo, y se llamará Emanuel" (que significa "Dios con nosotros"). Cuando José se despertó del sueño, hizo lo que le dijo el ángel: llevó a María a casa como su esposa. Pero él no iba a consumar su matrimonio hasta que ella diera a luz.

Mientras María estaba embarazada, el emperador Romano César Augusto decretó que se iba a realizar un censo. Todos tenían que regresar a su ciudad natal, para que pudieran ser contados. Cuando María estaba a punto de dar a luz, ella y José viajaron al sur desde Nazaret, en Galilea, hacia las colinas hasta Belén, una ciudad cercana a Jerusalén, la Ciudad de David, porque José era uno de los descendientes de David.

La ciudad estaba llena de personas que estaban regresando a su hogar para participar en el censo, y por esa razón todo estaba lleno, no había lugar donde quedarse. Se les ofreció un lugar en un granero, y ahí es donde al final María dio a luz a su hijo. Lo envolvió con largas tiras de tela y usó un comedero para animales como cuna.

Esa misma noche, un ángel resplandeciente se apareció a los pastores que estaban cerca al lugar del nacimiento, cuidando sus rebaños. Los pastores estaban muy asustados, pero el ángel les dijo: "No tengan miedo. ¡Les traigo buenas noticias que harán felices a todos! Un Salvador nació hoy en Belén. Él es el Mesías, el Señor. Vayan a verlo. Él es el que está envuelto en paños y está acostado en un pesebre". De repente, muchos otros ángeles aparecieron y empezaron a gritar con valentía: "Gloria a Dios en las alturas del cielo y en la tierra. Traerá paz a aquellos a quienes favorece".

Entonces los ángeles se fueron. Y entonces todos los pastores estuvieron de acuerdo en ir a buscar al bebé. Se apresuraron a llegar al pueblo y encontraron a María, a José y al bebé que se encontraba acostado en el pesebre. Después de verlo, les contaron a otras personas lo que había sucedido. Todos se sorprendieron al escuchar su historia.

Cuando el niño tenía ya ocho días de nacido, María y José lo circuncidaron y lo llamaron con el nombre de Jesús. También lo llevaron al templo en Jerusalén para que pasara por el rito de purificación que ordenó Moisés, y lo presentaron al Señor con los todos los sacrificios que eran necesarios. Un anciano y fiel que se llamaba Simeón se encontraba en el templo. Dios le había dicho que no moriría hasta que pudiera ver al Mesías. Cuando Jesús apareció en el templo con sus padres, Simeón se sintió abrumado por la emoción que sentía. Tomó a Jesús en sus brazos y le dijo: "Señor, puedes recibirme ahora en paz. Como prometiste, he visto la salvación que has preparado para todas las naciones: una luz para los Gentiles y la gloria de tu pueblo Israel".

Simeón los bendijo y le dijo a María: "Este niño hará que muchas personas de Israel se levanten y también que otros caigan, y se hablará en contra de ellos para que se revelen los pensamientos de los corazones de muchos. Además, una espada traspasará tu propia alma".

Al final cuando Simeón terminó de hablar, una mujer muy anciana llamada Anna se acercó a María. Anna era una profeta que había vivido con su esposo durante algunos años y luego se había quedado viuda. Ella adoró en el templo día y noche, ayunando y orando. Dio gracias a Dios cuando vio a Jesús y habló de él a todos los que estaban en espera de la redención de Jerusalén.

Tres hombres sabios

Un tiempo antes de que naciera Jesús, los sacerdotes de Persia (Magos) que estudiaron las estrellas vieron una luz brillante en el cielo que los convenció de que era la señal de que había nacido un nuevo rey en Judá. Viajaron cientos de kilómetros y fueron a Jerusalén. Entonces le preguntaron al rey Herodes dónde había nacido el rey de los Judíos. La idea de otro rey preocupó al paranoico Herodes y a otras personas en Jerusalén. Herodes se enteró por los líderes Judíos de que el Mesías iba a nacer en Belén, y les dijo a los magos que encontraran al niño y le informaran en que sitio se encontraba. Herodes les dijo a los magos que quería adorar al niño él mismo.

La estrella brillante se cernía sobre Belén a unas pocas kilómetros de distancia. Los magos fueron allí y al final, encontraron a Jesús con sus padres, y se postraron y empezaron a adorar al bebé. También le dieron al bebé obsequios de oro, incienso y mirra. Antes de irse, se les advirtió en un sueño que regresaran a casa por una ruta diferente y no le dijeran a Herodes dónde se estaban escondiendo Jesús y sus padres. Después de que los magos se fueron, José tuvo un sueño. Debía llevar a María y Jesús a Egipto y dejar que se quedaran allí. Herodes buscaba a Jesús para matarlo. En ese momento, José se levantó de inmediato y la familia se fue a Egipto en medio de la noche.

En cuanto Herodes se dio cuenta de que los magos se habían marchado sin decirle dónde estaba Jesús, se puso furioso. Dio órdenes de matar a todos los niños de Belén y también a los que vivían a sus alrededores que tuvieran dos años o menos. Jeremías había predicho que esto iba a pasar.

La familia permaneció en Egipto hasta que Herodes al final murió. Esto cumplió lo que dijo el profeta Oseas: "Llamé a mi hijo de Egipto". José y María habían hecho todo lo requerido por la ley y al final lograron regresar a su hogar en Nazaret en Galilea. Jesús creció fuerte y se llenó de mucha sabiduría. Sus antepasados se remontan a muchas generaciones e incluían a Abraham, Isaac, Jacob, Judá, Booz, Isaí, David, Salomón, Roboam, Ezequías, Amós y Josías. Cuatro mujeres, incluidas Rahab y Rut (ambas extranjeras), también se encontraban entre esos antepasados nombrados.

La familia visita Jerusalén

Cada año la familia iba a Jerusalén justamente para la fiesta de la Pascua. Cuando Jesús había cumplido 12 años, María y José lo dejaron abandonado de forma accidental después de asistir al festival. Habían viajado durante un día con sus amigos y familiares cuando se dieron cuenta de que estaba desaparecido. Cuando no pudieron encontrarlo en su caravana, regresaron a Jerusalén y empezaron a buscarlo. Lo encontraron tres días después en los atrios del templo, sentado entre los maestros, escuchándolos y realizándoles preguntas. Todos los que lo escucharon quedaron asombrados por su comprensión, intuiciones y respuestas, a pesar de que todavía era apenas un pequeño niño.

Mary se sintió aliviada y al mismo tiempo frustrada cuando lo encontró. Ella le dijo a Jesús: "¿Por qué nos has hecho esto? Tu padre y yo hemos estado muy preocupados mientras te buscábamos por todas partes".

Jesús respondió: "¿Por qué pasaste tanto tiempo buscándome? ¿No sabías que tenía que estar en la casa de mi padre?" Pero ellos en realidad no comprendieron a qué se refería. Todos volvieron a su casa en Nazaret. Jesús era un niño obediente y comenzó a crecer en sabiduría y estatura, y de esa forma, agradó a Dios y a los que lo conocían.

Juan emerge de la naturaleza

Juan había crecido fuerte gracias al espíritu de Dios. Cuando se hizo adulto, se fue y vivió en la naturaleza, cuando cumplió 30 años, por fin salió de allí. Fue durante el reinado de Tiberio César. Poncio Pilato era el gobernador de Judea en ese entonces y Herodes compartía el liderazgo en Galilea, y Anás y Caifás eran los sumos sacerdotes.

Juan recorrió el campo a lo largo del río Jordán y le dijo a la gente que cambiaran su conducta y pidiera el perdón de sus pecados. Su ropa estaba hecha de pelo de camello, tenía un cinturón de cuero alrededor de su cintura y su comida eran solamente langostas y miel silvestre. Juan les dijo a las personas: "Arrepentíos, porque el reino de los cielos está cerca". Su llegada había sido predicha por el profeta Isaías, quien escribió: "Una voz clama en el desierto: 'Preparen el camino para el Señor, enderecen sus sendas y alisen todos los lugares ásperos. Todos van a poder ver la salvación de Dios".[13]

Miles de personas vinieron en busca de John. Algunos vinieron de Jerusalén, de toda Judea y también, de ambos lados del río Jordán. Después de que confesaron sus pecados, Juan los bautizó a uno por uno en el río. Bautizó a miles de personas y por esa razón se dio a conocer como Juan el Bautista.

Cuando Juan observó a muchos de los Fariseos y Saduceos que se acercaban al río para ver lo que estaba sucediendo, Juan habló con estos líderes religiosos con mucha dureza y firmeza.

> ¡Serpientes venenosas! ¿Quién les advirtió que huyeran de la ira venidera? Produzcan frutos que demuestren que se han arrepentido. No crean que pueden decirse a sí mismos: "Tenemos a Abraham como nuestro padre". Les digo que

---

[13] Cuando un rey viajaba en ese momento, enviaba a sus trabajadores al frente para asegurarse de que la ruta fuese simple y sin problemas, haciendo así el viaje del rey de mayor comodidad y más rápido.

Dios puede resucitar a los hijos de Abraham de entre estas piedras. El hacha está lista para cortar la raíz de los árboles. Todo aquel árbol que no produzca buenos frutos, va a ser cortado y quemado.

Entonces llegaron ambos escribas y Levitas de Jerusalén y le preguntaron si él era el Mesías. John dijo que no, que no era él. Cuando lo presionaron para que les dijera quién era, él citó a Isaías y dijo que él era "la voz que clamaba en el desierto: 'Enderezad el camino para el Señor'". Les estaba diciendo que el Mesías iba a venir pronto.

La multitud le comenzó a preguntar a Juan qué deberían hacer a continuación. Él respondió: "Cualquiera que tenga dos camisas debe compartir una con una persona que no tenga ninguna. Cualquiera que tenga comida debe compartirla también con otra persona". Cuando los despreciados recaudadores de impuestos que trabajaban en nombre de los Romanos vinieron a bautizarse y les preguntaron qué debían hacer, Juan les dijo que no recaudaran más de lo que debían recaudar. Los soldados le preguntaron qué debían hacer. Él respondió: "No extorsionen ni acusen a la gente falsamente; estén contentos con lo que les pagan".

La gente comenzó a preguntarse si Juan era el Mesías. Él respondió: "Yo los bautizo con agua, pero pronto vendrá otro quien es mucho más poderoso que yo. Ni siquiera yo soy digno de llevar sus sandalias. Él les bautizará con Espíritu Santo, así como con fuego. Su tenedor de aventar, limpiará la era y recogerá el trigo en su granero. Pero a su vez, quemará toda la paja".

Cuando Jesús cumplió los 30 años, bajó de Galilea al Jordán para ser bautizado por Juan. Como parientes que nacieron aproximadamente al mismo tiempo, los dos hombres se conocían bastante bien. Cuando Juan vio venir a Jesús, dijo: "¡Mira, él es el Cordero de Dios que quita los pecados del mundo!" Volviéndose a Jesús, Juan dijo: "¿Por qué vienes a mí? ¡Deberías bautizarme!".

Jesús respondió: "Esto es lo que tiene que suceder para que yo cumpla todas las señales de justicia".

Entonces Juan bautizó a Jesús, y cuando Jesús salió del agua, el cielo se abrió y el Espíritu de Dios descendió en forma de paloma y se posó sobre él. Una voz desde arriba dijo: "Este es mi Hijo. Lo amo y estoy complacido con él". La gente que estaba allí pensó que un ángel era el que había hablado.

Jesús es probado y comienza a predicar

Varias personas empezaron a ayunar y también oraron después de ser bautizados, y en el caso de Jesús, eso no fue diferente. Dejó el río lleno del Espíritu Santo y fue guiado por el Espíritu en el desierto. Después de no comer nada durante 40 días, estaba bastante hambriento y débil.

Entonces Satanás se apareció como un espíritu maligno y lo tentó. "Si realmente eres el Hijo de Dios, dile a esta piedra que se convierta en pan".

Jesús respondió: "Está escrito: 'No solo de pan vivirá el hombre, sino que también vivirá de las palabras de Dios".

Satanás llevó a Jesús de regreso a Jerusalén y lo hizo pararse en el punto más alto del Templo. "Si eres el Hijo de Dios, tírate de aquí. Porque está escrito: "Dios mandará a tus ángeles que te guarden cuidándote. Te levantarán para que no golpees tu pie contra ninguna piedra".

Jesús respondió: "También está escrito: No pongas a prueba al Señor, tu Dios".

Entonces Satanás llevó a Jesús a un lugar alto y le mostró todos los reinos del mundo, diciendo: "Te daré autoridad sobre todo este esplendor. Es todo mío y puedo dárselo a cualquiera. Si te inclinas y me adoras, todo será tuyo".

Jesús respondió: "Te ordeno que te vayas, porque está escrito: "Adora y sirve solo al Señor tu Dios". Satanás se retiró y esperó otra oportunidad para tentar o atrapar a Jesús después de que las tres tentaciones que había planeado, le fallaron.

Mientras Jesús se encontraba en ayuno en el desierto, Juan reprendió a Herodes Antipas (el hijo de Herodes el Grande) por todas las cosas malas que había estado haciendo. Herodes hizo arrestar a Juan y encarcelarlo, lo que silenció su mensaje al pueblo que se trataba sobre el arrepentimiento. Cuando Jesús se enteró de lo que le sucedió a Juan, se fue a vivir cerca del mar de Galilea en Capernaum, a unas 50 kilómetros al noreste de Nazaret. Entonces empezó a predicar el mensaje de Juan: "Arrepentíos, porque el reino de los cielos está por venir". La predicación que sucedió allí, fue otra predicción de Isaías acerca de la venida del Mesías.

Más adelante, Jesús regresó a Nazaret, donde se había criado de niño y comenzó a trabajar de adulto. El día de reposo, entró a la sinagoga como lo hacía normalmente. Todos lo conocían, y entonces se levantó frente a la congregación y desenrolló poco a poco el rollo que tenía en las manos. En él, Encontró el lugar que contenía las profecías de Isaías y entonces lo leyó a la asamblea: "El Espíritu del Señor está sobre mí, porque Dios me ha ungido para proclamar buenas nuevas a todos los pobres. Dios me ha enviado para proclamar la libertad de los presos y darle la vista de los ciegos, para liberar a los oprimidos y proclamar el año del Jubileo". Esta parte bien reconocida de los escritos de Isaías trataba justamente sobre el Mesías. Enrolló el pergamino, se lo dio al asistente y se sentó. Todos lo observaron de cerca para ver qué pasaría a continuación. Dijo: "Hoy se cumple esta escritura".

Todo el mundo expresó solo cosas agradables sobre él y estaban asombrados por las sabias palabras que salían de él. Se preguntaban si este hombre elocuente era el mismo Jesús que conocían, que era carpintero y quien era el hijo de José y María. Pero su felicidad se transformó rápidamente en ira cuando Jesús los despreció a ellos y también a otros Judíos.

> Me pides que haga aquí en mi ciudad natal lo que oíste que hice en Capernaum. Pero lo cierto es que ningún profeta es aceptado en su ciudad natal. Elías no ayudó a ninguno de los Israelitas, sino que ayudó a una viuda en otro país. Y había muchos en Israel con lepra cuando Eliseo era el profeta, pero solo Naamán, el sirio, fue sanado.

Todos los que estaban en la sinagoga estaban furiosos. ¡Cómo podría una persona que insinuaba que él era el Mesías mostrar preferencia hacia todos los extranjeros! Lo siguieron mientras salía y subía a la cima de la colina más alta de la ciudad. Conocía bien la ciudad y sabía exactamente adónde se dirigía: Ese era un lugar a donde llevaban a la gente para apedrearla. La gente quería arrojarlo por el acantilado, pero cuando Jesús llegó a la cima de la colina, se dio la vuelta y caminó de regreso a través de la multitud y bajó la colina. Nadie le puso el dedo encima. Jesús nunca realizó milagros en Nazaret.

Tiempo después Jesús regresó a Capernaum y enseñó en la sinagoga el día sábado. Todo el mundo estaba asombrado por su enseñanza y sobre todo, por su comprensión de las Escrituras. Un hombre en la sinagoga que estaba poseído por un demonio le gritó en voz alta: "¡Vete! ¿Qué quieres de nosotros? ¿Has venido a destruirnos? ¡Sé que eres el Santo de Dios!"

Jesús le dijo el tono severo al hombre: "¡Cállate y sal de él!" El demonio arrojó al hombre al suelo y salió de él sin herirlo. ¡Toda la gente estaba asombrada! Las órdenes que él daba, tenían autoridad y poder sobre los espíritus impuros, y los demonios que enfrentó salían de las personas! Las noticias sobre Jesús y sus poderes se difundieron rápidamente por el resto de la región.

Jesús llama a sus primeros seguidores

Ya en este momento, Jesús era capaz de atraer a grandes multitudes que querían escuchar sus puntos de vista y ser testigos de los grandes poderes que poseía. Cuando estaba predicando a orillas del mar de Galilea, la multitud se hizo tan grande que se empezaron a agolpar en el agua. Entonces observó dos botes vacíos en la costa y empujó uno de ellos al agua. Subió al bote y habló a la multitud mientras estaba sentado en el bote flotando muy cerca de la orilla.

El barco pertenecía a unos hermanos llamados Simón y Andrés. Cuando Jesús terminó de hablar, salió de la barca y les dijo que llevaran la barca a aguas profundas y que dejaran allí las redes. Simón respondió: "Maestro, trabajamos toda la noche y no pescamos nada. Pero lo vamos a hacer". Cuando por fin lo hicieron, capturaron tantos peces que sus redes comenzaron a romperse. Llamaron a sus dos socios en la costa (hermanos llamados Jaime y Juan) y les pidieron que trajeran su bote para ayudar a llevar toda la cantidad de peces que habían pescado. Estos pescadores capturaron tantos peces que ambos barcos comenzaron a hundirse.

Todo el mundo estaba asombrado por la gran cantidad de peces que habían capturado. Se preguntaban cómo un carpintero sabría tanto sobre la pesca y además, entendería tan bien las Escrituras. Cuando Simón llegó a la orilla con todos los peces, se postró a los pies de Jesús y dijo: "Apártate de mí, Señor. Soy un hombre pecador". Jesús le dijo a Simón que no tuviera miedo. Le dio a Simón el nombre de Pedro (que significa "roca") y le dijo que pronto estaría pescando hombres, no peces. De hecho, Jesús le dijo a Pedro que él sería la roca sobre la que se iba a fundar un nuevo reino y que los poderes de la muerte no prevalecerían nunca contra él. Los cuatro hombres dejaron sus botes y redes en manos de sus padres y decidieron seguir a Jesús.

El día después de que esto sucedió, Jesús le dijo a Felipe, un amigo de Pedro y Andrés, que lo siguiera. Felipe le contó a su amigo Bartolomé acerca de Jesús, quien se preguntó si algo bueno podría salir de Nazaret. Felipe dijo: "¡Ven y mira por ti mismo!"

Jesús vio a los dos hombres mientras se acercaban, y dijo acerca de Bartolomé: "Aquí hay un hombre que es honesto y que no engaña a nadie". Bartolomé quedó impresionado de lo bien que Jesús lo conocía a pesar de que nunca se habían realmente visto antes. Jesús ahora tenía seis hombres que lo seguirían de cerca por todas partes. A esas personas se les empezó a conocer como "discípulos": Ellos se dedicaban a aprender del que era un maestro sabio, de la misma manera que un aprendiz es guiado por un maestro. (Era común en ese momento que los maestros sabios hicieran que las personas los siguieran y aprendieran muchas cosas de ellos).

Entonces Jesús se dirigió a la casa de Simón Pedro, cuya suegra estaba con mucha fiebre. Simón le pidió a Jesús que la ayudara. Jesús se inclinó sobre ella y reprendió la fiebre, la cual unos momentos después abandonó a la mujer. Se levantó enseguida y empezó a servirles a todos. Se corrió la voz de que Jesús podía curar a los enfermos, y esa noche, la gente comenzó a traerle a todo aquel que estaba enfermo, y que padecían de diversas cosas. Jesús posó sus manos sobre cada uno y los fue sanando.

Al amanecer, Jesús salió para poder estar solo. La gente fue a buscarlo y cuando lo encontraron, hicieron lo posible para que no se fuera. Pero Jesús dijo que había venido a predicar las buenas nuevas del reino de Dios no solo allí, sino que en muchas áreas.

Capítulo 16
Los Actos De Jesús
Encuentros inusuales y milagros atraen a mayores multitudes

Jesús continuó con su predicación en las sinagogas y además siguió realizando milagros. Aunque él no era ni guapo ni alto, tenía un carisma inusual y actuaba como alguien que poseía autoridad. Las noticias sobre él se difundieron rápidamente y la gente empezó a traerle a sus amigos y familiares que estaban enfermos con diversos problemas de salud y dolencias físicas. Grandes multitudes de personas de Galilea, Jerusalén, Judea y las grandes ciudades al este del Jordán (en su mayoría habitadas por Gentiles) comenzaron a seguirlo. Muchas veces se le asociaba con no Judíos y personas consideradas inmorales por muchos Judíos religiosos. Muchas de las acciones de Jesús ayudaron a los no Judíos y a quienes viven al margen de la sociedad (por ejemplo, mujeres y personas con discapacidades o aquellas personas que fueron poseídas por un espíritu maligno).

Jesús obró muchos milagros en toda la región. A veces lo hacía para demostrar algo, y otras veces era simplemente un acto de bondad o como una manera de apoyar a los demás. Sanó el cuerpo, las emociones y también el espíritu de las personas. Realizó milagros intencionalmente en los días sábado para enseñar acerca de las prioridades que Dios tenía; los Fariseos creían que estos actos constituían una obra que estaba sumamente prohibida en el día de descanso. Este capítulo describe algunos de los actos más importantes de Jesús después de que salió de la oscuridad en Galilea a la edad de tan solo 3 años.

Encuentros significativos

La mujer Samaritana

Jesús se encontraba en Jerusalén y después, se fue con sus discípulos para regresar a la ciudad de Galilea. En lugar de tomar la ruta principal para evitar Samaria, tomó una ruta más directa a través de esa ciudad. Llegó a un pozo cerca de Sychar al mediodía ya que se encontraba cansado por el viaje y el calor. Los discípulos fueron a la ciudad a buscar comida mientras Jesús se sentó a descansar junto a un pozo.

Mientras se encontraba allí, una mujer Samaritana vino a sacar agua del pozo, Jesús le pidió que por favor le diera un trago. La mujer dijo: "Tú eres Judío y yo soy una mujer Samaritana. ¿Cómo te atreves a pedirme una copa?" (Los Judíos no se asociaban nunca con los Samaritanos).

Jesús le respondió: "Si supieras quién soy, me pedirías de beber y yo daría agua viva" (término que se refiere al agua fresca que se encuentra en un pozo).

Ella respondió: "Pero señor, no tiene nada con qué sacar el agua, y el pozo es profundo. ¿Dónde más puedes conseguir esta agua viva? ¿Eres tú más grande que nuestro padre Jacob, que nos dio el pozo y bebió de él, por él mismo, al igual que sus hijos y sus animales?"

Jesús respondió: "Todo el que beba agua de este pozo siempre va a volver a tener sed, pero el que beba del agua que yo les doy no volverá a tener sed jamás. El agua que yo les ofrezco, se convierte en un manantial de agua en tu alma y, además, trae vida eterna".

La mujer dijo: "Señor, deme de esa agua para que no tenga sed nunca más y no tenga que seguir viniendo aquí a sacar agua a mitad del día".

Él le dijo: "Ve a llamar a tu marido y vuelve".

Ella respondió: "Yo no tengo marido".

Entonces Jesús dijo: "Tienes razón al decir que no tienes marido. Eso es porque has tenido cinco maridos y el hombre con el que vives ahora, no es tu marido".

Avergonzada, la mujer cambió de tema. "Señor, veo que tu eres un profeta. Nuestros antepasados adoraron en esta montaña, pero ustedes los Judíos afirman que debemos adorar aquí en Jerusalén".

Jesús respondió: "Mujer, se acerca un tiempo en el que no vas a adorar Dios en esta montaña o en Jerusalén. Ustedes, los Samaritanos, adoran lo que no conocen; nosotros, sin embargo, adoramos lo que sabemos, porque la salvación viene de los Judíos. Sin embargo, ha llegado el momento en que los verdaderos adoradores, van a adorar a Dios en el Espíritu".

La mujer dijo: "Sé que el Mesías viene. Cuando venga, entonces él nos explicará todo".

Jesús le dijo: "Yo soy ese hombre". En el momento en que Jesús le dijo esto a la mujer, sus discípulos regresaron con comida y se sorprendieron al verlo hablando con una mujer; Jesús estaba rompiendo todo tipo de normas sociales al hablar con ella. Pero ninguno le preguntó al respecto. La mujer dejó su jarra de agua en el pozo y se dirigió a la ciudad y les dijo a todos: "Vengan a ver a un hombre que me contó todo lo que hice. ¿Podría ser este el Mesías?" Mucha gente vino a verlo y muchos otros creyeron en él simplemente por el testimonio que la mujer les dio. La gente del pueblo le instó a que se quedara con ellos, y Jesús se quedó allí por dos días más. Como resultado, aún más Samaritanos se convirtieron en seguidores de Jesús porque escucharon cosas directamente de él. Creían que él era el Mesías.

De forma irónica, esta mujer impotente e inmoral era una persona la cual era despreciada entre los odiados Samaritanos, con eso dicho, fue la primera de las muy pocas personas a las que Jesús dijo que él era el Mesías. Él era siempre impreciso cuando se trataba de explicarle quién era a todos los demás y generalmente se refería a él mismo como el Hijo del Hombre de forma indirecta. Daniel usó ese término al predecir la venida del Mesías.

Una reunión secreta durante la noche

Uno de los miembros que formaban parte del consejo gobernante Judío llamado Nicodemo se acercó a Jesús en secreto una noche. En lugar de rechazar a Jesús de plano, tenía curiosidad por aprender más sobre sus perspectivas. Le dijo a Jesús: "Rabí, sabemos que Dios te envió, porque nadie podría realizar todas las señales que estás haciendo si Dios no estuviera con esa persona".

Jesús respondió: "Les digo que nadie puede ver el reino de Dios a menos que nazca de nuevo".

Nicodemo estaba desconcertado por esta respuesta. Preguntó: "¿Cómo puede alguien nacer cuando ya es viejo? "¡Seguramente no pueden entrar al útero de su madre por segunda vez y nacer!"

Jesús respondió y describió un nuevo pacto.

> Nadie puede entrar en el reino de Dios a menos que nazca del agua y también del Espíritu. La carne da a luz al cuerpo, pero el Espíritu da a luz al espíritu. No debería sorprenderse cuando digo: "Deberías de nacer de nuevo". ¿Eres profesor, pero no entiendes estas cosas? Así como Moisés levantó la serpiente en el desierto, es también necesario que el Hijo del Hombre sea levantado para que todo aquel que crea tenga

vida eterna. Porque tanto amó Dios al mundo que envió al Hijo al mundo para que todo el que crea en él no muera, sino que viva para siempre. El Hijo existió antes de la creación del mundo y Dios no lo envió al mundo para condenarlo. Ha venido a este mundo para salvarlo. Los que creen y le siguen no son condenados; los que no lo hagan serán condenados. La luz ha venido al mundo, pero la gente ama las tinieblas en lugar de la luz porque sus obras son malas. Todo el que hace el mal odia la luz porque teme que sus acciones sean expuestas. Pero aquellos que viven por la verdad salen a la luz para que se pueda ver lo que hacen.

Zaqueo el recaudador de impuestos

Mientras Jesús pasaba por Jericó, un hombre llamado Zaqueo insistía en verlo. Zaqueo era rico porque era el principal recaudador de impuestos que existía en toda la ciudad. Pero mientras la multitud caminaba con Jesús, él no podía verlo porque era muy bajo. Así que Zaqueo corrió y se subió a una higuera sicómoro para ver a Jesús caminar por todo ese camino.

Cuando Jesús llegó al lugar donde estaba el árbol, miró hacia arriba y le dijo a Zaqueo que se bajara para que pudieran ir juntos a su casa esa misma noche. Entonces Zaqueo bajó y le dio una cálida bienvenida a Jesús.

Todo el mundo sabía quién era Zaqueo, ¡y así, todos empezaron a murmurar que Jesús iba a ser el huésped de un pecador! Pero Zaqueo era un hombre cambiado y le dijo a Jesús: "¡Mira, Señor! Aquí y ahora doy la mitad de mis posesiones a los pobres, y si he estafado a alguien, le devolveré cuatro veces la cantidad con que los estafé".

Jesús le dijo: "Hoy ha llegado la salvación a tu casa. Este hombre también e contigo s hijo de Abraham. El Hijo del Hombre vino a buscar y salvar a los perdidos".

Un gobernante joven rico

Un joven quien era un gobernante se le acercó a Jesús y le preguntó qué se debía hacer para heredar la vida eterna. Jesús respondió que, para lograrlo, los hombres deben de obedecer los 10 mandamientos (por ejemplo, no robar, no cometer adulterio, no dar falso testimonio y honrar a los padres).

El hombre dijo que desde que era un niño, había obedecido todos esos mandamientos. Cuando Jesús escuchó esto, le dijo: "Aún te falta una cosa. Vende todo lo que tienes y dáselo a los pobres, y de esa forma, obtendrás tesoros en el cielo. Entonces ven, sígueme".

Cuando el hombre escuchó esto, se puso muy triste, ya que era bastante rico. Jesús lo miró y le dijo a él y a los demás: "¡Es muy difícil para los ricos entrar en el reino de Dios! De hecho, es más fácil para un camello pasar por el ojo de una aguja que para un rico entrar en el reino de Dios".

Aquellos que escucharon esto le preguntaron a Jesús quién podía ser salvo. Jesús respondió: "Lo que es imposible para las personas, es posible con Dios".[14]

Una mujer pecadora unge a Jesús

Un Fariseo que se hacía llamar Simón invitó a Jesús y a otras personas a cenar a su casa, en donde se sentaron todos en el suelo mientras comían. Todo el mundo sabía que María Magdalena, la hermana de Lázaro, era una mujer pecadora, ella se enteró de que Jesús estaba comiendo en la casa del Fariseo. Fue a la casa con un frasco de alabastro de ungüento fragante. Ella se acercó detrás de Jesús poniendo los pies y las piernas detrás de él, mientras él yacía en el suelo. Ella comenzó a llorar y empezó a mojar los pies con sus lágrimas. Ella le secó los pies con el pelo y los besó. Luego rompió la vasija y ungió su cabeza con el aceite y derramó aceite en sus pies.

Algunos de los discípulos que estaban allí se horrorizaron de que ella desperdiciara tanto la vasija, así como el aceite. Hablaron entre ellos sobre cómo la jarra y el aceite podrían haberse vendido por más de un año de salario y el dinero podría habérsele dado a todos los pobres.

---

[14] Se menciona que el "ojo de una aguja" es una abertura pequeña ubicada en el muro de Jerusalén. Un camello tendría que estar completamente libre de cargas y acostado sobre una tabla, luego ser arrastrado sobre una tabla de madera para así poder pasar por la puerta. Sería prácticamente imposible para un camello adulto hacer esto. El mensaje implica que una persona no puede heredar la vida eterna solo por volverse muy humilde y pobre. También se necesita la ayuda de Dios. Además, las posesiones que alguien tiene pueden ser un obstáculo para vivir en obediencia.

Mientras el anfitrión observaba que esto sucedía, pensó que, si Jesús era un profeta, sabría que quien le estaba tocando, era una pecadora.

Jesús se dio cuenta de lo que el anfitrión estaba pensando, así que comenzó a contarle una historia a Simón. Describió a dos personas que le debían dinero a un prestamista. Uno le debía 500 denarios (casi dos años de salario para un trabajador medio) y el otro le debía 50 denarios. Ninguno de los dos tenía dinero para devolverle el dinero, por lo que el prestamista les perdonó las deudas a ambos. Jesús le preguntó a Simón qué persona lo amaría más.

Simón respondió: "Supongo que al que se le perdonó la deuda más grande".

Jesús dijo que había juzgado correctamente. Miró a la mujer mientras hablaba con Simón:

Mira a esta mujer. Vine a tu casa, pero no me diste agua para los pies, sin embargo, ella me mojó los pies con sus lágrimas y los secó con su cabello. No me diste un beso, pero esta mujer no ha dejado de besarme los pies. No me pusiste aceite en la cabeza, pero ella si me echó el aceite en los pies. Por tanto, sus muchos pecados le son perdonados porque ha mostrado un gran amor hacía mí. Pero a quien se le ha perdonado poco, ama poco. Ella ha hecho algo maravilloso. Los pobres siempre estarán contigo, pero yo solo estoy aquí por un rato. Ella ha comenzado a prepararme para el entierro.

Entonces Jesús le dijo: "Tus pecados te son perdonados. Tu fe te ha salvado; ve en paz". Algunos invitados se decían en privado: "¿Quién es éste que es capaz de perdonar los pecados?"

Milagros realizados por Jesús

Un milagro de boda

Un tiempo después de que Jesús hablara en la barca en el mar de Galilea, asistió a una boda en Caná con su madre y algunos de sus discípulos. Durante el tercer día de dicha celebración, su madre le dijo a Jesús que el vino se había acabado. Jesús dijo: "¿Por qué me dices esto? No Es Mi Momento". Pero María les dijo a los sirvientes que hicieran lo que Jesús había dicho.

Cerca de donde ellos estaban, había seis grandes tinajas de piedra que los Judíos usaban para lavarse las manos antes de comer. Cada uno contenía al menos 20 galones de agua. Jesús les dijo a los sirvientes que llenaran las tinajas con agua. Una vez llenas las tinajas, les dijo a los sirvientes que le llevaran un poco al maestro que estaba encargado del banquete.

El maestro del banquete entonces lo probó, sin saber de dónde venía. Luego llamó al novio a un lado y dijo: "Quedamos en que todos debían ofrecer primero el vino selecto y luego el vino más barato que se entregaría cuando los invitados ya hayan bebido demasiado. ¡Sin embargo, has conservado el mejor vino hasta ahora!" Lo cierto es que el agua se había convertido en vino, ¡más de 100 galones después de que muchos de los presentes ya habían bebido demasiado!

Jesús sana a muchos tipos de personas

Jesús estaba enseñando en una casa en Capernaum y allí se encontraba gente de todas partes de Palestina, que habían llegado hasta allí para escucharlo. Fariseos y escribas se sentaron en la primera fila de una habitación que estaba abarrotada de gente. Jesús ya había sanado a un sinnúmero de personas, y por eso, algunos hombres llegaron a la casa cargando a un paralítico sobre una estera. Intentaron entrar por la puerta y llevarlo a Jesús, pero se les hizo imposible entrar. Entonces subieron al techo, quitaron las tejas y poco a poco bajaron al hombre en su estera con cuerdas atadas en cada esquina, en el lugar donde Jesús estaba hablando. Todo el mundo estaba mirando cómo el hombre descendía del techo.

Cuando Jesús vio su fe, le dijo al hombre en la estera que sus pecados habían sido perdonados. Los Fariseos y los escribas se preguntaban qué clase de hombre hablaría con tal blasfemia, porque solo Dios puede perdonar los pecados de los hombres.

Jesús sabía lo que estaban pensando y les preguntó: "¿Por qué estás pensando estas cosas? ¿Qué es más fácil, decir, "¿Tus pecados te son perdonados", o decir, "Levántate y anda"? Pero quiero que sepas que el Hijo del Hombre tiene autoridad en la tierra para perdonar sus pecados". Entonces Jesús se volvió hacia el paralítico y le dijo: "Levántate y llévate tu camilla para tu casa". En ese instante, el hombre se puso de pie, tomó la ropa sobre la que había estado acostado y se fue a su casa caminando, alabando a Dios mientras se alejaba. Todos se asombraron y también empezaron a alabar a Dios.

* * * * * *

Cuando Jesús estaba en Capernaum, un centurión Romano se le acercó y le pidió ayuda. Tenía un sirviente paralizado en casa quien estaba sufriendo mucho. Jesús se ofreció a ir a su casa para ayudarlo, pero el soldado dijo: "Señor, no merezco tenerte en mi casa. Solo di la palabra y mi criado va a sanar. Entiendo la autoridad, tengo soldados a mis órdenes, y si le digo a uno de ellos, "Ve", ellos irían. Si le digo a mi sirviente: 'Haz esto', él lo haría".

Cuando Jesús escuchó esto, se asombró y le dijo al centurión: "¡En verdad, no he encontrado a nadie en Israel con tanta fe como la tuya! Ve, se ha hecho, tal como creías que se iba a hacer". El sirviente de su casa había sido sanado justamente en ese momento.

* * * * * *

Jesús y sus discípulos visitaron Betsaida, donde algunas personas le llevaron a un ciego que le rogaba que lo tocara con sus manos. Jesús tomó al ciego de la mano y lo condujo fuera del pueblo. Puso su propia saliva en los ojos del hombre y puso sus manos sobre él. Luego le preguntó si podía ver algo.

El hombre miró hacia arriba y dijo: "Veo personas que parecen árboles y están caminando". Jesús volvió a poner las manos sobre los ojos del hombre, y los ojos del hombre se abrieron y en ese momento, pudo ver todo con claridad.

* * * * * *

Cuando Jesús estaba en Jerusalén durante una fiesta Judía, fue a un estanque que era conocido por tener poderes curativos. Muchas personas con discapacidades se acostaban cerca de la piscina: ciegos, cojos, paralíticos para recibir ayuda. Un hombre había estado tirado allí durante más o menos 38 años. Cuando Jesús lo vio allí y se enteró de su condición y cuánto tiempo había estado allí, le preguntó al hombre si realmente quería curarse.

El cojo le dijo a Jesús que no tenía a nadie que lo ayudara a entrar en el estanque y en ese momento el agua empezó a agitarse. Siempre había alguien más que llegaba primero al agua y se curaba. Jesús le dijo: "¡Levántate! Coge tu colchoneta y camina". En ese momento, el hombre se curó. Cogió su esterilla y salió del área de la piscina.

Dado que esto tenía lugar en sábado, los líderes Judíos le recordaron al hombre que estaba prohibido llevar una estera en sábado. Pero les dijo que el hombre que lo sanó le dijo que tomara su camilla y que saliera de allí caminando. Le preguntaron quién le había dicho que hiciera eso. El hombre no tenía idea porque Jesús se había mezclado entre la multitud que se encontraba en la piscina. Más adelante, Jesús lo encontró en el templo y le dijo: "¡Mira, estás bien otra vez! No peques más para que no te suceda algo aun peor". El hombre se fue y les dijo a los líderes Judíos que era Jesús el que lo había sanado.

* * * * * *

Un día, uno de los líderes de la sinagoga llamado Jairo vino y se postró a los pies de Jesús, suplicándole que fuera a su casa. Su única hija se estaba muriendo y solo tenía 12 años. Cuando Jesús se dirigía a su casa, casi termina aplastado por la multitud que lo rodeaba. Una mujer que había sangrado continuamente durante 12 años no había podido encontrar a nadie que pudiera curarla. Pensó que se curaría si podía tocar el manto de Jesús. Ella vino detrás de Jesús y tocó el borde de su manto, e inmediatamente dejó de sangrar.

Jesús dejó de caminar de inmediato y preguntó quién lo había tocado. Cuando nadie dijo nada, Simón Pedro dijo: "Maestro, toda la multitud te está intentando tocar".

Pero Jesús dijo: "Alguien me ha tocado y ha salido poder de mí". La mujer sangrante se le acercó temblando y cayó a sus pies. Todo el mundo estaba escuchando mientras ella le decía por qué lo había tocado y que, con solo hacerlo, había sido sanada. Él le dijo: "Anímate, hija, tu fe te ha sanado. Ve en paz".

Mientras Jesús todavía estaba hablando, alguien vino y le dijo a Jairo que su hija estaba muerta y que ya no se necesitaba que Jesús llegara a verla. Jesús escuchó esto y le dijo a Jairo que creyera y ella sería sanada. Cuando Jesús llegó a la casa, no dejó entrar a nadie con la excepción de Pedro, Juan, Santiago, Jairo y la madre de la niña. Todos los demás se quedaron afuera llorando por la niña que había fallecido.

Jesús les dijo a los que estaban afuera que dejaran de llorar porque ella estaba dormida, no estaba muerta. La gente se empezó a reír de él, porque sabían que si estaba muerta. Pero Jesús se dirigió a su cama y, mientras le tomaba la mano, le dijo que se levantara. Su espíritu regresó dentro de ella e inmediatamente se puso de pie. Jesús les dijo a los padres que le dieran algo de comer para demostrar que no era un fantasma. Ella comió y todos quedaron asombrados. Jesús ordenó a los que estaban en la habitación que no le dijeran a nadie lo que habían presenciado y lo que había sucedido.

Jesús cura a los que poseen espíritus diabólicos

Entre los que Jesús encontró había algunas personas que tenían demonios viviendo dentro de ellos, estaban poseídos. Cuando Jesús los conoció, ellos lo reconocieron como el Hijo de Dios porque los espíritus malignos del mundo sabían quién era él. Pero cuando los demonios revelaban lo que sabían de él, Jesús los reprendía y no los dejaba hablar porque no quería que la gente supiera que él era el Mesías hasta que llegara el momento adecuado.

Algunos Fariseos le trajeron a Jesús un hombre endemoniado quien además era mudo y ciego. Jesús sanó al hombre; podía ver y hablar. Mientras toda la gente estaba asombrada y pensaba que Jesús era el prometido, los Fariseos les dijeron a los que miraban que fue el poder de Beelzebul, el príncipe de los demonios, lo que había expulsado a los demonios del hombre.

Jesús conocía sus pensamientos y dijo,

> Cualquier reino que se encuentre dividido, no puede permanecer, ni ninguna ciudad u hogar puede permanecer si está dividido entre ellos. Si Satanás expulsa a Satanás se está dividiendo contra sí mismo y por eso, su reino no puede mantenerse. Si expulso a los demonios por Beelzebul, ¿quién los expulsa? Deje que las personas juzguen por sí mismas. Si expulso demonios usando el Espíritu de Dios, entonces el reino de Dios está sobre ustedes. Les digo que todo tipo de pecado puede ser perdonado, pero la blasfemia contra el Espíritu de Dios no puede jamás ser perdonada.

* * * * * *

En un momento especifico durante su ministerio, Jesús necesitaba tiempo lejos de las multitudes y se retiró a la costa de Fenicia para estar solo con sus discípulos. Una mujer Griega que vivía en el área vino y clamó a Jesús, pidiéndole que tuviera misericordia de su hija, que estaba poseída por un demonio y estaba sufriendo de terriblemente. Jesús la ignoró y dijo a sus discípulos: "Fui enviado sólo para ayudar a las ovejas perdidas de Israel". Sus discípulos le dijeron que la despidiera, porque ella había seguido gritándoles y se había convertido más bien, en una gran molestia. Pero la mujer se acercó, se arrodilló ante Jesús y continúo pidiéndole ayuda.

Jesús respondió: "No está bien tomar el pan de los niños y tirárselo a los perros".

Ella respondió con un argumento único: "Pero, Señor, hasta los perros se comen las migas que caen de la mesa de su amo".

Jesús le dijo: "Mujer, ¡tienes mucha fe! Desde este momento, el demonio se ha ido". Se fue a casa y encontró a su hija acostada en la cama y ya no tenía el demonio adentro.

* * * * * *

Un día, Jesús se desvió de su rutina normal y fue a la región de los Gerasenos, que se ubicaba al este del Mar de Galilea, para ayudar a dos hombres que tenían una gran cantidad de demonios adentro. Ellos estaban viviendo entre las tumbas, mutilaban sus cuerpos con objetos punzantes, no usaban ropa y eran tan violentos que nadie se podía acercar a ellos. Cuando Jesús se les acercó, ellos gritaron: "¿Qué tenemos que hacer contigo? ¿Por qué has venido a atormentarnos antes del tiempo señalado?" Jesús les preguntó cómo se llamaban. Y ellos respondieron: "Legión" porque había muchos demonios adentro de los hombres. Los demonios vieron una gran manada de cerdos en la distancia y le pidieron a Jesús que los arrojara a los cerdos en lugar de enviarlos hacia el Abismo. Jesús señaló a los cerdos y dijo a los demonios "Vayan". Los demonios dejaron a los hombres y entraron en los cerdos, y toda la manada corrió por una orilla y por un acantilado dirigiéndose al mar.

Los que estaban en ese momento cuidando a los cerdos fueron al pueblo y al campo para contarle a todos lo acababa de pasar, y entonces mucha gente vino a ver a Jesús y a los hombres que tenían los demonios. Los dos hombres estaban sentados a los pies de Jesús, vestidos con ropa normal y estaban totalmente bien, en su sano juicio. Al ver todo lo que había pasado, la gente le pidió a Jesús que se fuera; le tenían miedo y además, acababa de acabar con sus cerdos, una fuente de ingresos muy valiosa para ellos. Cuando Jesús regresaba a su bote, uno de los hombres sanados le rogó que lo acompañara, pero Jesús le dijo que se fuera a casa y les dijera a todos lo mucho que Dios había hecho por él. Jesús regresó a Galilea en su barca y el hombre hizo exactamente lo que Jesús le pidió.

Los muertos vuelven a la vida

Jesús resucitó a la gente de entre los muertos, y las noticias de su poder empezaron a circular rápidamente. Un ejemplo de esto es que él se encontraba en la ciudad de Naín con sus discípulos y una gran multitud se acercó a la puerta de la ciudad. Entonces enseñaron a un muerto, quien era único hijo de su madre, quien era viuda, y el cuerpo venía acompañado de muchos vecinos. Cuando Jesús vio a la madre, sintió compasión de ella. Le dijo que no llorara. Jesús tocó la estructura en la que estaba el muerto. Los que lo llevaban se detuvieron. Jesús le dijo al muerto que se levantara. El muerto se sentó y comenzó a hablar.

* * * * * *

Uno de los mejores amigos de Jesús se llamaba Lázaro. Su hermana era María Magdalena la cual había sido liberada de siete demonios. Vivían en Betania, a tres kilómetros al sur de Jerusalén. Lázaro estaba muy enfermo, y María y su hermana Marta enviaron un mensaje a Jesús para que viniera lo más rápido posible a curar a su buen amigo.

Jesús estaba en otro pueblo lejano y dijo que la enfermedad no iba a llevarlo a la muerte. Más bien, fue una oportunidad para él de glorificar a Dios. Así que se quedó dónde estaba por dos días más y luego les dijo a sus discípulos que era hora de ir a Judea porque Lázaro ya había fallecido. Duraron alrededor de dos días en llegar.

Cuando llegaron a Betania, Lázaro llevaba cuatro días enterrado en su tumba. Muchos Judíos de Jerusalén habían venido a consolar a Marta y a María. Cuando Marta escuchó que Jesús estaba cerca, fue a su encuentro y le dijo: "Señor, si hubieras estado aquí, mi hermano no habría muerto. Pero sé que Dios te dará cualquier cosa que le pidas".

Jesús le dijo que Lázaro se iba a levantar de entre los muertos. Martha dijo que sabía que él resucitaría en la resurrección y que eso sucedería en el último día. Jesús le dijo: "Yo soy la resurrección y la vida; los que creen en mí vivirán siempre, aunque mueran. ¿Tú crees que esto es cierto?"

Ella respondió: "Sí, Señor, creo que eres el Mesías, el Hijo de Dios, que tuvo que venir al mundo".

Después de decir esto, regresó y le dijo a su hermana María que Jesús estaba allí y estaba preguntando por ella. Mary se levantó rápidamente y fue a su encuentro. Los Judíos que habían venido a consolar a las hermanas pensaron que María iba a la tumba a llorar, así que la siguieron. Pero ella fue hacia Jesús y se quejó de que, si él hubiera llegado antes, su hermano no habría muerto.

Cuando Jesús la vio llorar y los Judíos que habían venido con ella también lloraban, se conmovió profundamente. Le pidió que le mostrara dónde estaba enterrado Lázaro, y María lo dirigió hacia la tumba de Lázaro.

Cuando Jesús llegó a la tumba, se arrodilló y lloró, abrumado por la emoción que sentía. Lázaro era joven, pero ahora estaba enterrado en una cueva y una piedra grande bloqueaba la entrada donde él se encontraba. Jesús les dijo a algunos de los que estaban allí que quitaran la piedra en la entrada del sepulcro.

Martha dijo: "¡Señor! Lleva allí cuatro días. ¡No va a oler bien!" (Marta intentaba todo el tiempo de hacer las cosas bien para causar una buena impresión). Jesús le dijo que era para mostrarle a la gente el poder que tenía la fe en Dios.

Después de quitar la piedra, Jesús miró hacia arriba y dijo: "Padre, te doy gracias por escucharme. Sé que siempre me escuchas, pero lo digo en beneficio de las personas que están aquí, para que crean que fuiste tú el que me envío".

Después de decir esto, Jesús llamó en voz alta a la cueva: "¡Lázaro, sal y camina!" En ese momento, el muerto salió con las manos y los pies envueltos en tiras de lino. Tenía un paño alrededor de la cara. Jesús les dijo a los que estaban allí que le quitaran las mantas y lo dejaran ir.

Jesús se comporta de forma inusual

Jesús es asociado con pecadores

Jesús vio a un recaudador de impuestos llamado Leví sentado en el lugar donde tenía su taquilla de impuestos. Le dijo a Levi que lo siguiera. Levi se levantó, dejó todo atrás y empezó a seguir a Jesús. Más adelante, Leví (también llamado Mateo) celebró un gran banquete en su casa para Jesús, y también para una gran multitud de recaudadores de impuestos y otras personas que se encontraban allí comiendo con ellos. Pero los Fariseos y los escribas se quejaron de los discípulos de Jesús y le preguntaron por qué se había sentado a comer y tomar con recaudadores de impuestos y también con pecadores.

Jesús les respondió: "Las personas sanas no necesitan de un médico, pero los enfermos sí lo necesitan. He venido a llamar a los pecadores al arrepentimiento, no a todos aquellos que son justos".

Sin embargo, los líderes religiosos continuaron haciendo su interrogatorio. Notaron que los discípulos de Juan y los Fariseos a menudo ayunaban y oraban, pero los que seguían a Jesús estaban felices comiendo y bebiendo. Entonces, Jesús respondió: "¿Puedes hacer que los amigos del novio ayunen mientras él está con ellos? Pero llegará el momento en que les quitarán el novio; entonces será en aquellos días que van a ayunar".

Entonces Jesús les dijo este párrafo:

Nadie rasga un trozo de una prenda nueva para remendar una vieja. De lo contrario, habrán rasgado la prenda nueva y el parche de la nueva no coincidirá con lo viejo. Y nadie echa vino nuevo en odres viejos. De lo contrario, el vino nuevo se expandirá y reventará los odres; el vino se acabará y los odres se van a arruinar. El vino nuevo debe echarse en odres nuevos, y nadie, después de beber vino añejo, quiere el nuevo, porque dicen: "Mejor es el añejo".

(Jesús estaba mostrando como las viejas ideas y formas eran totalmente incompatibles con todas las nuevas perspectivas y prácticas. Las personas se sienten más cómodas con lo que les es familiar. Cambiar la forma en que pensamos y actuamos es algo en muchas ocasiones difícil de hacer).

Jesús irrumpe en el templo

Cuando estaba cerca la hora de celebrar la Pascua, Jesús se fue hacia Jerusalén. En los patios del templo encontró gente que vendía animales para sacrificios y además había otras personas sentadas en las mesas intercambiando dinero. Esto hizo que Jesús se enfureciera. Hizo un látigo y comenzó a expulsar a todos los animales de los patios del templo. Esparció las monedas de los cambistas por el piso y volcó sus mesas. Les dijo a los hombres que vendían palomas: "¡Saquen estos pájaros de aquí! ¡Dejen de convertir la casa de mi padre en un mercado! Está escrito: 'Mi casa será una casa de oración', ¡pero ustedes la están convirtiendo en una cueva de ladrones!" Entonces Jesús impidió que todos llevaran algo por el templo.

Los Judíos le preguntaron a Jesús qué señal podía dar para probar su autoridad y justificar sus acciones. Jesús les respondió: "Destruid este templo y yo podré levantarlo otra vez en tres días".

Ellos respondieron: "Tomó muchos años construir este templo. ¿Lo vas a volver a construir en tres días?" Pero el templo del que hablaba Jesús era en realidad su cuerpo.

Los principales sacerdotes y los ancianos vinieron y le preguntaron a Jesús quien quién había sido él que le había dado la autoridad para arruinar los puestos del templo. Jesús respondió: "Te haré una pregunta y, si la respondes, te daré mi respuesta. ¿Fue el bautismo de Juan obra del cielo o del hombre?" Los sacerdotes y los ancianos hablaron entre ellos y se dieron cuenta de que, sin importar lo que dijeran, quedarían mal con la gente. Entonces dijeron que no sabían. Jesús dijo que como no respondieron a su pregunta, él no respondería a la de ellos.

Jesús y el mar de Galilea

Una noche, algunos de los discípulos zarparon en una barca para ir al otro lado del mar de Galilea. (El lago era tan grande que se le decía mar, (tiene más de 16 kilómetros de largo y casi 16 kilómetros de ancho). Jesús no estaba con ellos cuando zarparon porque necesitaba pasar un tiempo a solas. Al final de la noche, empezó a soplar un viento fuerte y las aguas se empezaron a agitar. Después de remar siete kilómetros hacia Capernaum, ellos ya se encontraban muy cansados. Jesús vio desde la distancia que la barca luchaba contra las olas y el viento, así que caminó hacia ellos, caminando en el agua.

Cuando los discípulos lo vieron venir y vieron que caminaba sobre el agua, tuvieron miedo, pensaron que era un fantasma. Pero Jesús se identificó y les dijo que no tuvieran miedo. Pedro dijo: "Señor, si realmente eres tú, dime que vaya contigo". Jesús le dijo que viniera, y Pedro salió de la barca y comenzó a caminar sobre el agua directo hacía donde Jesús. Pero cuando Petdro sintió el viento, tuvo miedo y comenzó a hundirse. Clamó para ser salvado, y Jesús inmediatamente se acercó y lo sostuvo.

Le dijo a Pedro mientras lo sostenía: "Tienes poca fe. ¿Por qué dudaste?"

Cuando subieron a la barca, el viento amainó, y la gente en la barca comenzaron a adorarlo y a decir que en realidad él era verdaderamente el Hijo de Dios. El día después, algunas de las personas que sabían que Jesús no se había unido inicialmente a los discípulos en el barco se sorprendieron al ver que Jesús venía con ellos.

Otra situación que ocurrió, Jesús y sus discípulos se encontraban en una barca en el lago. Una tormenta furiosa repentinamente provocó que grandes olas se estrellaran contra los costados del bote, y el mismo comenzó a hundirse. Pero Jesús estaba profundamente dormido, a pesar de que la barca se estaba empezando a llenar totalmente de agua. ¡Los discípulos lo despertaron porque estaban a punto de ahogarse! Él les dijo: "Hombres de poca fe, ¿por qué tienen tanto miedo?" Se levantó y reprendió a los vientos, así como a las olas, y todo se calmó completamente. ¡Los hombres de la barca estaban asombrados y se preguntaban qué clase de hombre era Jesús, porque incluso los vientos y las olas lo obedecían!

Los doce discípulos

Si bien Jesús siempre fue capaz de atraer a grandes multitudes mientras se movía de un lugar a otro, había 12 hombres que siguieron siendo sus discípulos más cercanos. Jesús llamó a estos discípulos dedicados "apóstoles" (que significa "mensajeros de Dios"). Los 12 apóstoles fueron:

- Pedro (Simón) y su hermano Andrew (Ellos eran pescadores y además, eran propietarios de pequeñas empresas)
- Santiago y Juan (socios de pesca de Pedro y Andrés, hijos de Zebedeo)
- Felipe (el amigo de los pescadores) y su amigo Bartolomé (también conocido como Nathaniel)
- Mateo (un recaudador de impuestos, también conocido como Levi)
- Tomas (también conocido como Didymus)
- Santiago (hijo de Alfeo)
- Simón el Zelote
- Judas (hijo de otro hombre llamado Jaime)

- Judas Iscariote (un hombre que poseía experiencia financiera).

Jesús les dijo a los 12 discípulos, así como a otras 60 personas que corrieran la voz en pueblos y aldeas que él llegaría a visitarlos. Les dio a estos hombres poder y autoridad para expulsar a todos los demonios, sanar a los enfermos y proclamar el reino de Dios. No se llevaron nada: Se fueron sin personal, sin bolsa, sin pan, sin dinero en el cinturón y sin camisa extra. En el momento en que entraron a una casa, lo primero que decían era: "La paz sea en esta casa". Si alguien estaba promoviendo la paz, se quedaba allí. Pero si la gente del pueblo no les daba la bienvenida ni los escuchaba, abandonaban el pueblo y se sacudían el polvo de los pies como señal de que estaban en contra de ese rechazo. Los apóstoles iban en parejas, proclamando las buenas nuevas y sanando a la gente por todos lados.

Hay que tomar en cuenta que los discípulos no siempre pudieron curar a los enfermos ni tampoco expulsar a todos los demonios. Jesús les dijo que les faltaba fe, diciendo: "Si tienen un poco de fe, ustedes pueden decirle a esta montaña: 'Montaña, muévete de aquí para allá' y la montaña se va a mover. Nada será imposible para ti. Pero a veces los demonios sino hay oración y no se hace ayuno".

Muchas mujeres también siguieron a Jesús. Entre estas mujeres que lo seguían, estaban incluidas María Magdalena, Juana (la administradora de la casa de Herodes) y Susana. Estas mujeres apoyaron a Jesús y a los discípulos con su propio dinero.

Juan el Bautista

Juan el Bautista estuvo en prisión durante todo ese tiempo en que el ministerio de Jesús crecía. Los seguidores de Juan le dijeron lo que Jesús estaba haciendo y diciendo, y Juan estaba perplejo por las enseñanzas que su primo estaba dando. Envió a dos de sus seguidores en busca de una aclaración. Juan por medio de sus seguidores, le preguntó a Jesús: "¿Eres tú el que esperamos que venga o deberíamos esperar a alguien más?"

Jesús les dijo a los mensajeros de Juan: "Díganle lo que han visto y oído: los ciegos ven, los cojos andan, los leprosos quedan limpios, los sordos oyen, los muertos resucitan y las buenas nuevas se proclaman a los pobres. Bienaventurado el que no tropiece por mi culpa". Después de que los mensajeros de Juan se fueron, Jesús habló de Juan a la multitud y a los líderes religiosos que estaban allí. "De él está escrito: 'Enviaré a mi mensajero delante de ti, que preparará tu camino delante de ti'. Juan el Bautista vino sin comer pan ni beber vino, y tú dijiste que tiene un demonio. El Hijo del Hombre vino comiendo y bebiendo, y tú dices: 'Es un glotón y un borracho, amigo de recaudadores de impuestos y pecadores'".

La esposa del rey Herodes le tenía mucho rencor a Juan el Bautista porque Juan había dicho que Herodes no debería haberse casado con ella (ella había sido la esposa de su hermano). Herodes organizó una fiesta en su cumpleaños a la cual invitó a altos funcionarios, comandantes militares y también a varios líderes de Galilea. Su hijastra bailó frente a todos los hombres y complació a Herodes y a todos sus invitados. Herodes dijo que ella podía pedir cualquier cosa y que él se la iba a dar, y juró ante los demás que lo iba a hacer. La niña fue y le preguntó a su madre qué debía pedir. Su madre dijo que lo que debería pedir era la cabeza de Juan el Bautista.

La niña se apresuró a regresar al rey con la petición: "Quiero que me des la cabeza de Juan el Bautista en una bandeja ahora mismo". El rey estaba muy angustiado, pero debido a su juramento y a que estaban sus invitados en la cena, no quiso rechazarla. Así que de inmediato envió a un verdugo para que le trajera la cabeza de Juan. El hombre fue, decapitó a Juan mientras estaba en la prisión y trajo su cabeza vuelta hacia atrás en una bandeja. Herodes le presentó la cabeza a la niña y ella se la dio a su madre. Cuando los discípulos de Juan oyeron esto, vinieron y tomaron el resto de su cuerpo y lo enterraron en una tumba.

Capítulo 17
Las Enseñanzas De Jesús
Las opiniones poco ortodoxas desafían el statu quo religioso

Por muchos siglos, Jesús fue la persona más interesante con la que los Judíos podrían conversar, pero sus mensajes y acciones fueron confusos para muchas personas. Principalmente contaba sus historias de forma que la gente entendería. (Isaías predijo este tipo de enseñanza). Podía citar cualquier pasaje de las Escrituras en cualquier momento, aunque no había sido entrenado como rabino.

Brindo nuevos conocimientos sobre los mandatos que Moisés escribió. Sus enseñanzas eran muy distintas de las opiniones que tenían los líderes religiosos en ese momento y, por ende, no seguía todas sus reglas. El gran número de personas que seguían a Jesús amenazaba el statu quo religioso. Muchos de los que estaban buscando al Mesías asumieron que la persona traería un cambio político y militar, pero las enseñanzas de Jesús no se ajustaban precisamente a esas expectativas. Habló del reino de Dios y el reino de los cielos sin distinción, como si estuvieran cerca, presentes y a punto de venir.

En muchas ocasiones lo que él enseñaba, entraba directamente en conflicto con lo que se había escrito con anterioridad. Él decía: "Los has oído decir... pero yo te digo..." A veces, sus mensajes estaban llenos de metáforas figurativas que no estaban destinadas a ser tomadas de forma literal, y a veces sus mensajes se relacionaban con cosas que sucederían en el futuro que la gente aún no conocía. Su condena se dirigía a todos aquellos que se consideraban religiosos o que estaban involucrados en actividades religiosas corruptas. Se centró en la renovación espiritual más que en la parte del cambio político, y ninguna de sus críticas se dirigió hacia los opresores Romanos. Las expectativas religiosas equivocadas y los malos entendidos que iban surgiendo, se convirtieron en un problema.

Lo que contamina a una persona

Los Judíos devotos no empezaban a comer hasta que se lavaban las manos de una forma específica, y además tenían muchas otras tradiciones relacionadas con la limpieza, como lavar las tazas, los cántaros y también todos utensilios de cocina. Algunos Fariseos y escribas buscaron a Jesús y vieron a algunos de sus discípulos comiendo sin haberse lavado las manos antes. Los líderes religiosos le preguntaron a Jesús por qué sus discípulos no seguían la tradición de los ancianos, y porque estaban comiendo con las manos sucias. Jesús respondió e indirectamente declaró que toda la comida que consumían, estaba limpia.

Isaías estaba en lo cierto cuando profetizó acerca de ustedes, hipócritas. Él escribió: "Me honras con tus labios, pero tu corazón está lejos de mí. Me adoras en vano, tus enseñanzas son solo reglas humanas". Has ignorado mandamientos de Dios y te aferras a las tradiciones humanas. ¡Te has vuelto bueno en dejar de lado los mandamientos de Dios para poder mantener tus propias tradiciones! Comer con las manos inmundas no contamina a la persona. Nada que se encuentre afuera de una persona los va a contaminar. Es lo que sale de dentro de las personas lo que los contamina. La comida no entra al corazón, sino que entra al estómago, y luego sale del cuerpo. Lo que sale del corazón de las personas es lo que las contamina. Todo tipo de maldad proviene del corazón de una persona: La inmoralidad sexual, robo, asesinato, adulterio, codicia, malicia, engaño, envidia, calumnia, y arrogancia. Todos estos males vienen de adentro y son los que contaminan a una persona.

Esa noche, un Fariseo invitó a Jesús a que comiera con él. Cuando Jesús se sentó a comer, el Fariseo se sorprendió al ver que Jesús no se había lavado las manos ni nada antes de la comida. Jesús le dijo al Fariseo: "Ustedes, los Fariseos, limpian el vaso y el plato por fuera, pero por dentro están llenos de codicia y de maldad. ¡Que tonto! El que hizo lo de afuera, ¿acaso no hizo también lo de adentro? Una señal de que estás limpio por dentro es si eres generoso con los pobres".

El sábado

Cuando Jesús se encontraba caminando por unos campos de trigo durante un sábado, sus discípulos recogieron algunas espigas, las frotaron en sus manos y empezaron a comer algunos de los granos. Algunos Fariseos le preguntaron a Jesús por qué estaba haciendo lo que era ilegal durante el día de reposo. Jesús les respondió:

> ¿No has leído lo que hizo David cuando él y sus amigos tenían hambre? Entraron en la casa de Dios y comieron el pan consagrado que solo los sacerdotes podían comer. Las personas no fueron hechas para el sábado; el sábado fue hecho para el pueblo. Si en verdad supieras lo que significa cuando Dios dijo: "Deseo misericordia, no sacrificio", no estarías condenando a los inocentes. Si tu oveja cae en un hoyo en sábado, ¿no la sacarás? ¡Cuánto más valiosa es una persona, que una oveja!

En otra oportunidad, otro sábado, cuando Jesús estaba en la sinagoga enseñando, había entre la gente un hombre que tenía la mano derecha arrugada. Los Fariseos y los escribas andaban en busca de una razón para acusar a Jesús, así que lo estuvieron viendo de cerca para ver si curaba a alguien durante el día sábado. Jesús sabía lo que estaban pensando y le dijo al hombre de la mano arrugada que se pusiera de pie frente a todos. Cuando se puso de pie, Jesús dijo a los líderes religiosos: «¿Qué es lícito en el día de reposo: ¿Hacer el bien o el mal?, ¿salvar una vida o destruirla?" Cuando nadie dijo nada, Jesús le dijo al hombre que extendiera la mano. El hombre lo hizo y allí fue donde se vio que su mano estaba completamente sanada. Los Fariseos y los escribas estaban furiosos porque Jesús sanó al hombre en día sábado, cuando era indebido.

El buen Samaritano

Un experto en las leyes quería probar a Jesús y le preguntó qué se debía de hacer para que una persona pueda heredar la vida eterna. Jesús respondió que la gente debería de hacer y seguir lo que estaba escrito en la Ley. El experto citó la Ley: "Ama al Señor tu Dios con todo tu corazón y con toda tu alma y con todas tus fuerzas y con toda tu mente" y "Ama a tu prójimo como a ti mismo".

Jesús respondió: "Tienes razón. Haz esto y así vivirás".

Pero el experto quería parecer inteligente y le preguntó a Jesús: "¿Quién es mi prójimo?" Entonces, Jesús le respondió con una historia.

Mientras un hombre caminaba por el peligroso camino de Jerusalén a Jericó, fue atacado por un grupo de ladrones. Lo despojaron de su ropa, luego lo golpearon y se fueron, dejando al pobre hombre medio muerto. Un sacerdote que viajaba por la carretera venía pasando por el otro lado de la carretera cuando vio al hombre. Un Levita que también pasaba, lo vio también y lo pasó al otro lado del camino. Pero luego llegó un Samaritano, vio al hombre medio muerto y se compadeció de él. Sanó sus heridas con aceite y vino. Luego puso al hombre en su propio burro, lo llevó a la posada más cercana y empezó a cuidarlo. Al día siguiente, le dio el salario de dos días al posadero y le dijo: "Cuida de él, y cuando regrese, te reembolsaré los gastos adicionales que puedas tener por cuidarlo".

Jesús preguntó al experto cuál de los tres hombres era vecino del atacado. El experto respondió: "Su vecino era el hombre que le mostró misericordia".

Jesús le dijo al experto: "Entonces ve y muestra misericordia a los que la necesitan".

La dicha de encontrar lo que estaba perdido

En una oportunidad, los recaudadores de impuestos y los pecadores se empezaron a congregar alrededor de Jesús para escucharlo hablar. Algunos Fariseos y escribas estaban entre la multitud y murmuraban disgustados porque Jesús estaba recibiendo a los pecadores y, además, comía con ellos. Jesús sabía lo que decían estos líderes religiosos y les dio dos escenarios hipotéticos.

Suponga que una mujer tiene 10 monedas de plata y pierde una. ¿No va a encender una lámpara, barrerá el suelo y buscará con cuidado hasta encontrarla? Y suponga que tiene 100 ovejas y pierde una de ellas. ¿No dejarás el 99 y buscarás a la oveja que está perdido hasta encontrarla? Cuando lo encuentre, ¿no lo pondrá alegremente sobre sus hombros y se irá feliz hacia su casa? En ambos casos, la gente se regocija cuando encuentra lo que busca. Dios no quiere perder a nadie. Hay más gozo en el cielo cuando un pecador se arrepiente que por 99 personas justas que no tiene por qué arrepentirse.

El hijo pródigo

Jesús también contó una larga parábola sobre un hombre que tenía dos hijos. El hijo menor le solicitó a su padre que le diera su herencia. Después de que el padre vendió lo suficiente de su patrimonio como para darle al hijo su mitad de participación, el hijo tomó su dinero y se fue de casa para realizar un largo viaje. Lo que hizo fue derrochar todas sus riquezas al vivir una vida salvaje. Después de gastar todo su dinero, se produjo una hambruna severa y quedó tan desamparado que aceptó un trabajo alimentando cerdos (los Judíos no tocan a los cerdos, ni tampoco los comen). Tenía tanta hambre que quería comer la comida con que se alimentaban los cerdos.

El hijo pronto empezó a recobrar el sentido. Pensó en los sirvientes de su padre que tenían comida de sobra, pero se estaba muriendo de hambre. Decidió volver con su padre y pedirle que lo dejara ser uno de sus sirvientes.

El padre lo veía todos los días, con la esperanza de que regresara. Muchos meses después, el hijo apareció a lo lejos y el padre pudo reconocerlo por su forma de caminar. Lleno de compasión y sin preocuparse de cómo se veía a los ojos de los demás, corrió hacia su hijo, lo abrazó y lo besó. (En esa cultura, los hombres mayores no acostumbraban correr). El hijo comenzó a disculparse, pero el padre lo interrumpió y dijo a sus sirvientes: "Vayan rápido y traigan la mejor túnica y póngansela. Ponle un anillo en el dedo y sandalias en los pies. Mata al ternero que hemos engordado para que podamos dar un festín y celebrar su regreso. Porque mi hijo estaba muerto, pero está vivo; estaba perdido y ahora ha sido encontrado". Entonces todos empezaron a celebrar.

Mientras tanto, el hijo mayor se encontraba en el campo. Cuando regresaba a casa, escuchó música y vio gente bailando. Le preguntó a un sirviente qué estaba pasando y le dijeron que su hermano había vuelto a casa. Su padre había matado al becerro que tenían engordando, porque su hermano había regresado a casa sano y salvo. El hermano mayor se enojó y se negó a unirse a la celebración. El padre salió y le suplicó que entrara, pero el hijo mayor le dijo: "¡Mira! He sido esclavo para ti todos estos años y nunca te desobedecí. Pero nunca me diste ni siquiera un cabrito para que pudiera celebrar con mis amigos. Pero cuando este hijo tuyo llega a casa después de malgastar tu dinero en prostitutas, ¡matas el ternero cebado por él!"

El padre dijo con compasión: "Hijo mío, tú siempre estás conmigo y todo lo que tengo es tuyo. Pero tenemos que celebrar porque tu hermano estaba muerto y está vivo de nuevo; estaba perdido, pero ahora lo hemos encontrado".[15]

Más parábolas sobre la generosidad inesperada

Jesús en una ocasión, fue invitado a cenar en la casa de un Fariseo destacado que había invitado a muchos de sus colegas religiosos a cenar también. Jesús notó que los hombres trataban de elegir asientos de honor al sentarse en la mesa. Jesús vio que eso estaba sucediendo y contó una parábola.

Un hombre estaba preparando una espléndida cena para muchos invitados. Cuando la cena estuvo lista, envió a su criado a avisar a todos los invitados que vinieran a comer, porque todo estaba listo. Pero todos pusieron excusas para no venir. El primero dijo que acaba de comprar un campo y debía mirarlo. Otro dijo que acababa de comprar cinco bueyes y necesitaba cuidar de ellos. Un tercer hombre dijo que se acababa de casar y que, por eso, no podía venir. El sirviente regresó e informó que no vendría nadie. El anfitrión se enojó

---

[15] El término pródigo significa el gasto libre e imprudente o ser derrochador de recursos. La comprensión habitual de esta historia aplica el término al hijo, que vive en la extravagancia, solo para darse cuenta del error de vivir así y al final, regresar a casa. Con eso dicho, dentro del contexto de las otras enseñanzas de Jesús sobre la preocupación de Dios por los perdidos, una mejor comprensión de la historia es la aplicación del término al amor extravagante que el padre tenía por su hijo perdido, el cual era una vergüenza para la familia. Por lo tanto, "El padre pródigo" es un mejor título en este caso.

y dijo a su criado: "Ve a las calles y callejones de la ciudad, y trae a los pobres, a los lisiados, a los ciegos y a los cojos". El sirviente lo hizo, pero, aun así, quedaba espacio para más invitados. Luego, el anfitrión hizo que el sirviente recorriera la región en busca de más personas, y finalmente logro que su casa se llenara de gente. Ninguno de los que fueron invitados inicialmente probó su cena.

En otra reunión, con otras personas, Jesús contó una parábola sobre cómo Dios sería generoso con aquellos que parece que no lo merecen. El reino venidero sería como un terrateniente que sale temprano en la mañana y contrata trabajadores para su viñedo, pagándoles el salario por cada día de trabajo. Pero unas horas después, el terrateniente vio a otros esperando ser contratados y los contrató, diciéndoles que les pagaría un salario más justo. Hizo lo mismo varias veces más, incluida la contratación de hombres a última hora, al finalizar la tarde.

Cuando llego el momento en que tenía que pagarles a los hombres que estaban trabajando, el capataz del propietario reunió a los trabajadores para pagarles. El propietario empezó con los últimos contratados. Los que llegaban a última hora de la tarde recibían el salario de un día. Aquellos que fueron contratados temprano en la mañana vieron esto y lógicamente por su trabajo, esperaban recibir mucho más que el salario de un día. Pero cada hombre recibió la misma cantidad, solo el salario de un día, independientemente de cuántas horas habían trabajado.

Los que fueron contratados de primero se empezaron a quejar. Le dijeron al dueño: "Los contratados por última vez trabajaron solo una hora, pero les ha pagado igual que a nosotros que fuimos los que hicimos la mayor parte del trabajo".

Pero el propietario dijo que no estaba siendo injusto. Les había pagado la cantidad acordada: el salario de un día. Dijo que deberían aceptarlo y luego les dijo: "¿No tengo derecho a ser generoso con mi propio dinero? ¡Envidias mi generosidad!"

Jesús terminó diciendo al final de su relato: "Los últimos serán los primeros, y los primeros serán los últimos".

El perdón

En cierto momento, Pedro le pregunto a Jesús cada cuanto debería perdonar a otros. La tradición Judía era perdonar a alguien tres veces, y pedro sugirió que el numero correcto sería hasta siete veces, más del doble que le habían enseñado anteriormente. Pero Jesús respondió diciendo que el numero correcto sería 77 veces, y luego conto esta historia.

A un rey le debía mucho dinero uno de sus sirvientes. Cuando el rey llego a recolectar, el hombre no pudo pagarle. En ese momento, el rey ordeno que él, su familia y todas sus posesiones se vendieran para pagar la deuda. Pero el sirviente se puspo de rodillas y pidió piedad, diciendo que pagaría todo de vuelta. El rey se sintió mal por el hombre y cancel la deuda y dejo ir al sirviente y a su familia.

Pero entonces el sirviente fue a un hombre que le debía poco dinero. Cuando el hombre dijo que no podría pagarle, el sirviente lo trato de estrangular y le exigió su dinero. Cuando el hombre le imploro paciencia y dijo que le pagaría, el sirviente lo mando a prisión hasta que pudiese pagar la deuda.

Cuando los otros sirvientes vieron que hiso eso, le dijeron al rey lo que sucedió. El llamo al sirviente y le dijo "cancele tu gran deuda, debiste mostrarle piedad al hombre que te debía tan poco". El rey entonces mando al sirviente que había perdonado a prisión donde fue torturado hasta que pudiese pagar lo que debía.

No había manera de que el sirviente pudiese pagar al rey lo que le debía. Jesús concluyo diciendo que Dios no perdonaba a los que no perdonaban a otros. Al decir que las personas deberían perdonar a otros 77 veces, se refería a que las personas deben perdonar a los que piden perdón.

Parábolas sobre semillas

Durante el tiempo que Jesús viajaba por pueblos y aldeas, iba siempre proclamando las buenas nuevas sobre el reino de Dios. Sus discípulos se encontraban con él cuando contó esta parábola.

Un granjero salió a sembrar sus semillas. Mientras esparcía la semilla, cayeron a lo largo del camino donde fue pisoteada e ingerida por los pájaros. Algunas semillas cayeron en terreno pedregoso y, al brotar, las plantas se marchitaron porque no tenían ningún tipo de humedad. Otras semillas cayeron entre espinas, que crecieron y ahogaron las plantas. Otras semillas cayó en buena tierra, y cuando brotaron, produjeron una gran cosecha, cien veces más de lo que se había sembrado.

Cuando sus discípulos le preguntaron el significado de esta parábola, Jesús se las explicó. (Explicó parábolas inusuales, pero solamente a sus discípulos).

Las semillas son las palabras de Dios. La semilla en el camino son los que oyen, pero se aproxima el diablo y les quita la palabra del corazón, para que no crean más y no puedan salvarse. Las semillas en el suelo rocoso reciben la palabra con alegría cuando la escuchan, pero el problema es que no tienen raíces. Creen por un tiempo, pero cuando las cosas se ponen difíciles, desaparecen y dejan de creer. Las semillas que caen entre las espinas son las que escuchan, pero mientras viven sus vidas, se ahogan con las preocupaciones, las riquezas y los placeres de la vida; no maduran en su fe. Pero las semillas en buena tierra son las de buen corazón, que escuchan la palabra, la retienen y producen una buena cosecha gracias a su perseverancia.

Jesús también expresó otra analogía sobre el reino de Dios. Fue como las semillas esparcidas por el suelo. Con el tiempo, las semillas crecen de alguna manera. Por sí solo, el suelo produce gradualmente granos de los granos originales. Luego, el grano se cosecha cuando ya está maduro.

Además, ofreció otras ilustraciones sobre cómo es el reino de Dios. El reino es como una semilla de mostaza muy pequeña. Cuando se planta, crece y se vuelve tan grande que sus ramas pueden soportar pájaros que se posan en su sombra. El reino también es como una levadura invisible que misteriosamente hace que el pan crezca.

El sermón de la montaña

Jesús muchas veces tenía que hablarle a una multitud a la vez. Una vez subió a una montaña y habló durante mucho tiempo con miles de personas que lo escuchaban. Parte de lo que predicó fue difícil de entender y diferente de lo que se le había enseñado a la gente en otras ocasiones.

Bienaventurados los pobres de espíritu, porque de ellos es también el reino de los cielos.

Bienaventurados los que lloran, porque ellos si serán consolados.

Bienaventurados los mansos, porque ellos son los que heredarán la tierra.

Bienaventurados los que tienen hambre y sed de justicia, porque ellos serán saciados.

Bienaventurados los misericordiosos, porque se les mostrará misericordia.

Bienaventurados los limpios de corazón, porque ellos podrán ver a Dios.

Bienaventurados los pacificadores, porque serán llamados hijos de Dios.

Bienaventurados los perseguidos por causa de la justicia, porque de ellos es el reino de los cielos.

Bienaventurado eres cuando la gente te insulta y te persigue y dice toda clase de cosas falsas y malvadas contra ti por mi causa. Alégrate y regocíjate, porque tu recompensa será grande en el cielo, porque también persiguieron a los profetas que estaban aquí antes de ti.

Tú eres la sal de la tierra. Pero si la sal pierde su sabor, no puede volver a ser salada y se debe de desechar. Eres la luz del mundo. Una ciudad construida sobre una colina no puede permanecer escondida. La gente no enciende una lámpara y la esconde, la pone en su soporte donde pueda darles luz a todos. Deja que tu luz brille ante los demás para que vean todas tus buenas obras y glorifiquen a Dios.

No he venido con intención de abolir la Ley ni a los Profetas, he venido por el contrario a cumplirlos. Fue escrito hace mucho tiempo: "No matarás, y cualquiera que mate va a ser juzgado". Pero les digo que cualquiera que esté enojado con un hermano o hermana o que le diga "tonto" a alguien estará sujeto a juicio y en peligro de ir directamente al fuego del infierno. Por eso, si estás ofreciendo una ofrenda en el altar y recuerdas que tu hermano o hermana tiene algo en tu contra, deja tu ofrenda en el altar y ve y reconcíliate con ellos. Entonces después, ven a dar tu regalo.

Hace mucho tiempo fue escrito lo siguiente: "No cometerás adulterio". Pero yo les digo que cualquiera que mira a otra persona con codicia, ya es culpable adulterio en su corazón. Si tu ojo derecho te hace tropezar, entonces córtalo. Es mejor para ustedes perder una parte de su cuerpo, que al final ir al infierno.

Has escuchado el dicho que dice que: "Ojo por ojo y diente por diente". Pues yo te digo, no te resistas a una persona malvada. Si alguien te da una bofetada en la mejilla derecha, ponle la otra mejilla. Si alguien quiere demandarte y quitarte la camisa, dale tu abrigo también. Si alguien te obliga a ir un kilómetro, entonces ve dos kilómetros. Dale a quienes te piden y no le des la espalda a quienes quieren pedirte.

Has escuchado decir la frase: "Ama a tu prójimo y odia a tu enemigo". Pues yo te digo, ama a tus enemigos y ora por aquellos que te persiguen. Si amas a quienes te aman, eso no dice nada, ¡incluso los recaudadores de impuestos hacen eso! Si solo saludas a las personas que son como tú, estás haciendo lo que hacen los demás, nada diferente.

No practiques tu religión solo para que los demás vean que lo está haciendo. Cuando des a los necesitados, no lo anuncies con trompetas como lo hacen las personas religiosas en las sinagogas y en las calles para que otros los comiencen a elogiar. Cuando des, no dejes que tu mano izquierda sepa lo que hace tu mano derecha; da siempre en secreto. Entonces Dios, que, si ve lo que se hace en secreto, te va a recompensar.

No acumules riquezas para ti mismo, estas pueden ser destruidas o robadas. En su lugar, almacena tesoros en el cielo; estos no pueden ser destruidos ni robados jamás. Porque donde esté tu tesoro, allí estará también siempre tu corazón.

No se preocupe por su vida o su cuerpo y lo que va a usar. Mire las aves del cielo: no siembran ni cosechan ni almacenan en graneros, pero Dios les proporciona alimentos. Eres mucho más valioso que todos esos pájaros. Preocuparse no puede prolongar su vida ni una sola hora. En cambio, busque primero el reino y la justicia de Dios, luego todo se le dará también. No se preocupe por el mañana, hay muchos problemas que manejar cada día de tu vida.

No juzgues, porque serás juzgado de la misma forma que juzgas a los demás. ¿Por qué miras la mota de polvo en el ojo de tu hermano y no le prestas atención al tronco de tu propio ojo? ¡No seas hipócrita! Primero sácate el tronco de tu propio ojo, y luego verás con suficiente claridad como para quitar la mota de polvo del ojo de tu hermano.

Haz a los demás lo que te gustaría que te hicieran a ti; esto resume la Ley y resume el pensar de los Profetas. Esto es difícil de hacer. La puerta y el camino que conducen a la destrucción son anchos, pero la puerta y el camino que conducen a la vida son bastante estrechos. Tome el camino angosto y pase por la puerta angosta. Pocas personas toman ese camino; la mayoría sigue a líderes falsos que parecen pacíficos, pero por dentro en realidad son unos lobos. Los conocerás por su fruto. ¿La gente recoge uvas o higos de plantas con espinas? Todo buen árbol da buenos frutos, pero un árbol malo solamente dará frutos malos. Todo árbol que no da buenos frutos se corta y es echado al fuego. Por esa razón, no todo el que me llama "Señor" entrará en el reino de los cielos, sino sólo los que hagan la voluntad de mi Dios en el cielo. Muchos me dirán ese día: "Señor, ¿no enseñamos en tu nombre y expulsamos demonios y realizamos muchos milagros?" Les diré: "Nunca los conocí. ¡Aléjense de mí, malhechores!"

Todo aquel que escucha mis palabras y las ponen en práctica son parecidos a los sabios que construyeron su casa encima de una roca. Llegaron las lluvias, subieron los arroyos y los vientos soplaron y comenzaron a golpear la casa. Pero no se cayó porque su base estaba sobre la roca sólida. Pero los que escuchan mis palabras y no las ponen en práctica son como tontos que construyeron su casa encima de la arena. Llegaron las lluvias, los arroyos se elevaron y los vientos soplaron y golpearon contra esa casa, y la casa fue lavada y destruida.

Oración

Jesús enseñó a la gente como se debía hablar con Dios. Aquellos que oran no deben usar un lenguaje elegante para impresionar a los que los están mirando y escuchando, y tampoco deben de decir oraciones como los paganos que balbucean continuamente, repitiendo las mismas varias veces. Por el contrario, las personas deben orar en privado y ser honestas, contarle a Dios sus pensamientos y sentimientos más profundos. Dios sabe lo que la gente necesita, incluso mucho antes de que ellos se lo pidan.

Jesús enseñó una oración de muestra que contenía algunos elementos básicos. Estos incluyeron (1) un reconocimiento de que Dios es un santo, (2) un deseo de que el reino de Dios influya en este mundo para que se asemeje más al cielo, (3) un deseo de que se haga la voluntad de Dios aquí en la tierra, (4) pidiendo la provisión de las necesidades básicas necesarias para que se pueda sobrevivir, (5) pidiendo perdón por nuestros pecados y pidiendo ayuda para poder perdonar a los otros, y (6) buscando protección y liberación de las fuerzas del mal en todo el mundo. Es por eso que las oraciones pueden centrarse en la alabanza, la acción de gracias y en las peticiones. Jesús dijo que a Dios le encanta cuando la gente empieza a orar y quiere que todos dependan de Dios para poder satisfacer sus necesidades.

> Pide y te será dado; Busca y encontraras; llama y la puerta se te abrirá. Porque todo el que pide, recibe, el que busca, encuentra, y al que llama a la puerta, se le abrirá. ¿Quién de ustedes, si sus hijos le piden pan, les dará una piedra? O si te piden un pescado, ¿les das una serpiente? Si los que son malos saben dar buenos regalos a sus hijos, ¿cuánto más tu Dios en el cielo dará buenos regalos a los que pidan?!

Jesús en algunas ocasiones se retiraba solo a lugares tranquilos y privados para eliminar distracciones y así hacerle consultas a Dios. No hubo un momento o lugar específico en el que oró; parecía que eso sucedía todo el tiempo. Su conciencia de Dios era constante y continua, y escuchar a Dios a través del silencio, era parte de su proceso.

Dios se revela en Jesús

Cuando Jesús estaba enseñando en la sinagoga de Capernaum, oró: "Te alabo, Señor del cielo y de la tierra, porque has ocultado estas cosas a los sabios y educados, pero se las has revelado a los niños pequeños. Esto es lo que querías hacer". Luego habló a la gente, refiriéndose a Dios como su Padre.

> Todas las cosas me las ha encomendado mi padre. Nadie conoce al Hijo sino el Padre, y nadie conoce al Padre excepto el Hijo y aquellos a quienes el Hijo decide revelarlo. Venid a mí todos los que estáis cansados y agobiados, y yo os haré descansar. Si tienes sed, ven a mí y bebe. Ponte mi yugo y déjame guiarte. Soy manso y humilde de corazón, y en mí, encontrarán descanso para sus almas. Mi yugo es suave, mi carga es liviana. Si me conoces, conoces a Dios. Si me conoces, sabrás la verdad y la verdad te va a hacer libre.

Los discípulos le preguntaron a Jesús qué se debe hacer para llevar a cabo las obras que Dios necesita. Jesús respondió: "El trabajo que Dios requiere es que los demás le crean a quien él ha enviado".

Entonces le preguntaron: "¿Qué señal darás para que lo veamos y te creamos? Nuestros antepasados comieron el maná en el desierto; está escrito: 'Dios les dio a comer pan del cielo.'"

Jesús respondió con este comentario, explicando sobre el pan.

> No fue Moisés quien les entregó el pan del cielo. Es Dios quien te da el verdadero pan del cielo. Yo soy el pan de vida. Los que vienen a mí no pasarán hambre, y los que creen en mí no tendrán sed jamás. Todos los que Dios me da vendrán a mí, y tampoco ahuyentaré a nadie que venga a mí. No he venido del cielo para hacer mi voluntad, sino para hacer la voluntad del Dios quien fue el que me envió. Esta es la voluntad del Dios que me envió, que no perderé a nadie que me fue dado, sino que resucitaré por cada uno en el último día. Este pan es mi cuerpo que daré por la vida del mundo.

Algunos Judíos comenzaron a quejarse cuando Jesús dijo que había venido directo del cielo. Lo conocieron como hijo de José y María;

¿cómo podía decir que venía del cielo? Los Judíos también comenzaron a discutir entre ellos y se preguntaron cómo Jesús podría darles de su cuerpo para comer.

Jesús los interrumpió y dijo: "A menos que coman la carne del Hijo del Hombre y beban su sangre, no tienen vida en ustedes. Los que comen mi carne y beben mi sangre tendrán vida eterna, y seré yo quien los resucitaré en el último día. Mi carne es verdadera comida y mi sangre es verdadera bebida. Nuestros antepasados comieron el maná y murieron, pero los que comen de este pan vivirán para por siempre".

Después de escuchar esto, muchos de los que seguían a Jesús ya no quisieron seguirlo escuchando y decidieron marcharse. Jesús preguntó a sus 12 discípulos si también querían dejarlo. Simón Pedro respondió: "Señor, ¿a quién más debemos seguir? Tú tienes las palabras de la vida eterna. Ahora entendemos y sabemos que, en verdad, eres el Santo de Dios".

Los costos del discipulado

Grandes multitudes continuaban viajando al lado de Jesús, y él quería que pensaran detenidamente sobre lo que significaba realmente seguirlo. Él les dijo: "Si alguien viene a mí, pero ama más a su familia o su propia vida, no puede ser mi discípulo. Quien no cargue con su cruz y me siga, no puede ser mi discípulo". Luego comenzó a hacer varias analogías.

Supongamos que quieres construir una torre. ¿No se sentará primero y calculará el costo para ver si tiene suficiente dinero para completar el trabajo? Porque si pones las bases y no eres capaz de terminarlo, todos los que lo vean se burlarán de ti. O supongamos que un rey está pensando en ir a la guerra. ¿No considerará primero si sus 10.000 hombres pueden derrotar a los 20.000 hombres de otro rey? Si no, lo mejor es que envíe una delegación y ofrezca condiciones para que haya paz. Del mismo modo, los que no lo abandonan todo no pueden ser mis discípulos.

Yo los envío como ovejas entre lobos, así que estén atentos. Debes ser tan astuto como serpientes, pero a la vez debes ser inocente como una paloma. Serás entregado a los ayuntamientos y también serás azotado en las sinagogas. Serás llevado ante gobernadores, reyes y Gentiles para ser mis testigos. Pero cuando te arresten, no te preocupes por qué decir o cómo decirlo, el Espíritu de Dios hablará a través de ti. Todos te odiarán por mi culpa, y cuando te persigan, deberás huir a otro lugar. No tengas miedo de los que matan el cuerpo, pues ellos no pueden matar el alma. Pero ten cuidado con los malvados que quieren destruir tu alma y tu cuerpo y llevarte con ellos directo al infierno. A los que hablen por mí ante los demás, también los reconoceré ante Dios en el cielo. Pero a los que me repudien ante los demás, yo los repudiaré ante Dios en el cielo. Quien encuentre su vida, la perderá, y quien pierda su vida por mí, la encontrará.

Preparándose para el juicio

Jesús contó varias parábolas sobre estar listo y preparado para el regreso de Dios y para el juicio de los humanos.

Parábola de las diez vírgenes

Primero habló sobre 10 vírgenes que estaban esperando para encontrarse con su novio en un momento desconocido. Cinco fueron tontas: tenían lámparas para iluminar la noche, pero no tenían aceite para rellenar esas mismas lámparas. Las otras cinco fueron un poco más prudentes: tenían lámparas y tenían aceite para rellenarlas. Después de esperar mucho tiempo por un novio, todas se durmieron.

Entonces, un grito de medianoche anunció de repente que el novio había llegado y estaba listo para recibirlas. Las mujeres tontas no podían encender sus lámparas y pidieron prestado aceite a las demás. Pero las mujeres sabias no compartirían su aceite; si lo hicieran, no habría suficiente aceite para que todos pudieran encender todas las lámparas. Estas mujeres les dijeron a las demás que fueran a comprar aceite para ellas mismas.

Mientras las mujeres insensatas estaban comprando aceite, vino el novio y se llevó a las mujeres sabias al banquete de bodas. Luego se cerró la puerta. Cuando las mujeres insensatas llegaron más tarde con su aceite, dijeron: "¡Señor, ¡Señor, ábrenos la puerta!"

Pero el novio dijo: "No te conozco". Jesús concluyó esta parábola diciendo que la gente debe estar preparada, porque en realidad se desconoce el momento en que el juicio ocurrirá.

Parábola de los regalos de oro

Jesús también contó una historia sobre cómo se pueden utilizar de forma inteligente los recursos que las personas tienen mientras viven. Describió a tres sirvientes a los que se les dio varias cantidades de oro para usar mientras el propietario estaba ausente en un largo viaje. El propietario le dio oro a cada uno de ellos, de acuerdo a su capacidad para usarlo sabiamente. Un sirviente recibió cinco bolsas, otro sirviente recibió dos bolsas y el tercero recibió solo una.

El sirviente que recibió la mayor cantidad, cinco bolsas de oro, lo usó sabiamente y ganó cinco bolsas más de oro. El sirviente que recibió dos bolsas también usó el oro sabiamente y duplicó la cantidad de oro que había llevado al inicio. Pero el sirviente al que se le había dado una bolsa cavó un hoyo en el suelo y entonces, escondió el oro.

Luego de un tiempo, el dueño regresó y pidió el oro. Los sirvientes a los que se les habían dado cinco y dos bolsas le entregaron al dueño el doble de la cantidad que les dieron. El dueño le dijo a cada uno de ellos: "¡Bien hecho, buen siervo y fiel! Has sido fiel en algunas cosas; Te pondré a cargo de varias cosas que necesito ¡Ven y comparte mi felicidad!"

Entonces llegó el sirviente que había recibido solo una bolsa de oro y le dijo al dueño: "Sabía que eres una persona dura, que cosechas donde no has sembrado y recoges donde no has esparcido. Te tenía miedo y por eso escondí tu oro en la tierra". Este sirviente luego le devolvió al dueño la única bolsa de oro que había desenterrado del suelo.

El dueño le dijo a este último sirviente: "¡Eres malvado y holgazán! Si supieras cómo soy, ¿por qué no depositaste mi dinero en el banco? Entonces, al menos habría recibido el oro más los intereses". El dueño entonces le dio la única bolsa de oro al sirviente que tenía 10 bolsas y dijo: "A los que usan lo que tienen se les dará más y lo tendrán en abundancia, pero los que no usan lo que tienen perderán todo lo que tienen". Entonces el dueño hizo arrojar al último sirviente a la oscuridad donde solo habría "llanto y crujir de dientes".

Parábola de las ovejas y las cabras

Jesús usó esta parábola para describir quién iría al cielo y quién iría al lugar donde estaban los muertos. Dijo que el Hijo del Hombre se sentará en un trono, y cuando cada persona esté de pie ante él, los separará como un pastor separa las ovejas a la derecha y a las cabras a la izquierda.

El rey le dirá a los de su derecha: "Venid y tomad lo que ahora os pertenece, un reino preparado para vosotros desde la creación del mundo. Porque yo tenía hambre y me diste de comer, tenía sed y me diste de beber, era forastero y me acogiste, necesitaba ropa y me vestiste, estaba enfermo y me cuidabas, estaba en la cárcel y me visitaste".

Pero los justos le responderán: "Señor, ¿cuándo te vimos hambriento y te alimentamos o sediento y te dimos de beber? ¿Cuándo te vimos forastero y te invitamos a entrar o necesitas ropa y te vestimos? ¿Cuándo te vimos enfermo o en la cárcel y te visitamos?"

El rey responderá: "Cuando hiciste estas cosas con mis hermanos y hermanas, me lo hiciste a mí".

Entonces el rey les dirá a los que están a su izquierda: "Malditos sois y entraréis en el fuego eterno preparado para el diablo y para sus ángeles. Porque tuve hambre y no me diste nada de comer, tuve sed y no me diste de beber nada, era un extraño y no me invitaste a entrar a tu hogar, necesitaba ropa y no me vestiste, estaba enfermo y en la cárcel, y no me cuidaste".

Dirán maravillados: "Señor, ¿cuándo te vimos hambriento o sediento o forastero o necesitado de ropa o enfermo o en la cárcel y no te ayudamos?"

El rey responderá: "Lo que sea que no hiciste por uno de los más pequeños, no lo hiciste por mí". Entonces irán al castigo eterno, pero los justos vivirán para siempre en el cielo.

Condena de líderes religiosos

Jesús muchas veces les habló de forma dura y fuerte a los líderes religiosos porque estaban llevando a la gente por el mal camino, no modelaban un buen comportamiento y tenían motivos diversos. Para aquellos que confiaban en su propia justicia y despreciaban a todos los demás, Jesús les contó esta parábola:

> Dos hombres fueron al templo a orar, uno era Fariseo y el otro era recaudador de impuestos. El Fariseo se paró solo y oró en voz alta diciendo: "Dios, te doy gracias porque no soy como otras personas: ladrones, malhechores, adúlteros,

ni siquiera como este recaudador de impuestos. Yo ayuno dos veces por semana y doy una décima parte de todo lo que obtengo".

Pero el recaudador de impuestos se mantuvo a distancia y ni siquiera miró al cielo. Se golpeó el pecho y dijo: "Dios, ten piedad de mí, que soy un pecador". Les digo que este hombre, en lugar del Fariseo, se fue a casa justificado ante Dios. Porque todos los que se exaltan a sí mismos serán humillados, y los que son capaces de humillarse van a ser exaltados.

En otra reunión en la que estuvieron presentes líderes religiosos, Jesús fue particularmente agudo en su crítica hacia los Fariseos y también hacia los escribas.

¡Ay de vosotros, Fariseos! Le das a Dios una décima parte de tu menta, ruda y todos los demás tipos de hierbas del jardín, pero te descuidas a la hora de hacer justicia, amar la misericordia y caminar humildemente al lado de tu Dios. Deberías haber practicado este último sin dejar el primero sin hacer.

¡Ay de vosotros, Fariseos! Que les encantan los asientos más importantes de las sinagogas y los saludos respetuosos que recibes en los mercados. Te encanta cómo te ves cuando vistes tus elegantes túnicas y dices tus largas oraciones.

¡Ay de ustedes, escribas! Cargan a la gente con cargas que difícilmente pueden llevar, y ustedes mismos no son capaces de mover un dedo para ayudarlos.

¡Ay de todos vosotros por vuestra hipocresía! Construyes tumbas para los profetas, y fueron tus antepasados quienes los asesinaron. Testificas que apruebas lo que hicieron tus antepasados, pero lo que hicieron fue matar profetas. Por eso, Dios les envió profetas y apóstoles, algunos de los cuales mataron y algunos otros fueron perseguidos. Esta generación será responsable de la sangre de todos los profetas que ha sido derramada desde el principio del mundo mismo. Ustedes son tumbas encaladas que se ven bien por fuera, pero por dentro están muertos e inmundos.

Jesús también contó otra parábola sobre un terrateniente que plantó una viña. El propietario puso un muro alrededor de la viña, cavó un lagar en él y también construyó una torre de vigilancia. Luego alquiló el viñedo a algunos agricultores y se mudó. Cuando se acercó la época de la cosecha, envió a sus sirvientes y a los labradores para que recogieran su fruto.

Los inquilinos agarraron a sus sirvientes, golpearon a uno y mataron a los otros dos. El propietario envió más sirvientes a recoger la fruta y los arrendatarios los trataron de la misma manera. Por último, el propietario le envió a su hijo, pensando que los inquilinos seguramente lo iban a respetar. Pero cuando los labradores vieron al hijo, se dijeron unos a otros: "Este es el heredero. Matémoslo y tomemos su herencia". Así que también mataron a su hijo.

Jesús preguntó: "Cuando venga el dueño de la viña, ¿qué les hará a esos labradores?"

Los Fariseos decían: "Él llevará a esos desgraciados a un fin miserable, y alquilará la viña a otro grupo de labradores".

Jesús les dijo: "Habéis leído en las Escrituras: 'La piedra que desecharon los constructores se ha convertido en la piedra angular'. Por tanto, el reino de Dios les será quitado y se les dará a las personas que den fruto". Los líderes religiosos comprendieron que se estaba refiriendo a ellos.

Así que Jesús les contó a los líderes religiosos una última parábola con un mensaje relacionado a lo mismo. En esta historia, un padre tenía dos hijos y les pidió a ambos que trabajaran en el viñedo familiar. El primer hijo dijo que no iría, pero luego cambió de opinión y al final si fue. El segundo hijo dijo que iría, al final no fue. Jesús preguntó a los líderes religiosos qué hijo hizo lo que el padre quería, y todos estuvieron de acuerdo en que era el primer hijo. Al escuchar su respuesta, Jesús les dijo: "En verdad, los recaudadores de impuestos y las prostitutas entrarán en el reino de Dios antes que ustedes. Juan vino y les mostró el camino de la justicia. No respondiste, pero sí lo hicieron los recaudadores de impuestos y las prostitutas". Las acciones, no las palabras agradables, son las que revelan las verdaderas creencias e intenciones de cada uno.

Después de escuchar estas reprensiones y recordar todas las otras cosas que Jesús les había dicho anteriormente, los Fariseos y los escribas decidieron dejar de discutir. Intentaron encontrar la forma de arrestarlo, pero tenían miedo de la multitud porque la gente realmente creía que Jesús era un profeta. Vigilaron de cerca a Jesús y enviaron espías que fingían ser sinceros con él para atraparlo y encontrar algo que dijera y así tener excusa para entregarlo al gobernador. Estos espías lo interrogaron: "Maestro, sabemos que tu hablas y enseñas lo que es correcto, y que no muestras parcialidad, sino que enseña el camino de Dios. ¿Está bien pagar impuestos al César o no?"

Jesús vio a través de su duplicidad y les preguntó: "Muéstrame un denario. ¿De quién es la imagen y la inscripción?"

"De César", respondieron todos.

Jesús les dijo: "Dad al César lo que es del César, y dad a Dios lo que es de Dios". Asombrados por su respuesta, callaron y no pudieron atraparlo en nada de lo que había dicho en público.

Nombres de Jesús

Durante todo ese tiempo, se le hizo referencia a Jesús de muchas formas diferentes. Durante muchos siglos, las personas fueron identificadas por su familia, por lo que muchos lo conocía como Jesús, hijo de José y María. En el Antiguo Testamento, se hacía referencia al Mesías con una gran cantidad de nombres, y durante y después de su ministerio, la gente se refería a Jesús usando otros nombres. Estos son algunos de los nombres utilizados para referirse a Jesús y al Mesías:

Alfa y Omega	León de la Tribu de Judá	Raíz de David
Buen Pastor	Líder de la iglesia	Raíz de Jesse
Consejero maravilloso	Luz del mundo	Redentor
Cordero de Dios,	Maestro, Rabino	Resurrección y vida
Cordero	Mesías/Cristo	Rey de Reyes
Defensor	Novio	Roca
Dios, Señor	Nuestra Esperanza	Salvador
El camino	Padre eterno	Santo siervo
Emmanuel	Pan de vida	Señor de todo, señor de señores
Gran Sumo Sacerdote	Paz	Señor resucitado
Hijo del Altísimo	Piedra angular principal	Todopoderoso
Hijo del hombre, el hijo	Poderoso de Jacob	Verdadera vid
Juez	Poderoso Dios	Victorioso
La palabra	Príncipe de paz, príncipe	Yo soy
La Puerta	Profeta	
La verdad		

Capítulo 18
Arresto, Juicio Y Ejecución
Líderes religiosos eliminan con éxito a Jesús

Cuando transcurría el tercer año del ministerio de Jesús, empezó a hablar con más frecuencia sobre ser un servidor y sobre su propia muerte la cual era inminente. Hasta ese momento, había sido cauteloso cuando hablaba del papel que cumpliría en el mundo. De vez en cuando hablaba en tercera persona al referirse a sí mismo como el Hijo del Hombre o como "él" en lugar de "yo" y usaba analogías y metáforas cuando hablaba acerca de él mismo. Un ejemplo de esto es que había dicho: "Yo soy el pan de vida y los que vienen a mí no pasarán hambre. Yo soy la resurrección y la vida y los que creen en mí vivirán, aun al morir".

Él se encontraba agradecido que lo llamaran "maestro" y "profeta", pero dejó callados a los demonios cuando le empezaron a llamar el Mesías. Hizo milagros en público que cumplieron las predicciones de que él era el Mesías, el Rey-Siervo al que se referían a menudo los profetas. Pero, a pesar de eso, les dijo a los demás que no hablaran de los milagros que hizo por ellos que indicarían que él era el Mesías, y a veces evitaba tomar medidas porque "para él, no era el momento adecuado".

Varios grupos de Judíos se estaban comenzando a sentir impacientes. Querían saber si en realidad Jesús era el Mesías o no. Se refirió a Dios como su Padre en los cielos y habló sobre el reino de Dios que ya había venido. Algunos estaban asombrados del poder que tenía, pero las cosas que decía eran tan radicalmente y eso hacía que algunos quisieran apedrearlo; era una blasfemia decir que era Dios. Para los líderes religiosos, Jesús estaba alejando a los Judíos de lo que era la verdad, y el simbolismo que usó confundió a sus discípulos.

Jesús también se refirió de forma velada a su propia muerte y cómo esto lo conduciría a la vida eterna arriba en el cielo. Por ejemplo, se llamó a sí mismo como "el buen pastor".

Yo soy el buen pastor y la puerta de todas aquellas ovejas que conocen, pero, además, escuchan su voz. Conoce el nombre de cada uno y los llama. Se adelanta a ellos y a su vez, ellos lo van siguiendo. Yo soy la puerta, y los que entren por mí, serán salvados. Encontrarán pastos. ¡He venido para que tengan una vida plena y abundante! El buen pastor da su vida por la de todas sus ovejas. Tengo otras ovejas que no son de este redil, pero debo traerlas y ellas también van a escuchar mi voz. Entonces habrá un rebaño y un pastor. Mi Padre me ama porque doy mi vida, solo para luego retomarla. Nadie me la quita, yo soy el que decide dejarla.

Luego de que Jesús resucitara a Lázaro de entre los muertos, algunos Judíos que estaban allí les contaron a los Fariseos lo que Jesús había sido capaz de hacer. Los principales sacerdotes y Fariseos convocaron una reunión del Sanedrín y empezaron a debatir sobre qué es lo que se debería de hacer con toda esta situación. "Este hombre está haciendo muchas señales, y si lo dejamos continuar, todos comenzarán a creer en él. Entonces los Romanos nos quitarán nuestro templo, así como nuestra nación". Caifás, quien ere el sumo sacerdote de ese año, dijo: "Es mejor que un hombre muera por el pueblo que dejar morir a la nación completa". Entonces, a partir de ese día, planearon que iban a arrestarlo y después iban a matarlo.

Jesús entra en Jerusalén

El tiempo de Jesús al final estaba aquí. Caminó desde Betania hacia Jerusalén con sus discípulos y otros seguidores para pasar allí y celebrar la fiesta de la Pascua. Antes de entrar en la ciudad, envió a dos discípulos a una aldea cercana para que recuperaran un burro y su pollino. Esto cumplió lo que el profeta Zacarías había escrito sobre el Mesías: "Tu rey viene a ti, manso y montado en un pollino, el cual es el potro de un asno".

Los discípulos le llevaron el burro y el pollino y le pusieron varios mantos para que él pudiera sentarse allí. Una gran multitud se reunió y extendieron sus mantos en el camino cuando Jesús iba entrando a Jerusalén, por su lado, otros cortaron ramas de los árboles y las extendieron por todo el camino. Las multitudes que iban delante y detrás de él gritaban: "¡Hosanna al Hijo de David! ¡Bendito el que viene en nombre del Señor! ¡Hosanna en el cielo en lo más alto!"

Toda la ciudad se sintió conmovida y la gente se preguntaba quién era el que estaba causando tanta conmoción. La gente decía que era Jesús, el profeta de Nazaret. Entonces, él volvió al templo y expulsó a todos los que estaban comprando y vendiendo en ese lugar.

La última comida con los discípulos

La noche del jueves, antes de la fiesta de la Pascua de primavera que estaba a punto de empezar el sábado, Jesús supo que había llegado el momento de dejar este mundo y regresar al cielo justo al lado de su Dios. Jesús reunió a los 12 discípulos en el aposento alto de la casa de un amigo para que todos juntos participaran de una cena.

Cuando estaban en el momento de la comida, Jesús se levantó y se quitó la ropa que llevaba puesta. Envolvió una toalla alrededor de su cintura y vertió agua en una palangana. En ese momento, empezó a lavar los pies de sus discípulos y después, a secarlos con la toalla. Simón Pedro se preguntó en voz alta por qué Jesús iba a lavarle los pies. Jesús respondió: "No te das cuenta de lo que estoy haciendo ahora, pero sabrás porque lo estoy haciendo, más tarde". Pedro dijo que Jesús nunca debería lavarse los pies, pero Jesús dijo: "A menos que yo te lave, no tienes parte conmigo". Después de escuchar esto, Pedro le pidió a Jesús que no solo le lavara los pies, sino también las manos y la cabeza.

Cuando Jesús termino de lavar y secar todos sus pies, regresó a su lugar a la mesa. Después él les preguntó: "¿Han comprendido lo que he hecho por ustedes? Me llaman 'Maestro' y 'Señor', lo cual es correcto. Pero te he lavado los pies para darles el ejemplo, para que ustedes hagan lo mismo por alguien más, igual que yo he hecho por ustedes".

Aún estaban comiendo cuando Jesús repartió una barra de pan para que cada uno de los presentes, pudiera comer un trozo. Después de decir una bendición, tomó el pan y dijo: "Este es mi cuerpo, entregado por ustedes. Cómanlo y recuérdenme". Todos comieron el pan juntos. Luego pasó una copa de vino y dijo: "Todos beban de esta copa. Mi sangre es el nuevo pacto que se derrama por muchos para el perdón de todos sus pecados". (Esta "comida" fue conocida después como la última cena del señor).

En el transcurso de la comida, los discípulos comenzaron a discutir entre ellos acerca de quién estaría en las distintas posiciones de poder bajo Jesús cuando él al final, llegara a ser el Rey. Santiago y Juan, los pescadores que eran hermanos, pensaron que ellos eran la mejor opción y le pidieron a Jesús que los dejara sentarse a cada lado de él cuando él estuviera sentado en su trono. Los demás se enojaron cuando escucharon lo que Jaime y Juan habían preguntado.

Jesús los reunió y les dijo a todos: "Ustedes saben que los gobernantes Gentiles son bastante arrogantes y les gusta mostrar su poder por encima de los Judíos. Pero lo cierto es que no deberían de tener esas actitudes. Por el contrario, el que quiera hacerse grande entre ustedes debe ser su servidor, y el que quiera ser el primero debe más bien, ser el esclavo de todos. Porque incluso el Hijo del Hombre no vino a la tierra para ser servido, sino para servir y para dar su vida para poder rescatar a todos los demás".

Jesús predice su traición

En ese momento, Jesús le dijo al grupo que uno de ellos lo iba a traicionar. Sus discípulos se quedaron atónitos y se empezaron a ver entre ellos, pensando quien sería el que lo haría. Juan estaba sentado junto a Jesús y le preguntó en voz baja quién de ellos sería el traidor.

Jesús le dijo en voz baja que era la persona a la que le daría un trozo de pan después de mojarlo en el plato del cual todos estaban comiendo. Justo en ese instante, le dio un pedazo de pan a Judas Iscariote. Tan pronto como Judas tomó el pan, un espíritu maligno entró en él y entonces Jesús le dijo que se fuera a hacer, lo que le había sido encomendado ya desde antes.

Ninguno de los otros discípulos comprendía en realidad que era lo que estaba pasando. Judas estaba a cargo del dinero de los discípulos, por lo que algunos pensaron que iba a comprar algo para la fiesta o que quizás iba a ir a dar limosna a algunas personas pobres que andaban por allí. Pero lo cierto es que Judas había hecho un trato con los Fariseos para que arrestaran a Jesús esa noche cuando las multitudes que lo seguían lo dejaran solo. Ofreció llevarles hasta donde Jesús a cambio de entregarle 30 piezas de plata.

Jesús da un nuevo mandato y predice la negación de Pedro

Luego de que Judas se retira, Jesús les habla a todos los demás: "Estaré con ustedes solo por un tiempo más, el Hijo del Hombre será entregado para después ser crucificado. Y ustedes no pueden venir a donde yo voy. Pero si me aman, guarden siempre mis mandamientos. Y por eso ahora les doy un nuevo mandamiento: que se amen los unos a los otros de la misma manera que yo los he amado a ustedes. Es por ese amor mutuo que se tienen, que la gente sabrá que ustedes son todos mis discípulos. El amor más grande es sacrificar tu vida para salvar la de otros".

Pedro preguntó: "Señor, ¿Pero hacia donde te diriges?"

Jesús respondió: "No puedes seguirme ahora a donde voy, pero te aseguro que vendrás más adelante".

Pedro preguntó: "Señor, ¿por qué no puedo seguirte? Tú sabes que yo daré mi vida por ti".

Jesús respondió: "¿De verdad? ¡Te digo que antes de que cante el gallo, tú vas a ser capaz de negarme tres veces seguidas! Esta noche, todos ustedes me dejarán, justo como el profeta Zacarías predijo cuando escribió: 'Heriré al pastor, y las ovejas del rebaño se van a dispersar'. Pero después de que yo resucite, iré caminando delante de ustedes a Galilea".

Jesús consuela a sus discípulos

Jesús continuó hablando acerca del momento en que iba a partir. "No te preocupes. Voy a prepararles un lugar en la casa de mi Padre. Yo voy a volver y entonces, los llevaré conmigo".

Thomas le dijo que como no sabían a dónde él iba, entonces para ellos sería difícil encontrar el camino, así que Jesús le respondió:

Yo soy el camino, la verdad y la vida. Nadie viene al Padre sino es por mí. Si realmente me conocen, pues también conocen a mi Padre. Cualquiera que me ha visto a mí, ha visto también al Padre. Las palabras que les digo no las digo por mi propia cuenta. Más bien, es el Padre que vive en mí quien está diciéndolas. Aquellos que creen en mí harán lo que yo he estado haciendo y harán cosas aún más grandes que estas, porque yo voy al Padre.

Dios te dará otro abogado, el Espíritu, el cual te ayudará y así estaré contigo para siempre. Al mundo le va a costar entender a este Espíritu invisible, pero el siempre estará en ti. En poco tiempo, el mundo ya no podrá verme, pero no los dejaré huérfanos; vendré a ustedes y ustedes me verán. Porque yo vivo, tú también vivirás. El Espíritu les enseñará todas las cosas y les recordará todo lo que les he dicho.

Yo soy la vid verdadera; ustedes son las ramas de esa vid, y Dios es el jardinero que corta las ramas muertas y poda las ramas vivas para que las mismas, produzcan más frutos. Ninguna rama puede dar fruto por sí sola; la rama debe de permanecer conectada directamente a la vid. No podrás dar fruto a menos que permanezcas en mí; si estas lejos de mí, no serás capaz de hacer nada. Les pido que den muchos frutos para demostrar que todos ustedes son mis discípulos. Yo te he escogido para que produzcas frutos duraderos.

Si el mundo te llega a odiar, recuerda que, antes que nada, me odió a mí. Un siervo no es más grande que su amo, así que, si el mundo me persiguió, debes estar seguro que también te va a perseguir a ti. Pero esto sucederá para cumplir con lo que está escrito en su ley: "Me odiaran sin razón". Os dejo mi paz. En este mundo te encontrarás con muchos problemas, pero no te desanimes, ¡Yo ya estoy aquí, ya he venido al mundo!

Jesús también dijo que Satanás, el príncipe de este mundo, vendría por él, pero al respecto, eso fue todo lo que dijo. Todos salieron del aposento alto y se dirigieron al huerto de Getsemaní, al pie del monte de los Olivos, que queda a las afueras de las murallas de la ciudad.

El huerto de Getsemaní

Cuando llegaron al huerto, Jesús se encontraba allí y parecía estar muy triste. Les dijo a sus discípulos que oraran por él mientras se retiraba al jardín con tres de ellos, Pedro, Santiago y Juan. Les dijo a los tres hombres que se quedaran con él y estuvieran pendientes de cualquier cosa que pudiera surgir durante el camino. Luego se adentró más en el jardín y le empezó a orar a Dios, diciendo: "Si es posible, quítame esto de encima. Pero al final, haz lo que debes, no lo que yo quiero".

El regresó a donde estaban sus tres discípulos varias veces, y cada vez que lo hacía, ellos estaban durmiendo y no estaba mirando. Entonces le dijo a Pedro: "¿No puedes vigilar durante una hora? Observe y ore para no caer en la tentación. El espíritu está dispuesto, pero tú sabes que la carne siempre es débil".

Cada vez que Jesús se retiraba al jardín para estar solo, se ponía a orar: "Padre, si no me pueden quitar esta copa, entonces lo haré". Finalmente, regresó a todos los discípulos y les dijo: "Ha llegado la hora; el Hijo del Hombre ahora será entregado en manos de los pecadores. ¡Levántense! ¡Vamos, que aquí viene el que es mi traidor"!

Judas Iscariote acababa de aparecer rodeado de una gran cantidad de hombres armados con espadas y con garrotes, además venía con los sirvientes de los principales sacerdotes y también de los ancianos del pueblo, anticipándose a que se produciría una pelea con armas. Judas había hecho arreglos con anterioridad, para dar a los hombres una señal y así indicarles a quién iban a capturar: La señal sería, darle un beso a Jesús. Judas se acercó a Jesús y lo besó con el tradicional saludo con el que saludan los rabinos.

Luego, los hombres armados dieron un paso adelante y en ese momento agarraron a Jesús. Pedro se movió rápidamente para defenderlo. Sacó su espada y le cortó la oreja a uno de los siervos del sumo sacerdote.

Jesús le dijo a Pedro: "Guarda tu espada. Aquellos que usan la espada morirán bajo una espada también. Si quisiera, podría llamar a mi Padre y él enviaría cientos de ángeles para rescatarme. Pero para que se cumplan las Escrituras, todo esto tiene que pasar". Y entonces Jesús le sanó el oído al siervo.

Luego, Jesús se volvió hacia los que vinieron a arrestarlo y dijo: "¿Estoy liderando una rebelión como para que tengan que traer espadas y garrotes y de esa forma capturarme? Me senté en los atrios del templo enseñando y no me arrestaron. Pero esto está sucediendo para que los escritos de los profetas, sean en realidad cumplidos". Al ver lo que había sucedido, todos sus discípulos se escabulleron, dejándolo abandonado.

Jesús ante el Sanedrín

Fue a mitad de la noche el momento en que se llevaron a Jesús para que se reuniera con el Sanedrín. Caifás, el sumo sacerdote, estaba allí con todos los maestros de la ley y con todos los ancianos. Todos ellos estaban en busca de pruebas sólidas contra Jesús para de esa forma, justificar su muerte, pero no las podían encontrar. Finalmente, dos miembros dijeron que Jesús afirmó que destruiría el Templo de Dios y que luego lo reconstruiría tres días después.

Caifás le preguntó a Jesús si esto era verdad y de qué forma iba a responder a dicha acusación. Pero Jesús no dijo nada, permaneció en silencio. El sumo sacerdote le dijo: "Por orden del Dios viviente, debes decirnos si eres el Mesías, el Hijo de Dios".

Jesús respondió: "Tú lo has dicho. Pero yo os digo que desde ahora veréis al Hijo del Hombre sentado a la diestra del Poderoso y van a verlo venir directo desde las nubes del cielo".

Cuando Caifás escuchó su respuesta, le rasgó la ropa y dijo: "¡Ha blasfemado! ¡No necesitamos más testigos! Hemos escuchado esta blasfemia. ¿Qué debemos hacer?"

Los demás respondieron: "¡Él debe morir!" Le escupieron en la cara y lo golpearon, dándole puñetazos. Otros lo abofetearon y se burlaron de él, diciendo: "Profetízanos, Mesías. ¿Quién acaba de pegarte?"

Judas estaba con ellos y entonces observó lo que sucedía. Se dio cuenta de que había hecho algo malo y empezó a sentir bastante remordimiento. Le devolvió las 30 piezas de plata al sumo sacerdote y le dijo que había pecado al traicionar a un hombre quien, en realidad, era un inocente. Cuando los del Sanedrín dijeron que no les importaba, arrojó las monedas al templo, abandonó el área y se fue, para después suicidarse.

Los principales sacerdotes recogieron las monedas y mencionaron que era contra la ley depositar el dinero en el tesoro porque ese era dinero que estaba manchado con sangre. Entonces usaron el dinero para comprar un campo como lugar para enterrar a todos aquellos que fueran extranjeros. El profeta Jeremías había predicho esto cuando escribió siglos antes: "Se llevaron las treinta piezas de plata, el precio que le habían fijado algunos del pueblo de Israel, y las usaron para comprar el campo del alfarero".

Mientras todo esto estaba pasando, Pedro había continuado siguiendo a Jesús desde lejos después de que había sido arrestado en el jardín. Pedro entró en el patio del sumo sacerdote y se sentó con los guardias para ver qué era lo que estaba pasando. Una sirvienta se le acercó y le dijo que había estado con Jesús.

Pero Pedro lo negó y le dijo que no tenía idea de que era de lo que estaba hablando. Salió a la entrada del patio, y otra sirvienta lo vio y les dijo a los demás que lo había visto con Jesús. Pero Pedro volvió a negarlo y juró que él no sabía nada relacionado con Jesús.

Un poco más tarde, algunos de los que estaban en el lugar, se le acercaron a Pedro y le dijeron: "Estoy seguro de que eres uno de ellos; tu acento [Galileo] sin duda te delata". Pedro maldijo en voz alta y juró que no conocía al hombre a quien llamaban Jesús. Justo después de haberlo hecho, cantó un gallo. Entonces Pedro recordó que Jesús había dicho que Pedro lo iba a negar tres veces antes de que cantara el gallo, y fue allí cuando decidió retirarse e irse a llorar amargamente.

Jesús se enfrenta a Pilatos

Para el viernes por la mañana, los principales sacerdotes y todos los ancianos del Sanedrín habían concluido con el juicio religioso y habían hecho planes para que los Romanos ejecutaran lo más a Jesús. Lo ataron y lo entregaron al gobernador Poncio Pilato. Pilato le preguntó a Jesús: "¿Eres tú el rey de los Judíos?"

"Tú lo has dicho", respondió Jesús.

Pilato después le preguntó: "¿No escuchas los cargos que están presentando contra ti?" Pero Jesús no respondió a ninguna de las acusaciones que le estaban haciendo, se quedó en silencio como lo había hecho ante el Sanedrín. El gobernador se asombró de que Jesús no se defendiera.

Una costumbre que siempre realizaba el gobernador durante el festival, era liberar a un prisionero el cual era elegido por la multitud. Durante ese tiempo, un conocido revolucionario llamado Barrabás estaba preso porque había matado a alguien durante un levantamiento contra los Romanos. Cuando la multitud ya estaba reunida, Pilato les preguntó: "¿A cuál quieren que dejemos libre: ¿a Barrabás o a Jesús, llamado el Mesías?" (Pilato sabía que querían a Jesús muerto de acuerdo a sus propios intereses). Los principales sacerdotes y los ancianos persuadieron a la multitud para que dejaran libre a Barrabás y para que entonces, ejecutaran a Jesús.

El gobernador preguntó: "¿A cuál de los dos quieren que libere?"

La multitud respondió: "A Barrabás".

Entonces Pilato preguntó: "¿Qué debo hacer con Jesús, el que se llama el Mesías?"

La multitud respondió: "¡Crucifícalo!"

Mientras Pilato escuchaba y hablaba desde su asiento de juez, su esposa le envió un mensaje directo: "Trata de no tener nada que ver con ese hombre inocente. Anoche tuve un sueño perturbador sobre él que todavía me está molestando".

Pilato se preguntó por qué la multitud quería ver a Jesús muerto. Dijo que deberían ocuparse de él, ellos mismos, pero los líderes religiosos dijeron que a ellos no les era permitido ejecutar a ningún hombre. Los líderes Judíos insistieron: "Según nuestra Ley, debe morir porque él dijo de forma directa, que era el Hijo de Dios".

Cuando Pilato escuchó esto, sintió miedo y volvió al interior del palacio para hablar directamente con Jesús. Pilato le dijo a Jesús que tenía el poder de soltarlo o de crucificarlo. Jesús dijo: "No tendrías ningún poder sobre mí a menos que te fuera dado desde allá arriba".

Pilato le preguntó a Jesús por qué su propia gente quería que lo mataran y entonces, Jesús dijo: "Mi reino no es de este mundo. Nací para ser rey y traer la verdad sobre el mundo".

Pilato respondió: "Pero, ¿podrías decirme cuál es la verdad?"

Pilato, al no encontrar ninguna falta en Jesús, sintió deseos de liberarlo, pero los líderes Judíos dijeron que, si dejaba ir a Jesús, Pilato entonces ya no sería amigo del Cesar; y que solo había un rey, y cualquiera que dijera ser rey por ende, se estaba oponiendo directamente a César. Los líderes también dijeron que Jesús estaba pervirtiendo su religión, y que sus enseñanzas estaban agitando a la gente. Además, no lo habrían entregado a Pilato si no estuviera haciendo algo malo.

Cuando Pilato escuchó que Jesús era de Galilea, lo envió a ser interrogado por Herodes, quien en esos momentos se encontraba en Jerusalén. Herodes tenía jurisdicción sobre los asuntos de Galilea y se alegró de conocer finalmente a Jesús, que se había hecho famoso en toda la zona de Palestina. Pero Herodes tampoco fue capaz de encontrar ninguna falta en Jesús y entonces, de nuevo, lo envió de regreso a Pilato.

Cuando Jesús regresó, Pilato se volvió hacia la multitud y preguntó: "¿Por qué quieren que lo crucifiquen? ¿Qué crimen ha cometido en realidad? Herodes y yo no encontramos ninguna falta en él".

Dijo que haría que lo azotaran y lo soltaran, pero la multitud seguía gritando: "Crucifícalo". Todos querían que Jesús en realidad sufriera la pena de muerte.

Pilato les dijo: "Aquí está su rey".

La gente respondió: "No tenemos más rey que el César".

Pilato estaba disgustado y se lavó las manos frente a la multitud, diciendo: "Soy inocente de la sangre de este hombre. ¡Ahora es su responsabilidad!"

La gente respondió: "Su sangre está sobre nosotros y sobre la de todos nuestros hijos!"

Tortura y ejecución

El viernes por la mañana, ya pasada la tarde, Pilato liberó a Barrabás y entregó a Jesús a los soldados Romanos para que, de esta forma, fuera torturado y después ejecutado. Los soldados llevaron a Jesús al Pretorio y reunieron al resto de los soldados a su alrededor. Lo desnudaron, le pusieron una túnica, le trenzaron una corona de largas espinas y se la pusieron en la cabeza como burla. Se arrodillaron frente a él y se burlaron de él diciendo: "¡Salve, el rey de los Judíos!" Lo escupieron, lo golpearon en la cabeza una y otra vez para que las espinas se hundieran más profundo en su piel. Le quitaron la túnica, le volvieron a poner su propia ropa y se lo llevaron para que lo azotaran brutalmente y luego fue clavado en una cruz.

Jesús se vio obligado a llevar por las calles de la ciudad, la misma cruz donde sería crucificado. La cruz se volvió demasiado pesada para él, por lo que un inmigrante Judío de África la cargó el resto del camino. Los siguió un gran número de personas, incluidas mujeres que lloraban y se lamentaban por él, en voz alta.

En una colina fuera de las murallas de la ciudad llamada Gólgota (cuyo significado es lugar del cráneo), Jesús fue clavado en la cruz. Con él crucificaron a dos hombres más, quienes eran unos simples delincuentes comunes. Enormes clavos fueron atravesados en sus manos y pies, y la cruz fue levantada en alto para que todos fueran capaces de verlas. Sobre su cabeza estaba la acusación escrita en su contra: "JESÚS DE NAZARET, EL REY DE LOS Judíos". La cual aparecía en Arameo, Griego y Latín. Los Judíos querían que la señal dijera que él *decía* que él era el rey de los Judíos, pero Pilato dijo que escribió lo que él quería que dijera.

Mientras estaba colgado en la cruz, le ofrecieron a Jesús algo así como un vino, pero él de inmediato se negó a beberlo. Los soldados Romanos que estaban allí reclamaron su ropa echando suertes. (Esto cumplió otra de las tantas predicciones que se había realizado sobre el Mesías).

Algunos de los que pasaban lo insultaban, lo negaban con la cabeza y además decían: "Dijiste que destruirías el templo y lo construirías en tres días, ¡sálvate tú mismo! ¡Baja de la cruz si eres en realidad el Hijo de Dios, hazlo!" Los principales sacerdotes, los maestros de la ley y los ancianos también subieron al monte y se comenzaron a burlar de él. Le dijeron a la multitud: "Salvó a otros, ¡pero no puede salvarse a sí mismo!

Si es el rey de Israel, que baje ahora de la cruz, y entonces creeremos en él. Confía en Dios. Que Dios lo rescate ahora si lo quiere, porque él dijo que era el hijo de Dios".

Uno de los dos hombres que estaban siendo crucificados junto a él también insultó a Jesús, diciendo: "¿No eres tú acaso el Mesías? ¡Sálvate a ti mismo y también sálvanos a nosotros!"

Pero entonces el otro criminal dijo: "Ambos estamos recibiendo lo que nos merecemos. Pero este hombre en realidad no ha hecho nada malo". Luego se volvió hacia Jesús y le dijo: "Acuérdate de mí cuando estés en tu reino".

Jesús respondió: "La verdad es que hoy estarás conmigo en el paraíso".

Muchos de sus seguidores observaban todo desde la distancia. Algunos esperaban que ocurriera un milagro. Jesús habló a los pocos que estaban al pie de la cruz: su madre María, su tía, María Magdalena y Juan. Mientras estaba allí colgado, Jesús le dijo a Juan que por favor cuidara a su madre. También le dijo a Dios: "Perdónalos, porque en realidad no saben lo que hacen".

La muerte y el entierro de Jesús

Era casi el medio día, cuando se colocaron las tres cruces directo en el suelo. Los cielos se oscurecieron durante las siguientes tres horas. A las tres de la tarde, Jesús gritó en voz alta: "Dios mío, Dios mío, ¿por qué me has abandonado?" Poco después de eso, dijo: "Se acabó, Dios, te entrego mi espíritu".

En ese momento, la tierra comenzó a temblar, los cielos se agitaron y la gruesa cortina del Templo se partió en dos de arriba a abajo. Un guardia que estaba mirando a Jesús estaba aterrorizado y exclamó: "¡Parece que en realidad él si era el Hijo de Dios!" Los que estaban mirando lloraron al ver lo que estaba sucediendo y de inmediato, abandonaron la escena sintiéndose angustiados.

Era viernes y ya se estaba haciendo tarde y los líderes Judíos no querían que se dejaran los cuerpos colgados en una cruz durante todo el día sábado. Entonces le solicitaron a Pilato que les rompiera las piernas (esto hacia que se acelerara la muerte por asfixia) y luego le solicitaron que bajaran los cuerpos. Los soldados rompieron las piernas de los dos hombres que fueron crucificados con Jesús, pero cuando llegaron a Jesús y vieron que estaba muerto, decidieron no romperlas. En cambio, uno de los soldados atravesó el costado de Jesús con una lanza, provocando un repentino flujo de sangre y agua (esto aseguraba que, en verdad, ya había fallecido). Estas cosas cumplieron dos predicciones sobre el Mesías: "Ninguno de sus huesos se iba a romper" y "que iban a ver al que lo traspaso".

Al acercarse la noche, uno de los seguidores de Jesús, un hombre adinerado de Arimatea llamado José, obtuvo permiso de Pilato para poder llevarse el cuerpo de Jesús. Nicodemo, el hombre que había visitado a Jesús por la noche, fue con José a enterrar el cuerpo en una tumba nueva que había sido excavada en una pared de roca localizada en un punto específico en un jardín. Nicodemo trajo consigo una mezcla de mirra y áloe, y los dos envolvieron el cuerpo de Jesús con las especias en tiras de lino que estaban limpias. Esto se realizaba de acuerdo con las costumbres funerarias que practicaban los Judíos. Rodaron una piedra grande frente a la entrada del sepulcro y se fueron mientras María Magdalena y otra María, se sentaron junto al sepulcro. Habían venido a ver dónde estaba enterrado Jesús para poder regresar después del sábado y así poder ungir el cuerpo. Como era tarde y el sábado comenzaba esa misma noche, no tuvieron tiempo suficiente para ungir el cuerpo.

Habían transcurrido no menos de 24 horas desde que Jesús se reunió con sus discípulos para la última comida el jueves por la noche y desde el momento en que Jesús había sido enterrado, antes de que comenzara la noche del sábado. El sábado, los principales sacerdotes y los Fariseos fueron a ver a Pilato nuevamente. Le dijeron a él que Jesús había dicho que resucitaría de entre los muertos al tercer día. Para asegurarse de que la tumba estuviera segura y los discípulos no robaran el cuerpo y de esa forma dijeran que Jesús, estaba vivo de nuevo, pusieron a guardas Romanos en la entrada de la tumba, para cuidarla. Pilato ordenó a los guardias que aseguraran muy bien la tumba; se colocó un sello en la piedra frente a la entrada y se apostaron guardias para asegurarse de que no fuera tocada por ninguna persona. Mientras esto pasaba, los Judíos estaban pasando el día sábado, mientras Jesús estaba muerto dentro de la tumba perfectamente sellada. Él apenas tenía 33 años cuando murió, y su ministerio había durado solamente tres años.

Capítulo 19
La Vida Después De La Muerte
Jesús regresa de la tumba

Un poco antes del amanecer del domingo en el transcurso de la mañana, varias mujeres fueron al sepulcro para ungir el cuerpo de Jesús con una gran cantidad de especias. Desde el viernes en la tarde, momento en que había fallecido, ya habían pasado casi 40 horas. No sabían que se asignaron guardias Romanos para proteger la tumba y se preguntaban cómo iban a hacer para remover la pesada pierda. Pero al llegar a la tumba, vieron que la piedra había sido removida. Al entrar en la tumba, no encontraron el cuerpo. Lo que había pasado es que temprano en la mañana había ocurrido un terremoto y un ángel había removido la piedra. Los guardias tenían tanto miedo del ángel que, en ese momento, salieron huyendo.

Mientras las mujeres se preguntaban qué es lo que había pasado con su cuerpo, dos hombres con ropas muy brillantes entraron en la tumba. Mientras las asustadas mujeres se inclinaban ante ellos, los ángeles dijeron: "¿Por qué buscáis entre los muertos al que en realidad vive? Jesús no está aquí; ¡él en verdad se ha levantado! Recuerden cómo les dijo en Galilea: 'El Hijo del Hombre debe ser entregado a las manos de los pecadores, ser crucificado y resucitar al tercer día'". Entonces todos recordaron sus palabras.

María Magdalena fue una de las mujeres que entraron a la tumba y comenzó a llorar mientras se preguntaba entonces, en donde estaba ahora Jesús. Un hombre se le acercó y le preguntó que por qué estaba llorando. Ella le dijo al hombre: "Se han llevado a mi Señor y ahora no sé dónde está". Pensó que estaba hablando del jardinero; no se dio cuenta de que el hombre era Jesús. Ella dijo: "Señor, si se lo ha llevado, dígame dónde lo ha puesto y yo iré de inmediato a verlo".

Jesús mencionó su nombre, "María", y entonces ella reconoció su voz.

Ella gritó: "¡Maestro!" Lo abrazó fuertemente y fue allí que supo que no era un fantasma. Jesús le dijo que les dijera a los discípulos que él estaba vivo y que los vería a todos en Galilea.

Las mujeres corrieron a dar la noticia a los 11 discípulos de que Jesús estaba en verdad vivo y María dijo que ella misma lo había visto. Los discípulos no les creyeron a las mujeres; lo que dijeron no tenía sentido para ninguno de ellos. Pedro y Juan corrieron al sepulcro y entraron y vieron por ellos mismos, solo las tiras de lino tiradas, pero no vieron a Jesús, por lo que todavía no sabían lo que realmente había pasado.

Varios guardias Romanos fueron directos a informar al Sanedrín lo que había pasado. Los principales sacerdotes y los ancianos dieron a los soldados una gran suma de dinero y les dijeron que dijeran que sus discípulos habían llegado de noche y habían robado el cuerpo mientras ellos se encontraban dormidos. Ya que dormir en el trabajo y dejar el puesto eran delitos capitales para los soldados Romanos, el Sanedrín prometió sobornar al gobernador si este se llegaba a enterar. Los soldados tomaron el dinero e hicieron lo que se les instruyó, y la historia de cómo los discípulos robaron el cuerpo circuló ampliamente por entre todos el pueblo Judío.

Avistamientos de Jesús

El camino a Emaús

Más tarde en el transcurso de ese día, dos hombres que habían seguido a Jesús caminaban hacia Emaús, una aldea a unas diez kilómetros de Jerusalén. Estaban discutiendo las cosas que habían sucedido cuando Jesús se acercó y comenzó a caminar con ellos (no lo reconocieron). Jesús preguntó: "¿De qué estás hablando?"

Se quedaron quietos y con rostros tristes, mirando hacia el suelo. Uno de ellos le preguntó: "¿Eres tú el único que visita Jerusalén que no sabe lo que ha sucedido en Jerusalén allí en los últimos días?"

Jesús le preguntó: "¿Qué cosas?"

Ellos respondieron: "Lo que le pasó a Jesús de Nazaret, un profeta poderoso para Dios y también, por ende, para el pueblo. Los principales sacerdotes y nuestros gobernantes hicieron que los Romanos lo crucificaran. Todos estábamos a la espera de que fuera él quien redimiría a Israel. Y acabamos de escuchar que en este tercer día desde que sucedió todo esto, algunas de nuestras mujeres dijeron que fueron a la tumba esta mañana pero su cuerpo ya no estaba allí. Dijeron que vieron ángeles y que ellos les dijeron que Jesús estaba vivo. Algunos de nuestros amigos fueron a la tumba y también la encontraron vacía".

Jesús los miró directamente y les dijo: "¿Acaso no recuerdan lo que dijeron los profetas, que el Mesías tenía que sufrir estas cosas antes de entrar en su gloria?" Y comenzó a explicar lo que todas las escrituras decían sobre el mesías, durante todo el camino de regreso a Moisés y mencionando además a todos los profetas.

Al entrar a la ciudad de Emaús, Jesús se quedó en el camino principal como si en realidad fuera a ir aún más lejos. Los dos hombres lo instaron a quedarse con ellos porque estaba empezando a oscurecer. Así que se quedó, y cuando todos empezaron a comer, tomó pan, dio gracias, lo partió y se lo dio a cada uno de ellos. Vieron sus manos heridas y luego se dieron cuenta de quién era él en realidad. Sin embargo, de un pronto a otro, simplemente se fue. Se dijeron el uno al otro lo inspirados que se sintieron al caminar con él mientras él les iba explicando las Escrituras. Así que de inmediato se levantaron y regresaron a Jerusalén. Allí encontraron a 10 de sus discípulos (Tomás no estaba allí) y les dijeron que habían visto a Jesús. Explicaron lo que había pasado en el camino y cómo lo reconocieron cuando se había sentado a compartir el pan con ellos.

Jesús se les aparece a los discípulos

En el transcurso de esa noche, los discípulos decidieron esconderse juntos detrás de puertas cerradas porque temían que los líderes Judíos comenzaran a seguirlos a ellos también. Jesús se acercó y se paró entre ellos y dijo: "¡La paz sea con ustedes!" Estaban sorprendidos y asustados y pensaron que lo que veían era un fantasma. Pero Jesús les dijo: "No se preocupen, ni tampoco tengan dudas en sus mentes. Observen mis manos y mis pies. ¡Soy yo! Tóquenme; un fantasma no tiene ni carne ni tampoco huesos". Les mostró las manos y los pies y procedió a pedirles algo de comer. Se comió un trozo de pescado asado frente a ellos. Les explicó las Escrituras para que vieran cómo todo lo que en ellas decía, tenía sentido ahora que sabían que él era el Mesías, el Cristo:

Esto es lo que les dije antes: Todo cumplirse a cabalidad, aquello que se escribió sobre mí en las Escrituras. Entre esas cosas es que el Mesías sufrirá y morirá, pero resucitará de entre los muertos al tercer día para que todo el mundo, comenzando por la misma Jerusalén, sepa que los que se arrepientan recibirán el perdón de todos y cada uno de sus pecados. Ustedes fueron testigos de todas estas cosas. Les enviaré lo que mi Padre ha prometido, pero les invito a quedarse en la ciudad hasta que reciban el poder de Dios.

Tomás no estaba con los discípulos cuando Jesús se les apareció. Sin embargo, más tarde, los otros discípulos le dijeron: "¡Hemos visto al Señor!"

Pero Tomás no les creyó. Él dijo: "¿De verdad? No te creeré hasta que vea las marcas de las uñas en sus manos, ponga mi dedo donde estaban las uñas y ponga mi justo en su costado".

Una semana después, sus discípulos se encontraban otra vez en la casa, y Tomás estaba con ellos. Aunque las puertas estaban cerradas, Jesús se acercó y se paró entre ellos y dijo: "¡La paz sea con todos ustedes!" Se volvió hacia Thomas y le dijo: "Pon tu dedo aquí; mira mis manos. Extiende tu mano y métela en mi costado. Deja de dudar y cree".

Tomás exclamó: "¡Señor mío y Dios mío!"

Jesús respondió: "Crees porque me has visto; Bienaventurados los que no me han visto aún y todavía creen en mi".

Jesús aparece en Galilea

Jesús se les apareció otra vez a siete de sus discípulos cerca del mar de Galilea. Ellos se encontraban pescando en el bote de pedro en medio de la noche, pero no habían logrado pescar nada. A la mañana siguiente, bien temprano, Jesús se paró en la orilla, pero los discípulos no lo reconocieron. Los llamó y les preguntó si habían pescado algún pez. Ellos respondieron que no habían pescado nada.

Jesús les dijo que tiraran la red en ese momento, pero esta vez del lado derecho de la barca y que después la atraparan. Cuando lo hicieron, capturaron tantos peces que casi no fueron capaces de tirar de la red.

Juan le dijo a Pedro que él era Jesús. Al oír esto, Pedro se puso su manto, saltó al agua y bajó a la tierra. Los otros discípulos llegaron a la orilla en la barca, remolcando la red llena de peces a más o menos, unos

300 pies de distancia. Cuando arribaron, vieron un fuego con carbones encendidos en donde había pescado y un poco de pan.

Jesús les dijo que le trajeran algunos de los peces que acababan de pescar. La red había capturado un poco más de 150 peces, todos grandes, pero no se rompió en el momento en que Pedro la llevó a la orilla.

Jesús después les dijo que lo acompañaran a desayunar. Ninguno de los discípulos se atrevió a preguntar quién era porque ya todos sabían que era Jesús, sobre todo después de que Jesús les dio pan y pescado. Fue la tercera vez que Jesús se apareció a sus discípulos después de que resucitó de entre los muertos.

Jesús reinstala a Pedro

Cuando terminaron de comer, Jesús le preguntó a Pedro: "¿Me amas más que a todos estos?"

Pedro respondió: "Sí, tú sabes que te amo".

Jesús dijo: "Apacienta mis corderos". Jesús le preguntó por segunda vez: "Pedro, ¿me amas?"

Pedro respondió de nuevo: "Sí, Señor, sabes que te amo".

Jesús dijo: "Cuida de mis ovejas".

Jesús le dijo a Pedro por tercera vez: "Simón Pedro, hijo de Juan, ¿me amas?"

Pedro se sintió herido porque Jesús le preguntó por tercera vez. Él dijo: "Señor, tú lo sabes todo; tú sabes que te amo".

Jesús dijo: "Apacienta mis ovejas. ¡Sígueme!" Pedro había negado a Jesús tres veces, pero ahora había afirmado su lealtad a Jesús tres veces también.

Últimas palabras y acciones

Mientras los 11 discípulos se encontraban en Galilea, Jesús les dijo: "Se me ha otorgado total autoridad tanto en el cielo, así como en la tierra. Siempre estaré con ustedes, incluso durante su muerte. Ahora vayan ustedes también y hagan discípulos en todas las naciones. Bautícenlos y enséñenles a obedecer todo lo que les he dicho a ustedes".

Luego todos fueron a un área cerca de la ciudad de Betania. Los discípulos le preguntaron a Jesús cuándo restauraría el reino de Israel. Les dijo: "No les corresponde a ustedes saber la hora o la fecha fijadas por Dios. Pero recibirás poder cuando el Espíritu Santo venga y ustedes serán mis testigos (*mártires* en Griego) en Jerusalén, luego en Judea y Samaria, y luego por todo el mundo".

Entonces Jesús levantó las sus manos y los bendijo a uno por uno. Mientras los bendecía, empezó a subir hacia las nubes, directo al cielo. Todos lo observaron claramente mientras ascendía, y de pronto, dos hombres totalmente vestidos de blanco, se pararon junto a ellos y les dijeron a todos los hombres: "¿Por qué están aquí mirando al cielo? Jesús ha ido al cielo y volverá de la misma forma". Los discípulos lo adoraron y pronto regresaron a Jerusalén, enormemente felices.

Habían transcurrido apenas 40 días desde que Jesús había resucitado de entre los muertos y más de 500 personas ya habían tenido contacto de forma directa, lo habían visto. Pero no sabían que nunca volverían a verlo, mientras estuvieran vivos. Cuando los 11 discípulos estaban en Jerusalén, fueron a la habitación donde se estaban hospedando. Otros de los que estaban allí reunidos eran, la madre de Jesús y sus otros cuatro hijos (Santiago, José, Judas y Simón) y otras mujeres más.

Ya que Judas Iscariote había fallecido, Pedro dijo que Judas debería ser reemplazado por alguien más. Una condición que el duodécimo discípulo tenía que cumplir era que debía haber visto a Jesús después de que él, había resucitado. Se nombró a dos hombres que habían estado con Jesús todo el tiempo durante su ministerio, desde la época de Juan el Bautista hasta que Jesús ascendió al cielo. Después de orar, echaron suertes y entonces entre todos ellos, Matías fue seleccionado para ser el duodécimo apóstol.

Había alrededor de 120 personas que habían seguido fielmente a Jesús y creyeron lo que él había dicho en aquel entonces. Se mantuvieron comprometidos a seguir su ejemplo y ser testigos de lo que sucedió y de lo que Jesús había dicho.

Jesús no había venido como rey de la manera en que se acostumbraba normalmente a hacerlo. Su entrada en un pequeño pueblo en un granero, presagiaba lo que sería en realidad su humildad. Rara vez usó sus poderes inusuales, solo lo hizo cuando se trataba de ayudar a otros. Él modeló el servicio al hablarle especialmente a los Judíos: Ya que eran el pueblo de Dios, pero no tenían claras algunas cosas acerca de lo que Dios había tratado de enseñarles. Las acciones y enseñanzas de Jesús también mostraron que Dios siempre aceptaba a todas las personas, no solo a los Judíos. Su enfoque en los que viven al margen de la sociedad reveló un conjunto diferente de prioridades, y su negativa a ajustarse a las normas y reglas religiosas señaló una nueva forma de pensar. El amor era para él, su máxima prioridad, no obedecer las reglas. Amar a los demás sana el cuerpo, la mente y el espíritu de las personas; El amor sacrificial trae paz al corazón humano y armonía en las relaciones humanas. Además, el sacrificio de la sangre de Jesús fue similar a la sangre de un cordero perfecto que fue sacrificado por los Israelitas durante la Pascua en Egipto: salva a todas las personas de la muerte.

Capítulo 20
Los Apóstoles Responden Y Se Dispersan
Noticias sobre Jesús se propagan mientras
los creyentes son perseguidos

Todos los seguidores de Jesús esperaron juntos en Jerusalén el momento en que recibirían el espíritu de Dios. Durante la fiesta Judía de Shavuot (50 días después de la muerte de Jesús), se reunieron todos en una casa grande. De pronto, un sonido como de un viento violento llenó la casa, y algo parecido a lenguas de fuego tocó a cada uno de los que estaban presentes allí. Todos fueron llenos del Espíritu Santo y en ese momento cada uno de ellos, empezó a hablar en un idioma distinto (Esta llegada del Espíritu se conoció como "Pentecostés".) Cuando salieron de la casa, los Judíos que estaban en Jerusalén para la fiesta habían venido de Asia, África y Europa se sorprendieron al escuchar a los Galileos hablar su idioma mientras declaraban maravillas de Dios. Los que no sabían los otros idiomas se burlaban del grupo de discípulos porque pensaban que estaban borrachos.

Pedro lidera a medida que crece el movimiento

Pedro se dirigió a la multitud con los otros 11 discípulos que venían con él. Les dijo a los Judíos que estaban allí que los que les hablaban y que les parecía que balbuceaban, no estaban borrachos, ¡aún era media mañana! En cambio, estaban cumpliendo las predicciones hechas por el profeta Joel de que Dios derramaría el Espíritu sobre todas las personas, tanto los jóvenes como los ancianos, así como también, hombres y mujeres. Pedro les dijo a sus compañeros Israelitas:

> Jesús de Nazaret fue un hombre que fue aceptado por Dios
> para realizar varios milagros y traernos varias señales. El
> plan de Dios era que era que él fuera entregado por hombres

malvados para que lo mataran, pero Dios lo levantó de entre los muertos porque ni la muerte era capaz de detenerlo. Dios le prometió al rey David que uno de sus descendientes subiría al trono, que sería el Mesías que murió y que después, volvería a la vida. Todos fuimos testigos de que él en realidad, volvió a la vida. Ten la seguridad de esto: Dios hizo a Jesús, a quien tú crucificaste, tanto como Señor, así como Mesías.

Las personas que escucharon esto se sintieron convencidas y le preguntaron a Pedro que era lo que tenían que hacer. Pedro respondió: "Arrepiéntanse y bautícense, en el nombre de Jesucristo para el perdón de todos tus pecados. Entonces todos ustedes van a recibir también el don del Espíritu Santo. Sálvense de esta generación corrupta". Aquellos que aceptaron su mensaje fueron bautizados y alrededor de 3.000 personas se unieron al movimiento ese día.

Un día, Pedro y Juan fueron al templo durante el momento de la oración. Un hombre que era cojo de nacimiento se sentaba a mendigar todos los días en la puerta del templo y siempre les pedía dinero. Pedro dijo: "No tengo plata ni oro, pero lo que tengo te lo doy. En el nombre de Jesucristo de Nazaret, camina". Tomó la mano del hombre y lo ayudó a levantarse. Los pies y los tobillos del hombre se fortalecieron instantáneamente, y comenzó a caminar, y pronto estaba saltando mientras le había alabanzas a Dios.

Los que estaban en los atrios del templo lo reconocieron como el hombre que mendigaba en la puerta del templo y se sorprendieron al ver que podía caminar y que incluso, podía saltar. La gente corrió hacia los discípulos y Pedro dijo: "Compañeros Israelitas, no es nuestro poder o piedad lo que hizo que este hombre caminara. Sino que fue El Dios de Abraham, Isaac y Jacob el que ha glorificado a su siervo Jesús. Ustedes lo repudiaron, aunque Pilato quería dejarlo ir. Mataron a Jesús, pero Dios lo levantó de entre los muertos. Todos fuimos testigos de esto. Fue la fe de este hombre en el nombre de Jesús, lo que le permitió caminar".

Pedro explicó cómo los profetas habían predicho que el Mesías sufriría y les recordó también las palabras de Moisés: "El Señor levantará un profeta de entre tu propio pueblo, y ahora deberás escuchar lo que él dice. Cualquiera que no lo escuche quedará totalmente aislado".

Mientras Pedro y Juan conversaban, los líderes religiosos los agarraron a ambos y los metieron en la cárcel por el transcurso de esa noche. Los líderes estaban muy perturbados porque los dos discípulos estaban enseñando que Jesús había resucitado de entre los muertos, y muchos de los que escucharon el mensaje creyeron que eso sí había sucedido. El número de creyentes había aumentado a unos 5.000 hombres (y esta cantidad no incluía a las mujerea que lo seguían).

Al día siguiente, todos los gobernantes, ancianos, escribas y sumos sacerdotes se reunieron en Jerusalén y pidieron que les trajeran a Pedro y a Juan. Les preguntaron quién les dio la autoridad para decir estas cosas. Pedro se llenó del Espíritu Santo y les dijo:

> Si fuimos llamados aquí hoy para un acto de bondad mostrado a un hombre cojo y se nos pregunta cómo fue sanado, entonces que el pueblo de Israel sepa esto: Él fue sanado en el nombre de Jesucristo de Nazaret, a quien tú crucificaste, la razón de que este hombre está aquí sanado, es que Dios lo permitió. Jesús es quien dijo el salmista que sería "la piedra que ustedes y los constructores, rechazaron, es la que se ha convertido en la piedra angular". La salvación no se encuentra en nadie más, porque no hay otro nombre bajo el cielo dado a este mundo por el cual debamos ser salvos.

Cuando los líderes religiosos se dieron cuenta de que Pedro y Juan eran discípulos de Jesús, se retiraron y se reunieron en privado para hablar sobre los próximos pasos a seguir. Todos en Jerusalén se habían enterado de cómo Pedro, había sanado al hombre en la puerta del templo. Decidieron ordenar a Pedro y a Juan que dejaran de enseñar a las personas sobre Jesús. Pero Pedro y Juan dijeron que no podían dejar de enseñar sobre lo que en realidad habían visto y oído.

Después de que fueron liberados, Pedro y Juan fueron y les contaron a los otros discípulos lo que los principales sacerdotes y los ancianos habían dicho y cómo Pedro había sido lleno por el Espíritu cuando les habló. Todos estaban asombrados y alababan a Dios. Se dieron cuenta de que las amenazas en su contra les brindaban la oportunidad de hablar con valor porque el Espíritu hablaría por ellos y que además, podrían ocurrir milagros si se usaba el nombre de Jesús.

Los apóstoles realizaron muchas señales y maravillas entre la gente. Los creyentes comenzaron a reunirse en público todos los días en un largo camino cubierto al borde del patio del templo. La gente echaba a los enfermos en las calles para que la sombra de Pedro cayera sobre algunos de en el momento en que pasaban, y la gente de los pueblos cercanos les traían a los apóstoles, a los enfermos y a los atormentados por espíritus impuros. Todos ellos fueron sanados. Los que creyeron se dedicaron a la enseñanza de los apóstoles y al compañerismo, al partimiento del pan y a su vez, a la oración. Comieron juntos con sus corazones llenos de felicidad y sinceridad, alabando a Dios y a su vez, ganando una buena reputación. Cada día, más hombres y mujeres se unieron a su movimiento.

Todos los creyentes compartieron todo lo que poseían y ninguno reclamó sus posesiones como propias mientras los apóstoles continuaban enseñando a los demás, sobre la resurrección de Jesús. Ya entre ellos no había personas que estuvieran necesitadas. Algunas veces, los que poseían terrenos o casas las vendían, traían el dinero y lo ponían a los pies de los apóstoles, y ese dinero era repartido, entre todos aquellos que en verdad lo necesitaban. Por ejemplo, un Levita de Chipre llamado Bernabé vendió un campo de su propiedad y entregó las ganancias a los apóstoles.

Un hombre llamado Ananías y su esposa Sapphira, estuvieron entre las personas que vendieron una propiedad. Ananías guardó en secreto parte del dinero para sí mismo y luego les dio el resto a los apóstoles. Pedro lo confrontó por mentir sobre la cantidad de dinero que obtuvieron por la venta de dicha tierra. Cuando Ananías escuchó esto, cayó y falleció, entonces, algunos de los que estaban en la habitación se lo llevaron. Unas horas después, su esposa se acercó a los apóstoles, ella no sabía en ese momento que le había sucedido a su esposo. Pedro le preguntó cuánto dinero ganaban por vender la tierra. Ella dio el precio, que era la cantidad que Ananías les había dado a los apóstoles.

Pedro le dijo: "¿Por qué conspiraste para probar el Espíritu de Dios? Los hombres que acaban de enterrar a su esposo están aquí y también te la llevarán a ti". En ese momento, paso lo mismo, ella cayó y murió. Los que habían enterrado a su marido se la llevaron y la enterraron junto a él. El miedo se empezó a extender por todos los que escucharon lo que había pasado.

Los creyentes son perseguidos

Todos los líderes religiosos empezaron a ser amenazados por este nuevo movimiento religioso, por esa razón, arrestaron a los apóstoles y los metieron en la cárcel pública. Sin embargo, durante la noche, un ángel abrió las puertas de la cárcel. Los apóstoles escaparon y, por la mañana, regresaron al templo para continuar con su tarea de enseñar.

Cuando los líderes religiosos se reunieron para que trajeran a los apóstoles ante ellos, los oficiales de la cárcel encontraron que las celdas donde ellos estuvieron, estaban vacías. Alguien les dijo que los apóstoles estaban de regreso en el templo. El capitán de la guardia del templo llevó pacíficamente a los apóstoles para que comparecieran ante el Sanedrín para ser interrogados. El sumo sacerdote dijo: "Les dimos a todos órdenes estrictas de que dejaran de enseñar sobre Jesús, pero ustedes continúan con sus enseñanzas y además, dicen que nosotros causamos su muerte".

Pedro respondió: "Debemos obedecer a Dios, no a las órdenes humanas. Ustedes mataron a Jesús colgándolo de una cruz, pero el Dios de nuestros antepasados lo resucitó de entre los muertos. Dios lo exaltó como Príncipe y Salvador para que pudiera llevar a Israel al arrepentimiento y perdonar todos y cada uno de nuestros pecados. Nosotros fuimos testigos de estas cosas, como lo hizo el Espíritu Santo, que Dios ha dado a los que le obedecen".

Cuando los del Sanedrín oyeron esto, se enfurecieron y quisieron matarlos a todos. Pero un Fariseo llamado Gamaliel, que tenía una buena reputación entre la gente, ordenó a los apóstoles que se fueran de inmediato de la habitación. Se volvió hacia los que estaban presentes y dijo: "Piensen detenidamente en lo que quieren hacerles a estos hombres. Teudas y Judas el Galileo eran hombres que tenían seguidores y lideraron rebeliones, y ellos fueron asesinados. Sus seguidores se dispersaron y no pasó nada más. Mi consejo es que dejen a todos estos hombres en paz y los dejen ir. Si sus motivos o acciones no son de Dios, sin duda van a fracasar. Pero si son de Dios, no ninguno de ustedes podrá detenerlos porque estarán luchando contra Dios".

Con su discurso persuadió a los del Sanedrín. Entonces lo que hicieron fue que enviaron a azotar a todos los apóstoles y les ordenaron otra vez, que no hablaran de Jesús. Luego los dejaron ir a todos. Los apóstoles salieron del Sanedrín regocijados porque habían sido considerados dignos de sufrir vergüenza, en el nombre de Jesús. Día tras día, en los atrios del templo y de casa en casa, continuaron enseñando y proclamando las buenas nuevas de que Jesús era el verdadero Mesías.

Se eligen más líderes

A medida que el número de discípulos iba en aumento, los Judíos que hablaban Griego y seguían a Jesús se quejaban de que los Judíos que solo hablaban Hebreo, siempre pasaban por alto a sus viudas en la distribución diaria de alimentos. Los 12 apóstoles se reunieron y decidieron que no sería correcto que descuidaran su ministerio de enseñanza para poder servir comida a otros. Dijeron a los demás: "Hermanos y hermanas, escojan de entre ustedes a siete sabios que se sepa que están llenos del Espíritu. Deje que ellos dirijan el trabajo para ayudar a los Judíos de habla Griega que necesitan ayuda. De esa manera, podemos centrar nuestra atención en la oración y la enseñanza".

A todos les gustó esta idea y eligieron siete "diáconos" para supervisar la ayuda que se les brindaba a los demás. Presentaron a estos hombres a los apóstoles, quienes oraron y les impusieron las manos. Los apóstoles continuaron predicando, la palabra de Dios continuó difundiéndose y el número de discípulos en Jerusalén aumentó de forma exponencial. Un gran número de sacerdotes también se convirtieron en seguidores de Jesús.

Esteban es asesinado

Esteban fue uno de los siete diáconos nombrados y quien siempre estaba lleno de la gracia y el poder de Dios. Realizó grandes maravillas y señales entre la gente, pero por eso, surgió la oposición hacia el de parte de los líderes en las sinagogas que servían a Judíos de África y también de Asia Menor. En secreto, lograron persuadir a algunos hombres para que dijeran que Esteban había pronunciado un montón de palabras blasfemas en contra Moisés y en contra de Dios. Esto enfureció a varios líderes religiosos, que hicieron arrestar a Esteban y después lo llevaron ante el Sanedrín.

El sumo sacerdote le preguntó a Esteban si los cargos que le implicaban eran ciertos. Esteban pronunció un discurso muy largo sobre cómo Dios había elegido a Abraham para que dejara Mesopotamia y se estableciera en Canaán, y explicó en detalle, toda la historia de los Israelitas. Esto logro demostrar ante los líderes religiosos. Que él era un hombre culto y devoto. Pero también acusó a los líderes religiosos de ser como sus antepasados, que habían rechazado a Dios y también al Espíritu. Estos fueron responsables de matar a Jesús, quien era el Mesías.

Cuando los miembros del Sanedrín oyeron esto, se enfurecieron y le empezaron a gritar. Esteban se llenó del Espíritu y miró al cielo y de inmediato les dijo: "Puedo ver el cielo, y Jesús está de pie junto a Dios". Cuando los líderes religiosos oyeron esto, se taparon los oídos, le gritaron y lo sacaron a rastras de la ciudad donde lo apedrearon hasta matarlo

(Este era un acto ilegal; solo los Romanos tenían permitido ejecutar a una persona[16]). Mientras a Esteban lo apedreaban, él le estaba pidiendo a Dios que no se lo reprochara. Fue el primer seguidor de Jesús en ser en verdad martirizado.

Los creyentes se comienzan a dispersar

Justo después de la muerte de Esteban, estalló una gran persecución en Jerusalén contra todos aquellos que seguían siendo seguidores de Jesús. Los creyentes pensaban que Jesús regresaría muy pronto para establecer el reino de Dios en la tierra y ser un rey político que los liberaría de la opresión Romana, por lo que todos se habían quedado lo más cerca posible de Jerusalén. Pero la persecución básicamente los expulsó del área, y todos menos los apóstoles, se dispersaron entre ciudades como Judea y Samaria.

Saúlo

Uno de los hombres que vio a Esteban ser apedreado y aprobó la ejecución fue un hombre que tenía por nombre Saulo. Su padre era Fariseo y él era un hombre que era bien educado en todas las escrituras Judías. Interrumpió reuniones de creyentes yendo de casa en casa y arrastrando a hombres y mujeres que eran creyentes, directo a la prisión.

Saulo continuó haciendo amenazas contra todos los discípulos de "el Camino", un término que se le da a este nuevo movimiento religioso basado en una de las frases de Jesús en la cual dijo que él era "el camino, la verdad y la vida". Saulo fue donde el sumo sacerdote para obtener cartas que pudiera llevar a las sinagogas de Damasco para que, si encontraba a alguien allí, que pertenecía al movimiento del "Camino", pudiera traerlo de regreso a Jerusalén como sus prisioneros.

Saulo recibió las cartas del sumo sacerdote y entonces decidió partir hacia Damasco. Cuando él ya estaba cerca de la ciudad, una luz del cielo brilló repentinamente a su alrededor. Cayó al suelo y escuchó una voz que decía: "Saulo, ¿por qué me persigues?"

---

[16] La lapidación generalmente era el acto de dejar caer a una persona de una repisa que tenía al menos el doble de altura. Si la persona sobrevivía a la caída, la colocaban boca arriba para arrojarle una piedra grande. Si la persona seguía viva, otros arrojarían aún más piedras hasta que la persona falleciera.

Él preguntó: "¿Quién eres tú?"

La voz dijo: "Yo soy Jesús, a quien estás persiguiendo. Levántate y ve a Damasco, donde se te dirá que es lo que debes de hacer".

Los hombres que viajaban con Saúl se quedaron sin habla; escucharon la voz, pero no pudieron ver a nadie. Saúl se levantó, sin embargo, ahora se había quedado completamente ciego.

Los hombres que viajaban con él lo llevaron a Damasco, y al llegar allí, Saulo no comió ni bebió nada.

Un discípulo en Damasco llamado Ananías tuvo una visión en la que Dios le envió a la casa de Judas en Calle Straight, la calle principal que atraviesa el centro de la ciudad. Al llegar allí, tendría que preguntar por un hombre llamado Saulo quien se encontraba orando. Saúl había tenido una visión de que Ananías vendría a restaurarle la vista.

Ananías estaba un poco asustado. Y esto era así, ya que había escuchado muchos informes sobre Saulo y cómo perseguía a los seguidores de Jesús y los arrestaba. Pero el Señor le dijo a Ananías: "¡Ve! He elegido a este hombre para que sea mi instrumento para proclamar mi nombre a los Gentiles, y también a sus reyes y al pueblo de Israel".

Saulo llevaba tres días esperando cuando Ananías por fin llegó a su casa. Ananías entró, puso sus manos sobre Saulo y le dijo: "Jesús me dijo que viniera para que puedas ver de nuevo y seas lleno del Espíritu Santo". Inmediatamente, algo que parecían escamas cayeron de los ojos de Saúl y entonces él pudo ver de nuevo. Se levantó y se bautizó, y después de comer algo, recuperó las fuerzas. Sus ojos se abrieron literal y figurativamente: Esta vez ya no era ciego, y ahora entendía que en realidad Jesús era el Mesías.

Saulo entonces se dedicó a pasar varios días con los discípulos del Camino en Damasco. Empezó a predicar en las sinagogas que Jesús era el Mesías y el Hijo de Dios. Todos los que lo tenían la oportunidad de escucharlo, se asombraban y a su vez recordaban que él era el hombre que había causado estragos en Jerusalén entre los que seguían a Jesús y había venido a Damasco para llevarse como prisioneros a los principales sacerdotes. Saulo se hizo cada vez más poderoso y desconcertó a los Judíos que vivían en Damasco y pudo demostrarles que Jesús era el Mesías.

Posteriormente, los Judíos de Damasco conspiraron para matar a Saulo. Lo vigilaron de cerca en la puerta de la ciudad para allí poder capturarlo, pero Saúl se enteró del complot con anterioridad. Escapó de la ciudad cuando sus seguidores lo bajaron en una canasta a través de una abertura que había en el muro, durante la noche. Saulo se retiró al desierto Arameo y luego pasó tres años, guiado por el Espíritu, trabajando en su comprensión de las Escrituras con lo que aprendió todo lo necesario sobre la vida y las enseñanzas de Jesús.

Saulo finalmente regresó a Jerusalén y trató de unirse a los discípulos, pero todos le tenían miedo; pensaban que era un plan que el mismo Saulo había planeado para capturarlos a todos al mismo tiempo. Pero Bernabé lo llevó ante los apóstoles y les contó lo que le había pasado a Saulo cuando fue a Damasco, y que ahora predicaba sin ningún temor en el nombre de Jesús. De modo que Saulo se quedó con ellos y se movió libremente por Jerusalén, hablando con valentía y debatiendo sobre los Judíos que eran helenistas. Estos Judíos hicieron el intento de asesinarlo, pero él escapó y se fue con otro grupo de creyentes a Cesarea. Luego fue a su casa en Tarso, en Asia Menor (cerca de Adana en Turquía), a más de 800 kilómetros al norte de Jerusalén.

Felipe

Todos los discípulos que ahora se encontraban dispersos, predicaban la palabra dondequiera que iban. Felipe fue a una ciudad de Samaria y allí predicó acerca del Mesías. La gente escuchó atentamente y observó mientras él llevaba a cabo los milagros. Expulsó los espíritus impuros de la gente y curó a muchos que estaban paralizados o cojos, trayendo gran alegría a esa ciudad Samaritana.

Los apóstoles que estaban en Jerusalén se enteraron de que los Samaritanos habían aceptado la palabra de Dios y enviaron a Pedro y a Juan directo a esa zona. Cuando llegaron, todos oraron para que los nuevos creyentes recibieran el Espíritu (ya que ellos solo habían sido bautizados). Cuando Pedro y Juan les impusieron las manos, entonces fue allí en donde recibieron en ellos, al Espíritu. Después de que Pedro y Juan les enseñaron más acerca de Jesús, regresaron a Jerusalén, pero también predicaron en muchas otras aldeas Samaritanas.

Un ángel le dijo a Felipe que hiciera un viaje hacia el sur por el camino del desierto que el que va de Jerusalén a Gaza. En su camino, se encontró con un importante funcionario de Etiopía que estaba a cargo de la tesorería de su reina. El hombre había estado en Jerusalén para adorar y en ese momento, iba de regreso a su casa. Mientras el hombre estaba sentado en su carro leyendo el libro escrito por el profeta Isaías, Felipe vio el carro y entonces se dio cuenta de lo que el hombre estaba leyendo. Entonces Felipe le preguntó si entendía lo que estaba leyendo. El hombre dijo que solo lo entendería si hubiera una persona que pudiera explicárselo. Luego invitó a Felipe a subir al carro para que él le explicara la parte de Isaías que decía: "Como oveja fue llevado al matadero; como un cordero en silencio ante su trasquilador, él no habló. Fue humillado y privado de justicia, y su vida le fue quitada de la tierra".

Felipe le explicó que el pasaje hablaba justamente sobre Jesús y le explicó al hombre quién era Jesús y cómo había cumplido las predicciones que había hecho Isaías. Mientras viajaban por el camino, llegaron a un lugar donde había un poco de agua. El oficial detuvo su carro y le pidió a Felipe que le hiciera el favor de bautizarlo. Después de hacerlo, el Espíritu llevó a Felipe a predicar las buenas nuevas en muchas ciudades, todo el camino hacia el norte, hasta que llegó a la ciudad portuaria de Cesarea en Fenicia.

Pedro continúa liderando

Mientras tanto, Pedro continuaba su viaje por la región predicando y realizando un sinnúmero de milagros. Sanó a un paralítico que vivía en Lydda; quien había estado en cama durante ocho años. Cerca, en Jope, una discípula llamada Tabita (Dorcas en Griego) que siempre estaba haciendo el bien y ayudando a los pobres, se enfermó y murió repentinamente. Pedro se enteró de esto y se dirigió a Jope. Cuando llegó, conoció a muchas personas que habían sido ayudadas por Dorcas. Entró en la habitación donde ella estaba muerta y comenzó a orar. Luego le dijo que se levantara y ella abrió los ojos, se sentó y se puso de pie mientras Pedro la ayudaba. Llamó a los creyentes, especialmente a las mujeres que habían sido ayudadas, y les mostró que Dorcas estaba con vida. Se corrió la voz rápidamente por la ciudad sobre lo que sucedió, y muchas más personas empezaron a creer más en Jesús.

El encuentro con Cornelius

Había un centurión Romano llamado Cornelio quien vivía en Cesarea en ese momento. Él y toda su familia eran personas temerosas de Dios; oraba a Dios con regularidad y siempre le daba de forma generosa a los necesitados. Una tarde se encontró con un ángel de Dios el cual le dijo que enviara algunos hombres a Jope y que le trajeran a un hombre llamado Simón, también conocido como Pedro, que se alojaba en la casa de otro hombre llamado Simón, quien era un curtidor. Cornelius envió a dos de sus sirvientes y un soldado devoto a Jope para encontrar a Pedro.

Mientras los hombres viajaban de Cesarea a Jope, Pedro quien se encontraba orando al mediodía, comenzó a tener hambre. Mientras se preparaba la comida, de pronto, cayó en trance. Vio una gran sábana que descendía del cielo por sus cuatro esquinas. Contenía todo tipo de animales, incluidos reptiles y pájaros, que se consideraban impuros o inmundos. Una voz le dijo que los matara y que se los comiera.

Pero Pedro nunca había comido nada que, con anterioridad, le hubieran dicho que no comiera. Entonces, mientras todavía estaba se encontraba en trance, dijo que no lo comería. Pero la voz habló de nuevo: "No llames impuro a nada que Dios diga que, en realidad, está limpio". Esto sucedió tres veces, y luego la sábana fue llevada al cielo y allí, él salió de su trance.

Mientras Pedro se preguntaba sobre el significado de esa visión que había tenido, comenzaron a llegar los hombres enviados por Cornelio. El Espíritu le dijo a Pedro que había hombres que lo buscaban y que Dios le había enviado. Pedro se encontró con los hombres y les preguntó la razón por la que habían venido.

Los hombres le contaron a Pedro sobre Cornelio, quién era y su reputación, y cómo un ángel le había dicho que los enviara a buscar a Pedro. Un día después de eso, todos regresaron a Cesarea juntos. También asistieron algunos de los creyentes de Jope. Llegaron a Cesarea al día siguiente y Cornelio estaba listo para recibirlos con su familia, así como con sus amigos.

Cuando llegó Pedro, entró en una casa que estaba llena de Gentiles. Al estar allí, les dijo a todos ellos: "Ustedes saben que está en contra de nuestra ley que un Judío se asocie o visite a un Gentil. Pero Dios me mostró que a nadie se le debería de llamar impuro ni tampoco inmundo. Entonces, cuando me llamó, vine sin poner ninguna objeción. Dime ahora por qué me mandaste a buscar.

Cornelius le contó sobre su conversación con el ángel y que debería hacer para que Pedro los visitara, pues no sabía por qué. Pedro por fin se dio cuenta de por qué tuvo la visión de la comida prohibida. Le dijo a la multitud: "Ahora entiendo que Dios no muestra favoritismo, sino que acepta a los de todas las naciones siempre y cuando hagan lo correcto. El mensaje de Dios fue enviado primero a los Israelitas, pero Jesús nos ha enseñado a decirles a *todos* que él es el único que Dios designó como juez de todas las personas ".

Mientras Pedro aún hablaba estas palabras, el Espíritu Santo descendió sobre todos los que estaban reunidos en la habitación. Los Judíos que habían venido con Pedro estaban asombrados de que el Espíritu Santo también hubiera venido a visitar a los Gentiles, y que ellos también hablaran en idiomas extranjeros mientras alababan a Dios. Pedro ordenó que todos fueran bautizados en el nombre de Jesús, quien era el Cristo.

Todos los apóstoles, así como los creyentes de toda Judea, escucharon que los Gentiles también habían recibido las buenas nuevas acerca de Dios. Cuando Pedro fue a Jerusalén, los creyentes Judíos lo criticaron por ir a visitar una casa Gentil y, además, por comer con ellos. Pero Pedro les contó toda la historia de lo que sucedió en Jope y Cesarea y de lo que vio mientras se encontraba en trance. Él contó cómo el Espíritu Santo vino sobre los Gentiles y les recordó que Jesús dijo que bautizaran a otras personas con el Espíritu Santo. Les dijo a los que dudaban: "Si Dios les dio a los Gentiles creyentes el mismo Espíritu que nosotros recibimos, ¿quién era yo para interponerme en el camino de Dios?" Después de escuchar esto, no tuvieron más objeciones y alabaron a Dios cuando se dieron cuenta de que incluso los Gentiles podían salvarse siempre y cuando se arrepintieran de sus pecados.

Herodes

El rey Herodes Antipas empezó a perseguir a todos los cristianos que vivían en esa región. Los mando a que fueran arrestados y mató a algunos de los líderes, incluido Jaime, quien era el hermano de Juan. Cuando el rey vio que esto hizo felices a los Judíos, arrestó a Pedro y lo puso en la cárcel donde estaba custodiado por cuatro soldados. Herodes quería llevar a Pedro a un juicio público después de la Pascua. Mientras tanto, los cristianos oraron por Pedro durante todo el tiempo que se encontró en prisión.

La noche antes de que Pedro tuviera su juicio, se encontraba durmiendo entre dos soldados en su celda, atado con dos juegos de cadenas mientras había otros dos guardias fuera de la celda. De repente apareció un ángel y despertó a Pedro, y en ese instante, se le cayeron las cadenas.

El ángel le dijo a Pedro que se vistiera y que lo siguiera. Pedro siguió al ángel fuera de la prisión (Pedro pensó que estaba teniendo un sueño o que quizás era una visión). Pasaron a través de los dos grupos de guardias y llegaron a la puerta de hierro que conducía a la ciudad. Se abrió solamente para ellos, y lograron atravesarla. Cuando habían caminado a lo largo de una calle, el ángel de repente lo dejó solo.

Pedro en ese instante, se dio cuenta de que no era un sueño ni una visión y que el Señor había enviado un ángel para rescatarlo de Herodes y de lo que los Judíos le iban a hacer. En ese momento se dirigió a la casa de la mamá de Juan, donde mucha gente se había reunido para orar por él. Llamó a la entrada exterior y una criada se acercó a la puerta. Reconoció la voz de Pedro y estaba tan feliz que corrió hacia atrás para decirles a los demás que él estaba allí, ¡pero de la emoción, se olvidó de abrirle la puerta!

¡Aquellos en la habitación que se encontraban orando pensaron que se había vuelto loca! Pero ella insistió, así que pensaron que quizás lo que había visto era un ángel. Pero Pedro siguió llamando, y cuando abrieron la puerta y lo vieron, se asombraron. Pedro les hizo un gesto para que se callaran y les describió cómo el Señor lo había sacado de la cárcel. Les dijo que les contaran a los demás sobre su fuga, y luego se fue para quedarse en otro lugar.

A la mañana siguiente, los soldados se dieron cuenta que Pedro se había escapado. Herodes realizó una búsqueda exhaustiva para encontrar a Pedro, pero no lo encontraron. Después de que Herodes interrogó a los guardias, hizo que todos ellos fueran ejecutados.

Los cristianos y la iglesia en Antioquía

A todos aquellos que habían sido esparcidos por distintos lugares debido a la persecución viajaron hasta Fenicia, Chipre y Antioquía, difundiendo el mensaje exclusivamente a los Judíos. Pero algunos de ellos fueron a Antioquía y comenzaron a hablar también con los Griegos acerca de Jesús. Mucha gente creyó y el número de seguidores continúo aumentando.

La noticia de esto llegó a las personas de Jerusalén y entonces enviaron a Bernabé a Antioquía. Cuando vio lo que estaba sucediendo, se alegró y los animó a todos a permanecer fieles al Señor con todo el corazón. Bernabé fue a Tarso a buscar a Saulo y, cuando lo encontró, lo llevó de regreso a Antioquía. Bernabé y Saulo se reunieron con los seguidores en Antioquía por alrededor de un año, y allí fue cuando los discípulos fueron llamados cristianos por primera vez. Colectivamente, se les conocía como "iglesia", que fue el término que Jesús usó cuando le dijo a Pedro que él sería el que iba a guiar a sus seguidores.

Capítulo 21
El Viaje De Pablo
Tres viajes crean iglesias en Asia Menor, Macedonia y Grecia

Las buenas noticias acerca de Jesús se continuaron esparciendo por toda la región. A la gente se le dijo que Jesús había muerto y que significaba que era un sacrificio permanente por todos los pecados del mundo entero, por lo que cualquiera podía tener una relación con un Dios vivo, si en verdad lo deseaba. Una señal de que habían cambiado sus caminos y eran cristianos fue que fueron bautizados y que empezaron a obedecer las enseñanzas de Jesús.

Pedro dirigió la enseñanza de los Judíos en las ciudades de Judea y Samaria. Un cristiano llamado Marcos se acercó un día a Pedro y luego escribió un breve libro sobre la vida de Jesús el cual está incluido en el Nuevo Testamento. Al mismo tiempo, la iglesia con muchos Gentiles en Antioquía empezó a florecer bajo el liderazgo de Saulo y Bernabé y también, del de otros maestros. Saulo fue referido como Pablo, su nombre Griego. (Agregar un nombre o tomar un nombre diferente era algo común en ese momento).

Pablo y Bernabé viajan juntos

Más o menos unos 20 años después de que Jesús había ido al cielo, y después de haber pasado unos cinco años en Antioquía, Pablo y Bernabé hicieron un viaje para predicar las buenas nuevas en otras ciudades y lugares Primero navegaron a Chipre, donde Pablo predicó en todas las sinagogas. Pablo se enfrentó a un hechicero en el oeste de Chipre que estaba tratando de evitar que un funcionario gubernamental de alto rango escuchara sus enseñanzas, y acto seguido, el hechicero se quedó ciego.

Salieron de Chipre y comenzaron a navegar a Perge (cerca de Antalya que estaba en el sur de Turquía) y viajaron 160 kilómetros al norte hasta Antioquía de Pisidia en la región de Galacia ubicada en Asia Menor.

Entonces fueron a la sinagoga el sábado, y cuando llegó el momento de que la gente de la audiencia hablara, Pablo se puso de pie y les habló a los Judíos y a los Gentiles temerosos de Dios que se encontraban en el lugar. Allí tomó unos minutos para contar la historia de los Israelitas, incluyendo las profecías que existían sobre el Mesías. Continuó y contó los hechos de la vida de Jesús, que era descendiente de David y quién, además, era el Mesías. Además, les dijo que, aunque Jesús había sido asesinado, volvió a la vida y que vivió entre ellos durante varios días y que mucha gente lo había visto. Lo que Dios había prometido a sus antepasados Judíos se había cumplido: a través de Jesús se proclamó el perdón de los pecados, y a través de él todos los que lo siguieron fueron liberados de cualquier pecado que hubieran cometido,, algo que no se podría haber hecho bajo las leyes de Moisés.

Los que se encontraban en ese momento en la sinagoga invitaron a Pablo y a Bernabé a volver la semana siguiente, y muchos en la congregación siguieron a Pablo y a Bernabé y continuaron conversando con ellos. La semana siguiente, casi toda la ciudad se reunió para escucharlos hablar otra vez. Cuando los líderes religiosos vieron a la multitud, se pusieron celosos y comenzaron a debatir con Pablo y comenzaron a abusar verbalmente de él. Pablo y Bernabé respondieron con valentía: "La idea primero, era hablar con los Judíos. Pero como rechazan lo que hemos dicho y al parecer, no quieren la vida eterna, ahora hablaremos con los Gentiles. El Señor nos dijo que somos como una luz para los Gentiles, para que el mundo entero pueda ser salvado". Los Gentiles se alegraron de escuchar esto y se sintieron honrados por Dios, y allí fue cuando muchos creyeron y se convirtieron en cristianos.

A medida que las palabras de Paul se difundieron por toda la región, los líderes Judíos acordaron que hombres y mujeres muy respetables de la ciudad tenían que expulsar a Pablo y a Bernabé de la zona. Cuando ya se iban, los dos hombres se sacudieron el polvo de los pies como advertencia y se dirigieron a Iconio, una ciudad ubicada a 120 kilómetros al este.

Predicando en Iconio, Listra, y Derbe

En Iconio, Pablo y Bernabé entraron como de costumbre en la sinagoga y hablaron con tanta elocuencia que incluso muchos Judíos y Griegos llegaron a creerles. Pero como en el pasado, muchos líderes Judíos se negaron a creer y empezaron a conmover a otros y entonces los acusaron de envenenar las mentes de la gente. Pablo y Bernabé pasaron varios días en Iconio predicando con valentía y realizando señales y prodigios. La gente de la ciudad se encontraba dividida: algunos se pusieron del lado de los Judíos mientras que otros se pusieron del lado de los dos apóstoles. Se desarrolló un complot para lastimar y apedrear a los dos hombres, pero ellos se enteraron antes y decidieron huir a Listra, una ciudad a unas 32 kilómetros al sur de Iconio.

Pablo y Bernabé predicaron el evangelio en Listra y también en sus alrededores. Conocieron a un hombre que había sido cojo de nacimiento y jamás había podido caminar. Paul miró al hombre y dijo que su fe es lo que lo había hecho sanar. Cuando le dijo al hombre que se pusiera de pie, el hombre se levantó de un salto y comenzó a caminar.

Cuando la multitud se dio cuenta de lo que Pablo había hecho, gritó en el idioma local: "¡Los dioses han descendido a nosotros tomando la forma humana!" Pensaban que Bernabé era Zeus y que Pablo era Hermes. El templo de Zeus se encontraba en las afueras de la ciudad, y el sacerdote llevó toros y coronas a las puertas de la ciudad para ofrecerlos como sacrificios.

Pero los dos apóstoles les gritaron a las personas que estaban allí: "Amigos, nosotros somos humanos como ustedes. Les tenemos buenas noticias: Apártense de estos dioses inútiles y sigan al Dios viviente, el que hizo los cielos y la tierra, el mar y todo lo que existe en ellos. Hasta ahora, Dios ha dejado que todas las naciones sigan su propio camino, sin embargo, Dios todavía mostró bondad al darles lluvia y cosechas que son las que le proporcionan la comida". Pero aún así las personas querían ofrecerles sacrificios.

Algunos Judíos que habían venido de Pisidia Antioquía e Iconio empezaron a poder a la multitud en contra de ellos. Apedrearon a Pablo y lo arrastraron fuera de la ciudad, pal pensar que estaba muerto. Pero algunos discípulos se reunieron a su alrededor, y entonces Pablo se levantó y caminando regresó a la ciudad.

A la mañana siguiente, él y Bernabé partieron hacia Derbe, donde predicaron el evangelio y en ese lugar, mucha gente les creyó. Luego dieron marcha atrás por el mismo camino por donde vinieron, fortaleciendo a los discípulos en cada ciudad y animándolos a mantenerse fieles a sus nuevas creencias. Pablo y Bernabé comenzaron a nombrar a varios ancianos para cada iglesia.

Después de predicar la palabra en Perge, donde habían aterrizado por primera vez en Asia Menor, navegaron de regreso a Antioquía en Siria y les contaron a los creyentes que Vivian allí lo que había sucedido durante sus viajes como misioneros. Ellos se habían ido por dos años, y los cristianos estaban felices de escuchar que más Gentiles ahora también se habían convertido en discípulos.

El Concilio de Jerusalén

Algunos meses luego del regreso de Pablo y Bernabé, algunos discípulos vinieron de Judea para visitar la iglesia en Antioquía. Habían estado enseñando que los nuevos creyentes Gentiles tenían que ser circuncidados para en ese caso, poder ser salvados. Pablo y Bernabé no estuvieron de acuerdo y se produjo un debate. Un pequeño contingente de líderes de la iglesia en Antioquía, incluidos Pablo y Bernabé, fue a visitar a los apóstoles y ancianos en Jerusalén para conversar sobre el tema. Viajaron por Fenicia y Samaria y les contaron a los cristianos de allí cómo se estaban convirtiendo los Gentiles. Esta noticia fue un gran estímulo para los nuevos creyentes de esa zona.

Cuando el contingente llegó a Jerusalén, explicaron con detalle todo lo que Dios había hecho a través de ellos. Varios creyentes que también eran Fariseos dijeron que los Gentiles tenían que ser circuncidados pues así lo exigían las leyes de Moisés. Los apóstoles y los ancianos se reunieron para considerar este asunto. Después de mucha discusión, Pedro se dirigió a ellos.

Hermanos, saben que Dios ha permitido que los Gentiles se conviertan en discípulos y también tengan en ellos al Espíritu Santo. Dios conoce nuestro corazón y jamás discrimina entre Judíos y Gentiles; todos tenemos la capacidad de poseer una fe aceptable. ¿Por qué querríamos agregar más requisitos a los Gentiles que nos ha costado tanto seguir? ¡No! Creemos que es por la gracia de nuestro Señor Jesús que somos salvados, no importa cómo nos luzcamos. Al final, es el corazón lo que importa.

Toda la asamblea guardó silencio mientras Pablo y Bernabé contaban lo que había pasado entre los Gentiles que habían conocido en Asia Menor. Cuando terminaron de hablar, Jaime se levantó y habló:

Pedro ha descrito cómo Dios intervino por primera vez para elegir un pueblo aparte de los Gentiles. Los profetas están todos de acuerdo; Amós escribió: "Volveré y reconstruiré la tienda caída de David. Todos los pueblos del mundo buscarán al Señor, incluso los Gentiles que llevan mi nombre". Por lo tanto, no deberíamos ponérselo difícil a los Gentiles que se vuelven a Dios. En cambio, debemos escribir y decirles que no coman alimentos ofrecidos a los ídolos, que no cometan inmoralidad sexual, que no coman carne de animales estrangulados y que no beban sangre.

Los apóstoles y los ancianos se pusieron de acuerdo y escribieron una carta que enumeraba solo estos requisitos para los creyentes Gentiles que habitaban Siria y Asia Menor.

Pablo hace otro viaje

Unos meses después de esto, Pablo le dijo a Bernabé que pensaba que deberían regresar a las ciudades que habían visitado durante su viaje anterior y ver cómo les estaba yendo. Bernabé quería llevar a un discípulo llamado Marcos que estaba con ellos en ese viaje, pero Pablo no quería llevarlo porque dejó al grupo a la mitad de un viaje que estaban haciendo. Entonces decidieron separarse; Bernabé tomó a Marcos y fue con él a Chipre, y Pablo eligió ir a Silas, uno de los hombres que regresaron a Antioquía después de la reunión en Jerusalén. Pablo y Silas viajaron a través de Siria hasta Asia Menor, fortaleciendo a las iglesias a medida que avanzaban.

Pablo visitó Derbe y Listra y allí conoció a un discípulo llamado Timoteo cuya madre era una creyente Judía, pero su padre era Griego. Los creyentes de Listra e Iconio hablaron bien de él, y Pablo lo invitó a unirse a ellos durante su viaje. Timoteo fue circuncidado para complacer a los Judíos que vivían en la zona, y mientras viajaban de pueblo en pueblo, entregaron las decisiones tomadas por los apóstoles y ancianos en Jerusalén para que la gente las obedeciera. El número de creyentes creció y su fe se hizo más profunda.

Viajar a Macedonia

Mientras Pablo y Silas continuaban con sus viajes, el Espíritu Santo los guio aún más lejos de algunas regiones. Terminaron en la costa noroeste de Asia Menor en la ciudad portuaria conocida como Troas.

Mientras estaban allí, conocieron a un creyente Gentil llamado Lucas, que era médico, y quien también, comenzó a viajar con ellos. (Lucas escribió dos extensos relatos de los acontecimientos de la vida de Jesús y los viajes que hizo con Pablo. Estos relatos están incluidos en el Nuevo Testamento). Mientras estaba en Troas, Pablo tuvo una visión de un hombre de Macedonia (norte de Grecia) que le rogaba que viniera a ayudarlo. Pablo creía que esto era un llamado de Dios para visitar Macedonia, por lo que los cuatro hombres (Pablo, Silas, Timoteo y Lucas) navegaron a Samotracia y después, viajaron a Filipos, una colonia Romana y una ciudad importante ubicada en esa área de Macedonia.

Mientras estaban en Filipos, los hombres encontraron un lugar de oración junto a un río que se encontraba fuera de la puerta de la ciudad. En ese lugar conocieron a una mujer llamada Lydia, propietaria de un gran negocio en la ciudad de Thyatira ubicada también en Asia Menor. Ella adoró a Dios y respondió al mensaje de Pablo que había hecho sobre Jesús. Cuando ella y los miembros de su familia se bautizaron, pasó más tiempo con los hombres para aprender más sobre su nueva fe.

Pablo y Silas en una prisión de Filipos

Más adelante, los hombres conocieron a una esclava quien era una adivina. Ella ganó mucho dinero para sus dueños y siguió a los apóstoles por varios días, gritando: "Estos hombres son siervos de Dios El Altísimo y están diciéndole a la gente como pueden ser salvados".

Pablo se molestó tanto con ella que le dijo a su espíritu: "¡En el nombre de Jesucristo, te ordeno que salgas de ella!" En ese momento, el espíritu la abandonó inmediatamente.

Cuando sus dueños se dieron cuenta de que su fuente de ingresos había desaparecido, arrastraron a Pablo y Silas al mercado para que se enfrentaran a las autoridades Romanas locales. Dijeron que los hombres eran Judíos y que habían alborotado la ciudad al defender algunas costumbres que eran ilegales. Otros se unieron al ataque y los magistrados ordenaron que se desnudara y golpeara a ambos hombres. Después, los dos hombres fueron metidos en la celda interior de la prisión y, además, fueron atados con cadenas.

Pablo y Silas se mantuvieron orando y cantando himnos a Dios durante la noche mientras otros presos los escuchaban. De pronto, un violento terremoto sacudió la prisión. Todas las puertas de la prisión se abrieron y las cadenas de todos los presos fueron soltadas. El carcelero se despertó, y al ver que se abrían las puertas de la prisión, desenvainó su espada y estuvo a punto de suicidarse porque pensó que los presos se estaban escapando.

Pero Pablo gritó: "¡No te hagas daño! ¡Todavía estamos todos aquí! "

El carcelero se apresuró a entrar y les preguntó a Pablo y Silas qué debía hacer para ser salvado. Le dijeron: "Cree en el Señor Jesús, y tú y tu familia serán salvados". El carcelero les lavó las heridas de los golpes, los llevó a su casa y los alimentó. Él y toda su familia se bautizaron y se llenaron de gozo porque ahora ya todos creían en el Dios verdadero.

Por la mañana, los magistrados enviaron un mensaje para que pusieran en libertad pidiendo que pusieran en libertad a Pablo y a Silas. El carcelero le dijo a Pablo que podían irse en paz, pero Pablo les dijo a los oficiales que habían sido golpeados públicamente sin haber tenido un juicio, a pesar de que eran ciudadanos Romanos, y habían sido encarcelados. ¡Pero ellos no iban a irse en silencio!

Cuando los magistrados oyeron que Pablo y Silas eran ciudadanos Romanos, se alarmaron y les pidieron que se fueran de la ciudad. Pero por el contrario, Pablo y Silas fueron a la casa de Lidia y fueron animados por otros cristianos que se encontraban en el lugar.

En Tesalónica y Berea

Pablo, Silas y Timoteo dejaron Filipos y viajaron unas 150 kilómetros al oeste hasta llegar a Tesalónica, mientras que Lucas se quedó en Filipos. Fueron a la sinagoga durante tres días de reposo seguidos y allí se pusieron a explicar las Escrituras y a demostrar que Jesús era el Mesías. Algunos de los Judíos y muchos Griegos temerosos de Dios, incluidas muchas mujeres prominentes, se convirtieron en cristianos.

Pero otros Judíos estaban celosos. Como en otras ciudades, algunos hombres malvados del mercado formaron una turba y los fueron a buscar. La multitud fue a la casa de Jasón donde los apóstoles se habían alojado, pero no estaban allí. Así que la turba arrastró a Jasón y a algunos otros creyentes fuera de la casa y dijeron que negaban que César fuera el rey. Cuando los funcionarios de la ciudad oyeron esto, todos los cristianos fueron encarcelados. Después de que Jasón y los demás pagaron la fianza, fueron liberados.

Tan pronto como fue de noche, los creyentes enviaron a los tres apóstoles a la cercana ciudad de Berea, donde había otra sinagoga. Los Judíos de Berea eran más refinados que los de Tesalónica, escucharon a

Pablo con más atención y examinaron las Escrituras con atención para ver si lo que Pablo decía era cierto. Como resultado, muchos de ellos creyeron, al igual que varias mujeres Griegas prominentes y muchos hombres Griegos.

Pero cuando los Judíos de Tesalónica oyeron que Pablo predicaba en Berea, algunos de ellos fueron allí y alborotaron a la multitud contra él. Los creyentes inmediatamente enviaron a Pablo a la costa, pero Silas y Timoteo se quedaron en Berea. Pablo fue escoltado a Atenas y dejó instrucciones a Silas y Timoteo para que se reunieran con él tan pronto como pudieran.

En Atenas

Mientras Pablo esperaba a Silas y Timoteo en Atenas, se horrorizó al ver que la ciudad estaba repleta de ídolos. Esto resonó en la sinagoga tanto con los Judíos como con los Griegos temerosos de Dios y también fue al mercado otros en otras ocasiones para hablar con cualquiera que quisiera escucharlo. Un grupo de filósofos epicúreos y estoicos comenzaron a debatir con él. Algunos de ellos preguntaron: "¿De qué está balbuceando este hombre?" Otros decían: "Parece que está abogando por otros dioses".

Pablo fue invitado a explicar sus enseñanzas en una reunión del Areópago (un consejo que se reunió en una colina con vistas a Atenas, donde la gente se sentó a hablar y a discutir algunas nuevas ideas). Paul se paró frente al Areópago y dijo: "¡Gente de Atenas, veo que todos ustedes son muy religiosos! Caminé y pude observar una gran cantidad de objetos de adoración. Incluso encontré un altar que decía: 'A UN DIOS DESCONOCIDO'. Así que no sabes exactamente lo que adoras. Esto es lo que te explicaré a continuación".

Pablo razonó directamente con los filósofos Griegos, pero no mencionó ninguna de las escrituras Hebreas. Dijo que el Dios que hizo el mundo y todo lo que hay en él no necesitaba vivir en templos construidos por manos humanas y no se parecía en nada a las imágenes de oro o plata hechas por los humanos. Si bien Dios había pasado por alto tal grado de ignorancia, Dios en este momento ordenó a todas las personas en todas partes que se arrepintieran, porque algún día Dios los iba a juzgar a todos. Pablo estaba tratando de que sus oyentes pasaran de una visión politeísta de Dios, a la creencia de que solo había un Dios verdadero.

Cuando mencionó la resurrección de los muertos, algunos en la audiencia se burlaron, sin embargo, otros dijeron: "Queremos que nos hable otra vez sobre todo esto". En ese momento, Paul abandono el concilio. Algunas de las personas que escucharon a Pablo en Atenas se convirtieron en creyentes.

En Corinto

Pablo salió de Atenas y se dirigió a Corinto, una ciudad portuaria a unas 50 kilómetros al oeste que tenía mala fama por su comportamiento inmoral. Conoció a un Judío llamado Aquila que había llegado recientemente de Italia con su esposa Priscila porque a todos los Judíos que estaban en Roma se les había ordenado que se fueran. Pablo trabajó y se quedó con Aquila y Priscila, que eran hacedores de tiendas. (Luego, Pablo ganó dinero para pagar sus gastos de viaje construyendo y vendiendo tiendas de campaña). Cada sábado, Pablo hablaba en la sinagoga y trataba de persuadir a Judíos y Griegos para que se convirtieran en cristianos. Cuando Silas y Timoteo llegaron finalmente de Macedonia, Pablo pudo dedicarse exclusivamente a la predicación. Varios líderes Judíos creyeron en el Señor y fueron bautizados.

Una noche, Pablo tuvo otra visión en la que Dios le decía que se quedara en Corinto ya que allí iba a estar a salvo allí. Así que Pablo se quedó en Corinto durante un año y medio mientras enseñaba a los nuevos creyentes. Evitó meterse en problemas con los Judíos de Corinto que querían matarlo porque Galión, el líder Romano en la ciudad, no impidió que Pablo predicara allí.

Cuando llegó el momento de salir de Corinto, Pablo y los demás navegaron a través del mar Egeo hacia Éfeso, acompañados por Priscila y Aquila. Pablo pasó un tiempo en la sinagoga conversando con los Judíos. Cuando le pidieron que se quedara más tiempo, se negó, pero dijo que haría lo posible por regresar otra vez. Dejó a Aquila y Priscila en Éfeso, luego navegó de regreso a Cesarea y fue a Jerusalén para dar un informe sobre sus viajes. Luego regresó a Antioquía en Siria.

Pablo realiza un tercer viaje

Luego de permanecer un tiempo en Antioquía, Pablo hizo un tercer viaje por Asia Menor y logro visitar varias ciudades, algunas de las cuales había estado antes, para fortalecer a los discípulos. Visitó las ciudades de Tarso (donde creció), Derbe, Listra, Iconio y Éfeso. Posteriormente su viaje continuó dirigiéndose a Grecia.

Éfeso

Pablo estaba ansioso por regresar a Éfeso, ya que era una ciudad importante en la costa occidental de Asia Menor. Priscila y Aquila habían estado enseñando en la ciudad y Se sintieron felices cuando Pablo llegó. Le contaron a Pablo acerca de un erudito Judío llamado Apolos que había estado predicando con eficacia allí y enseñando acerca de Jesús de forma bastante exacta. Apolos sabía sobre el bautismo de arrepentimiento usando agua, pero no sabía nada sobre el bautismo del Espíritu Santo. Priscilla y Aquila dedicaron tiempo a ayudarlo a mejorar su enseñanza y también a apoyar a todos los cristianos. Antes de que llegara Pablo, Apolos había dejado Éfeso para predicar y enseñar en Grecia y apoyar a los cristianos que se encontraban en esa ciudad.

Cuando Pablo llegó a Éfeso, hizo lo que todo el tiempo hacia: fue a la sinagoga a predicar primero a donde los Judíos. Allí habló con valentía durante tres meses y argumentó de manera persuasiva todo lo relacionado con el Reino de Dios. Pero algunos Judíos no creyeron y difamaron públicamente a el Camino, el movimiento que había surgido. Así que Pablo salió de las sinagogas y se llevó a algunos discípulos con él y pasó dos años dando conferencias en el salón de Tyrannus en Efeso. Todos los que vivían en esa región de Asia escucharon el mensaje de Pablo que hablaba sobre El Señor. Dios también realizó milagros increíbles a través de Pablo. Cuando los pañuelos y los delantales que lo habían tocado fueron llevados a los enfermos, los enfermos fueron sanados y los espíritus malignos los abandonaron.

Algunos hombres Judíos que estaban relacionados con el sumo sacerdote intentaron expulsar a los espíritus malignos utilizando el nombre de Jesús, como si el nombre fuera algo así como una palabra mágica. Decían: "En el nombre de Jesús a quien Pablo predica, te ordeno que salgas de ese cuerpo".

Un día, un espíritu maligno respondió a la orden que él le dio diciendo: "Conozco a Jesús y conozco a Pablo, pero ¿quién eres tú?" El hombre que tenía el espíritu maligno saltó sobre ellos y les dio a todos, una paliza tan fuerte, que salieron corriendo de la casa desnudos y sangrando.

Cuando los Judíos y Griegos que vivían en Éfeso se enteraron de esto, todos empezaron a sentir miedo. Muchos de los nuevos creyentes confesaron abiertamente sus pecados, y otros que habían practicado de forma abierta la hechicería, quemaron sus pergaminos de forma pública (los pergaminos valían el salario diario de 50.000 hombres). Como resultado, las noticias acerca del Señor, se siguieron difundiendo.

Las enseñanzas de Pablo llegaron a provocar una crisis económica en Éfeso. Un platero llamado Demetrio que hizo santuarios de plata de Artemisa (la diosa de la fertilidad local) trajo muchos negocios que beneficiaban a los artesanos de la ciudad. Reunió a los trabajadores y les dijo que las enseñanzas de Pablo, había hecho que muchos de sus negocios se esfumaran. Pablo había influido en toda la provincia al decir que los dioses hechos por las manos de los humanos, no eran dioses en lo absoluto. Esto puso en peligro sus oficios y, además, desacreditó a Artemisa. Los artesanos se enfurecieron cuando se dieron cuenta de esto. Comenzaron a gritar: "¡Grande es Artemisa de los Efesios!"

Pronto toda la ciudad se convirtió en un alboroto total. La gente se apoderó de Gayo y Aristarco, los compañeros de viaje de Pablo de Macedonia, y todos juntos se dirigieron al teatro. Pablo quería hablar con la multitud, pero los discípulos no lo dejaron hacerlo. Algunos de los amigos de Paul que eran funcionarios del gobierno de la provincia le rogaron que no entrara al teatro.

La multitud en el teatro abarrotado estaba realmente fuera de control. Había miles de personas allí y todos estaban gritando, aunque la mayoría de la gente ni siquiera sabía por qué estaban allí. Los Judíos que estaban en la multitud, empujaron a uno de sus líderes al frente, quien hizo un gesto de silencio para poder hablar con las personas que estaban allí. Pero cuando la multitud se dio cuenta de que era Judío, todos corearon en voz alta al unísono durante casi dos horas: "¡Grande es Artemisa de los Efesios!"

Al final, el secretario de la ciudad calmó a la multitud recordándoles que todos sabían que Éfeso era el guardián del templo de Artemisa y que su imagen había caído del cielo. (Un meteorito que se parecía a una hembra de múltiples pechos había caído en ese lugar). La gente debe calmarse y no hacer nada que fuera precipitado. Demetrius y sus compañeros artesanos tenían derecho a llevar su agravio a los tribunales y luego tenían la posibilidad de presentar cargos. Después de que el empleado dijo esto, les dijo a todos que volvieran a sus asuntos o que sino, se fueran a sus casas.

Viajes adicionales

Cuando terminó el alboroto, Pablo dejó la ciudad y se dirigió a Macedonia y Grecia con algunos de sus discípulos. Dirigió palabras de aliento a la gente a lo largo del camino y permaneció en la región por el transcurso de varios meses. En varias ciudades, los Judíos conspiraron contra él, por lo que tuvo que hacer cambios en sus planes. Lo acompañaron creyentes de muchas ciudades donde no solo había predicado, sino que también enseñado. Quería regresar a Jerusalén para Pentecostés, por lo que visitó otras ciudades e islas Griegas mientras navegaba de regreso. No sabía qué pasaría cuando regresara a Jerusalén, aunque estaba convencido de que la prisión y muchas dificultades más estaban claros en su futuro. Pero sabía que nunca volvería a ver a muchos de todos esos que le seguían. Les advirtió que se avecinaban tiempos difíciles y falsos maestros, por lo que debían estar siempre en guardia.

El tercer viaje misionero de Pablo a la región duro alrededor de tres años. En lugar de ser una carga para los que visitaba, confeccionó y vendió tiendas de campaña mientras enseñaba y realizaba debates. Él modeló la confianza en la humildad y el servicio, tal como lo había hecho Jesús. Les recordó a los discípulos que estaban en la región lo que Jesús había mencionado: "Es mejor dar que recibir". (Las rutas que tomó Paul durante sus viajes se encuentran en los mapas al final de este libro).

Capítulo 22
De Jerusalén A Roma
Paul usa su ciudadanía para hacer otro viaje

En el momento en que Pablo y sus compañeros de viaje regresaron a Palestina, un profeta de Judea dijo que el Espíritu le reveló que Pablo sería arrestado y entregado a los Gentiles en la ciudad de Jerusalén. Todos trataron de convencer a Pablo de que mejor no fuera, pero él dijo que estaba listo para ser arrestado e incluso morir si eso lograba que el movimiento cristiano creciera.

Cuando Pablo y su séquito llegaron a Jerusalén, se reunieron con la iglesia y contaron con gran detalle todo lo que había sucedido durante los viajes que habían hecho a Asia, Macedonia y también a Grecia, incluido lo que Dios había hecho entre los Gentiles. Los líderes de la iglesia alabaron a Dios y le dijeron a Pablo que miles de Judíos se habían convertido en creyentes en Palestina.

Pablo es arrestado en Jerusalén

Cuando Pablo llegó al templo, algunos Judíos de una provincia de Asia lo reconocieron y lo acusaron de falsas enseñanzas y de permitir la entrada de Griegos al templo. Esta acusación no era cierta, pero la ciudad se despertó. La gente vino corriendo de toda la ciudad y arrastró a Pablo fuera del templo y entonces trataron de matarlo. Al comandante de las tropas Romanas le llegaron noticias de que en Jerusalén se estaban provocando disturbios, y entonces se decidió a enviar soldados para calmar a la multitud. Cuando los alborotadores vieron a los soldados, dejaron de golpear a Pablo.

El comandante Romano arrestó a Pablo, lo encadenó y le preguntó quién era y qué es lo que había hecho. La gente de la multitud gritó diferentes acusaciones y por esa razón el comandante no pudo determinar la verdad. Entonces Pablo fue enviado al cuartel, y mientras él se dirigía hacía allá, la multitud estaba tan enojada que Pablo tuvo que ser llevado escoltado por los soldados. La multitud que lo seguía, estaba gritando para que se deshicieran de él.

Cuando los soldados se acercaron al cuartel, Pablo le pidió permiso al comandante para hablarle a la multitud. El comandante se sorprendió de que Pablo pudiera hablar Griego (por eso, el comandante pensó que Pablo era un terrorista egipcio). Pablo dijo que era Judío de Tarso y entonces allí obtuvo el permiso para dirigirse a la multitud. Hablando desde los escalones del cuartel, pidió que se hiciera silencio y comenzó a hablar en Arameo, lo que permitió que la multitud se calmara aún más.

Pablo explicó sus antecedentes y cómo había estudiado las Escrituras mientras vivía en Jerusalén. Tenía tanto celo por Dios como lo tenían ellos y él también había perseguido a los seguidores del Camino, en algún momento. También hablo sobre lo que le sucedió en su viaje a Damasco. Cuando le contó a la multitud cómo había sido enviado a los Gentiles, la gente comenzó a gritarle de nuevo y le dijeron que debería ser asesinado.

Al ver que la conmoción en el lugar había comenzado de nuevo, el comandante ordenó a Pablo que ingresara al cuartel para ser azotado e interrogado. Mientras los soldados se preparaban para azotarlo, Pablo le dijo al soldado que iba en la cabeza del grupo: "¿Es legal que azotes a un ciudadano Romano que aún no ha sido en realidad declarado culpable?"

El soldado fue inmediatamente al comandante y le dijo que Pablo era un ciudadano Romano. Entonces, Pablo fue llevado ante el comandante y le explicó cómo porque es que había nacido como ciudadano Romano. (Algunas personas habían comprado su ciudadanía Romana). El comandante se alarmó e inmediatamente detuvo el interrogatorio.

Pablo se dirige al Sanedrín

El comandante quería saber por qué los Judíos habían hecho acusaciones contra Pablo. Soltó a Pablo y ordenó a los principales sacerdotes y al Sanedrín que se reunieran para que Pablo pudiera presentarse ante ellos. Pablo se dirigió al Sanedrín, él ya sabía que algunos de ellos eran Saduceos y otros Fariseos. Comenzó diciendo: "Soy Fariseo y bajé de los Fariseos. Estoy ante ustedes hoy por mi esperanza en la resurrección de los muertos".

Cuando dijo esto, estalló un altercado entre los Saduceos, que simplemente no creían en la resurrección ni en los ángeles ni espíritus, y los Fariseos que si creían en todas estas cosas. Algunos Fariseos se pusieron de pie y argumentaron que Pablo no había hecho nada malo. La disputa se volvió tan violenta que el comandante temió que mataran a Pablo allí mismo. Entonces ordenó a los soldados que llevaran a Paul de regreso al cuartel.

El complot para matar a Pablo

Esa noche, el Espíritu le dijo a Pablo: "¡No te preocupes! Como ha hablado de mí aquí en Jerusalén, de la misma forma debes de hablar de mi aquí en Roma". Mientras tanto, más de 40 Judíos formaron una conspiración y prometieron no comer ni beber hasta que pedro estuviera muerto. En la mañana, pidieron a los principales sacerdotes y a los ancianos que le solicitaran al comandante que llevara a Pablo nuevamente ante el Sanedrín para que se pudiera explorar su caso con aún más detalle. Los Judíos planearon matarlo en el momento en que iba a la reunión.

Pero por suerte el sobrino de Pablo se enteró del complot y se lo contó todo a él. Pablo hizo que su sobrino le contara al comandante sobre el complot. Esa noche, el comandante hizo sacar a Pablo del cuartel y lo transfirió al cuidado del gobernador Félix en Cesarea bajo la protección de alrededor de 470 soldados. Los Judíos tendrían que ir a Cesarea para continuar con toda su investigación.

Juicios ante oficiales Romanos

Cinco días después, un grupo de Judíos de alto rango fueron a Cesarea y presentaron cargos contra Pablo ante el gobernador. Un abogado llamado Tértulo le explicó a Félix que Pablo era un alborotador y había provocado disturbios entre los Judíos alrededor del mundo. Otros Judíos realizaron más acusaciones en contra de Pablo.

Después de que los Judíos expusieron su caso, llegó el turno de Pablo para defenderse y hablar. Le explico a Félix que había adorado en Jerusalén y que no discutió con nadie en el templo ni provocó a las multitudes que estaban en la ciudad. No había pruebas que respaldaran las acusaciones, pero admitió ser un seguidor del Camino, al que los Judíos llamaban como una secta. Félix conocía bien el Camino y puso fin a los procedimientos hasta que pudo escuchar al comandante. Pablo se mantuvo bajo vigilancia, pero se le dio algo de libertad y se le permitió que sus amigos se ocuparan de todas las cosas que necesitara.

Félix llamó a Pablo para que hablara con él en varias ocasiones, esperando que Paul le ofreciera algún tipo de soborno. Pero Pablo solo habló de justicia y dominio propio y del juicio venidero. Félix dejó a Pablo en prisión durante dos años y al final fue reemplazado por Porcio Festo.

El juicio de Pablo ante Festo

Tres días después de haber llegado a la provincia, Festo fue a Jerusalén y escuchó las acusaciones que los Judíos habían hecho contra Pablo. Le pidieron a Festo que trasladara a Pablo de regreso a Jerusalén (estaban preparando una emboscada para así matarlo en el camino). Pero Festo dijo que quería que Pablo fuera juzgado en Cesarea, y allí, los Judíos iban a tener que presentar su caso en contra de Pablo.

Cuando todos estaban en Cesarea, Festo escuchó todo acerca del caso. Los Judíos intentaron intimidar a Pablo, pero no pudieron probar ninguna de sus acusaciones. Pablo se defendió y dijo que no había violado la ley Judía ni había hecho nada que fuera en contra del César. Festo le preguntó a Pablo si estaba dispuesto a ser juzgado en Jerusalén. Pero Pablo apeló para que César juzgara su caso. Después de que Festo consultó con su consejo, le dijo a Pablo: "¡Has apelado al César, así que irás directo al César!"

Festo consulta al rey Agripa

Unos pocos días después, el rey Agripa llegó a Cesarea para presentar a Festo sus respetos hacía el nuevo gobernador. Festo discutió el caso de Pablo con el rey y le dijo que no sabía qué hacer. El rey vio a Pablo al día siguiente junto a muchos oficiales militares de alto rango y hombres prominentes de la ciudad. Festo les dijo a todos que la comunidad Judía quería matarlo, aunque en realidad él no había hecho nada malo. Pablo había apelado al emperador, por lo que Festo lo estaba enviando a Roma. Pero no sabía qué escribir sobre el caso. Necesitaba el aporte de todos para ayudarlo a determinar qué debería decidir hacer sobre los cargos que se le estaban imputando a Paul.

El rey Agripa hizo que Pablo hablara y que, además, de defendiera. Pablo les explicó a todos que era Fariseo y que lo que Dios había prometido a los Judíos se había cumplido a cabalidad. La razón por la que los Judíos estaban en su contra era porque él creía que Jesús era el Mesías y que, además, había resucitado de entre los muertos. Inicialmente, se había opuesto al movimiento del Camino y había arrestado a los discípulos de Jesús, pero con el tiempo el mismo había llegado a comprender que todo lo que se decía de Jesús era verdad. Les contó a los que estaban en la habitación lo que le había sucedido en el camino a Damasco y que Dios quería que predicara a los Gentiles, no solamente a los Judíos, "para abrirles los ojos y convertirlos de las tinieblas a la luz, del poder de Satanás a Dios, para que puedan recibir el perdón de los pecados y un lugar entre los santificados por su fe en Dios". Todo esto hizo que los líderes Judíos se enojaran tanto que quisieron matarlo. Pero Dios lo había protegido.

El rey conocía bien las costumbres y controversias Judías, por lo que entendió lo que Pablo había dicho. Después de que Pablo terminó de hablar, el rey le dijo a Festo y a los demás que Pablo no había hecho nada malo. Si no hubiera apelado a César, Paul podría haber sido puesto en libertad.

Pablo navega a Roma

Pablo y algunos otros prisioneros fueron entregados a un centurión para que los llevaran navegando a Italia. Algunos de los amigos de Paul lo acompañaron, entre ellos venía Lucas. Navegaron al norte de Chipre y al sur de Creta para evitar los vientos e hicieron varias paradas en el camino. Los vientos otoñales del norte se hicieron más fuertes, y Pablo advirtió al centurión a cargo que era peligroso continuar el resto del camino; ya que el barco podría destruirse. Pero el centurión siguió el consejo del capitán del barco, quien era el dueño del barco. No había un buen puerto en donde atracar, por lo que continuaron su camino, con la esperanza de llegar al puerto seguro de Phoenix, a unas 80 kilómetros al oeste.

Mientras navegaban hacia Phoenix, el suave viento del sur se empezó a convertir en fuertes vientos huracanados que venían del norte. El barco fue conducido hacia el sur y no pudo avanzar hacia ningún puerto que fuera seguro. El barco se estaba esforzando por el viento y las fuertes olas, por lo que se enrollaron cuerdas alrededor del barco para así poder mantenerlo unido. Los hombres del barco arrojaron la carga por la borda para aligerar la carga mientras la tormenta continuaba con toda su fuerza. Varios días después, la tripulación arrojó todos los aparejos del barco por la borda. La tormenta continuó durante muchos días y el barco se quedó a la deriva sin poder hacer nada. Todo el mundo estaba mareado y nadie era capaz de comer, y todos estaban seguros de que iban a morir allí.

Pablo se puso de pie ante todos los que estaban en el barco y les dijo que no perdieran la esperanza. Dijo que un ángel de su Dios le dijo que él tenía que ser juzgado ante César y que todos a bordo iban a sobrevivir, sin embargo, el barco iba a ser destruido cuando encallara en una isla desconocida.

El barco continuó navegando hacia el oeste a través del mar Mediterráneo. Durante la oscuridad de la noche, los marineros sintieron que se estaban acercando a tierra. Midieron la profundidad del mar y se dieron cuenta que había pasado de 120 pies a 90 pies en poco tienen cuestión de poco tiempo. Para evitar que se estrellaran contra las rocas que aún no eran capaces de ver, soltaron todas las anclas desde la parte trasera del barco y rezaron porque al fin se hiciera de día. Algunos marineros intentaron escapar en el bote salvavidas, pero Pablo le dijo al centurión que todos debían quedarse en el barco para que todos pudieran vivir. Esta vez el centurión lo escuchó y los soldados cortaron las cuerdas que sujetaban el bote salvavidas y lo dejaron ir a la deriva.

Un rato antes del amanecer, Pablo les instó a todos a que comieran. La tormenta había durado 14 días y todos estaban débiles, por lo que necesitaban su fuerza para sobrevivir. Pablo tomó un poco de pan y dio gracias a Dios delante de todos y comenzó a comer. Animados por el ejemplo de Pablo, los demás empezaron a comer también. Había 276 personas en el barco y todos comieron toda la cantidad de comida que quisieron. Cuando terminaron, tiraron el resto de la comida al mar para quitarle peso al barco.

Arribando en Malta

Cuando al fin amaneció, nadie reconoció la tierra. Vieron una bahía con una playa de arena y decidieron encallar el barco en la playa si podían. Soltaron las anclas y desataron las cuerdas que sujetaban los timones. Izaron una vela en la parte delantera del barco y entonces se dirigieron hacia la playa. Pero en ese momento, el barco chocó contra un banco de arena y encalló. La proa estaba atascada y no se movía, y el fuerte oleaje rompió el barco en varios pedazos.

Los soldados planeaban matar a los prisioneros para evitar que se alejaran nadando y que de esa forma escaparan, pero el centurión quería salvarle la vida a Pablo y además quería evitar que los soldados les hicieran daño a los prisioneros. Ordenó a los que sabían nadar que saltaran por la borda primero y que nadaran hasta tierra firme. El resto debía aferrarse a cualquier cosa que flotara hasta que fueran capaces de llegar a tierra.

Todos llegaron a salvo a la costa y descubrieron que a donde habían llegado era la isla de Malta. Los isleños mostraron a todos desde el barco una amabilidad inusual mientras la lluvia fría los golpeaba con fuera en la playa. En ese momento, Pablo fue mordido por una serpiente venenosa mientras encendía una fogata en la playa. Los isleños vieron la serpiente colgando de su mano y dijeron que él era un asesino, diciendo que, aunque escapó del mar, la diosa de la Justicia no le había permitido sobrevivir. Pero Paul arrojó la serpiente al fuego y no resultó ni siquiera herido. La gente esperaba que se hinchara o que muriera de inmediato, pero después de mucho tiempo, A Pablo no le sucedió absolutamente nada. Así que los isleños cambiaron de opinión y dijeron que efectivamente, él era un dios.

Cerca de la playa había una finca que pertenecía al principal funcionario de la isla. Dio la bienvenida a las víctimas del naufragio en su casa y les mostró una generosa hospitalidad que duro por tres días más. El padre del funcionario de la isla estaba enfermo en cama, y cuando Pablo oró por él y le impuso las manos, fue de inmediato sanado. Otros en la isla se enteraron de lo sucedido, y el resto de los enfermos de la isla vinieron y fueron curados por Paul.

Pablo predica en Roma bajo guardia

Luego de que Pablo y los demás estuvieron en Malta por alrededor de tres meses, navegaron a Siracusa en Sicilia y permanecieron durante allí tres días. Desde allí navegaron a Puteoli y luego viajaron por tierra hasta Roma. Los cristianos de la zona escucharon que venían Pablo y sus amigos y se encontraron con ellos en el camino. Cuando llegaron a Roma, a Pablo se le permitió vivir solo pero siempre tenía a un soldado al lado, que lo custodiaba.

Después de su llegada a Roma, Pablo se reunió con los líderes Judíos locales. Les explicó por qué estaba allí; ninguno de ellos había escuchado lo que había sucedido en Jerusalén. Querían saber qué tenía que decir sobre el Camino porque todo el mundo estaba hablando en contra de ellos.

Pablo se reunió con un gran número de Judíos que vivían en Roma. Habló sobre el reino de Dios, y al relacionarlo con la Ley de Moisés y lo que dijeron los profetas, trató de persuadirlos en cuanto a Jesús. Algunos estaban convencidos, pero otros sencillamente no le creían. Pablo terminó citando al profeta Isaías:

> Ve a esta gente y diles: "Seguirás escuchando, pero no entenderás; Seguirás viendo, pero no percibirás. Porque el corazón de la gente se ha vuelto insensible, sus oídos apenas pueden oír y se les han cerrado los ojos". Por ende, la salvación de Dios se envio a los Gentiles ¡ellos si escucharán!

Pablo permaneció en esa casa que alquilaba por alrededor de dos años mientras estuvo preso y allí recibió a todos los que llegaban a visitarlo. Él había escrito una carta muy larga (mediante una forma privada de literatura conocida como "epístola") a los creyentes en Roma cuando viajaba por Grecia, por lo que los creyentes en Roma sabían todo sobre él. (Esta carta está incluida también en el Nuevo Testamento). Pablo siguió enseñando con valentía sobre el reino de Dios y también sobre Jesús el Mesías, y nadie fue capaz de detenerlo. Envió cartas de aliento a los creyentes y sus líderes en muchas ciudades que había visitado en Asia Menor, y también en Macedonia y Grecia. En esas cartas, proporcionó más instrucciones a las iglesias, tal como les había escrito durante sus viajes y tiempo en Palestina, antes de llegar a Roma.

(Pablo fue liberado finalmente del arresto domiciliario en el 62 DC y continuó predicando y enseñando en varias partes del sur de Europa y también Creta. Fue encarcelado nuevamente en Roma y fue martirizado durante el reinado de Nerón alrededor del 68 DC Su ministerio duró más o menos 32 años).

Capítulo 23
Carta De Pablo A Los Creyentes
Las nuevas iglesias reciben aliento e instrucción

En el transcurso de su largo ministerio, Pablo escribió cartas a las iglesias del sur de Europa y Asia Menor y a algunos líderes cristianos que se encontraban en la región. También les escribió cartas a los creyentes de Roma, Corinto, Tesalónica, Filipos, Éfeso, Colosas (una ciudad cercana a Laodicea) y las ciudades de la región de Galacia (Antioquía de Pisidia, Iconio, Listra y Derbe). También hizo lo mismo con líderes cristianos en varias ciudades, como, por ejemplo: Timoteo en Éfeso, Tito en Creta y Filemón en Colosas. Se cree que Pablo también pudo haber sido el autor, o coautor con Bernabé, de un extenso tratado para los Judíos (el libro de Hebreos se resume en el capítulo siguiente).

Las letras en ese momento se escribían en hojas de papiro que tenían un tamaño similar al de las hojas de papel que se utilizan hoy en día. Casi todo el tiempo, solo se utilizaba una hoja para cada carta que se hacía. Cuando se escribieron letras más largas, se conectaron entre sí en los bordes y después eran enrolladas, formando así un pergamino. En algunas ocasiones, los escribas profesionales escribían las cartas mientras el autor, las iba dictando. Las cartas más largas probablemente requirieron ser hechas por varios escribas, y es posible que los autores hayan realizado algunas ediciones a lo largo del camino.

Las cartas generalmente iniciaban con un saludo que incluía el nombre del destinatario y también el de la persona que había escrito la carta. Las cartas solían terminar con algún tipo de despedida y en ocasiones incluían saludos a otras personas que el autor de la misma, conocía de alguna manera. Otras veces, una carta terminaba con la firma del autor para ayudar a eliminar cualquier intento de falsificación. No se incluyeron las fechas y las cartas se entregaron utilizando viajeros conocidos por ambas partes.

Todos los conceptos teológicos, las enseñanzas éticas y los consejos prácticos constituían generalmente el contenido principal de las cartas que Pablo enviaba. Describió e interpretó las enseñanzas y acciones de Jesús, y discutió sus implicaciones para todos los que eran creyentes. También siempre proporciono aliento a los destinatarios en especial a aquellos que estaban pasando por dificultades sobre todo relacionadas a su nueva fe. Pablo escribió un sinnúmero de cartas largas que incluían muchos conceptos teológicos mientras aclaraba y defendía la fe utilizando argumentos de tipo legal.

Este capítulo es un resumen de todas las principales cartas que Pablo escribió en el orden en que probablemente fueron escritas ya sea a las iglesias o a las personas.

Carta a los Gálatas

Una de las primeras cartas que Pablo escribió fue dirigida a las iglesias que tuvo la oportunidad de visitar en Galacia. Abordó controversias sobre cómo se podía identificar a un cristiano. Los Gentiles se habían unido a la iglesia, y algunos Judíos creían que debían cumplir con todas las reglas del Judaísmo, incluidas sus restricciones dietéticas, así como la circuncisión, los sacrificios y la separación de ellos con otras personas que no compartían sus mismas creencias. En el pasado, los Gentiles que se convertían al Judaísmo tenían por fuerza que seguir las leyes de Moisés. Sin embargo, la mayoría de los Gentiles que se estaban convirtiendo en cristianos no querían convertirse al Judaísmo además de seguir a Jesús, y muchos estaban empezando a dejar la iglesia. ¿Qué fue lo que motivo a que la gente se hiciera cristiana? ¿Estaba siguiendo solo los caminos de Jesús, o también debían de seguir los caminos del Judaísmo?

Pablo usó sus propias experiencias para llegar a la conclusión de que con solo que la gente siguiera a Jesús, era suficiente. La gracia de Dios no le llegó porque era un Fariseo devoto que obedecía solamente a las leyes Judías. Pablo sabía que Pedro se había asociado con los Gentiles y que los alimentos "inmundos" eran ahora comestibles para los cristianos. Pedro aprobó que Pablo predicara con los Gentiles y enfatizó sobre la necesidad de continuar ayudando a los pobres. Pablo aceptó a todos porque Dios nunca había demostrado favoritismo hacia los Judíos. A continuación, está la esencia de su argumento:

Una persona no es justificada (declarada justa y además aceptable a Dios) por realizar las obras bajo las leyes, sino que, por tener fe en Jesús, el Cristo. Nadie puede ser justificado solo porque cumple la ley. Morí ante las leyes para poder vivir para Dios. Morí con Cristo y me convertí en una nueva persona porque él ahora vive en mí. Vivo por la fe en el Hijo de Dios que me amó y se entregó a sí mismo, todo por mí. Si la justicia podía obtenerse por medio de la ley, entonces Cristo murió en vano. La ley nos mantuvo unidos hasta que Jesús vino y nos salvó; tener la ley probaba que no siempre podíamos mantener las leyes guardadas. Por lo tanto, no hay obligación de seguir las leyes; estamos libres de seguir siendo esclavos de la ley. No hay Judío ni Gentil, ni esclavo ni libre, ni hay hombre ni mujer; todos son uno ante el Señor. Los no Judíos fueron adoptados por la familia de Dios; aquellos que creen y obedecen a Jesús son parte de la simiente de Abraham y herederos de todas las promesas de nuestro Dios. Los puntos de vista legalistas del evangelio son perversiones de la verdad y de alguna forma, son una forma de esclavitud.

Pablo siguió esta enseñanza recordándole a sus lectores que no ignoraran la ley ni que tampoco pensaran que algo como la inequidad era aceptable. El estar libre de las leyes, no significaba que se tenía libertad para pecar. Más bien, los cristianos deben ser guiados por el espíritu de Dios y jamás participar en actos inmorales. Los cristianos deben amarse y servirse unos a otros con humildad, porque cualquier ley está resumida en un solo mandamiento: "Ama a tu prójimo como te amas a ti mismo".

Manténganse alejados de los actos de la carne, tales como: La inmoralidad sexual, la impureza y libertinaje; idolatría y brujería; el odio, la discordia, los celos, los arrebatos de rabia, la ambición egoísta, las disensiones, facciones y la envidia; todas las borracheras, orgías y todas las cosas parecidas. Pero el fruto del Espíritu es amor, gozo, paz, paciencia, benignidad, bondad, fidelidad, mansedumbre y también, dominio propio. No existe ley contra tales cosas. Si alguien se ve atrapado en un pecado, hay que recuperar a la persona con suavidad. Ayudemos a llevar las cargas de los demás, no comparen sus actos con los actos de los demás y no se cansen de hacer el bien a todas las personas, especialmente a todos los otros que son creyentes como ustedes.

Cartas a los Tesalonicenses

También Pablo escribió dos cartas a los creyentes en Tesalónica, la cual era la gran ciudad capital de Macedonia, e incluyó a Silas y Timoteo aparecen como coautores de las cartas. Ambas cartas fueron escritas desde Corinto un tiempo después de que los Judíos enojados, expulsaran a los tres hombres de la ciudad. La iglesia en Tesalónica estaba compuesta principalmente por Gentiles, y Timoteo les había dicho a Pablo y Silas lo bien que se encontraba la iglesia.

En la primera carta, los autores felicitaron a los creyentes por haberse convertido y por su progreso en lo que respectaba a la fe. La fidelidad de la iglesia a la fe durante la persecución fue un ejemplo para las iglesias de otras ciudades como por ejemplo de Macedonia y Grecia. Había tres palabras importantes, fe, amor y esperanza, las cuales aparecen al principio de la carta. La fe produjo buenas obras, el amor impulsó obras de bondad y misericordia, y la esperanza generó determinación y perseverancia en especial en los tiempos difíciles. Los autores también exhortaron a los creyentes con instrucciones prácticas sobre cómo vivir sus vidas.

Es importante evitar la inmoralidad sexual y hay que compórtese de manera santa y honorable. Llevar una vida tranquila y ocuparse de tus propios asuntos. Trabaje para que durante su vida se gane el respeto de los forasteros y no dependa de nadie más. Vivan en paz unos con otros. Amonesten a los ociosos y perturbadores, y hay que animar a los deprimidos, ayudar a los débiles y tener paciencia con todos. Hay que asegurarse de que nadie pague mal por mal, y esforzarse por siempre por hacer lo que es bueno para los demás. Trata de alegrarte siempre, nunca dejes de orar y da gracias en cada situación que se te presente.

La segunda carta que Pablo escribió, es más corta, y fue escrita poco después de que escribió la primera. En ese momento, la iglesia estaba sufriendo una gran persecución, y algunos en la iglesia creían que era una señal de que Jesús regresaría a la tierra más pronto que tarde. Los falsos profetas reforzaron este punto de vista porque muchos cristianos habían sido asesinados. La primera carta de Pablo animaba a los creyentes a estar atentos a Jesús y a la resurrección de los muertos, lo que puede haber aumentado su creencia de que el regreso de Jesús era básicamente inminente. Como resultado, algunos creyentes comenzaron a dejar sus trabajos.

Pablo explicó que Jesús no regresaría pronto y que tal vez eso no iba a suceder por un largo tiempo. Explicó que el momento en que Jesús regresaría era desconocido, por lo que la gente necesitaba trabajar y continuar haciendo su vida normal. Era importante para los creyentes trabajar duro y jamás representar una carga para los demás, tanto como los tres hombres se habían ocupado de sus propias necesidades cuando estaban en la región. Dios castigaría a los malvados en el momento en que estaba señalado.

Cartas a los Corintios

Pablo escribió en total tres cartas a los creyentes de Corinto, pero la primera se perdió, por lo que, al día de hoy, se desconoce que contenía. En su segunda carta (conocida como Primera a los Corintios), Pablo respondió a las preguntas en una carta que la iglesia le había enviado con anterioridad. Corinto era una ciudad portuaria bastante difícil la cual estaba llena de muchas tabernas y prostitutas, y por eso, la iglesia estaba pasando apuros. La mayoría de los creyentes tenían menos educación y provenían de una clase social un poco más baja, por lo que se sentían inferiores a las personas que eran más educadas de la ciudad. Pablo les dijo que, aunque no eran sabios ni nobles según las normas humanas, "Dios escogió lo más insulso del mundo para avergonzar a los sabios y escogió lo débil del mundo para avergonzar a todos aquellos que eran más fuertes".

La gente de la iglesia de Corinto tenía muchas preguntas las cuales eran de naturaleza práctica. Algunos preguntaron cómo lidiar con las divisiones y los pleitos dentro de la iglesia y con los cristianos que se estaban involucrando en actividades y comportamientos inmorales. Otros tenían preguntas sobre el matrimonio, qué alimentos se podían comer y cómo llevar a cabo servicios de adoración útiles (por ejemplo, celebrar la Cena del Señor, la participación de las mujeres en la iglesia, ejercitar los dones espirituales y también sobre hablar en lenguas). Los miembros de la iglesia también tenían preguntas sobre la resurrección de Jesús y sobre su propia resurrección en el futuro.

Pablo hizo un llamado a todos los miembros de la iglesia para que se unieran en lugar de dividirse en todo en función de quien les había enseñado. "Yo planté la semilla, Apolos la regó, pero Dios fue el que la hizo crecer. Puse los cimientos y ahora otros están construyendo sobre ellos. Si luchas por cuál es el mejor maestro, eso solo demuestra que eres como un niño pequeño en la fe. Cuando eran bebés, les di leche que sabía que podían beber y aguantar. Todas las divisiones, solo muestran que todavía no estás listo para la comida sólida".

Pablo también aclaró lo que había dicho sobre con quién deberían estar los cristianos y qué tipo de personas evitar.

En mi primera carta, dije que no deberían de relacionarse con personas que sean sexualmente inmorales. No quise decir que no deberían asociarse con personas de este mundo que son inmorales, o aquellos que son codiciosos, ladrones o con los que adoran a otros Dioses. Si ese fuera el caso, ¡tendrías entonces básicamente que dejar este mundo! Lo que quise decir es que no debes asociarte con aquellos que dicen ser tu hermano o hermana en Cristo, pero que son sexualmente inmorales, codiciosos, mentirosos y ladrones, o que beben demasiado. No debemos juzgar a los que están fuera de la iglesia; Dios lo hará.

Pablo explicó que ser guiado por el espíritu de Dios era mucho más importante que contar con toda la sabiduría humana. "Si tienes el Espíritu, entonces tienes la mente de Cristo". El cuerpo humano era sagrado y el templo del Espíritu Santo también lo es. Aquellos que cometieron pecados flagrantes intencionalmente debían ser expulsados de la iglesia y excluidos de la Cena del Señor.

Cuando se trata del matrimonio, Pablo dijo que el celibato voluntario era lo correcto: Eso permitía a las personas servir a Dios ya los demás con mucha mayor libertad. Pero debido a nuestra naturaleza sexual, Dios ordenó el matrimonio porque "es mejor casarse que empezar a arder gracias a pasiones que no se pueden controlar". Aquellos que se casan necesitan entregar sus cuerpos entre sí, y eso sí, ninguna de las partes tiene autoridad sobre el cuerpo de la otra. Pablo ofreció su opinión personal (no los mandamientos de Dios) sobre otros asuntos relacionados con el matrimonio y con el divorcio.

Pablo dijo que una persona puede comer cualquier cosa, pero si una persona piensa que no está bien comer algo y luego lo come, entonces allí está incurriendo en pecado. Comer se convierte en un obstáculo para quienes tienen una fe menos desarrollada. Por lo tanto, los cristianos no deben comer algo si esto hace que otra persona coma algo que ellos piensan que no se debería de comer. (La mayor parte de la carne que se comía en ese momento había sido sacrificada para ofrecérsela a los ídolos). Pablo dijo: "Soy Judío cuando estoy entre Judíos, pero cuando estoy con otros que no siguen las reglas sobre qué comer, entonces yo también me alimento con lo que ellos comen. Me he convertido en cualquier cosa para cada una de las personas, porque así, probablemente escuchen mejor mi mensaje. Dios no permitirá que seas tentado más allá de lo que puedas soportar. Entonces, cuando te sientas tentado, recuerda que siempre hay una manera de salir y de aguantar cualquier situación".

Pablo escribió sobre cómo se debían de realizar los servicios de adoración. La Cena del Señor debía celebrarse cuando todos estuvieran presentes y los creyentes debían asegurarse de compartir la Cena siempre en paz. Si había discordia entre los individuos, primero se tenía que resolver antes de cenar. Paul también dijo que las mujeres no deberían hablar o hacer preguntas durante la adoración su estas no entendían algo de lo que estaba pasando; ellas tendrían que preguntar sus dudas a otras personas, más adelante. Las mujeres también deben evitar tener conversaciones secundarias que puedan ser perturbadoras y estar calladas a menos que estén orando y enseñando, como parte de las actividades de adoración.

Pablo también escribió que la iglesia estaba pasando mucho tiempo intentando hacer que las personas hablaran en otros idiomas que nadie más entendía. Este fue un regalo dado por el Espíritu solo a algunos creyentes, lo cual sucedió durante el primer Pentecostés. Pero si nadie pudo interpretar lo que se dijo, entonces no eran útiles, y eso llevaría que otros, pudieran pensar que la iglesia estaba compuesta por personas con enfermedades mentales. Todos tenían dones espirituales (por ejemplo, Sanidad, sabiduría, conocimiento, fe, discernimiento de los espíritus, hablar otro idioma, ayudar y ser guía) además de los dones menos dramáticos dados por el Espíritu, como es el caso de predicar y comprender la verdad acerca de Dios, los cuales fueron más útiles. Pablo dijo: "Yo hablo en lenguas más que todos ustedes. Pero en una iglesia, prefiero decir cinco buenas palabras dando instrucciones, que hablar 10.000 palabras en un idioma que sea extranjero".

Habló de la iglesia como si fuera un cuerpo humano con muchas partes; todos tenían una función diferente, pero todos y cada uno de ellos era importante.

> El oído no puede decir: "Porque no soy un ojo, no soy parte del cuerpo". Si todo el cuerpo fuera un ojo, ¿cómo podríamos oír? Dios creó muchas partes en nuestro cuerpo y todas esas partes, deben trabajar juntas. Las partes que parecen más débiles son indispensables. No debería de ninguna división en el cuerpo. Si una parte sufre, entonces en ese caso, todo el mundo va a sufrir.

Luego, Pablo notó que el uso de los dones espirituales en la adoración no era tan importante y que lo más relevante, era ser una persona amorosa. Pablo comparó los dones espirituales y el amor de la siguiente forma:[17]

> Si hablo en otras lenguas, pero no tengo amor, lo único que estoy haciendo es ruido. Si tengo el don de la profecía y puedo comprender todos los misterios y conocimientos, o si tengo tanta fe que puedo mover una montaña, pero no tengo amor, entonces aún no soy nada. Si doy todo lo que tengo a los pobres y sacrifico mi cuerpo, pero no amo a los demás, entonces no estoy ganando nada.

> El amor es paciente y amable. No envidia, ni se jacta ni deshonra a los demás. No es orgulloso ni tampoco egoísta. No se enoja fácilmente y no guarda ningún registro de los errores que se cometen. El amor no se deleita con el mal, sino que se regocija con la verdad. Todo lo soporta y cree; siempre tiene esperanzas y lo aguanta todo. Cuando era niño, hablaba y pensaba como un niño. Ahora que he madurado, dejé de lado mis costumbres infantiles y egoístas. El amor

---

[17] Pablo hiso uso del término Griego ágape como la palabra amor en este pasaje. Esa palabra implica acción y sacrificio por otros. No significa un sentimiento emocional, amistad (filia) o el amor físico (eros).

nunca falla. Las profecías cesarán y las lenguas se callarán. El conocimiento pasará. Todo lo que queda es fe, esperanza y amor. El mayor de todos estos, es sin duda el amor.

Al final, Pablo habló sobre la resurrección del cuerpo, un concepto extraño para los Griegos que estaba causando que algunos de los creyentes dudaran de que ellos también volverían a la vida cuando fuera el momento. Nadie dudaba de que Jesús regresó de entre los muertos; hubo demasiados testigos presenciales de su muerte y también después mientras estuvo vivo en la tierra. Esto significaba que otros podían regresar de entre los muertos y, de hecho, algunas personas salieron de las tumbas y predicaron ese mismo día en que Jesús falleció. Jesús derrotó a la muerte para que el cuerpo espiritual de una persona vuelva a la vida. Pablo concluyó todo esto, con este misterio:

> Cuando estemos muertos, seremos transformados instantáneamente en el momento en que suene la última trompeta. Los muertos resucitarán imperecederos e inmortales. Lo que dijo Oseas se hará realidad: "La muerte ha sido devorada por la victoria de Dios. ¿Dónde está, oh muerte, tu victoria? ¿Dónde está, oh muerte, tu aguijón?"

La última carta de Pablo a los Corintios

Pablo hizo varios viajes a Corinto para apoyar y, además, enseñar a los creyentes, y es muy probable que también, les haya enviado otras cartas, las cuales se han perdido. Algunas de sus visitas fueron "dolorosas". Había surgido cierta oposición hacia Pablo, pero el líder de la rebelión había sido siempre disciplinado. Pablo escribió expresando su alivio y alegría porque la iglesia había lidiado con este problema y alentó a los creyentes a reintegrar al que había sido el líder rebelde. Dado que ser cristiano en el imperio Romano era peligroso, le recordó a la iglesia la esperanza que tenían en la resurrección de sus almas. Los cristianos caminaron movidos por la fe, no por su propia vista. Eran nuevas criaturas porque Dios vivía en ellas; se habían alejado de sus viejas formas de comportarse y de pensar. Los creyentes son vasijas de barro, moldeadas por el maestro alfarero, para realizar diferentes funciones según los deseos de Dios.

Pablo reforzó todas sus credenciales las cuales le daban autoridad para enseñar, pero esto lo hizo mientras enfatizaba su propia humanidad y debilidades, incluyendo tener una "espina en el costado". Pablo nunca reveló ningún detalle acerca de la naturaleza de su aflicción, y se había puesto a orar varias veces para que le quitaran este problema de encima. Pero Dios reveló que "mi poder se ha ido perfeccionando en la debilidad". Paul era lo suficientemente bueno así tal como era, y sus limitaciones lo mantenían humilde; por lo que cuando estaba débil, en realidad él era fuerte.

Carta a los Romanos

La epístola más larga creada por Pablo fue enviada a las iglesias en las casas que se encontraban en Roma, y las cuales tenían tanto creyentes Judíos, así como Gentiles. Él escribió desde Corinto mientras planeaba su primer viaje a Roma. No conocía personalmente a muchos de los cristianos de Roma, por lo que su escritura es sin duda un poco más formal que las otras cartas que escribió.

Su carta era un resumen de la teología básica de la nueva fe cristiana a los creyentes que todavía no se habían beneficiado de este tipo de enseñanza. Explicó los principios generales y las implicaciones de la fe como si su epístola fuese un caso legal. Su mensaje general fue que Jesús murió y liberó a todos del pecado, por lo que una relación con Dios está siempre va a estar allí para cualquiera que tenga fe en Jesús, el Cristo. Él hizo uso de cinco temas para apoyar el mensaje que quería transmitir:

- Toda la humanidad posee una naturaleza pecaminosa.
- La muerte de Jesús fue el sacrificio de sangre máximo que eliminó los pecados del mundo y permitió que todas las personas fueran justas ante los ojos de Dios.
- Los cristianos deben ser benditos y confiar en el Espíritu de Dios para mantenerse firmes durante los tiempos de prueba. Una fe más profunda conduce a una justicia aún más profunda.
- Los Judíos fueron en un principio elegidos como pueblo de Dios, pero ahora se incluye a los Gentiles porque los Israelitas habían rechazado a Dios todo el tiempo.
- Ser cristiano significa vivir de una manera diferente en un mundo que es pecaminoso.

La humanidad tiene una naturaleza pecaminosa

El primer tema apuntaba que todas las personas, tanto Judíos como Gentiles, poseen una naturaleza pecaminosa. Los individuos y la sociedad como un conjunto, tienden a hacer cosas malas. Las personas cometen delitos todo el tiempo, y no muestra misericordia ni justicia hacia los demás. Mienten, pelean, chismean y piensan en cosas malas que pueden hacer para satisfacer solo sus propios intereses, incluso cuando saben que hay graves consecuencias si se hacen ese tipo de cosas. Son arrogantes y se jactan de lo grandiosos que son, sin embargo, no son ni pacientes, ni amables. Escuchan cosas sobre la ley, pero no la obedecen; ni la predican, ni la practican.

> Nadie es justo, todos han decidido apartarse de Dios. No podemos ser aceptados por Dios obedeciendo la ley. Nuestra incapacidad para obedecer la ley muestra la naturaleza pecaminosa que tenemos. No hay diferencia entre Judíos y Gentiles: todos han pecado y no han cumplido las normas de justicia de Dios.

Jesús, el sacrificio supremo

El segundo tema habla sobre cómo la muerte de Jesús fue el máximo sacrificio de sangre, que quitó los pecados del mundo y permitió que las personas fueran justificadas ante los ojos de Dios. Todos están justificados por el regalo de Dios que vino a través del sacrificio que hizo Jesús. La sangre derramada por Cristo apaciguó la ira de Dios contra la naturaleza pecaminosa del ser humano, al igual que los sacrificios de animales de alta calidad, eran los que eliminaban los pecados de los Israelitas anteriormente. Pero esos sacrificios solo aplacaron la ira de Dios temporalmente. El sacrificio de Jesús es permanente y se aplica tanto a Judíos como a Gentiles.

Abraham fue "justificado" (declarado justo) debido a su fe en Dios. Se mudó obedientemente de Mesopotamia a Canaán, y él ya estaba listo para matar a su único hijo, a pesar de que Dios le había prometido innumerables descendientes. Nunca perdió la esperanza de tener un hijo, incluso cuando él y Sarah eran ya muy mayores. Él no fue justificado ante los ojos de Dios, por obedecer la ley; mostró su fe antes de ser circuncidado, lo cual era una gran señal de fe. Por lo tanto, un verdadero Judío es alguien que es fiel a las enseñanzas de Dios, no alguien que tiene las características externas de un Judío o que obedece la ley. "Los pecados de un hombre (Adán) afectaron a todos los seres humanos; el sacrificio de un hombre (Jesús) fue capaz de limpiar los pecados de todos los seres humanos".

Los beneficios de ser cristiano son gratuitos porque Jesús ya pagó el precio por todos. Las personas solo necesitan tener una fe sincera en Jesús para permanecer limpios ante Dios y obtener los beneficios, algunos de esos beneficios son tener paz, gozo y esperanza, incluso en tiempos difíciles. El pecado mata, pero Jesús murió para darnos la vida; los que siguen a Jesús simplemente no están condenados.

Santidad cristiana

Un tercer tema se centró en los procesos de santificación en la fe cristiana. Las personas por naturaleza son pecadoras y hacen cosas que saben que son incorrectas, pero el espíritu de Dios ayuda a las personas a resistir la tentación y a hacer cambios en su caracter. "Todas las cosas son para bien, para todos aquellos que aman a Dios. El sufrimiento produce perseverancia, la cual produce carácter, la cual después produce esperanza. Si Dios está con nosotros, ¿entonces, ¿quién está en contra de nosotros? Nada puede separarnos del amor de Cristo". Aquellos que son guiados por el Espíritu no dependen de sus propios recursos. Están aprovechando el "agua viva" de Dios, que gradualmente los transforma en criaturas que reflejan la naturaleza y el carácter de ese mismo Dios. El Espíritu ayuda a los cristianos a convertirse en la sal de la tierra y también, en la luz del mundo.

Actualización de las promesas a los Israelitas

Luego, Pablo abordó un cuarto tema, el cual hablaba sobre cómo el Judaísmo se relaciona con las creencias cristianas. Dios había elegido a los Israelitas para que fueran los representantes de Dios aquí en la tierra, ¿había cambiado eso? Pablo sabía que la mayoría de los Judíos no creían que Jesús fuera el Mesías y rechazaban la idea de que había llegado finalmente el reino de Dios. Pero esto no significaba que su instrucción fuera defectuosa. Los Judíos esperaban que el Mesías se convirtiera en un rey de forma literal, por el cual los opresores actuales (los Romanos) iban a ser derrocados. Como Fariseo devoto, Pablo conocía íntimamente las leyes de Moisés y tenía una experiencia personal que le permitió vincular la teología del Judaísmo con las nuevas ideas que venían del cristianismo. Las nuevas promesas están vinculadas por lógica a todas las promesas hechas anteriormente. Un Dios soberano tendría la capacidad de "elegir" a cualquier grupo de personas para convertirse en el pueblo elegido. Al enfocarse en obedecer la ley en lugar de tener fe en Dios, los Judíos perdieron su estatus especial de ser el único pueblo elegido por Dios. Ahora a los Gentiles estaban incluidos en el grupo de los que tenían fe en Jesús: adoptados en la familia de Dios, una rama injertada en un árbol sagrado para reemplazar las ramas muertas. Los Judíos todavía eran especiales para Dios, pero el hecho de que Dios incluyera a los Gentiles significaba que ahora había más mensajeros que podían dar fruto y llevar las buenas nuevas del amor salvador y el perdón de Dios a todas partes del mundo. Los Gentiles también podrían ayudar a los Judíos a comprender el plan general de Dios para el mundo. El amor y la misericordia de Dios por la raza humana no habían cambiado.

Viviendo como cristianos en el mundo

Pablo termina discutiendo las implicaciones prácticas y éticas de ser cristiano en un mundo que es considerado como perverso. Los cristianos deben ser notablemente diferentes.

> Les insto a ofrecer sus cuerpos como sacrificio vivo a Dios, que es en realidad una forma de adoración. No te conformes con las formas y valores de este mundo, pero transfórmate por medio de la renovación de tu mente.

> Todo el mundo debería utilizar sus dones de la mejor forma posible. Cada persona es parte de un cuerpo, pero todos tenemos diferentes funciones y dones únicos. Algunos profetizarán mientras que otros servirán o enseñarán; algunos animarán o darán generosamente mientras que otros liderarán o mostrarán su misericordia.

> El amor siempre debe de ser sincero. Ámense unos a otros y honren a los demás por encima de ustedes mismos. Mantengan vivo su celo espiritual. Sean gozosos en la esperanza, pacientes en la aflicción y fieles durante la oración.

Comparta con otros cristianos que lo necesiten y siempre practique la hospitalidad. No sean orgullosos ni engreídos y no pienses solo en ti, más de lo que deberías. En cambio, mírate a ti mismo siempre con buen juicio.

Bendice a los que te persiguen. Alégrate con los que se alegran y llora con los que están llorando. Vivan en armonía unos con otros y hagan lo que puedan para vivir en paz con todos a su alrededor. Esté dispuesto a asociarse con personas en posiciones bajas que realizan trabajos serviles. Hay que odiar todo lo que sea malo y aferrarse a lo que sea bueno. Np paguen con el mal, a los que hacen el mal, y hagan lo que es correcto a los ojos de todos. Jamás busquen vengarse, eso es algo que Dios manejará. En cambio, "Si tu enemigo tiene hambre, dale de comer; si tiene sed, dale de beber. Al hacer esto, amontonarás carbones encendidos sobre sus cabezas".[18] No te dejes vencer por el mal, sino que más bien, vence el mal con el bien.

Hay que someterse a las autoridades de gobierno que son las que administran justicia. Dale a esos a los que les debes: Si debes impuestos o tienes deudas, debes pagarlos. Respeta y honra a quienes lo requieran. No juzgues a los demás ni provoques que otra persona tropiece en su fe.

Cartas a los Colosenses

La ciudad de Colosas estaba ubicada en un valle fluvial en las montañas a unas 160 kilómetros al este de Éfeso y estaba en una ruta comercial importante que conectaba a Asia con Europa. Pablo nunca había estado allí, pero había visitado las ciudades vecinas y había escuchado acerca de su iglesia en crecimiento, la cual estaba compuesta principalmente por Gentiles. Pablo escribió a los Colosenses desde Roma para abordar una herejía creciente (un conjunto de falsas enseñanzas que se estaban dando relacionadas a la fe) que la iglesia estaba enfrentando. La herejía hacía una mezcla del legalismo Judío, la filosofía Griega y el misticismo oriental.

---

[18] Ver la nota de pie de página en el Capítulo 14 en la sección relacionada con Proverbios 25 para comprender el significado de este dicho.

La primera mitad de la carta trataba sobre la doctrina cristiana correcta. Primero enfatizó la supremacía de Jesús.

> Jesús es la imagen visible del Dios quien es invisible, el primogénito de toda la creación. Todas las cosas en la tierra y en el cielo, visibles e invisibles, fueron creadas por él y para él. Él existió antes de todas las cosas y él es el que mantiene todo unido. Él es la cabeza del cuerpo, la iglesia, y es el ser supremo en todo. La plenitud de Dios vivió en él, y por él todas las cosas en la tierra y en el cielo se reconciliaron con Dios por la paz que fue hecha, debido al derramamiento de su sangre en la cruz.

Pablo invitó a todos sus lectores a centrarse en Jesús en lugar de seguir filosofías de adoración de ángeles y ascetismo y enseñanzas falsas que enfatizan los rituales Judíos. La combinación de estos elementos adicionales en la fe desvió la atención de la gente de la total capacidad que tiene Jesús. No se necesitaba nada más que eso, para que todos los cristianos estuvieran bien con Dios.

> Cristo murió, así que no necesitas seguir las reglas de este mundo que son las que dicen: "¡No toques esto, no pruebes esto!" Estas reglas se basan en mandatos y enseñanzas humanas que tienen la apariencia de sabiduría con su falsa humildad y el trato severo del cuerpo, pero que no tienen ningún valor duradero.

Ver la nota de pie de página en el Capítulo 14 en la sección relacionada con Proverbios 25 para comprender el significado de este dicho.

En la segunda parte de la carta, Pablo trata de las implicaciones prácticas de la fe relacionadas con el comportamiento de los cristianos. Los creyentes deben poner su mirada en las cosas piadosas, y no en las cosas malas que existen en esta tierra.

> Quítese su antiguo yo y póngase su nuevo yo. Esto significa acabar con la ira, la calumnia, el mal lenguaje, la inmoralidad sexual, la lujuria, los malos deseos y la codicia. Como pueblo escogido de Dios, vístanse de compasión, bondad, humildad,

mansedumbre y paciencia. Sean capaces de soportarse y de perdonarse unos a otros, como el Señor los perdonó a cada uno de ustedes. Lo más importante es llenarse de amor para unirlos a todos en perfecta unidad. Actúen sabiamente con los forasteros y aprovechen al máximo cada oportunidad que se presenta. Las conversaciones deben de estar llenas de gracia cuando hablas con los demás.

Carta a los Efesios

Pablo escribió una carta más larga y un poco más sofisticada a la iglesia en Éfeso, aunque la misma era algo similar a la carta que le escribió a los Colosenses. Envió ambas cartas aproximadamente al mismo tiempo cuando se encontraba bajo arresto domiciliario en Roma. Pablo había vivido en Éfeso durante varios años, por lo que conocía bien quienes eran su audiencia. No había ninguna razón específica para escribir más que seguir enseñando a la iglesia sobre lo que significaba justamente, ser la iglesia misma. Mientras que su carta a los Colosenses enfatizaba a Jesús como la cabeza de la iglesia, su carta a los Efesios se enfocaba en la iglesia exactamente como el cuerpo de Cristo, un grupo de personas que eran elegidas y que habían sido adoptadas en la fe. La naturaleza general de la carta indica que probablemente estaba destinada a distribuirse entre otras iglesias de la región. Al igual que la carta a los Colosenses, su carta tenía dos partes principales: una que hablaba sobre la doctrina cristiana correcta y la otra, que hablaba sobre las aplicaciones prácticas de la fe.

La primera parte de la carta dice que siempre fue parte amplio plan que Dios tenía, el que todas las personas en la tierra estuvieran en una relación amorosa con Dios, no solamente con los Judíos. Las tres manifestaciones de Dios jugaron un papel en el desarrollo y la continuación del plan general de Dios en la tierra. Dios el "Padre" escogió a los creyentes; el Hijo (Jesús) santificó a las personas en el momento de su muerte y que, gracias a eso, se perdonaron todos los pecados del mundo; y el Espíritu guio a las personas que vivían en la tierra. Pablo enfatizó que la gente en realidad no había hecho nada para ganar un estatus especial ante Dios. Fue enteramente la gracia de Dios, un regalo gratuito e inmerecido que llegó a los creyentes gracias a su fe en Jesús.

Anteriormente todos se encontraban muertos por sus propios pecados, pero ahora están todos vivos en Cristo: tus pecados han sido perdonados. Es por la gracia que hemos sido salvos debido a nuestra fe. Es un regalo gratuito de Dios, ya que no nos lo ganamos por lo que hemos hecho, por lo que no debemos jactarnos de ello. Somos obra de Dios y hemos sido creados para hacer buenas obras. Dios nos preparó para que hiciéramos esto, desde hace mucho tiempo.

Judíos y Gentiles son ahora un grupo que posee una ciudadanía en el cielo. El propósito de Dios era crear una nueva humanidad gracias a las dos, logrando de esta forma la paz. Los Gentiles ya no son extranjeros ni tampoco son extraños, sino que ahora son conciudadanos del pueblo de Dios y miembros de la familia de Dios, que fue edificada sobre el fundamento de los apóstoles y los profetas. Jesús es la principal piedra angular; en él, todo el edificio se une y se eleva para convertirse en el templo santo de Dios. En Jesús, es en donde radica la iglesia que se está edificando para ser un lugar donde va a vivir por siempre el espíritu de Dios.

Pablo se vio a sí mismo nada más que como un siervo de Dios para ayudar a revelar este plan general que tenía, a los Gentiles. No quería que nadie sintiera pena por él tiempo que estuvo encadenado en la prisión. Él estaba haciendo lo que estaba destinado a hacer, desde un principio. Solo quería que los creyentes de la iglesia entendieran el increíble amor que Dios tenía por ellos y que continuaran creciendo y madurando en su fe y, sobre todo, amándose los unos a los otros.

Estas ideas se desarrollaron en la segunda parte de la carta de Pablo: Son un numero extenso de instrucciones y exhortaciones que enseñaban a cómo vivir en paz unos con otros, a pesar de la diversidad, para que el mundo vea un ejemplo de cómo las personas deben de vivir como una sola, en esta tierra.

Pero demostrar que había unidad dentro de un grupo diverso de personas, tenía implicaciones para los individuos (sobre cómo deberían vivir sus propias vidas como nuevas criaturas que siguen a Jesús) y para el grupo (cómo la diversidad de la iglesia debería funcionar cuando se trata de mantener la unidad). Cada persona tenía un papel diferente, al igual que las diferentes partes del cuerpo juntas permiten que todo el cuerpo funcione bien. Pablo escribió muchas de las mismas cosas que les escribió a los Colosenses sobre cómo los cristianos deben vivir sus vidas y cómo vivir en una comunidad que esté inspirada en la fe. Además, amplió sus puntos de vista sobre los roles que deben de existir dentro de la familia.

> Someteos unos a otros por reverencia a Cristo. Esposas, sométanse a sus maridos así tal cual como lo hacen con el Señor. Esposos, amen a sus esposas como Cristo amó a la iglesia y se entregó a sí mismo por ella para sacrificarse. Ama a tus esposas como si fueran parte de tu propio cuerpo. El que ama a su esposa ama a su propio cuerpo, así como Jesús ama a su iglesia.
>
> Hijos, obedezcan a sus padres. "Honra a tu padre ya tu madre todo el tiempo" fue el primer mandamiento que venía con promesa. Padres, no exasperen a sus hijos. Críenlos con entrenamiento e instrucción acerca del Señor. Esclavos, obedezcan a sus amos terrenales con respeto y sinceridad, tal como su estuvieran obedeciendo a Cristo. Sirva como si estuviera sirviendo al Señor, no a simples personas, porque el Señor nos recompensará según lo que hagamos, no se basara en si somos esclavos o si somos libres. Maestros, traten a sus esclavos de la misma manera. No los amenacen, porque nuestro Maestro en el cielo, jamás demuestra favoritismo.

Pablo terminó su carta alentando a la iglesia a estar en guardia contra el mal y al mismo tiempo ser fuertes para mantener y a su vez, expandir la fe. Utilizando la analogía de la armadura de un soldado, describió herramientas defensivas y ofensivas para luchar contra los planes que el Diablo poseía. "Porque nuestra lucha no es contra la sangre ni la carne, sino contra gobernantes y potestades, contra los poderes de las tinieblas en este mundo y además, contra las fuerzas espirituales del mal".

Carta a los Filipenses

Filipos fue una ciudad importante en Macedonia y fue la primera que Pablo tuvo la oportunidad de visitar en Europa. En ese tiempo, era una próspera colonia Romana, y los Gentiles de la iglesia eran ciudadanos

Romanos y tenían los medios para mantener a Pablo económicamente. Su carta les fue dictada mientras estaba en prisión en Roma y es en realidad, una carta muy personal. Le dio a la iglesia una actualización sobre sus viajes y les agradeció todo el apoyo financiero que le habían brindado. Habló sobre le estaba yendo mientras permanecía en arresto domiciliario y dijo que su encarcelamiento, estaba ayudando a difundir el evangelio: Los guardias de la prisión y varios funcionarios Romanos escuchaban las buenas nuevas acerca de Jesús.

Pablo animó a los creyentes de Filipos a mantenerse firmes en su fe y regocijarse cuando estos sean perseguidos por culpa de su fe. No le preocupaba morir; ya que para él sería un gran favor el poder estar mucho más cerca de Dios. Escribió extensamente sobre la importancia de ser humilde y usó a Jesús como el máximo ejemplo de humildad, que no se consideraba una virtud común entre las personas que vivían en aquel entonces.

> Posea una sola mente y un espíritu. No hagas nada si lo que te mueve es la ambición egoísta. Por el contrario, sea humilde y valore a los demás y sus intereses por encima de los suyos. En sus relaciones con los demás, tenga la misma mentalidad que tuvo Jesús. Aunque era de alguna forma como Dios, no consideraba que el ser igual a Dios era algo que debería usar a su favor. En cambio, se convirtió en un siervo humano y fue obediente a Dios ¡e incluso murió por él en una cruz! Como resultado, Dios lo exaltó al lugar más alto y le dio el nombre que está por encima de cualquier otro nombre. Todo lo que está en el cielo, en la tierra y debajo de la tierra se inclinará ante él, y toda lengua reconocerá que Jesucristo es el verdadero Señor.[19]

Paul habló sobre sus propias credenciales como Judío devoto. Su pedigrí religioso podría haberle dado el derecho a jactarse de su propia santidad terrenal. Pero sus antecedentes se habían vuelto poco importantes; humildemente renunció a su elevado estatus en los círculos religiosos para creer en Jesús y promover solamente las buenas nuevas.

---

[19] Ser asesinado lentamente en público por crucifixión era la forma de ejecución más humillante en esos tiempos. A los Griegos y Romanos les costaba creer que Dios pudiera sufrir o morir, especialmente de esta manera.

Todavía estaba aprendiendo y seguía adelante para conocer y comprender a Jesús aún más, incluso si eso significaba morir gracias a su fe.

> No se preocupen por nada. Nunca olvide que, ante cada situación, presente sus peticiones a Dios orando con acción de gracias. La paz de Dios que está más allá de nuestro entendimiento guardará sus corazones, así como sus mentes. Todo lo que sea verdadero, todo lo noble, todo lo correcto, todo lo puro, todo lo bello, todo lo admirable, si algo es excelente o digno de alabanza, solo debes pensar en esas cosas. Aprendí a estar feliz ante cada situación. Sé lo que es estar necesitado y se también lo que es tener suficiente, tener hambre o estar bien alimentado. Puedo hacer todas las cosas en Cristo que me da fuerzas y que es lo que necesito.

Pablo dijo que la ciudadanía cristiana está en el cielo y los creyentes son embajadores del reino de Dios ante todos aquellos que viven en la tierra. El cristianismo representó un nuevo modelo de pensar y vivir a medida que el Espíritu los transforma y les protege durante su misión. Esta enseñanza era políticamente peligrosa tanto para los creyentes, así como para Pablo. ¡La lealtad de los Romanos era hacia el emperador, y Pablo, que era ciudadano Romano, estaba escribiendo esta carta mientras vivía en Roma como prisionero, una carta que fácilmente sus captores podían leer!

Cartas a los líderes de la iglesia

Pablo escribió cartas a los pastores que habitaban en cada una de las áreas que visitó. Varias de las cartas fueron dictadas a escribas a quienes se les permitió expresar las ideas de Pablo en palabras propias. Esto ha llevado a algunos a dudar de que Pablo fuera realmente el autor. Las cartas fueron escritas durante o después del primer encarcelamiento de Pablo en la ciudad de Roma. El contenido de las cartas se centró específicamente en organizar las dimensiones de liderazgo de la iglesia, las enseñanzas sobre la buena conducta en el mundo y el además como se debían de tratar las falsas enseñanzas.

Tito

Pablo le escribió una carta a su amigo Tito, un Griego Gentil que se convirtió en creyente durante el primer viaje de Pablo cuando viajó por las ciudades de Gálatas. Tito acompañó a Pablo y Bernabé cuando fueron a Jerusalén para contarles a los líderes de la iglesia sobre la conversión que habían tenido los Gentiles, y fue utilizado como ejemplo durante la discusión sobre la necesidad de la circuncisión entre los hombres Gentiles. Tito viajó con Pablo a Grecia y se quedó en la isla de Creta durante uno de los viajes que hizo Pablo. Tito finalmente se convirtió en el líder de todas las iglesias que existían en la isla.

Pablo escribió para guiar a Tito al nombrar líderes ("ancianos") para las iglesias locales que existían en toda la isla. Los ancianos debían exhibir los frutos del espíritu (por ejemplo, ser pacientes, amables, hospitalarios, auto controlados y disciplinados). También necesitaban ser fuertes creyentes: Actuar con santidad, aferrarse firmemente al mensaje cristiano, alentar a otros con la sana doctrina y refutar a los que se oponían a ella, ser fieles a sus esposas y no ser violentos ni tampoco beber demasiado alcohol. De hecho, todos los creyentes deben exhibir estas cualidades, independientemente de su posición o del género que tengan. De esta forma, las personas respetarían y admirarían a los que creían en los caminos de Jesús.

Pablo le ordenó a Tito que tomara medidas enérgicas contra los Judíos que decían cosas malas sobre los creyentes Gentiles, que no seguían las costumbres Judías. También le dijo a Tito que instruyera a todos los creyentes a no rebelarse contra los líderes del gobierno, a dedicarse a hacer el bien siempre que pudieran y a evitar hablar de controversias que fueran tontas e inútiles. Aquellos que crearon división, deben ser advertidos varias veces, y si continúan siendo divisores, entonces deberían de ser evitados.

Filemón

La carta más corta de Pablo (contenía solo una página) fue escrita mientras estaba como prisionero en Roma. Allí conoció y convirtió a un esclavo llamado Onésimo (que significa "útil") mientras ambos se encontraban en prisión. El esclavo pertenecía a Filemón, un cristiano que vivía en Colosas y que dirigía una iglesia que estaba ubicada en una casa. Pablo había ayudado anteriormente a Filemón a convertirse en creyente mientras ambos estaban en Éfeso. Onésimo había tomado parte del dinero de Filemón y había huido hacia Roma. Onésimo estaba siendo liberado de la prisión, y Pablo lo convenció de que regresara a Filemón y que fuera útil allá (como su nombre lo indicaba) en lugar de ser un inútil como si fuera un esclavo perdido. La carta de Pablo animaba a Filemón a acoger a Onésimo de nuevo y tratarlo como a un compañero creyente y no castigarlo ni matarlo como lo haría típicamente con cualquier otro esclavo que fuera fugitivo. Pablo prometió pagarle a Filemón el dinero que Onésimo le debía, pues él fue quien había ayudado a Pablo cuando ambos estaban en prisión. Pablo creía que Onésimo podría ser útil cuando estuviera libre, no solo para Filemón, sino que también para otras personas. Pablo dio a entender que Filemón debería liberar a Onésimo de la esclavitud e implicó que Filemón le debía un favor a Pablo ya que, gracias a él, había tenido su propia conversión.

(Onésimo probablemente llevó la carta a Filemón y entonces fue allí cuando Filemón lo liberó. Onésimo se convirtió en el obispo de la iglesia en Éfeso y Filemón se convirtió en el obispo de la iglesia en Gaza. Al final, ambos hombres fueron finalmente martirizados como cristianos, por los Romanos).

Timoteo

Pablo le escribió dos cartas a Timoteo, quien era el cristiano medio Gentil de Listra y que en varias ocasiones fue su compañero de viaje. Aunque Timoteo era en realidad bastante joven, Aun así, Pablo lo dejó a cargo de dirigir la iglesia grande y diversa en Éfeso, debido a sus habilidades de predicación y de enseñanza.

En su primera carta, Pablo advirtió a Timoteo sobre varios Judíos que estaban enseñando doctrinas que no eran apropiadas sobre lo que se requería para ser cristiano. Su énfasis estaba en obedecer las leyes de Moisés, no en amar a los demás y tampoco en tener fe en Jesús. La ley seguía siendo útil cuando se trataba de criminales, mentirosos, rebeldes, traficantes de esclavos y en todos aquellos que practicaban la inmoralidad sexual.

Pablo también escribió sobre cómo organizar los servicios de adoración y como organizar la iglesia. Dio orientación sobre cómo orar, cómo deben vestirse las mujeres y quién debe hablar y enseñar durante los momentos de adoración. Le dio a Timoteo muchas de las mismas instrucciones que le dio a Tito sobre las calificaciones de los ancianos (quienes también eran llamados obispos), y, además, discutió las calificaciones de los diáconos.

También le ofreció a Timoteo algunos consejos sobre cómo mantener su salud (lo alentó a beber vino para mantenerse saludable) y señaló que pagar a los ancianos por su trabajo era una muy buena idea. Lo animó a "pelear la buena batalla por la fe" al perseguir la piedad y mostrar fe, amor, perseverancia y mansedumbre hacía con los demás. Finalmente, le dio consejos prácticos sobre cómo tratar con los creyentes en todas las etapas de la vida: Tanto a los viejos como a los jóvenes, los casados o viudos o solteros, los esclavos y sus amos, los que habían sido acusados de cometer un pecado y los ricos, y también a los pobres.

> Se feliz con lo que tienes. Los que quieren enriquecerse siempre caen en una trampa. Muchos deseos insulsos son dañinos y hunden a las personas en la ruina. Porque el amor al dinero es siempre la raíz de casi todos los males. Algunos que están ávidos de dinero han abandonado la fe y han tenido que sufrir de muchos problemas. Aquellos que son ricos en esta vida no deben ser arrogantes ni poner su esperanza en la riqueza ya que esta, puede llegar a ser incierta. Deben poner su esperanza en Dios, quien es el que proporciona de forma abundante, todo lo que necesitamos para disfrutar la vida. Ordéneles que hagan el bien y que sean ricos, pero en buenas obras, que sean generosos y que estén dispuestos a compartir. De esta forma, se acumularán tesoros en el cielo para ellos.

La segunda carta de Pablo a Timoteo fue escrita mucho más tarde cuando estaba de nuevo en prisión en Roma. Esta vez, languidecía en una fría celda de prisión sencillamente por ser cristiano. Pablo creía que pronto sería ejecutado por los Romanos bajo Nerón, y que este sería el último de sus escritos. La mayoría de los cristianos estaban siendo perseguidos y muchos de sus seguidores lo habían abandonado, por lo que se sentía realmente solo.

A pesar de lo triste de las perspectivas que tenía, Pablo animó a Timoteo a mantener la fe y no tener miedo de morir a causa de su fe. El sufrimiento era parte de la vida cristiana y morir significaba solamente que estarías un paso más cerca de Dios. Pablo advirtió a Timoteo sobre los falsos maestros que pasaban tiempo peleando por cosas que, en realidad, no tenían relevancia. Los que se opusieron a él deberían ser tratados con gentileza para que recobren sus sentidos y al final, logren arrepentirse.

Pablo también exhortó a Timoteo a continuar predicando y enseñando de las Escrituras, las cuales lo habían hecho sabio y contenían las palabras y pensamientos de Dios que eran útiles para enseñar, así como para reprender, corregir y capacitar a otros en cómo debe ser una vida santa. Las escrituras inspiradas ayudan a que los cristianos estén listos para toda buena obra que hagan.

Pablo concluyó su última carta pidiéndole a Timoteo que lo visitara en la cárcel; Lucas era la única persona que quedaba en Roma que lo mantenía animado y lo consolaba. (No hay nada escrito sobre si Timoteo llegó a Roma antes de que Pablo fuera finalmente ejecutado).

Capítulo 24
Otras Cartas A Los Creyentes
Los apóstoles Mandan cartas generales a la iglesia

Si bien es cierto, fue Pablo quien escribió la mayoría de las cartas de la Biblia a sus compañeros creyentes, otros apóstoles y líderes cristianos también escribieron cartas generales dirigidas también a todos los creyentes. Estos otros autores fueron los apóstoles Pedro y Juan y los dos medios hermanos de Jesús, llamados Santiago y Judas (llamándose a sí mismo Judas). Otra carta fue escrita por un autor que los Judíos desconocían. Este capítulo es un resumen de estas cartas.

Cartas de Pedro

Pedro escribió dos cartas para los creyentes. La primera carta estaba dirigida a los creyentes Gentiles de las ciudades que Pablo había visitado y que estaban en ese momento siendo atacadas verbal y físicamente por su fe. Pedro escribió desde Roma, a la que se refirió como "Babilonia" debido a la depravación que prevalecía en esa ciudad, y tal como Babilonia, había exhibido una vez como la capital de un imperio.

El punto más importante de su primera carta fue animar a los creyentes a mantenerse firmes en su fe mientras a pesar de que sufrían durante esos tiempos difíciles, tal como lo había hecho Jesús. Los creyentes deben amarse unos a otros y mostrar un buen comportamiento en la sociedad y dentro de la familia para dejar una buena impresión en un mundo que siempre ha sido incrédulo. Al final, sus esfuerzos serían recompensados cuando estén en el cielo.

> Si sufres por hacer el bien y lo soportas, esto sin duda va a agradarle a Dios. Son un pueblo elegido, un sacerdocio real, una nación santa, posesión especial de Dios, y esto es para que puedas proclamar las alabanzas de Jesús, quien

te llamó de las tinieblas para que estés cubierto por su luz maravillosa. Tu belleza no debe provenir de un adorno exterior, tu belleza debe de venir de tu interior, la belleza imperecedera de un espíritu apacible y tranquilo. Esté siempre preparado para dar respuesta a todo aquel que le pida que dé la razón sobre las esperanzas que tiene, pero hágalo siempre con respeto y gentileza. Pero por sobre todas las cosas, ámense profundamente los unos a los otros; el amor es capaz de cubrir una multitud de pecados. Esté alerta y sobrio porque su enemigo, el diablo, merodea como un león rugiente buscando a quien puede devorarse. Resístalo y manténgase firme en la fe porque sabe que la familia de creyentes en todo el mundo está experimentando el mismo tipo de sufrimiento que los demás.

La segunda carta de Pedro es un poco más corta y se enfoca en un tema un poco diferente: La resistencia a los falsos maestros y a los malhechores que estaban influyendo negativamente en la iglesia. Se estaba acercando al final de su vida y se enfrentaba a su propia muerte en manos de Nerón, después de haber dirigido la iglesia durante más de 35 años. La variedad de la iglesia primitiva trajo consigo nuevas ideas que no eran consistentes con las enseñanzas que estaban dando Pedro, Pablo y otros líderes cristianos, y entonces lo que Pedro quería era reafirmar las enseñanzas de la iglesia antes de morir.

La carta la empezó incitando a los creyentes a crecer en su fe. "Haga todo lo posible por agregar a su fe bondad, conocimiento, dominio propio, perseverancia, piedad, afecto mutuo y amor. Si posees estas cualidades en mayor medida, te ayudarán a ser eficaz y productivo en tu sobre nuestro Señor". Luego se dirigió a los falsos profetas y maestros. Dijo que los verdaderos profetas siempre hablan por Dios y de Dios y no confían en sus propias ideas para influir secretamente en los pensamientos y acciones de los demás. Los maestros falsos y codiciosos cuentan historias para aprovecharse de los creyentes crédulos.

Una de estas falsas enseñanzas fue que Jesús no regresaría y que no había tal cosa como lo que llamaban el juicio final. Pedro reafirmó que Jesús regresaría y que el mismo sería el juez, el día del juicio final. El mal sería destruido con fuego, así como el mal fue destruido por el agua en los días de Noé. El día era desconocido porque "un día es como mil años" para Dios. Pero eventualmente los falsos maestros serían juzgados con bastante firmeza.

(Pedro murió en Roma poco después de escribir esta carta. Según la tradición cristiana, fue crucificado en una cruz con la boca hacia abajo porque no se consideraba digno de morir de la misma manera en que Jesús murió.)

Cartas de Jaime

Hay que recalcar que Santiago era medio hermano de Jesús, por lo que lo conocía bastante bien. Aunque inicialmente no siguió a Jesús, se convirtió en creyente después de la resurrección y dirigió la iglesia de Jerusalén a la que Pablo se dirigió cuando discutió temas relacionados con los Gentiles. Su carta estaba dirigida a los Judíos de las 12 tribus de Israel que vivían fuera de la ciudad de Palestina. Su carta enfatizó las implicaciones prácticas de seguir a Jesús, y es la menos teológica de todas las cartas escritas para los creyentes.

La carta es fundamentalmente un manual para aprender sobre la conducta cristiana correcta, por lo que asume que quienes la leyeron ya eran Judíos bien informados que, en este momento, ya eran cristianos. El libro divaga en diferentes direcciones y sus exhortaciones sobre diferentes temas son similares al contenido moral del libro de los Proverbios.

> Alégrate cuando te enfrentes a las pruebas, porque la prueba de tu fe te provee de perseverancia que al final, te conduce a la madurez. Aquellos que perseveran reciben una corona de vida .... Si te falta sabiduría, pídele a Dios que te la dé y la recibirás. Pero cuando pregunte, sencillamente crea y no dude. De lo contrario, no obtendrás lo que pediste .... Si eres tentado, es porque estás teniendo deseos negativos. Estos deseos son los que le dan luz al pecado. Dios no va a tentarte al mal; solo cosas buenas vienen de arriba. Está en la naturaleza inmutable de Dios hacer el bien y no hacer el mal .... No se limite a escuchar la palabra de Dios, haga siempre lo que dice .... Aquellos que se consideran religiosos, pero no controlan su lengua al final poseen una religión que no tiene valor .... Una persona con una religión pura e impecable es la que cuida de los huérfanos y las viudas en su angustia y que no está contaminada por los caminos impuros

de este mundo. Los que son amigos del mundo son sin duda, enemigos de Dios …. No muestre parcialidad por los ricos y por lo que lucen bien. Ama a todos por igual. La riqueza de los ricos será destruida debido a su autocomplacencia …. No confíe demasiado ni siquiera en sus propios planes. No sabes en realidad, lo que pasará en el futuro. Podría suceder si esa es la voluntad de Dios …. Confiesen sus pecados el uno al otro y ore el uno por el otro para que puedan ser sanados. La oración de una persona justa es poderosa y sumamente eficaz.

El principal mensaje doctrinal de Santiago viene incluido en su ataque a aquellos que ven una diferencia entre las personas que dicen tener fe y las que hacen buenas obras. Los dos van de la mano: "La fe de una persona no existe si no va acompañada de una acción. La fe de nuestros antepasados siempre se demostró por las cosas que habían hecho anteriormente".

Cartas de Judas y Juan

Judas era hermano de Santiago y además era medio hermano de Jesús. Al igual que la primera carta de Pedro, la carta de Judas se centró en abordar las enseñanzas falsas que continuaron difundiéndose dentro de la iglesia. Los detalles de su audiencia ("amigos") y las falsas enseñanzas no se describen en este libro el cual es muy breve (menos de una página). Judas simplemente habla enérgicamente contra los falsos maestros que tergiversaron el concepto de la gracia y el verdadero papel de Jesús. Estos profesores eran muy críticos con las cosas que no entendían. Judas enumeró muchos ejemplos del juicio divino de Dios y dijo que los falsos maestros serían castigados en algún momento, así como Dios castigó a los falsos profetas y maestros que vivieron entre los Judíos en el pasado.

Cartas de Juan

Juan había sido un pescador antes de unirse a Jesús como uno de los 12 discípulos originales. Escribió un extenso relato de primera mano de la vida de Jesús, y escribió tres cartas generales a los cristianos a fines del siglo I DC, unos 50 años después de que Jesús resució entre los muertos. Probablemente Juan vivía en Éfeso en esos momentos.

Juan escribió su primera carta para animar y fortalecer a la iglesia mientras las falsas enseñanzas se estaban infiltrando en ella. La herejía del gnosticismo se estaba desarrollando en ese momento, y era el que sostenía la creencia de que toda la materia es mala y que el espíritu es bueno. Por esa razón, era el espíritu de Jesús el que contaba, no su cuerpo; algunos creían que Jesús ni siquiera era en realidad un humano. En consecuencia, los gnósticos llevaban vidas inmorales porque guardar la ley no tenía consecuencias morales para ellos. Los gnósticos estaban muy orgullosos de sus creencias y despreciaban a los que no tenían las mismas creencias que ellos.

Juan neutraliza cada una de las opiniones gnósticas. Como testigo ocular y amigo personal cercano, Juan experimentó la realidad de la vida física de Jesús, incluido su bautismo, crucifixión e incluso, su resurrección. Jesús era Dios en su forma física. (Es irónico que la primera herejía atacara a la humanidad de Jesús, no exactamente a su deidad). Juan también enfatizó la vida recta, la humildad y el amor por los demás. Un cristiano de verdad, creía que Jesús era el Mesías y el Hijo de Dios, obedecía los mandamientos de Jesús, vivía de manera ética y amaba a todos los otros cristianos.

> Esto es lo que conocemos como amor: Jesucristo dio su vida por nosotros. Así nosotros debemos dar nuestra vida por nuestros hermanos y hermanas. Si alguien tiene posesiones materiales y ve a un hermano o hermana en necesidad, pero no siente compasión por esos hermanos, ¿cómo puede existir el amor de Dios en esa persona? No amemos con palabras sino con acciones. Amémonos unos a otros, porque el amor viene de Dios. Todo el que ama ha nacido de Dios y conoce a Dios. Los que no aman no conocen a Dios, porque Dios es simplemente amor. No hay miedo en el amor. El amor perfecto expulsa el miedo porque el miedo está relacionado con el castigo. Amamos porque él nos amó primero. Jesús nos dio este mandamiento: Todo el que ama a Dios debe amar también a su hermano y a su hermana.

La segunda carta de Juan contenía apenas unos cuantos párrafos. Escribió para advertir a la iglesia sobre los falsos maestros que se estaban infiltrando en ella, sin que ellos se dieran cuenta. Juan dijo que la iglesia no debería tener nada que ver con esas personas. Juan también reforzó los otros dos puntos que hizo en su primera carta: la necesidad de que los miembros de la iglesia obedezcan los mandamientos de Jesús y especialmente, que se amen unos a otros.

La tercera carta de Juan también fue bastante corta, y la escribió casi al mismo tiempo que escribió tosas las demás cartas. Esta fue enviada a un amigo para que le instruyera sobre cómo manejar una situación inusual que sucedía en la iglesia. Un maestro que había sido enviado por Juan para apoyar a varias iglesias no fue aceptado por un líder autoritario que estaba en una de ellas. Este líder incluso, había echado a algunos de los creyentes que ayudaron a otras maestras las cuales eran visitantes. John elogió a su amigo por ayudar a los maestros que lo habían visitado, e indirectamente advirtió al líder que sería Juan, quien trataría con él directamente, cara a cara, cuando él llegara a visitar la iglesia en un futuro con muy lejano.

Carta a los Hebreos

Hebreos fue escrito para convencer a los Judíos de que Jesús era superior a todos los demás héroes que se presentaban en el Antiguo Testamento para evitar que los creyentes Judíos regresaran al Judaísmo. Aunque se desconoce quién fue el autor, pudo haber sido Pablo o Bernabé o Apolos, los eruditos Judíos de Egipto. También podría haber sido escrito por Priscilla, una colaboradora cercana de Pablo. No habría incluido su nombre como autora porque el público no aceptaba en esos tiempos, los escritos hechos por las mujeres. Aunque Hebreos se considera una carta, está básicamente estructurada como un sermón o como un ensayo. Lo más seguro es que fue enviada a la iglesia en Roma antes del año 70 DC cuando Jerusalén y el Templo fueron destruidos por los Romanos.

La carta inicia discutiendo cómo Dios les habló primero a los Judíos a través de los profetas, pero luego les hablo de forma directa por medio de Jesús.

> Dios habló previamente a nuestros antepasados a través de los profetas en muchas ocasiones y de un montón de formas, pero en estos últimos días, Dios nos ha hablado a través de Jesús, quien fue designado heredero de todas las cosas y por medio de quien Dios creo el Universo. Jesús es la representación exacta de Dios y sostiene todas las cosas con

su palabra poderosa. Después de purificarnos de nuestros pecados, se sentó a la diestra de Dios en el cielo. Él es muy superior a cualquier ángel en el cielo.

El autor se refiere con frecuencia a Jesús como "mejor que" cualquiera de los héroes del Antiguo Testamento. El autor utiliza el texto de varios salmos para explicar cómo Cristo es mejor que el Antiguo Testamento, mejor que los ángeles, mejor que Moisés, mejor que Josué, mejor que todos los sacerdotes y también, mejor que Abraham. El Nuevo Pacto (el sacrificio de Jesús limpió a la gente de sus pecados y proporciona vida eterna a todo el pueblo de Dios, y también a la iglesia) es mejor que el Antiguo Pacto. El sacrificio de Jesús es mejor que cualquiera de los sacrificios realizados bajo el Antiguo Pacto, y experimentar a Jesús es mejor que experimentar los eventos en el Monte Sinaí. Jesús es el gran sumo sacerdote que intercede por el pueblo ante Dios y también ante el Juez supremo.

> La palabra de Dios está viva y corta mucho más que cualquier espada de doble filo. Juzga nuestros pensamientos y actitudes que están más ocultos. Nada en toda la creación está oculto a la vista de Dios. Todo está abierto y descubierto ante Dios, a quien debemos de dar cuentas de todo. No tenemos un sumo sacerdote que no pueda empatizar con nuestras debilidades. Tenemos a Jesús, el que fue tentado en todos los sentidos, como nosotros, pero el cual no pecó.

Jesús había venido al mundo como el máximo sacrificio. Era imposible que la sangre de toros y machos cabríos quitara los pecados. Ya no se necesitaban sacrificios para eliminar la mancha del pecado. Pero la liberación del pecado no les dio a las personas una licencia para usar esa libertad para seguir pecando. En cambio, el enfoque de un cristiano debe ser "animarnos unos a otros a mostrar nuestro amor y nuestras buenas obras". Aquellos que tienen fe en Jesús deben ser valientes y perseverar en tiempos difíciles y jamás ser tímidos.

> La fe es la certeza de que las cosas que esperamos y también es tener confianza en lo que no hemos visto. Nuestra fe nos ayuda a creer las cosas que Dios ha hecho, desde que el universo fue creado. Fue la fe de Abraham lo que lo llevó a

dejar su hogar en Ur y mudarse a Canaán y además fue su fe la que lo hizo saber que él y Sara tendrían un hijo a una edad muy avanzada. Teníamos fe en Dios cuando Moisés nos condujo a través de las aguas para escapar de los Egipcios. Casi todos murieron antes de ver la tierra prometida, pero pudieron verla desde la distancia y no dudaron porque tenían fe en las promesas que Dios nos ha hecho a todos.

Por la fe cayeron todos los muros de Jericó, y por la fe no mataron a la prostituta Rahab por haber dado la bienvenida a todos los espías. No tengo tiempo para hablar sobre Gedeón, Barac, Sansón, Jefté, David, Samuel y los profetas. Pero por medio de la fe conquistaron reinos, administraron justicia y obtuvieron todo lo prometido. Cerraron bocas de leones, apagaron la furia de las llamas y escaparon del filo de la espada. Su debilidad se convirtió en fuerza a medida que se volvieron poderosos en la batalla y derrotaron a todos los ejércitos extranjeros.

Otros fueron torturados y se negaron a ser liberados para así obtener una resurrección mucho mejor. Algunos se enfrentaron a abucheos, azotes y encarcelamiento. Los mataron a pedradas, los cortaron en dos y los mataron usando una espada. Vestían pieles de ovejas y cabras y eran desamparados, perseguidos y maltratados. Vagaron por desiertos y montañas, viviendo en cuevas y agujeros escondidos en el suelo.

Ya que estamos rodeados de una gran cantidad de testigos, deshazte de todo lo que nos estorba y del pecado que nos enreda fácilmente. Fortalece tus brazos y tus rodillas débiles y empieza a correr la carrera que tenemos por delante con perseverancia. Fija tus ojos en Jesús, quien soportó la cruz y ahora está sentado a la diestra junto a Dios en el trono.

El autor termina el ensayo exhortando a los Judíos a seguir viviendo una vida moral y sobre todo llena de amor, brindándoles hospitalidad a los extraños y recordando a los que estuvieron en la cárcel y los cuales sufrieron al haber sido maltratados.

Capítulo 25
Predicciones Sobre El Futuro
Mensajes misteriosos prevén un final cataclísmico

Jesús siempre habló del reino de Dios (del cielo) como si el mismo ya existiera en la tierra, pero al mismo tiempo, como aún estuviera a punto de venir, lo cual es lo correcto. Habló de cómo un rey juzgaría a las personas como un pastor separa las ovejas de las cabras, enviando las ovejas al cielo y enviando a su vez a las cabras directo al infierno, haciendo esa separación. Jesús hablo en privado con cada uno de sus discípulos al final de su ministerio, y cuando le preguntaron sobre los acontecimientos del "fin de los tiempos". Jesús les explicó:

> Escuchará sobre guerras y también sobre rumores de guerra, de terremotos y hambrunas, pero estos son solo el comienzo de los dolorosos sucesos. Habrá tribulaciones y las naciones van a odiarte porque su me sigues. Muchos se apartarán y traicionarán a otros, y los falsos profetas van a desviar a muchas personas del camino. El evangelio debe predicarse a todas las naciones; entonces después de eso, el fin vendrá. Cuando veas al Anticristo de pie en el Templo, como predijo Daniel, entonces allí tendrás que huir lo más rápido y lejos que puedas. La persecución será como ninguna otra, y si los tiempos no se acortan, nadie a lograr sobrevivir. Los falsos profetas te dirán que Jesús ya regreso y que se acerca el fin, pero no les creas, porque todo esto que te he dicho, debe de pasar primero para que eso pase.

Los cristianos pensaron en ese momento, que Jesús regresaría pronto como rey para salvarlos de la opresión y la persecución que estaban sufriendo. La esperanza de ellos no era evitar tiempos terribles, sino que lo que esperaban era reunirse pronto con Jesús allá en el cielo. Él había contado parábolas acerca de cómo estaba listo para cuando le tocara regresar: Todos los creyentes debían estar preparados como vírgenes que esperaban a un posible esposo que pudiera aparecer de un pronto a otro, o como sirvientes que están listos para abrir la puerta a su amo cuando regresa ya noche, después de haber pasado tiempo en una fiesta fuera de casa.

Pero a fines del siglo I DC, estaba claro que Jesús no regresaría a la tierra tan pronto como todos pensaban que pasaría. Los Romanos habían destruido Jerusalén y el Templo, y según las predicciones relacionadas con el regreso del Mesías, ambos tendrían que existir. Las predicciones y promesas de que él regresaría, eliminaría el mal y juzgaría a todos los que vivían en el mundo aún podrían ser cumplidas, pero nadie sabía cuándo iban a pasar todos estos eventos y como ocurrirían. Durante su ministerio, Jesús contó una parábola sobre la convivencia entre las buenas personas y las malas personas.

El reino de los cielos es se puede comparar con lo que le sucedió a un hombre que sembró buenas semillas de trigo en sus campos. Mientras todos dormían, el enemigo del hombre vino y sembró semillas de malas hierbas en el campo de trigo y después se retiró en silencio, sin que nadie supiera. En el momento en que el trigo brotó, a su vez, aparecieron también las malas hierbas. Los trabajadores del agricultor le preguntaron: "Señor, ¿no sembró buena semilla en su campo? ¿De dónde vinieron las malas hierbas?

El granjero respondió: "El que hizo esto fue un uno de mis enemigos".

Los sirvientes le preguntaron al hombre: "¿Quiere que las levantemos?"

El hombre contestó: "No, porque si arrancan la mala hierba, arrancarás también parte del trigo con ella. Hay que dejar que ambas crezcan juntas hasta que venga la cosecha. Entonces les diré a los segadores que recojan la maleza y la ate en manojos para después quemarlos; luego les diré que recojan el trigo y que lo traigan directo a mi granero".

Por esa razón, era muy probable que Jesús no regresara por un periodo largo de tiempo, mientras los creyentes vivieran junto a los que no tenían las mismas creencias que ellos. Los fieles vivirían en la tierra, pero mantendrían su ciudadanía arriba en el cielo; las iglesias serían como pequeñas colonias presentes en un mundo que está lleno de maldad, y ellas le mostrarán al resto del mundo un poco de cómo será estar en el cielo. El reino de Dios ha llegado de alguna forma, pero estará completo para los fieles cuando Jesús regrese para que el bien perdure y el mal sea totalmente destruido de la tierra.

Ya para ese entonces, se habían cumplido muchas predicciones relacionadas con los Israelitas y el Mesías, pero aún quedaban algunas predicciones sobre lo que sucedería en el futuro que todavía, no habían sido cumplidas. Estas predicciones se relacionan principalmente con el regreso del Mesías en lo que se conoce como simplemente "fin de los tiempos" y la separación entre las personas que van al cielo y las que por sus actos, irán directo al infierno. Algunas de estas profecías eran bastante simbólicas y estaban llenas de imágenes, y los profetas que las recibieron no tenían conocimiento de lo que en realidad significaban. Sin embargo, fueron escritas para que otros pudieran entenderlos en el futuro. Debido a la persecución que se estaba dando en esos momentos, los cristianos estaban muy interesados en cualquier detalle que pudieran obtener sobre cuándo su dolor iba a terminar finalmente. Todos ellos aguantaron con esperanza más que con autocompasión.

Cuando se acercaba el final del primer siglo, Juan, el pescador que fue uno de los primeros discípulos, y que era pastor y vivía en Éfeso, había escrito sobre la vida de Jesús basándose en las experiencias de primera mano que había logrado tener con él, durante todo ese tiempo, y luego escribió cartas de instrucción y aliento dirigidas a varias iglesias. Finalmente fue exiliado a Patmos, una isla Griega ubicada relativamente cerca de Éfeso, porque él era un cristiano influyente. Juan era parte del movimiento de resistencia cristiana luchando en un mundo dominado por los Romanos y que estaba empeñado en matar a aquellos cuya lealtad y adoración se centraban en Jesús, y no precisamente en el que era el emperador. Esto fue similar a lo que le sucedió a Daniel cuando vivía en Babilonia, al no adorar al rey Nabucodonosor.[20]

---

[20] Dos emperadores Romanos hicieron persecución a los cristianos a fines del siglo I DC La persecución de Nerón ocurrió del 64 al 68, y la persecución de Domiciano se dio al final de su reinado durante los años 90. La mayoría de los eruditos piensan que Apocalipsis se escribió alrededor del año 95 DC Domiciano se había dado a sí mismo el título de "Señor y Dios" y deseaba la adoración de todos.

Dificultad para comprender la literatura apocalíptica

La "revelación" de Juan (el *apocalipsis* que en Griego significa "desmantelar") se escribió en forma de literatura apocalíptica la cual en aquel entonces era una forma popular de hacerlo. Utilizaba un lenguaje bastante simbólico en forma de visiones y numerología y, a menudo, no incluía demasiados detalles que fueran en realidad relevantes. Esto hizo que el contenido fuera difícil de entender y hay muchas formas diferentes de interpretarlo. Este tipo misterioso de literatura fue utilizado anteriormente por los profetas del Antiguo Testamento, especialmente por Isaías, Jeremías, Daniel y Ezequiel, y por algunos de los autores que escribieron parte del Nuevo Testamento. El libro de John se refiere a muchos otros libros apocalípticos que circulaban en ese momento y que su audiencia habría conocido, pero que al final, no están incluidos en la Biblia.

Los cristianos estaban siendo perseguidos fuertemente, por no obedecer las leyes Romanas que en realidad no iban acordes a los principios de la fe que todos ellos profesaban. Juan quería comunicarse con los miembros de la iglesia a distancia, pero era peligroso para él demostrarse demasiado en las cartas que escribía. Las vidas de quienes reciban la carta podrían estar en peligro si la carta llegara a caer en manos equivocadas, como la de los Romanos. Por esa razón, Juan usó términos que tenían un doble significado o que solo iban a ser comprendidos por los que eran de verdad creyentes. Era similar a un equipo atlético o a los miembros de una comunidad clandestina que utilizan signos y lenguaje secreto para comunicarse entre ellos mimos y nadie más entendía: Todas sus palabras estaban en código y por ninguna razón podían ser tomadas de forma literal.

Habló de los males de Babilonia, pero en el fondo hablaba de los males que había en el imperio Romano. A menudo usaba el número siete para simbolizar la integridad (por ejemplo, siete ciudades y colinas, siete sellos, siete estrellas, siete cuernos y ojos, siete trompetas y coronas). No se sabe con exactitud si todos esos eventos sobre los que escribió sucederán consecutivamente o se van a superponer entre sí. Los mensajes y el simbolismo de los profetas anteriores y los autores del Nuevo Testamento se usaron a veces, pero no siempre, lo que aumenta la confusión sobre cómo interpretar todos los mensajes apocalípticos.

Juan describió los eventos finales de la historia en términos que hacían alegoría a un "rapto" (cuando los cristianos van al cielo), una "tribulación" (años de intensa persecución de los cristianos, acompañada de todo tipo de calamidades naturales y además de guerras), una "bestia" (una poder maligno usando sus poderes contra los cristianos), El Anticristo (Un profeta falso que se identifica con el número 666),[21] por medio de una batalla final entre el bien y el mal que sucedería en el Armagedón (Un valle ubicado en el Norte de Israel), a "milenio" (1.000 años de paz), y el regreso de Cristo quien destruye los poderes del mal y además devuelve al demonio al infierno. El reino de Dios iba a ser establecido en el cielo y en la tierra sin estar presente en él, ningún demonio.

La manera en que todos estos personajes y eventos trabajan juntos está sujeta a una gran cantidad de debates y especulaciones. Algunos creen que hubo un rapto previo a la tribulación, un escenario de visitación conocida como el pre-milenio. Bajo esta perspectiva, el rapto sucede primero para darle paso después a lo que se conoce como tribulación, para continuar con la segunda venida de Cristo, que marca el comienzo del milenio. Luego de todo esto, se presenta una última oleada de maldad, después de la cual Cristo regresa por tercera vez y termina derrotando al demonio y a todo el mal que hay en la tierra, en una gran batalla final. Otros creen que los cristianos van a experimentar el rapto después de que suceda la tribulación; y de inmediato ocurre el milenio, seguido por el regreso de Cristo y, por último, el esperado juicio final (un rapto post-tribulación, escenario de un juicio post-milenio). Otro punto de vista es que ya estamos en el milenio, y la tribulación sucederá antes de que el rapto suceda.

Hay evidencia para cada uno de estos puntos de vista, pero además hay posibilidad de que se den otras combinaciones interesantes. Pero los misterios del simbolismo y los vagos detalles sobre cómo y cuándo ocurrirán los eventos significan que nadie sabe realmente cómo y

---

[21] El significado del 666 es desconocido. Se ha buscado identificar a la persona utilizando un sistema de numeración que se asocia con el alfabeto. Muchos eruditos consideran que esto simboliza lo incompleto (el número 7 simboliza lo completo, por lo que 666 no era 777), y puede ser sobre un emperador Romano. Otros consideran que es una marca en la cabeza de una persona o que es en representación de seis figuras o símbolos en tres columnas o filas. Los holandeses consideraban que estaba relacionado con el año en que perdieron una batalla naval relevante en 1666. Muchos mencionaron que Adolf Hitler cumplía con las condiciones del Anticristo.

cuándo se van a desarrollar. Muchos eruditos creen que los eventos son aplicables en un sentido general y se pueden interpretar dentro del contexto de eventos en diversos momentos de la historia, tomando como punto principal que los cristianos deben perseverar y mantener viva la esperanza en momentos de dificultades extremas. Bajo este punto de vista, las revelaciones no pretenden predecir los eventos que puedan pasar en el futuro. Para muchos creyentes, es más que suficiente saber qué ocurrirá un final feliz a pesar de que hay que atravesar por un proceso algo doloroso y difícil.

Un signo de que el final de los tiempos está cerca es que se va a construir un templo, por tercera vez en la ciudad de Jerusalén. (Salomón fue el que construyó el primero, pero el mismo fue destruido por los Babilonios. Fue reconstruido durante el tiempo de Hageo y Zacarías, pero fue también destruido, en esta ocasión, por los Romanos). Se predice que el Anticristo servirá en el Templo, solo para volverse contra los Judíos y luego perseguirlos. Se predice también, que miles de personas estarán protegidas de la tribulación. Muchos desastres naturales (por ejemplo: cielos ocurso, terremotos, hambrunas, etc.) se van a desarrollar en los últimos días.[22] Juan confirmó algunos detalles que Isaías y Pablo dijeron que sucedería en el momento del regreso de Jesús: los que hayan muerto volverán a la vida como lo hizo Jesús, y toda criatura, viva o muerta, se inclinará y honrará a Jesús como Rey y Señor de Dios, de todo el universo.

Estímulo a las siete iglesias

Los primeros tres capítulos del libro del Apocalipsis estaban dirigidos a las siete iglesias que se ubicaban en aquel entonces en Asia Menor: Éfeso, Esmirna, Pérgamo, Tiatira, Sardis, Filadelfia y Laodicea). Todas ellas se conectaban por una carretera principal construida por las manos de los Romanos. La carta fue diseñada para circular entre las iglesias a lo largo de esa ruta circular.

La persecución estaba ocurriendo en prácticamente todas las ciudades y había causado que los creyentes comprometieran sus creencias

---

[22] La creación de la nación de Israel en 1948 a casi 1.900 años sin un estatus nacional lleva a algunos cristianos y Judíos a la creencia de que es una señal de que el fin de los tiempos está cerca. Los desastres naturales más graves y los cambios en el clima mundial respaldan estas creencias.

y acciones para mezclarse con que no creían. Juan escribió para alentar a los cristianos que vivían en cada ciudad a resistir la tentación de adorar al emperador Romano y además les pedía que siguieran fieles a todas sus creencias. Los creyentes deberían tener esperanza porque Dios estaba a cargo de todo y al final prevalecería al pelear contra el mal. Juan adaptó todos sus mensajes a las circunstancias específicas que enfrentaba cada una de las iglesias que existían cerca de él. Por ejemplo, Laodicea era una ciudad próspera y su iglesia era complaciente y más que autosuficiente. A pesar de que la ciudad era un importante centro bancario, Juan dijo que en lo que respectaba a la iglesia, era en realidad pobre espiritualmente; y que, aunque la ciudad producía ropa bonita, Juan dijo que los creyentes realmente parecían estar desnudos; aunque la ciudad tenía una escuela de medicina, dijo que la iglesia local en realidad estaba ciega. Las aguas termales de la zona eran buenas para bañarse y el agua fría era perfecta para refrescarse durante los momentos de calor. Pero el agua caliente que fluía a la ciudad desde varios kilómetros de distancia a través de acueductos, se tornó tibia cuando llego hasta donde ellos. Esta agua tibia se utilizó para inducir el vómito. Juan les dijo a los de la iglesia estas palabras de Dios:

> Conozco sus hechos, que no son frío, pero tampoco son caliente. Sería mejor si fueras una cosa o si fueras la otra. ¡Debido a que eres tibio, mi boca está a punto de escupirte! Dices: "Soy rico, he adquirido riquezas y no necesito nada". Pero no te das cuenta de que eres un desgraciado, lamentable, pobre, ciego y además desnudo. Yo siempre estaré aquí para reprender y disciplinar a todos aquellos que amo.

Pero a pesar de la complacencia de la iglesia, Juan siguió recordándoles lo bondadoso que Dios era con todos. Dios dice: "Estoy frente a tu puerta, te estoy llamando. Si escuchas mi voz y abres la puerta, entraré y me sentare a comer a tu lado". La elección siempre está ahí para que cualquier persona responda a mi llamado, sin necesidad de ser forzado, a la invitación que se le hace para conocer de forma directa a Dios. Un tema central de las Escrituras es que la gracia de Dios, no el castigo, es lo que sigue al juicio.

El final de la historia

Después de escribirle a cada una de las siete iglesias que enfrentaban los desafíos que se vivian en el momento, Juan menciona algunas visiones del futuro al describir algunos eventos asociados con el fin de los tiempos que es cuando por fin, Jesús regresará a la tierra desde los cielos. La revelación de Juan vino de Dios a través de un ángel como un mensaje para cada uno de los creyentes. Hay "dolores de parto" que revelan que los eventos finales están por venir, y luego de eso, se producirán todos esos eventos rápidamente.

Visión de los rollos y las trompetas

En una de las primeras visiones que el recibió acerca de lo que pasaría en el futuro, Juan fue llevado al cielo y vio todo tipo de cosas y, además, un sinnúmero de criaturas asombrosas. Todos le cantaban y además adoraban a un rey resplandeciente que estaba sentado en un trono. Criaturas de aspecto extraño estaban cantando sin cesar: "Santo, santo, santo es el Señor Dios Todopoderoso, que era, es y ha de venir. Eres digno de recibir toda la gloria, honor y poder".

Se tenían que romper siete sellos que eran parte de un pergamino. (En ese momento, el testamento de una persona de imprimía en un rollo el cual se sellaba y luego era cerrado delante de varios testigos. Cuando la persona fallecía, los que lo sellaban tenían que estar allí para romper los sellos y de esa forma se revelaba lo que el testamento contenía). Encargado de todo el universo, la "voluntad de Dios" fue sellada por Dios y sólo podía ser abierta por el mismo. El "León de Judá, la raíz de David", fue el único calificado para romper los sellos y revelar la voluntad de Dios sobre lo que pasaría en el futuro. Esto hizo que todas las criaturas del universo en voz alta comenzaran a decir: *"Digno es el Cordero que fue inmolado de recibir poder, riqueza, sabiduría, fuerza, honor, gloria y alabanza".*

Pero un montón de cosas diferentes empezaron a suceder, cuando cada uno de los siete sellos se rompieron. Cuando se rompió el primero, apareció un caballo blanco con un jinete coronado que salió como un conquistador que venía buscando el triunfo. Cuando algunos de los sellos se empezaron a romper, revelaron cosas espantosas, incluidos varios desastres naturales, así como plagas, guerras y atrocidades cometidas por hombres malvados. También hubo visiones de personas que habían muerto después de ser perseguidas y personas que fueron "ignoradas" y que se les protegió para que al final, no pudieran ser lastimadas.

Cuando se rompió el sétimo sello, el cielo se quedó en silencio por un momento; esto se podría decir que fue como una pausa, y esa solo fue la calma antes de que el infierno se desatara en la tierra. Después de esa pausa, siete ángeles empezaron a tocar siete trompetas, sonándolas una después de la otra. Cuando sonó cada trompeta, ocurrieron eventos todavía mucho más terribles que lo que se pensaba. (Existen fuertes paralelos entre las plagas y la Pascua en Egipto que se dio antes del éxodo y las imágenes asociadas con todas estas predicciones que se habían presentado).

Las fuerzas del mal se reúnen, pero son derrotados por los poderes celestiales

El mal se había vuelto tan fuerte y generalizado en su duro y desesperado intento por derrotar a las fuerzas del bien que Dios simplemente decidió que todo esto ya era demasiado. Cuando sonó la séptima trompeta, el momento del juicio llegó; el mal tenía que ser destruido y debía pasar de inmediato. Mientras en los cielos se armaba el ataque, las fuerzas del mal dirigidas por Satanás lo invadieron, pero son derrotadas inmediatamente por un enorme ejercito de ángeles, los cuales eran dirigidos por el arcángel Miguel. Estas fuerzas se retiran a la tierra para luchar entre ellas más adelante. Satanás, en forma de dragón herido, trabaja con una bestia y el Anticristo con el número 666 para empezar a causar muchos más estragos en la tierra. En ese momento, ellos parecen ser invencibles y hacen la guerra contra el pueblo de Dios y los Judíos por alrededor de siete años (hay que tomar en cuenta que esto puede no significar siete años en términos terrestres literales).

Después, un grupo de ángeles vuelan por todas partes para proclamar a viva voz, el evangelio a todos los que aún viven en la tierra y anuncian: "¡Ha caído Babilonia! En Babilonia solo habitaba el mal. Los reyes de la tierra cometieron adulterio en contra de ella, y los comerciantes se enriquecieron con sus excesivos lujos". Luego otro ángel dice en voz alta:

> Si alguien adora a la bestia y su imagen y recibe su marca en la frente o en la mano, va a beber el vino de la fuerte ira de nuestro Dios. Serán atormentados con azufre ardiente mientras los santos ángeles y el Cordero les vigilan. El humo

de su tormento se elevará para siempre; no habrá descanso ni de día ni de noche para ninguna de estas personas.

Una voz del cielo dice: "Bienaventurados los que mueren en el Señor, pues descansarán siempre de todo su trabajo". Esto requiere que el pueblo de Dios aguante con paciencia para guardar los mandamientos de Dios y siempre permanecerle fieles.

Muchas plagas van a caer sobre la tierra, y una batalla entre muchas naciones tendrá lugar en el Armagedón (que en el Hebreo significa "montaña de Meguido"), un valle a 32 kilómetros al sureste de la actual Haifa. La descripción de la batalla se parece mucho a las de la guerra moderna: los sonidos de los atronadores jets, bombas y misiles que caen del cielo, destellos de luz y la tierra retumbando, además se presenta una destrucción generalizada. Babilonia es finalmente destruida debido a su inmoralidad, religiones falsas y las comodidades que trae el materialismo. Los que viven en el cielo se sienten felices por la destrucción de esa ciudad.

> *Aleluya, porque el Señor, Dios Todopoderoso, reina.* ¡Regocijémonos y alegrémonos y démosle gloria! Ha llegado el momento de las bodas del Cordero y su esposa ya está lista. Ella vestirá de lino fino, brillante y limpio. (El lino fino representa los actos justos propios del pueblo de Dios).

Una vez que se destruyen los poderes del mundo, se empieza a juzgar a cada uno de los individuos. Un ángel reúne a los incrédulos y los tritura como si fueran uvas en un lagar. Habiendo vencido los poderes del mundo y los individuos que no se encontraban entre los elegidos, Dios entonces empieza a lidiar con los poderes del mal. Un jinete sobre un caballo blanco cuya túnica gotea sangre dirige un ejército del cielo que está listo para luchar contra la bestia, el Anticristo y los ejércitos de todos los reyes de la tierra. La bestia y el Anticristo son capturados y arrojados vivos al lago ardiente de azufre, mientras que los demás son asesinados por la espada del jinete, poco a poco.

El milenio y el juicio

Pero el dragón (Satanás) aún andaba suelto por todos lados. Entonces un ángel vino directo del cielo y lo metió en el abismo, donde permanece por alrededor de 1.000 años. Mientras se encuentra en el Abismo, el dragón ya no posee ninguna influencia en la tierra, lo que lleva a lo que se conoce como 1.000 años de paz continua. Esto le puede enseñar a las personas, cómo puede ser la vida sin tener la influencia del mal. (Es importante tomar en cuenta que el período de tiempo es simbólico y que es probable que no se trate de 1.000 años terrestres literales). Los justos que fueron martirizados reviven, levantándose de entre los muertos y comparten el gobierno de la tierra. (Esto animó a los creyentes a permanecer fieles y a no sentir temor hacia la muerte, la cual es inminente).

Cuando concluya el milenio, Satanás va a ser por fin liberado de su prisión y se reunirá con todas las demás fuerzas del mal que todavía existen y engañarán a todas las naciones que están presentes en la tierra. Las fuerzas del mal rodearán al pueblo de Dios, pero el fuego descenderá del cielo y devorará a todos aquellos que son malvados de corazón. Satanás será arrojado al mismo lago de azufre ardiente donde fueron arrojados la bestia y el falso profeta y finalmente serán considerados responsables por todo el mal que han hecho; y van a sufrir tormentos tanto de día como de noche y por toda la eternidad.

En ese momento, un rey se sentará en un trono, y todos, vivos y muertos, se pondrán de pie ante él. El libro de la vida se abrirá y todos serán juzgados de acuerdo con lo que está registrado en el mismo. Cualquiera cuyo nombre no se encuentre escrito en el libro de la vida va a ser arrojado a un lago de fuego.

Un nuevo cielo y una nueva tierra

Una vez que todo el mal en el mundo haya sido destruido por completo, la ciudad santa de Jerusalén será restaurada en la tierra, la novia estará bellamente vestida para ser entregada a su esposo. Una voz se escucha, viene del rey sentado en el trono:

> ¡Miren! La morada de Dios (el cielo) está ahora presente en la tierra, entre las personas. Dios morará con ellos y serán el pueblo de Dios. No habrá más lágrimas en sus ojos ni

más muerte, ni llanto ni dolor: ¡el viejo orden de las cosas ha pasado y yo he hecho todo lo nuevo! Se hace. Yo soy el Alfa y la Omega, el Principio y el Fin. Al sediento le daré gratuitamente agua del manantial del agua de la vida. Estos vencedores heredarán todo esto. Yo seré su Dios y ellos serán siempre mis hijos.

Los cimientos y las murallas de la ciudad santa son maravillosas y espectaculares. No hay Templo en la ciudad porque Dios y el Cordero son en realidad ese templo. No hay sol ni luna porque la gloria de Dios es la que proporciona esa luz; no hay oscuridad, ni tampoco se dará la noche. Nada va a volver a entrar jamás a esta ciudad. Aquellos cuyos nombres están en el libro de la vida vivirán como la novia de Dios, o sea, vivirán para toda la vida. Al igual que en el libro de Job, el dolor y el sufrimiento del pueblo de Dios finalmente van a ser recompensados: La perseverancia de los fieles va a terminar en un final feliz. Las batallas espirituales han sido épicas a lo largo de los siglos, pero la guerra por fin se ha acabado. Existe una victoria total y el mal es aniquilado para siempre.

Juan concluye escribiendo que fue Jesús quien le dijo que transmitiera el contenido de esta visión a la iglesia. Jesús les dice a todos: "Vengo pronto. Todos aquellos que tengan sed, vengan a mí". Amén.

Epilogo

El Apocalipsis fue el último libro escrito por un testigo ocular sobre la vida de Jesús, que también fue incluido en la Biblia. El conocido movimiento cristiano se expandió rápidamente por todo el Imperio Romano gracias en gran medida, a los 200 años de relativa paz que se respiraba en el imperio en ese momento (Pax Romana) y además gracias a un excelente sistema de carreteras con el que contaban, los cuales hicieron posible que las personas viajaran con seguridad desplazándose a largas distancias. Los Judíos fueron dispersados por todo el imperio después de que Jerusalén fue completamente destruida cerca del año 70 DC, y trajeron consigo un entendimiento del Dios de Abraham, la historia de los Israelitas y también la de todos los profetas. Esto hizo más comprensibles los mensajes de quienes difunden las noticias sobre Jesús.

Aunque el cristianismo era básicamente una religión ilegal y muchos creyentes fueron asesinados en un montón de lugares, según la Apología de Tertuliano escrita alrededor del año 200 DC, los cristianos "llenaron las ciudades, islas, fortalezas, pueblos, mercados, el ejército mismo, tribus, compañías, el Imperio Palacio, el Senado, e incluso el foro" (En pocas palabras, los cristianos estaban por todas partes). Se dice que el discípulo Tomás llevó las buenas nuevas acerca de Jesús directamente hasta la India.

La expansión del cristianismo fue influenciada en parte por las promesas de vida que se les había hecho a todos los que eran creyentes, después de que murieran y además, por la predecible caída del Imperio Romano. Justino Mártir trató de convencer a las autoridades Romanas de que los cristianos eran buenos ciudadanos, a pesar de no adorar a los dioses Romanos, pero luego él fue decapitado con algunos de sus discípulos en el 165 DC Otros líderes cristianos fueron perseguidos y asesinados también, de una manera impresionante, pero sobre todo horrible. Debido a la fuerte persecución que existía en contra de los cristianos, la mayoría de los creyentes en ese momento pensaban que estaban en viviendo los momentos de la tribulación. Otros escritos apocalípticos de la época proporcionaron un poco de esperanza y evidencia de que el fin del mundo llegaría en cualquier momento. El Imperio Romano finalmente dejó de perseguir a los cristianos en el año 313 DC y esto sucedió durante el gobierno de Constantino. Más de 1.700 años después, los cristianos siguen siendo perseguidos y marginados en varias partes del mundo.

En el año 1517 en Alemania, un monje llamado Martín Lutero expresó su preocupación sobre la teología de la Iglesia Católica Romana y las formas en que la iglesia estaba operando en ese momento. Sus protestas se convirtieron en algo que se conoció como el movimiento protestante, durante el cual los principales eruditos religiosos empezaron a crear y edificar nuevas ideas de iglesias. Desde entonces, muchos otros grupos protestantes ("denominaciones") se han formado basándose en sus diferentes puntos de vista teológicos, pero también de tipo organizativo. El poder institucional de la iglesia se fue viendo reducido a medida que la interpretación de las Escrituras de cada creyente se convirtió en la norma. Si a las personas no les gustaba lo que se estaba enseñando o no estaban de acuerdo con cualquier otra cosa que estaba sucediendo dentro de la iglesia, simplemente se iban a otra parte o dejaban ser parte de cualquiera de esas iglesias. Mientras eso ocurría, la Iglesia Católica estaba siendo dirigida por una persona (el Papa) y esto se ha se ha mantenido integro e intacto, mientras continúa evolucionando con el tiempo, a pesar de las diferencias internas entre sus los que asisten a las iglesias y sus líderes.

En los últimos 200 años, algunos grupos de cristianos han mostrado un mayor interés por difundir el evangelio alrededor del mundo (a este proceso se le conoce hoy en día como evangelización), en algunas ocasiones, lo hacen al brindar los servicios necesarios a otros, como por ejemplo educación, atención médica y también en el desarrollo económico. Las últimas palabras de Jesús en la tierra fueron una petición hacia sus creyentes: "Hacer discípulos de todas las naciones" (la "Gran Comisión" que se encuentra en Mateo 28:19-20). La palabra nación se aplica a todos los grupos étnicos, no de forma directa a las entidades políticas, y este mandato motivó a muchos a encontrar grupos étnicos en el mundo que todavía a esas alturas, no conocían nada sobre Jesús y su mensaje y a comunicar estos mensajes a su gente en términos apropiados de acuerdo a su cultura.

A principios del siglo XIX, un predicador protestante el cual era bien alto y carismático y quien se llamaba Charles Finney ayudó a iniciar un movimiento de avivamiento para lograr que la gente regresara a la iglesia y empezar a convertir a todas las personas al cristianismo. Usó principios psicológicos y nuevos métodos los cuales estaban cargados de emociones, incluidos los llamados al altar y las reuniones que se llevaban a cabo en tiendas de campaña, para que de esa forma creciera el número de conversos. Una nueva métrica para definir tanto a un cristiano, así como a una iglesia exitosos, se convirtió en el número de personas que tomaron la decisión de seguir fielmente a Jesús.

En los últimos 150 años, las iglesias protestantes en los Estados Unidos han diferido significativamente en lo que se refiere a varios temas sociales, como la esclavitud y las situaciones entre las relaciones raciales, pero también sobre todos los temas teológicos, como la precisión e interpretación de las escrituras y la importancia relativa de la fe que tiene cada persona, versus la acción en sí, todo esto movido por las preocupaciones sociales y generales, que se presentan todo el tiempo en la vida. Estas diferencias han llevado a muchas divisiones aún más grandes, dentro de la iglesia. La etiqueta de cristiano ahora significa cosas totalmente diferentes.

Todas aquellas personas que se llaman a sí mismos cristianos, representan alrededor del 30% de la población mundial, el cual es considerado como el grupo religioso más grande que existe en el mundo en estos momentos. Más o menos la mitad de los 2.4 billones de cristianos son católicos, y la mayoría están en África, Asia, y Latino América. Los musulmanes representan el segundo grupo religioso más grande en el mundo (alrededor del 25% de la población mundial), y por otro lado, está el Islam, el cual tiene la tasa de crecimiento más rápida entre las principales religiones que existen en la tierra.

La Perspectiva Del Autor

En los primeros capítulos que se leen en la Biblia, se describe la hermosa creación de nuestro Dios que al final se contamino por todas las fuerzas del mal que estaban presentes. A los humanos se les dio la capacidad de discernir entre lo que es el bien y lo que se considera que es el mal, pero también sobre la libertad de que cada quien escoja su propio camino. Aquellos que persiguen intereses egoístas en lugar de seguir a Dios, en última instancia, se dañan a sí mismos y también dañan a los demás. Hay que saber que nadie es perfecto y Dios siempre perdona y ama a todas las personas a pesar de nuestros defectos. Las bendiciones de Dios a menudo benefician a las personas que incluso, no creen, mientras que, al mismo tiempo, la maldad en el mundo tiene un impacto negativo tanto en quienes siguen a Dios, como en aquellos que deciden no hacerlo. La vida no siempre es justa y, a menudo, se torna bastante impredecible.

El mal aún corre desenfrenado

Las predicciones que se han hecho en el libro del Apocalipsis sobre la destrucción del mal obviamente todavía no han sido cumplidas. La injusticia, la inmoralidad y los sistemas de valores fuera de lugar todavía causan dolor, sufrimiento y muerte en todas partes del mundo. Las sutiles fuerzas del mal se van filtrando en muchos aspectos de la vida y buscan minimizar y perturbar las fuerzas del bien en todos los individuos, así como en las instituciones humanas, pero, además, en los sistemas económicos, sociales y políticos que existen en la sociedad. Tanto en los tiempos bíblicos como ahora, la opresión y la injusticia no son más que signos d influencias negativas.

Pablo dijo a los de Éfesos: "Nuestra lucha no es contra la sangre ni la carne, sino contra gobernantes, contra las potestades de las tinieblas en este mundo y contra las fuerzas espirituales del mal" (Efesios 6:12). Los caminos del mal pueden ser seductores y bastantes atractivos, Satanás se hace pasar por "un ángel de luz" pero pervierte la verdad y finalmente se revela como un lobo que tiene piel de oveja. El resultado final de las malas acciones es casi siempre tiene forma de dolor y angustia, y lo cierto es que nadie sabe cuándo terminará el mal en este mundo.

Aquellos que siguen y practican las enseñanzas de Jesús se convierten en embajadores que representan el reino de los cielos ante otros aquí en la tierra. Así como los embajadores de hoy en otros países no obedecen las leyes que violan las leyes y mandatos de su país de origen, los cristianos deben vivir en este mundo, pero sin violar jamás los mandatos de nuestro Dios. De manera individual y colectiva, los cristianos deben mantener el amor y el perdón de Dios aquí en la tierra. El pueblo de Dios, así como su iglesia, deben de reflejar un sistema de valores diferente y ser la sal de la tierra, hacer todo más gustoso y preservar todo lo que es bueno. Los cristianos son la "exhibición A" de Dios para el mundo sobre cómo los humanos deben vivir en la tierra y promover la paz en medio del caos en el que vivimos.

Ser embajador de Dios es muy desafiante

Desafortunadamente, ser un embajador eficaz no es para nada sencillo. Las imperfecciones humanas que todos tenemos, no solo impiden que los cristianos sean ejemplos perfectos, sino que la iglesia está constantemente bajo el ataque de fuerzas malignas que intentan crear zozobra no solo en sus instituciones, sino que también y, sobre todo, en sus creyentes. Una estrategia utilizada por las fuerzas del mal es minimizar y socavar la influencia y todos los mensajes que la iglesia le ofrece a sus creyentes. Las tácticas de esta guerra espiritual incluyen crear distracciones y divisiones, sembrar dudas y desavenencias, hacer que las cosas pequeñas sean importantes mientras se ignoran las cosas un poco más importantes y hacer que los cristianos se atasquen en discusiones religiosas, en vez de actuar con amor.

Una estrategia más sediciosa utilizada por las fuerzas del mal es influir lenta y sutilmente a los cristianos para que se ajusten a los valores que hay en el mundo, los cuales no son para nada cristianos. Pablo advirtió a los cristianos sobre esto: "No se amolden a los caminos de este mundo, sino serán transformados por la renovación de su mente" (Romanos 12:2). Los criterios del mundo para el éxito incluyen en estos tiempos ser rico, saludable y sobre todo, vivir de la forma más cómoda posible. Según estos estándares, muchos cristianos tienen éxito, pero ninguno de ellos proporciona felicidad duradera ni tampoco el gozo pleno interior.

Son pocos en realidad los creyentes que marcan una diferencia significativa en el mundo porque hacerlo requiere perseguir todas las prioridades que son básicamente las del Dios mismo. Marcar la diferencia requiere sin duda de un auto-sacrificio, en algunas ocasiones hasta el punto de llegar a morir (la palabra Griega "testigo" significa mártir). Todos debemos decidir qué hacer con nuestras vidas, por qué vivir y por qué morir, y nuestra vida y nuestra muerte al final tienen que tener algún sentido. El hecho de seguir a Jesús requiere que las personas sacrifiquen la gran mayoría de los placeres mundanos y que, además, en el transcurso, apoyen a otros. Aunque entrar al reino no tiene tarifa de entrada, puede siempre tener un fuerte costo personal, para aquellos que siguen las enseñanzas contraculturales de Jesús.

La parábola de Jesús que habla sobre el agricultor que sembró semillas la cual está descrita en el capítulo 17 de este libro, analiza justamente este tipo de desafíos que se nos presentan. Dos de los tres tipos de semillas que echan raíces nunca van a producir ningún tipo de cosecha. Un conjunto de semillas se refiere a aquellos que se apartan cuando las cosas se ponen difíciles porque todavía no han madurado su fe. El otro grupo de semillas habla sobre aquellos que están ahogados por las preocupaciones, las riquezas y los placeres de la vida. Esta parábola está incluida en tres libros de la Biblia (Mateo, Marcos y Lucas) y todavía es aplicada el día de hoy.

Haciendo lo que se requiere

Los cristianos están constantemente llamados a luchar contra las fuerzas del mal con amor y compasión y a, sobre todo, a promover algo tan importante como es la justicia. Los creyentes deben ser motivados por las palabras del profeta: "Esto es lo que Dios requiere de las personas: actuar con justicia, amar la misericordia y caminar humildemente con Dios" (Miqueas 6:8). Jesús reprendió a los Fariseos por convertir su religión en algo así como un espectáculo, pero también por descuidar estas tres cosas. De hecho, Jesús solo se enojó cuando habló con líderes religiosos hipócritas que juzgaban a otros con dureza y con aquellos que usaban la religión para promover solo sus intereses propios.

El mensaje de Micah es simple, pero el problema es que vivirlo es algo que no es sencillo de hacer. Todo esto es posible a través del proceso lento y constante de ser transformado gradualmente para llegar a ser un poco más como Jesús, y al ser guiado por el espíritu de Dios para actuar de manera que brinde curación y esperanza a quienes lo están necesitando más. La tarea es un poco más sencilla, cuando la causa es justa y más grande que nosotros y cuando es apoyado y animado por personas maduras que poseen ideas parecidas entre ellos mimos. El reino de Dios en la tierra se expandió rápidamente porque los primeros cristianos amaban a los demás de formas un tanto diferentes de las que se acostumbran. Eran las ovejas que alimentaban a todos los hambrientos, daban de beber a los sedientos, invitaban a entrar al forastero a sus casas, vestían a los desnudos, cuidaban a los enfermos y visitaban a los encarcelados. La fe y la creencia verdaderas se revelan a través de las acciones de cada persona.

Los cristianos que reflejan el carácter de Dios exhiben lo que se podrían llamar con la palabra "frutos". Pablo les dijo a los primeros creyentes en las iglesias de Galacia, "el fruto del Espíritu es amor, gozo, paz, paciencia, benignidad, bondad, fidelidad, mansedumbre y dominio propio" (Gálatas 5:22–23). Aquellos que se llaman a sí mismos cristianos pero que no presentan ninguno de estos frutos, se están engañando a sí mismos y todavía no son modelos apropiados para que otras personas los sigan y tengan como modelos. Conoceremos a los cristianos maduros por el amor que tienen hacia los demás, y no exactamente por su teología o por el número de conversos que traigan a la iglesia.

¿Vale esto la pena?

Sin duda, he logrado realizarme personalmente y he encontrado significado al estudiar los eventos y las enseñanzas de la Biblia y como puedo tener una vida basada en el servicio a todas las demás personas. Mis creencias se demuestran a través de mis acciones, y siento que tengo honor y paz por hacer el bien (Romanos 2:6–10). Las experiencias de mi vida y de otras personas me han convencido de que Dios es muy real y Jesús es el mejor ejemplo que podemos seguir.

Mi vida sin duda se ha desarrollado de formas imprevistas y considero que ha sido una aventura que no ha sido más que increíble. Nunca tuve el deseo de seguir una vocación en particular. En cambio, me dejé llevar y me mantuve abierto a cualquier posibilidad que me trajera la vida. Al igual que Abram al ser llamado por Dios mientras vivía en Ur hace unos 4.000 años, escuché y actué, sin saber a ciencia cierta a donde iba a ir después de eso. No he perseguido la riqueza y nunca he tenido temor a correr ningún tipo de riesgo. Quería hacer una diferencia y llevar una vida que tuviera significado, y en retrospectiva, veo cómo y por qué Dios cerró las puertas que perseguía mientras me habría otras que eran un poco más compatibles con los valores que al final, el Reino de dios posee. Siento que la mano invisible de Dios me ha bendecido toda mi vida. (Ser un hombre blanco heterosexual y bien de salud que vive en Estados Unidos con dos padres maduros también fue algo que sin duda me ayudó). He experimentado sufrimientos humanos que son propios y normales de todos nosotros, pero me han protegido del trauma y de un montón de tentaciones. Mi vida se ha salvado varias veces a través de lo que considero intervenciones milagrosas. No he experimentado muchos milagros que yo diga que son obvios, pero cuando los tuve, llegaron en el momento que considero fue apropiado. Me convencieron de que Dios siempre está presente, por lo que no necesito preocuparme ni tampoco sentir temor.

No necesito una prueba científica sólida de la existencia de Dios para creer o tampoco para actuar, porque "no todo lo que se cuenta puede ser contado" (una cita atribuida a Albert Einstein). Hay una cantidad bastante abrumadora de evidencia documental, física, testimonial, circunstancial y anecdótica de la presencia de Dios en cualquier rincón del mundo. Muchos han experimentado cosas que no tienen una explicación lógica y que, hasta el día de hoy, han desafiado básicamente todos los principios científicos. Toda mi alma está en esta carrera mientras la corro con perseverancia en un camino extraordinario que sigue todavía está en desarrollo. Esta carrera me ha dado un propósito, pertenencia y motivación, todo lo cual ha mejorado mi salud física y mental. Cada uno de nosotros necesita una razón para vivir.

Si hay justicia en el corazón, habrá belleza en el carácter.
Si hay belleza en el carácter, habrá armonía en el hogar.
Si hay armonía en el hogar, habrá orden en las naciones.
Cuando haya orden en las naciones, habrá paz en el mundo.

Una vida de servicio puede ser agotadora y, a veces, peligrosa, pero tampoco hay que llegar al cansancio y agotamiento. Las ramas de un árbol no luchan por producir frutos, simplemente permanecen conectadas al árbol que es el que está vivo. Cuando los cansados tienen sed y quieren tomar agua fresca en un desierto seco, encuentran un pozo y la manija de una bomba, luego la hacen girar una y otra vez hasta que de ella sale agua. Mientras la línea de la bomba se extienda lo suficientemente profundo en los vastos recursos de agua dulce y continúe bombeando, va a ser capaz de proveer de agua fácilmente. La bomba es un instrumento que bendice a todos los necesitados y continúa funcionando independientemente de cuántas veces esta se ponga en marcha. El secreto para mantenerse fresco para un servicio sostenido es mantenerse conectado a la fuente que es la que le da sustento a la vida.

La vida cristiana puede llegar a ser un poco peligrosa también. Parafraseando al famoso Søren Kierkegaard, el filósofo cristiano de Dinamarca, tomar riesgos inicialmente produce una gran ansiedad, pero no se vive realmente al máximo si no se corren algunos riesgos. Decir la verdad, muy especialmente a quienes están una situación de poder, es arriesgado pero necesario si queremos que el mundo sea un lugar mejor para todos nosotros. He tenido varios trabajos en los que cuando les dije la verdad a los que estaban en el poder, los perdí de inmediato. Pero al hacerlo, también se produjeron cambios en las políticas y prácticas beneficiando a personas y a la sociedad de diferentes maneras e hicieron un mejor uso de miles de millones de dólares. A lo largo de la historia, quienes se han arriesgado y han dicho la verdad, a veces han perdido sus trabajos, han sido arrestados y encarcelados, e incluso asesinados. Los verdaderos creyentes que permanecen conectados con la fuente viviente tienen el valor de decir verdad con amor y, sobre todo, defender lo que es correcto. Tomar riesgos puede llevar al fracaso si pensamos como lo ven los ojos de los demás, pero Dios utiliza a personas imperfectas y sus debilidades para a través de ellos, lograr esos cambios que se necesitan. De esa manera, Dios recibe la gloria, y aquellos que obedecen a Dios en realidad, jamás fallan.

Si este libro le llevo a usted a querer obtener más información sobre la Biblia y sus mensajes, considere decirle a un amigo cristiano de confianza, las razones por las que quiere aprender y saber más sobre el mismo. También puede leer algunos capítulos o libros de alguna de las versiones de la Biblia mencionadas en el Apéndice C. (El libro de Juan en el Nuevo Testamento podría ser un buen punto de partida). También considere la comunicación con uno o dos pastores o sacerdotes que se encuentren cerca de usted, y hágales saber sus intereses y porque razón se está comunicando con ellos. Pregúnteles cuáles creen que son los mensajes principales de la Biblia y sobre las reuniones que tiene su congregación. Considere asistir a varias de las reuniones como visitante; cada reunión tiene su propia "impresión" y cultura, así que vea cuál te parece a ti, que sea la más adecuada. En conjunto, estos pasos lo ayudarán a continuar su viaje y a decidir qué hacer a continuación.

Apéndices

Apéndice A
Libros en la Biblia

El número de "capítulos" de cada libro se indica entre paréntesis.

Antiguo Testamento (39 Libros)
Génesis (50)
Éxodo (40)
Levítico (27)
Números (36)
Deuteronomio (34)
Josué (24)
Jueces (21)
Rut (4)
1 de Samuel (31)
2 de Samuel (24)
1 Reyes (22)
2 Reyes (25)
1 Crónicas (29)
2 Crónicas (36)
Esdras (36)
Nehemías (13)
Ester (10)
Trabajo (42)
Salmos (150)
Proverbios (31)
Eclesiastés (12)
Cantar de los Cantares (8)
Isaías (66)
Jeremías (52)
Lamentaciones (5)
Ezequiel (48)
Daniel (12)
Oseas (14)
Joel (3)
Amós (9)
Abdías (1)
Jonás (4)
Miqueas (7)
Nahum (3)

Habacuc (3)
Sofonías (3)
Hageo (2)
Zacarías (14)
Malaquías (4)

Nuevo Testamento (27 Libros)
Mateo (28)
Marca (16)
Lucas (24)
Juan (21)
Hechos (28)
Romanos (16)
1 Corintios (16)
2 Corintios (13)
Gálatas (6)
Efesios (6)
Filipenses (4)
Colosenses (4)
1 Tesalonicenses (5)
2 Tesalonicenses (3)
1 Timoteo (6)
2 Timoteo (4)
Tito (3)
Filemón (1)
Hebreos (13)
Santiago (5)
1 Pedro (5)
2 Pedro (3)
1 Juan (5)
2 Juan (1)
3 Juan (1)
Judas (1)
Apocalipsis (22)

Apéndice B
Cronología de los principales personajes y de los eventos bíblicos
(Las fechas son simplemente aproximadas)

Viejo Testamento	
Prehistoria	
• Adán y Eva	La Creación del mundo
• Noé	La Gran inundación
Patriarcas (1850-1240 AC)	
• Abraham y Sara	Prometen su conversión en el pueblo de Dios
• Isaac y Rebeca	Isaac bendice a Jacobo
• Esaú, Jacobo, Raquel y Lea	Jacobo se va y depués regresa a Canaán
• Jacob y sus 12 hijos	Jacob y su familia se van a Egipto
• Moisés y Aarón	Éxodo de Egipto, Dios da leyes
• Joshua	Los Israelitas ocupan Canaán
Jueces y opresores (1240-1050 AC)	
• Deborah y Barak	Victoria sobre los Cananeos basados en Hazor
• Gedeón	Victoria sobre los asaltantes del este
• Jefté	Victoria sobre los Amonitas
• Sansón	Victoria sobre los Filisteos
• Eli y Samuel	Batallas con Filisteos
• Booz y Rut	El hijo de un extranjero, precede al futuro rey
Reyes (1050–930 AC)	
• Saúl	Primer rey de Israel que tiene defectos
• David	El más importante Héroe y rey Israelita
• Salomón	El rey sabio que expande el territorio de Israel

Reino dividido (930–586 AC)

• Amós, Elías, Eliseo, Isaías	Israelitas en el Reino del Norte esclavizados por los Asirios (722 AC)
• Isaías, Miqueas, Jeremías	La gente del Reino del Sur (Judá) finalmente exiliada a la ciudad de Babilonia

Exilio y regreso (586–400 AC)

• Ezequiel y otros profetas	Los Judíos se establecen en Babilonia, muchos regresan
• Daniel y Esther	Los Judíos en exilio prosperan en Babilonia y también en Persia
• Esdras y Nehemías	Jerusalén y su templo son reconstruidos

Nuevo Testamento

El nacimiento y la preparación de Jesús (5 AC-7 DC)

• María, José y Jesús	Dios se convierte finalmente en humano
• Juan El Bautista	Las predicciones mesiánicas se convierten en realidad

El ministerio de Jesús (25-28 DC)

• Doce discípulos	Los milagros atraen a un sinnúmero de multitudes
• Líderes religiosos Judíos	Los nuevos conocimientos desafían todas las reglas existentes
• Líderes políticos Romanos	Jesús es ejecutado, pero vuelve a la vida después

Los líderes difunden buenas nuevas (28–95)

• Doce discípulos	La noticia de Jesús se difunde en Israel
• Saulo (Pablo)	Las buenas nuevas se extienden a los Gentiles
• Creyentes en Asia y Europa	Los apóstoles animan a las iglesias que luchan

Apéndice C
Sugerencias para futuras lecturas

Muchas partes de la Biblia son un poco difíciles de comprender pala la gran mayoría, por lo que se han agregado otros recursos de algunas Biblias para ayudar a los lectores a comprender mejor el texto y cada uno de los eventos que se narran en la misma y que sucedieron. Además, se han creado versiones parafraseadas para mejorar la legibilidad del texto de la Biblia. Se han escrito cientos de otros libros para explicar ciertos aspectos y temas relacionados con cada uno de los escritos bíblicos.

Biblias de estudio

Se han creado, editado y presentado muchas versiones de la Biblia a través de los años, y algunas tienen una versión de estudio que incluye información complementaria para ayudar al lector a comprender los libros incluidos en la Biblia. La información adicional generalmente incluye historias breves, mapas, glosarios, índices, comentarios, significados de palabras, notas geográficas, explicaciones de los personajes y eventos mencionados en la Biblia, resúmenes de enseñanzas, una sección indica en que parte se pueden ubicar los conceptos y todos los personajes en la Biblia, así como también listas de tipos específicos de contenido (por ejemplo, las parábolas, las profecías y los milagros). Algunas incluyen descripciones laterales y artículos informativos para proporcionar más contexto a las historias bíblicas y también, a los tiempos antiguos. Esta información complementaria es un recurso valioso para quienes desean estudiar y comprender la Biblia de una forma más general y completa. Se han desarrollado algunas Biblias de estudio que son perfectas para que las utilicen niños, por su fácil comprensión.

Traducciones parafraseadas de la Biblia

Se han creado traducciones de la Biblia que son un poco más legibles para ayudar a los lectores a comprender mejor todos los textos bíblicos. Las mejores paráfrasis se enumeran aquí.

- *El Nuevo Testamento en Inglés moderno* escrito por J. B. Phillips, quien es un clérigo anglicano. Tradujo el Nuevo Testamento refiriéndose al texto Griego el cual era el original. Esta traducción se publicó por primera vez en el año 1958, utilizando la ortografía británica y algunas ediciones no incluyen números de los versículos. Phillips no tradujo el Antiguo Testamento a un texto más sencillo.

- *La Biblia de las Buenas Nuevas* es una traducción realizada por la Sociedad Bíblica Estadounidense. El Nuevo Testamento se publicó originalmente en 1966 con el nombre de *Buenas noticias para la sociedad moderna*. La Biblia completa se terminó en el año 1976. Utiliza un lenguaje simplificado para que incluso los niños puedan leerla. Esta paráfrasis también se conoce como la *Traducción de las Buenas Nuevas* y se usa en muchos países y es utilizada por un sinnúmero de denominaciones.

- *La Biblia Viviente* fue creada en Inglés por Kenneth Taylor en 1971 y ha sido traducida a una gran cantidad de idiomas. Taylor la escribió para que sus hijos entendieran el texto bíblico cuando su familia estaba realizando las devociones. En 1996 se publicó una versión actualizada (*Nueva traducción viva*) basada en las recomendaciones de un equipo de académicos muy expertos en la comprensión de los textos originales, tanto Hebreos como Griegos.

- *El mensaje: La Biblia en lenguaje contemporáneo* fue escrita por Eugene Peterson, un pastor y autor presbiteriano de origen estadounidense. Esta traducción se basa en gran medida en modismos y jergas norteamericanas para transmitir una comprensión más moderna del texto original de la Biblia. Los expertos en el Antiguo y Nuevo Testamento revisaron la traducción para asegurarse de que su texto se mantuviera fiel al significado del texto original. Esta traducción de toda biblia fue concluida en el 2002.

Otros recursos valiosos

Hay otros libros disponibles que pueden ser de ayuda para todas las personas que quieran aprender más sobre los temas, eventos y personajes mencionados en la Biblia. Los libros de texto universitarios explican los temas y el contexto del Antiguo y el Nuevo Testamento, de forma bastante detallada. Los análisis históricos de los eventos de la Biblia a menudo son incluidos en estos libros de texto, junto con ideas sobre varias controversias rodeando los eventos y personajes mencionados en los libros que se incluyen en la Biblia. Hay miles de otros libros disponibles que examinan temas específicos que se tratan en la Biblia. Todos estos recursos pueden ser útiles para aquellos que quieran estudiar y comprender la Biblia de manera más completa.

Apéndice D
Índice / Glosario

Este apéndice contiene tres tablas relacionadas con lo que contiene de este libro. La primera tabla contiene información sobre las personas, los grupos de personas y los seres mencionados en todos estos capítulos relacionados a este libro. La segunda tabla proporciona la información sobre entidades geográficas como ciudades, cuerpos de agua, regiones, países e imperios. La tercera tabla proporciona información sobre otros elementos que merecen mención, incluidos entre ellos idiomas, las historias, los eventos importantes, edificios y otros conceptos relacionados con la religión.

Nombres de personas, grupos y seres sobrenaturales

	Capítulo	Descripción
Aaron	3	Hermano mayor de Moisés que se convirtió en primer Sumo Sacerdote
Abdías	11	Profeta en el Reino del Sur
Abednego	12	Un Hombre fiel entrenado en Babilonia y uno de los tres Judíos que sobrevivieron quemados dentro de un horno
Abel	1	El Segundo hijo nacido de Adán y Eva, asesinado por Caín
Abigail	8	La Segunda esposa de David
Abimelec	1	El rey Filisteo que tuvo una buena relación con Abraham y con Isaac
Abimelek	7	Hijo de Gedeón que se convirtió en un rey malvado
Abram/ Abraham	1	Un hombre que vivía en Ur y se mudó a Canaán con su esposa, Sarai/Sarah. Primer padre de los Judíos ("padre de una multitud")
Acab	10	Fue el rey del Reino del Norte, esposo de Jezabel
Adán	1	Fue el primer hombre creado por Dios que vivió en el jardín del Edén con Eva
Agar	1	Siervo egipcio de Sara que dio a luz a Ismael (Abraham era el padre)

Agripa	23	Fue el rey Romano en Palestina a quien Festus consultó sobre el caso de Pablo
Águila	21	Creador de tiendas Judío que viajó con Pablo y predicó en Corinto y Éfeso, casado con Priscila
Ahinoam	8	Fue la tercera esposa de David
Alejandro el Grande	15	Fue el líder Griego que conquistó gran parte del mundo y ayudó a difundir la influencia de la cultura Griega antes de la época de Jesús
Amalecitas	4	Fueron descendientes de Esaú que atacaron a los Israelitas en Refidim
Amán	12	Primer ministro de Persia que intentó deshacerse de todos los Judíos
Amnón	9	Fue el hijo mayor de David que fue asesinado porque violó a su hermana Tamar
Amonitas	1	Fueron descendientes de Ben-ammi que vivían al este del río Jordán
Amorreos	5,6,8	Eran personas que vivían en Canaán y tierras al este del río Jordán
Amós	10	Profeta en el Reino del Norte
Ananías	20	1. Un hombre que vendió tierras pero mintió sobre el precio de la venta; 2. Un hombre en Damasco que ayudó a Saulo (Pablo) a volver a ver
Anás	15	Un sumo sacerdote cuando Jesús estaba vivo (compartió el papel con Caifás)
Andrés	15,16	Fue uno de los primeros discípulos de Jesús, era pescador y hermano de Simón
Ángeles	1	Son seres cósmicos que pueden ser buenos o malos y que a veces interactúan con los humanos
Anna	15	Un profeta viudo que vio al niño Jesús en el templo y les contó a otros sobre él
Antecristo	25	Un falso profeta que engaña a los Judíos durante la tribulación final
Apolos	21,24	Un erudito Judío y cristiano de Alejandría, Egipto

Apóstol	16,17,19–21,23,24	Un mensajero de dios
Areópago	21	El concilio ateniense donde Pablo se dirigió a los filósofos Griegos
Aristarco	21	El compañero de viaje de Pablo que fue apresado en Éfeso
Artajerjes	12	Un rey en persona, hijo de Jerjes
Artemisa	21	La diosa de la fertilidad en Éfeso
Asera	7	Diosa madre adorada por la gente en Canaán
Asher	1	El hijo de Jacob y Zilpa
Baal	7,10,11	Dios local principal de los no Judíos que viven en Canaán
Balaam	5	Un hechicero mesopotámico contratado por los Moabitas para maldecir a los Israelitas y que fue reprendido por su burro que fue detenido por un ángel
Balak	5	Rey moabita que contrató a Balaam para maldecir a los Israelitas
Barak	7,8	Hombre que vivía en el norte de Canaán que luchó con Débora para derrotar al ejército de Hazor
Barrabás	18	Israelita rebelde que fue liberada en lugar de Jesús
Bartolomé	15,16	Fue uno de los 12 discípulos (también conocido como Nathaniel)
Beelzebul	16	Es otra palabra para Satanás y el diablo
Ben-ammi	1	El hijo de Lot cuyos descendientes fueron conocidos como los Amonitas
Benjamín	1	El hijo de Jacob y Raquel y el hijo menor de Jacob
Bernabé	20,21, 23,24	Judío cristiano que viajó y predicó al lado de Pablo
Bestia	25	Es un poder maligno que se opone a los cristianos en el Apocalipsis
Betsabé	9	Fue la esposa de Urías que se convirtió en la esposa de David y la madre de Salomón
Bildad	14	Uno de los personajes de Job, que le dice a Job la razón de por qué está sufriendo

Demonio	--	(ver Satanás)
Diáconos	20,23	Personas elegidas para ayudar a ejecutar las funciones de apoyo de una iglesia
Dinah	1	Hija de Jacob y Leah
Dios		Nombre dado a la fuerza suprema del universo que tiene tres partes; a veces llamado señor
Discípulos	15–22, 24,25,epilogue	Personas que aprenden de un maestro; hombres que viajaron con Jesús
Domiciano	25	Emperador Romano que se consideraba un dios
Dorcas	20	Anciana cristiana que fue resucitada de entre los muertos por Pedro (también llamada Tabita)
Dragón	25	Palabra usada para describir a Satanás en el Apocalipsis de Juan
Edomitas	5,9–12	Personas que vivían en Edom (un área al sureste de Canaán)
Efesios	21,23	Personas que vivían en la ciudad de Éfeso
Efraín	2	Hijo menor de José y su esposa egipcia, fue bendecido por Jacob
El Consejo de Cartago	Resumen	Grupo de lideres que deciden lo que se debe incluir en la biblia
Eleazar	5	Sumo sacerdote que reemplazó a Aarón
Eli	8	Sumo sacerdote durante el tiempo de Samuel que habló con Ana y fue mentor de Samuel
Elifaz	14	Uno de los personajes de Job, que le dice a Job por qué está sufriendo
Elias	10	Profeta principal del Reino del Norte
Elíseo	10	Profeta prominente en el Reino del Norte después de la desaparición de Elías
Eliú	14	Uno de los personajes de Job que le dice a Job por qué está sufriendo
Emmanuel	10	Un nombre dado al Mesías ("Dios con nosotros")
Epicúreos	21	Filósofos Griegos que enfatizaron la búsqueda de placeres mentales y físicos como meta de la vida

Fenicios	6,7,9–12	Personas que vivían en Fenicia, una zona de la costa al norte de Israel
Festus	22	Gobernador Romano en Cesarea que reemplazó a Félix y escuchó el llamamiento de Pablo para ser juzgado en Roma (también conocido como Porcio Festo)
Filemón	24	Gentil convertido por Pablo que dirigía una iglesia en casa en Colosas, quien aceptó a su esclavo fugitivo (Onésimo) a pedido de Pablo
Filisteos	1,4	Personas que viven en Filistea, una nación ubicada en la costa sureste del Mar Mediterráneo (suroeste de Canaán)
Finees	5	Nieto de Aarón que detuvo una plaga al matar a un hombre Israelita y a su novia moabita y que resolvió un conflicto entre las 12 tribus después de la conquista de Canaán
Gabriel	15	Ángel que reveló el nacimiento de Juan a Zacarías y el nacimiento de Jesús a María
Gad	1	Hijo de Jacob y Zilpa
Galileos	15	Personas que vivían en el norte de Palestina y eran vistas con desprecio porque a menudo se casaban con no Judíos y no les gustaban los forasteros que vivían en sus comunidades
Galión	21	Líder Romano en Corinto
Gallio	21	Compañero de viaje de Pablo que fue apresado en Éfeso
Gamaliel	20	Fariseo que convenció al Sanedrín de que no matara a los apóstoles
Gedeón	7	Profeta inusual que usó un vellón para confirmar el llamado de Dios a luchar contra los Madianitas
Gentiles	10	Personas que no son Judías
Gershom	3	Hijo de Moisés y Séfora
Habacuc	11	Profeta en el Reino del Sur
Hageo	12	Profeta de los Judíos que regresaron a Palestina y abogaron por la reconstrucción del Templo

Hamor	2	Líder de Siquem que fue asesinado por los hijos de Jacob
Hannah	8	Madre de Samuel
Hebreos	3,24	Israelitas (conocidos por el idioma Hebreo que hablaban); el nombre de un libro del Nuevo Testamento escrito a los Judíos
Hermes	21	Uno de los dioses de la antigua religión Griega
Herodes	15	Rey Romano a cargo de Palestina en el momento del nacimiento de Jesús
Herodes Antipas	15,19	Gobernador Romano de Galilea cuando Jesús estaba vivo
Herodianos	15	Judíos que siguieron las tradiciones y creencias Romanas
Hulda	11	Mujer profeta que predijo el caída del reino del sur
Isaac	1	Hijo de Abraham y Sara ("hijo de la promesa") que tuvo dos hijos (Esaú y Jacob)
Isacar	1	Hijo de Jacob y Lea
Isaías	10	Profeta mayor que escribió a ambas partes del reino dividido
Isboset	9	El hijo de Saúl, que fue coronado rey por varias tribus Israelitas
Ismael	1	Hijo de Abraham y Agar que vivían al este del río Jordán
Israel	2	Nombre dado a Jacob después de pelear con un ángel antes de conocer a Esaú
Israelitas		El pueblo escogido por Dios de Israel (descendientes de Jacob)
Jacob	1	Hijo menor de Isaac que obtuvo la primogenitura y la bendición de Esaú y que tuvo 12 hijos y una hija con sus cuatro esposas
Jaime	15,16,18, 20,21,24	Pescador y hermano de Juan, quien fue uno de los 12 discípulos de Jesús y luego autor de un libro contenido en la Biblia
Jasón	21	Hombre que acogió a los apóstoles en Tesalónica y fue encarcelado

Jebuseos	9	Pueblo Cananeo que ocupó Jerusalén antes de ser derrotado por David
Jefté	7–8	Líder inusual de Galaad que derrotó a los Amonitas pero trágicamente mató a su único hijo
Jehoram	10	Rey del Reino del Sur que compartió su reinado con su padre Josafat
Jeremías	11	Profeta del Reino del Sur
Jerjes	12	Rey persa durante la época de Ester y Mardoqueo
Jeroboam	9,10	Funcionario que trabajó para Salomón, que se convirtió en el primer rey del Reino del Norte
Jeroboam II	10	Rey con el reinado más largo del Reino del Norte
Jesse	8	El padre de David y el nieto de Booz y Rut
Jesús	15–25	Hijo de María y José y una forma humana de Dios que nació en Belén y que recibió muchos nombres y cumplió las predicciones del Mesías (Cristo) del Antiguo Testamento
Jethro	3	Sacerdote madianita que ayudó a Moisés
Jezabel	10	Malvada esposa del rey Acab
Jezreel	10	Hijo primogénito de Oseas que recibió su nombre de una ciudad del Reino del Norte conocida por sus famosos asesinatos
Joab	9	Comandante del ejército Israelita durante el reinado de David
Joanna	16	Mujer que administraba la casa de Herodes y sostenía económicamente a Jesús y a los discípulos
Job	14	Personaje principal del libro de Job que sufre mucho a pesar de ser fiel a Dios
Joel	11	Profeta del Reino del Sur
Jonás	11,14	Profeta de los Asirios que evitaron el llamado de Dios yendo a España
Jonathan	8	Hijo de Saúl y amigo íntimo de David
Joram	10	Rey del Reino del Norte que dio un festín al ejército sirio

Levitas	4–6, 10–12	Descendientes de Levi que se convirtieron en sacerdotes o trabajadores para apoyar actividades religiosas
Los Reyes Magos	12,15	Sacerdotes de la fe del zoroastrismo
Lot	1	Sobrino rico y justo de Abraham que se mudó a Canaán y vivió en Sodoma y luego huyó de su destrucción.
Lucas	15,21–23	Médico Gentil y compañero de viaje de Pablo que escribió un libro (Lucas) sobre la vida de Jesús y un libro (Hechos) sobre lo que sucedió entre los discípulos después de que Jesús dejó la tierra
Lydia	21	Mujer de negocios que se hizo cristiana en Filipos
Maacah	9	Esposa de David, hija de Talmai, rey de Gusher
Macabeos	15	Judíos que se rebelaron contra los Griegos en el siglo II AC
Madianitas	5	Personas que vivían en la región de Madián (al norte del Mar Rojo)
Malaquías	12	Profeta para los que viven en la ciudad reconstruida de Jerusalén y el último profeta que vivió durante el período del Antiguo Testamento
Manasés	2,10,11	1. Hijo mayor de José y su esposa egipcia; 2. el rey reinante más largo del Reino del Sur e hijo de Ezequías
Manoa	7	El padre de Samson
Mara	7	Nombre que se dio Noemí al regresar a Belén ("amarga")
Marcos	15,21	Judío cristiano que viajó con Pablo y Bernabé y luego con Pedro; escribió el primer libro sobre la vida de Jesús
Mardoqueo	12	Tío de Ester que vivía en Persia
María	15–19	Madre de Jesús
María Magdalena	16,18,19	Mujer que ayudó a Jesús, hermana de Lázaro y Marta, y la primera persona que vio a Jesús después de su resurrección (a menudo llamada María)

Marta	16	Hermana de María Magdalena y Lázaro
Mateo	16	Recaudador de impuestos Judío, también conocido como Leví, quien se convirtió en uno de los 12 discípulos de Jesús
Matías	19	Hombre seleccionado para ser el duodécimo discípulo en reemplazo de Judas Iscariote
Medos	12	Personas que vivían en Media (Persia, en el actual Irán)
Mesac	12	Hombre fiel entrenado en Babilonia y uno de los tres Judíos que sobrevivieron quemados en un horno
Mesías	15–25	El Ungido que se predijo que salvaría a los Judíos de sus opresores (Cristo en Griego)
Michal	8	La hija de Saúl y la primera esposa de David
Miguel	25	Líder de un batallón de ángeles que dirigió la batalla contra Satanás y otros demonios como se describe en Apocalipsis
Miqueas	10	Profeta del Reino del Sur
Moab	1	Hijo de Lot y una de sus hijas cuyos descendientes fueron los Moabitas
Moabitas	1	Descendientes de Moab que vivían al este del Mar Salado
Moisés	3	Hijo de padres Levitas y hermano menor de Aarón; fue adoptado por la hija del faraón, sacó a los Israelitas de Egipto y atravesó el desierto, y fue autor de varios libros de la Biblia
Naamán	10	Sirio que fue sanado de una enfermedad de la piel por Eliseo
Nahum	11	Profeta en el Reino del Sur
Natan	9	Profeta que confrontó a David sobre su romance con Betsabé
Nazareos	5	Personas que se dedican a servir a Dios por un tiempo específico y se comprometen a no afeitarse la cabeza ni consumir ninguna forma de uva ni tocar a una persona muerta
Neftalí	1	Hijo de Jacob y Bilha

Nehemías	12	Judío que sirvió como copero del rey persa y regresó a Jerusalén para reconstruir sus muros y puertas
Nerón	22–25	Emperador Romano que mató a cristianos durante el siglo I DC
Nicodemo	16,18	Judío religioso que conoció a Jesús en secreto y ayudó a enterrarlo después de la crucifixión
Noé	1	Hombre fiel que construyó un arca para salvar a todas las criaturas vivientes de una inundación masiva
Noemí	7	Suegra de Rut y pariente de Booz (el marido de Rut)
Obed	7	Hijo de Booz y Rut y padre de Isaí
Ocozías	10	Fue el rey del Reino del Sur, hijo de Joram
Onésimo	23	Esclavo fugitivo que se convirtió al cristianismo mientras estaba en prisión, regresó con su amo (Filemón) y se convirtió en obispo de Éfeso
Orfa	7	Una nuera de Noemí (la otra era Rut)
Oseas	10	Profeta del Reino del Norte
Otoniel	7	Juez y líder militar y hermano menor de Caleb que derrotó a los ejércitos del rey de Aram
Pablo	20–23	Fariseo que persiguió a los cristianos hasta su dramática conversión y luego se convirtió en el principal evangelista de los Gentiles (también conocido como Saulo, su nombre Hebreo)
Pedro	15–21,23,24	Primer discípulo elegido por Jesús que se convirtió en el líder de la iglesia (también conocido como Simón y Simón Pedro)
Poncio Pilato	15	Gobernador Romano de Judea cuando Jesús estaba vivo
Porcio Festo	--	(ver Festo)
Potifar	2	Líder de los guardaespaldas del faraón
Priscila	21	Hacedor de tiendas Judío que viajó con Pablo y predicó en Corinto y Éfeso y estaba casado con Aquila

Profeta		Una persona que habla la verdad de Dios a los demás, a menudo a los que están en el poder, y puede hacer predicciones sobre el futuro
Rahab	6	Prostituta que escondió a dos espías Israelitas en Jericó, madre de Booz
Raquel	1,15	Esposa de Jacob que tuvo dos hijos (José y Benjamín)
Rebeca	1	Esposa de Isaac que tuvo dos hijos (Esaú y Jacob)
Reina de Saba	9	Reina árabe que vino a conocer a Salomón
Roboam	9,10	Hijo de Salomón que se convirtió en el primer rey del Reino del Sur
Rubén	1	Hijo de Jacob y Lea
Rut	7	A nuera moabita de Noemí que se casó con Booz
Sadrac	12	El hombre fiel entrenado en Babilonia que fue uno de los tres Judíos que sobrevivieron quemados en un horno
Saduceos	15	Pequeño grupo de influyentes líderes religiosos Judíos que enfatizaron la moralidad en lugar de obedecer las reglas religiosas
Salomón	9	Hijo de David y Betsabé que se convirtió en un sabio rey de Israel, construyó el Templo en Jerusalén y fue autor de varios libros dentro del Antiguo Testamento
Samaritanos	10	Personas que vivían en Samaria y eran despreciadas por los Judíos
Samuel	8	Importante profeta y juez cuando Israel eligió a su primer rey
Sanedrín	15	Un grupo diverso de líderes Judíos que velaban por la vida religiosa de los Judíos y tenían poderes para castigar a los Judíos
Sansón	7	Héroe Judío imperfecto conocido por su fuerza proveniente de su cabello largo
Sarai/Sarah	1	Esposa de Abram/Abraham

Satán	1,12, 14–16,18, 22,25	Líder ángel malvado que fue expulsado del cielo y el "príncipe de este mundo" que pierde la batalla final con Dios por el control del universo (también llamado el diablo)
Saúlo	8	Primer rey de Israel; el nombre Hebreo de Pablo
Séfora	3	La esposa de Moisés que tuvo un hijo llamado Gerson
Senaquerib	11	El rey asirio que gobernó durante la invasión de Israel
Silas	21,23	Compañero de viaje de Pablo
Simeón	1,15	1. Un hijo de Jacob y Lea; 2. Un anciano que Dios prometió que vería al Mesías
Simón	20	Un curtidor que vivía en Jope, donde pedro se quedó antes de visitar a Cornelius
Simón el Zelote	16	Uno de los 12 discípulos originales de Jesús.
Simón Pedro	--	(ver Pedro)
Siquem	2	El hijo de Hamor y líder de la región con sede en la ciudad de Siquem que se casó con Dina y fue asesinada por sus hermanos
Sofonías	11	Profeta en el Reino del Sur
Susana	16	Mujer que apoyó económicamente a Jesús y a todos los discípulos
Tabita/Dorcas	20	Anciana cristiana que fue resucitada de entre los muertos por Pedro
Tamar[23]	9	Hija de David que fue violada por su hermano Amnón
Tértulo	22	Abogado Judío que testificó contra Paul ante el gobernador Félix
Tesalonicenses	21,23	Personas que viven en la ciudad macedonia de Tesalónica
Testigo	19	Una persona que observa un evento y a veces se lo cuenta a otros (mártir en Griego)

---

[23] Otro Tamar es mencionado en la Biblia (Génesis 38). Ella era la nuera de Judá, y, después de hacerse pasar por una prostituta, se convirtió en la madre de dos de sus hijos. Ella aparece en la genealogía de Jesús que se encuentra en Mateo 1. Estos eventos no están incluidos en este libro.

Tiberio César	15	Emperador Romano cuando Jesús era un hombre
Timoteo	21,23	Compañero de viaje de Pablo, Silas y Lucas, quien más tarde se convirtió en obispo de Éfeso
Titus	23	Gentil Griego que viajó con Pablo y Bernabé y se convirtió en el líder de la iglesia en la isla de Creta
Tomás	16,19	El discípulo que dudaba de que Jesús volviera a la vida
Urías	9	Esposo de Betsabé cuya muerte en batalla fue planeada por David
Uzías	10	Rey en el Reino del Sur (Isaías predijo su muerte)
Zabulón	1	Hijo de Jacob y Lea
Zacarías	12,15	1. Un profeta de los Judíos que regresaron a Palestina y abogó por la reconstrucción del Templo; 2. Un sacerdote que se casó con Isabel y se convirtió en padre de Juan el Bautista a una edad avanzada
Zafira	20	Esposa de Ananías que vendió tierras pero mintió sobre el precio de venta
Zaqueo	16	Recaudador de impuestos Judío que se subió a un árbol para ver a Jesús
Zeus	21	El dios supremo de la antigua religión Griega
Zilpah	1	La esposa de Jacob que tuvo dos hijos (Gad y Aser)
Zimri	10	El rey reinante más corto durante los siglos del Reino dividido
Zofar	14	Uno de los personajes de Job que le dice a Job por qué está sufriendo
Zorah	7	Madre de Sansón

Ubicaciones geográficas (ciudades, montañas, ríos, regiones, países)

	Capítulo	Descripción
Abismo	16,25	Es un espacio muy profundo y vasto, una palabra negativa que describe como es el infierno
Adán	6	La ciudad en el río Jordán donde un deslizamiento de tierra detuvo el flujo del río para permitir que los Israelitas cruzaran en tierra seca cerca de Jericó
Aguas de Merom	6	Área cerca de Hazor donde Israel derrotó a una coalición de fuerzas en un ataque sorpresa
Ai	6	La ciudad cercana a Jericó donde tuvieron lugar varias batallas
Alejandría	15	La ciudad importante establecida por Alejandro Magno ubicada en el delta del río Nilo en Egipto en el Mar Mediterráneo
Antioquía	20,21	La ciudad en la costa en la esquina noreste del Mar Mediterráneo donde los creyentes fueron llamados cristianos por primera vez (actualmente en Siria)
Antioquía de Pisidia	21,23	La ciudad de Asia Menor donde predicaron Pablo y Bernabé
Aram	7	La región al norte de Canaán (en la actual Siria, incluida la ubicación actual de Alepo)
Armagedón	25	El sitio de una batalla final descrita en Apocalipsis (en Hebreo, "montaña de Meguido")
Ashdod	8	Importante ciudad Filistea en el suroeste de Canaán
Ashkelon	7,8	Importante ciudad Filistea en el suroeste de Canaán
Asia Menor	12	La región ubicada en la actual Turquía
Atenas	21	La ciudad principal y capital de Grecia
Babilonia	1	Una ciudad importante de Mesopotamia (cerca de la actual ciudad de Bagdad)
Beerseba	1	Ciudad desértica en el sur de Canaán y lugar de nacimiento de Isaac

Belén	2	La ciudad cerca de Jerusalén y lugar de nacimiento de Jesús (también llamada Efrata)
Berea	21	Ciudad de Macedonia (norte de Grecia) donde Pablo, Silas y Timoteo predicaron a una población Judía que era bien educada
Betel	2	Ciudad cerca de Jerusalén
Beth Shan	8	Una ciudad donde los Filisteos colgaron los cuerpos decapitados de Saúl y sus hijos
Cades Barnea	5,6	Ciudad semiárida a unas 80 kilómetros al suroeste de Beersheba en el sur de Israel
Caesarea	20–22	Importante ciudad portuaria de la costa mediterránea
Caná	16	Una boda donde Jesús convirtió el agua en vino
Canaán	1–12,20,23,24	Tierra prometida a Abram y ahora conocida como Palestina ("Tierra Santa")
Capernaum	15	Ciudad en el Mar de Galilea en el norte de Palestina donde Jesús vivió durante su ministerio.
Cedes	7	Ciudad en el norte de Canaán donde vivía Barak
Ciudad de David	9	Otro nombre para Jerusalén donde David sirvió como rey
Ciudades de Refugio	5	Seis ciudades que eran dirigidas por los Levitas que brindaban asilo y protección a cualquiera que matara involuntariamente a una persona (homicidio) hasta que su caso fuera a juicio
Colosas	23	La ciudad de Asia Menor cerca de Laodicea cuyos cristianos recibieron una carta de Pablo
Corinto	21,23	La ciudad portuaria cerca de Atenas donde Pablo predicó y vivió 18 meses.
Creta	22,23	La isla Griega más grande en el Mar Mediterráneo
Damasco	9–11,20,22	La ciudad más importante de Siria, al noreste de Palestina
Dan	1	Ciudad con centro de culto en el Reino del Norte

Derbe	21,23	Ciudad de Asia Menor donde predicaron Pablo y Bernabé
Desierto	3	Nombre dado a áreas en y cerca de la península del Sinaí después de que los Israelitas salieron de Egipto; un término general para describir tierras desoladas
Dotán	10	Ciudad del Reino del Norte donde el ejército sirio se quedó ciego
Edom	2,5,11,12	Región montañosa al este del extremo sur del Mar Salado (también conocida como Seir, que significa "áspera") donde Esaú vivó
Éfeso	21,23–25	Ciudad importante en la costa occidental de Asia Menor (cerca de la actual Izmir)
Efrata	2	Otro nombre para Belén
Egipto	1–2,15	Gran imperio ubicado al suroeste de Palestina y un área frecuentemente visitada por los Israelitas en tiempos de crisis
Ekron	8	Importante ciudad Filistea en el suroeste de Canaán
El Rio Nilo	2	Río principal que corre hacia el norte a través de Egipto
Elim	4	Oasis cerca del Golfo de Suez donde los Israelitas acamparon después de escapar de los Egipcios
Emaús	19	Pueblo cerca de Jerusalén donde Jesús habló con dos hombres después de su resurrección
Ezion-Geber	5	Ciudad en el extremo norte del Golfo de Aqaba
Fenicia	6,7,9–11,16,20	Área al norte de Palestina a lo largo de la costa mediterránea
Fénix	22	Ciudad en la costa sur de Creta con un buen puerto
Filipos	21,23	Una ciudad importante en Macedonia
Gabaón	6	Área al norte de Jerusalén cuyo pueblo engañó a los Israelitas para que hicieran un acuerdo de paz
Galaad	7	Área densamente boscosa al este del río Jordán que fue colonizada por la tribu Manasés
Galacia	21,23	Región del centro de Turquía donde Pablo predicó y envió cartas

Jericó	5,6	La gran ciudad amurallada cerca de la esquina noroeste del Mar Salado
Jezreel	8	Sitio de la batalla con los Filisteos donde Saúl y sus hijos fueron derrotados
Jope	20	Pueblo en la costa mediterránea donde Pedro resucitó a Dorcas de entre los muertos antes de que Cornelius lo llamara
Kibroth-hattaavah	5	Lugar en el desierto donde murieron tantas aves que los Israelitas se enfermaron y, a veces, murieron cuando se las comieron crudas
Laodicea	21,23,25	Ciudad rica en Asia Menor
Listra	21,23	Ciudad de Asia Menor donde predicaron Pablo y Bernabé
Lydda	20	Pueblo donde Pedro curó a un hombre paralizado durante ocho años
Macedonia	21–23	Un área al norte de Grecia
Madián	3	Área sureste de la península del Sinaí y área al este de la península donde Moisés fue inicialmente para escapar de los Egipcios
Malta	22	Pequeña isla cerca de la costa sur de Italia donde el barco de Paul naufragó mientras viajaba a Roma
Mar de Galilea	1,6,15,16,19	Un lago muy grande en el norte de Israel (también conocido como lago Tiberíades)
Mar Muerto	--	(ver Mar Salado)
Mar Rojo	4	Gran masa de agua entre Egipto y Arabia con dos ramas al norte (Golfo de Aqaba y Golfo de Suez)
Mar Salado	1	Gran cuerpo de agua salada donde termina el río Jordán (Mar Muerto)
Megiddo	7	Ciudad en el norte de Israel donde tuvieron lugar muchas batallas; En el Apocalipsis predice que será el lugar de una gran batalla durante los últimos tiempos (Armagedón)
Mesopotamia	1	Área general con tierras fértiles a lo largo de los ríos Tigris y Éufrates (actualmente en Irak y parte del "Creciente Fértil")
Mizpah	7,8,11	Ciudad a pocos kilómetros al norte de Jerusalén

Pisgah	5	La cresta panorámica en la cima del monte Nebo donde Moisés vio Canaán antes de morir
Pretorio	18	La sección militar del palacio de un alto funcionario Romano
Rabá	9	La ciudad donde Israel luchó contra los Amonitas y Urías fue asesinado durante una retirada planeada por el rey David
Ramá	8,15	Una ciudad en las colinas centrales de Efraín, cerca de Jerusalén
Ramath Lehi	7	"Colina de la mandíbula" donde Sansón mató a muchos Filisteos
Refidim	4	Área a lo largo del Golfo de Suez donde Moisés sacó agua de la roca y donde tuvo lugar una batalla con los Amalecitas
Reino del Norte	10–12	Región conocida como Israel donde 10 tribus de Jacob vivieron después de la los Israelitas se dividieron en dos reinos
Reino del Sur	10–12	Región conocida como Judá donde el vivían las tribus de Judá y Benjamín después de que los Israelitas se dividieran en dos reinos
Río Arnon	5	Río en el lado este del Mar Salado
Río Éufrates	6,9	Un río importante en Mesopotamia (parte del "Creciente Fértil")
Río Jabbok	2	Río cruzado por Jacob y su familia antes de conocer a Esaú
Río Kishon	7	Río principal en el noroeste de Israel, donde Deborah y Barak derrotaron al ejército bien equipado de Hazor
Río Tigris	14	Un río importante en Mesopotamia (parte del "Creciente Fértil")
Roca de Etam	7	Zona rocosa con cuevas cerca de Belén donde Sansón se escondió de los Filisteos
Roma	15,21–24	La ciudad más grande de Italia y el centro del Imperio Romano
Samaria	10	Área en el norte de Palestina habitada principalmente por no Judíos
Samotracia	21	Isla Griega en el Mar Egeo
Sarepta	10	La ciudad de Fenicia donde Elías se quedó en casa de una viuda

Ziklag	8	La ciudad Filistea donde David se asentó mientras era fugitivo

Conceptos, historias y otros términos

	Capítulo	Descripción
Apocalipsis	25	Los eventos relacionados con el fin de los tiempos
Arameo	12	El dialecto sirio ampliamente utilizado que se utilizó en el Cercano Oriente para realizar negocios y diplomacia; un idioma utilizado en Palestina además del Hebreo
Año del Jubileo	4,10,16	El año después de siete ciclos de siete años (cada 50 años) cuando se cancelan las deudas; un término usado en los escritos de Isaías que anunciaba la llegada del Mesías
Arca de la Alianza	4–9	La caja ornamentada que contenía reliquias sagradas de los Judíos
Arrepentirse		El acto de reconocer lo incorrecto y luego "girar" en otra dirección para perseguir una acción mucho más apropiada
Buen Samaritano	17	La parábola contada por Jesús sobre un Samaritano que se hizo cargo de un hombre que fue atacado en un camino peligroso después de que Judíos devotos no hicieran nada para ayudar al pobre hombre en su desgracia
Capítulo de Amor	23	Parte de la carta de Pablo a los creyentes en Corinto (1 Corintios 13)
Cena del Señor	18	"Comida" conmemorativa que consiste en pan y vino que los cristianos toman con otros creyentes para recordar el cuerpo y la sangre de Jesús entregados por sus seguidores (también conocida como la Última Cena con Jesús y sus discípulos unas horas antes de que Jesús fuera arrestado)
Convertir		El intento de convertir a alguien de una religión, creencia u opinión completamente a otra

Hijo Pródigo (padre pródigo)	17	Parábola sobre un hombre que tiene dos hijos, el menor de los cuales pide su herencia temprano y la malgasta en una vida salvaje, pero es bienvenido a casa más tarde por un padre amoroso
Iglesia		Grupo de cristianos, palabra utilizada para describir a todos los cristianos
Inundación	1	Cataclismo usado por Dios para destruir a todos los humanos, que terminó con un arco iris, lo que significa que Dios nunca volverá a destruir a todos y cada uno de los seres humanos
Janucá	15	Celebración Judía para recordar la victoria sobre los Griegos en el 142 AC
Maná	4	Sustancia dulce parecida a una galleta ("pan") que apareció en el suelo por la mañana durante los días de los Israelitas en el desierto
Milenio	25	Un período de 1.000 años de paz descrito en Apocalipsis que ocurre antes del juicio final
Oración		Forma de interacción humana con un poder divino
Pacto		Un acuerdo hecho entre Dios y el pueblo de Dios
Parábola	12,16,17,25	Una historia sencilla contada para transmitir un mensaje importante
Pascua	3	La celebración de la noche en la que Dios pasó por alto los hogares de los Israelitas y mató a los primogénitos de todas las demás familias que vivían en Egipto justo antes de que el éxodo ocurriera
Pentecostés	20,21,23	Después de la ascensión de Jesús, el día en que el Espíritu les dio a los creyentes la capacidad de hablar en otro idioma; un día celebrado por los cristianos
Proverbios	14	Libro de sabiduría del Antiguo Testamento; una especie de dichos sabios
Rabino	15	Un profesor o erudito religioso Judío
Rapto	25	El acto de que los cristianos vayan repentinamente al cielo

Apéndice E
Referencias de las Escrituras

Las secciones que se citan en este libro son paráfrasis de las escrituras que se encuentran en versiones del Antiguo y Nuevo Testamento. La mayoría de ellas se acercan más a la Nueva Versión Internacional (NVI) de la Biblia y son enumeradas en el orden en que aparecen en este libro. Las citas exactas se indican con un asterisco (*) y son frases cortas utilizadas en muchas versiones.

Capítulo	Libro de la Biblia, Capítulo, Versículo		
1	Génesis	12	2–3
1	Génesis	22	12, 15–18
1	Génesis	27	28–29
2	Génesis	32	28
2	Génesis	45	4–13
2	Génesis	46	3–4
3	Éxodo	2	7
3	Éxodo	3	4–22
3	Éxodo	4	1–4, 6–17, 22–23
3	Éxodo	5	1
4	Éxodo	19	3–8
4	Éxodo	20	1–17
4	Éxodo	21	12–18, 23–25
4	Éxodo	22	6
4	Éxodo	22	18–25, 29–30
4	Éxodo	23	1–5, 8–10
4	Éxodo	32	26, 30–34
4	Levíticos	17	11
5	Números	6	24–26*
5	Números	11	13–15
5	Números	13	17–20
5	Números	14	8–9, 11–12, 15–20, 29–34
5	Números	16	29–30
5	Números	33	51–53, 55–56
5	Deuteronomio	4	25–27, 29–31

5	Deuteronomio	6	4–5
5	Deuteronomio	9	5–6
5	Deuteronomio	11	18–21, 26–29
5	Deuteronomio	30	2, 6, 10–12, 15–16, 19
6	Joshua	10	13
6	Joshua	24	14–15
7	Jueces	7	2–3, 6, 20
7	Jueces	11	30–31, 35–36
7	Jueces	14	14, 18*
7	Jueces	16	9, 12, 14, 20, 28, 30*
7	Rut	1	16–17, 21
7	Rut	2	8–13
7	Rut	3	10–14
8	1 Samuel	1	11, 15–17
8	1 Samuel	8	19–20
8	1 Samuel	10	24
8	1 Samuel	15	22–23, 28
8	1 Samuel	16	7
8	1 Samuel	17	34–37, 45–46
8	1 Samuel	18	7
9	2 Samuel	7	9–10, 12–16
9	2 Samuel	12	1,14
9	1 Reyes	8	25, 27, 41–43, 46–51
10	1 Reyes	18	21–25, 27, 36–37, 39
10	2 Reyes	6	16–17
10	Hosea	12	6
10	Isaías	1	11, 13, 15–17
10	Isaías	28	16
10	Isaías	17	9–14
10	Isaías	40	31
10	Isaías	42	16
10	Isaías	43	1–2, 19
10	Isaías	53	3–5, 7, 9–12
10	Isaías	57	21
10	Isaías	58	1–10

10	Isaías	61	1–3
10	Isaías	2	2–4
10	Miqueas	6	8
10	Miqueas	7	18
11	Jeremías	1	4, 7–8
11	Nahum	1	3, 7
11	Habacuc	2	4
11	Lamentaciones	3	22–25
11	Lamentaciones	5	19
12	Jeremías	29	5–7
12	Ezequiel	36	22–27
12	Ezequiel	37	24
12	Daniel	2	27–28, 47
12	Daniel	3	16–18
12	Daniel	6	16, 21–22
12	Hageo	2	4–7, 9
12	Zacarías	2	4
12	Zacarías	7	9–14
12	Zacarías	8	16, 23
12	Esther	3	8–9
12	Esther	4	16
12	Malaquías	3	1–7
12	Malaquías	4	6
13	Salmo	1	1–6
13	Salmo	23	1–6
13	Salmo	46	1–11
13	Salmo	51	1–19
13	Salmo	66	1–20
13	Salmo	96	1–13
13	Salmo	97	1–12
13	Salmo	100	1–5
13	Salmo	121	1–8
13	Salmo	124	1–8
13	Salmo	139	1–24
13	Salmo	146	1–10

13	Salmo	149	1–9
14	Proverbios	3	35
14	Proverbios	1	7, 20–23, 33
14	Proverbios	3	3–12
14	Proverbios	4	23–27
14	Proverbios	6	6–11, 16–19, 30
14	Proverbios	10	1–5, 8–13, 23–28
14	Proverbios	11	13–19
14	Proverbios	13	9–12, 21–24
14	Proverbios	15	1–4
14	Proverbios	16	8–9, 11–12, 16, 18–19, 25
14	Proverbios	17	1, 3, 5, 10, 22, 28
14	Proverbios	22	1–3, 6, 9, 16
14	Proverbios	25	14–17, 21–25
14	Proverbios	26	20–28
14	Proverbios	27	5–6
14	Proverbios	29	4, 7, 12, 14, 18, 20, 23
14	Eclesiastés	1	2*, 9, 14*
14	Eclesiastés	3	1–8
14	Eclesiastés	4	9–12
14	Eclesiastés	7	2–3, 29
14	Eclesiastés	8	12–14
14	Eclesiastés	9	12
14	Job	1	1, 3, 21
14	Job	7	5
14	Job	2	9, 10
14	Job	13	1–5
14	Job	19	25–26
14	Job	22	6–11
14	Job	27	4–6
14	Job	38	2–5, 12–13, 19–21, 24–25, 41
14	Job	39	27
14	Job	40	4–5
14	Job	42	3, 5–6
14	Jonás	4	2–3, 8, 10–11

14	Canc. de Salomón	4	1–5, 7
14	Canc. de Salomón	8	6–7

15	Lucas	1	13–19, 28*, 30–33, 35–36
15	Lucas	1	42, 45, 68–79
15	Mateo	1	20–23
15	Lucas	2	10–12, 14
15	Lucas	2	29–31, 34–35
15	Mateo	2	15
15	Lucas	2	48–49
15	Mateo	3	2
15	Lucas	3	4–5, 7–9
15	Juan	1	23
15	Lucas	3	11, 14
15	Lucas	3	16–17
15	Juan	1	29
15	Mateo	3	14–15, 17
15	Mateo	4	3–4
15	Lucas	4	6–9
15	Mateo	4	10
15	Mateo	4	17
15	Lucas	4	18–19, 21
15	Lucas	4	23–29
15	Lucas	4	34–35
15	Lucas	5	5
15	Lucas	5	8
15	Juan	1	46–47
16	Juan	4	9–26, 29
16	Juan	3	2–21
16	Lucas	7	43–50
16	Lucas	18	22–27
16	Lucas	19	8–10
16	Juan	2	4, 10
16	Mateo	9	4–6
16	Lucas	7	6–8

16	Mateo	8	10, 13
16	Marcos	8	24
16	Juan	5	8*, 14
16	Lucas	8	45–48
16	Mateo	15	24–28
16	Mateo	12	25–28, 31
16	Mateo	8	29
16	Juan	11	21–22, 25–27, 39, 41–43
16	Lucas	5	31–32, 34–38
16	Juan	2	16–20
16	Lucas	20	3–4
16	Mateo	14	28, 31
16	Mateo	8	26
16	Lucas	10	5*
16	Mateo	17	20–21
16	Mateo	11	3–6, 10, 18–19
16	Marcos	6	25
17	Mateo	15	7–10, 17–20
17	Marcos	7	6–23
17	Mateo	23	25–26
17	Lucas	11	39–41
17	Marcos	2	25–27
17	Mateo	12	3–7, 11–12
17	Lucas	6	9
17	Lucas	10	27–37
17	Lucas	15	3–10
17	Lucas	15	22–24, 29–32
17	Lucas	14	16–24
17	Mateo	20	12–16
17	Mateo	18	23-35
17	Mateo	13	3–8, 18–23
17	Mateo	5	3–10*
17	Mateo	5	11–16, 21–24, 27–30, 38–47
17	Mateo	6	1–4, 19–21, 25–27, 33–34
17	Mateo	7	1–5
17	Mateo	7	12–27

17	Mateo	7	7–11
17	Mateo	11	25–30
17	Juan	8	19, 31–32
17	Juan	6	29–31
17	Juan	6	32–40, 51
17	Juan	6	53–58
17	Juan	6	68–69
17	Mateo	10	37–38
17	Lucas	14	26–33
17	Mateo	10	16–23, 28, 32–33, 39
17	Mateo	25	1–46
17	Lucas	18	10–14
17	Mateo	23	4–7, 23, 27–36
17	Lucas	11	46, 52
17	Lucas	20	45–47
17	Mateo	21	31–32, 38–43
17	Marcos	12	13–17
18	Juan	6	35
18	Juan	11	25
18	Juan	10	1–18
18	Juan	11	47–50
18	Zacarías	9	9
18	Mateo	21	9*
18	Juan	13	7–8
18	Juan	13	12–15
18	Lucas	22	19
18	Marcos	10	42–45
18	Mateo	26	2, 31–34
18	Juan	13	33–38
18	Juan	14	2–12, 16–19, 26
18	Juan	15	1–8, 18–20, 25
18	Juan	16	33
18	Mateo	26	39–42, 45–46, 52–56
18	Mateo	26	59–68
18	Mateo	27	9
18	Mateo	26	73

18	Mateo	27	11, 13
18	Mateo	27	17–23
18	Juan	19	7, 11
18	Juan	18	36–38
18	Lucas	23	14–15, 21
18	Juan	19	14–15, 30
18	Mateo	27	24–25, 29, 40–43
18	Lucas	23	34, 39–43, 46
18	Mateo	27	46, 54
18	Juan	19	25–27
19	Lucas	24	5–7
19	Juan	20	13–17
19	Lucas	24	17–24, 26
19	Lucas	24	36, 38–39
19	Juan	20	25–29
19	Lucas	24	44–49
19	Mateo	28	18–20
19	Juan	21	15–17*, 19*
19	Hechos	1	7–8, 11
20	Hechos	2	22–24, 30–32, 36, 38, 40
20	Hechos	3	6, 12–16, 22–23
20	Hechos	4	9–12
20	Hechos	5	9
20	Hechos	5	28–32, 35–39
20	Hechos	6	1–4
20	Hechos	7	56
20	Hechos	9	4–6, 15, 17
20	Hechos	8	32–33
20	Hechos	10	15, 28–29, 34–36, 42–43
20	Hechos	11	17
21	Hechos	13	46–47
21	Hechos	14	11*
21	Hechos	15	7–11, 14–20
21	Hechos	16	17–18
21	Hechos	16	28, 31

21	Hechos	17	18, 22–23, 32
21	Hechos	19	13–15, 28, 34
21	Hechos	20	35
22	Hechos	22	25
22	Hechos	23	6, 11
22	Hechos	25	12
22	Hechos	26	17–18
22	Hechos	28	26–28
23	Galatianos	5	14, 16–23,
23	Galatianos	6	1–4, 9–10
23	1 Tesalonicenses	4	3, 11–12,
23	1 Tesalonicenses	5	13–18
23	1 Corintios	1	27
23	1 Corintios	3	1–6, 10
23	1 Corintios	5	9–13
23	1 Corintios	7	9
23	1 Corintios	2	16
23	1 Corintios	9	19–23
23	1 Corintios	10	13
23	1 Corintios	12	16–26
23	1 Corintios	14	18–19
23	1 Corintios	13	1–13
23	1 Corintios	15	51–52, 54–55
23	Romanos	3	11–12, 20, 22–23
23	Romanos	5	12–17
23	Romanos	8	28, 31, 38
23	Romanos	5	3–4, 12, 17
23	Romanos	12	1–21
23	Romanos	13	1–7
23	Romanos	14	10–13
23	Colosenses	1	15–20
23	Colosenses	2	20–23
23	Colosenses	3	5–10, 12–14
23	Colosenses	4	5–6
23	Efesios	2	1–6, 8–9, 11–22

23	Efesios	5	21–29
23	Efesios	6	1–9
23	Efesios	6	12
23	Filipenses	2	2–11
23	Filipenses	4	6–8, 11–13
23	1 Timoteo	6	6–10, 17–19
24	1 Pedro	2	9, 20
24	1 Pedro	3	3–4, 15
24	1 Pedro	4	8
24	1 Pedro	5	8
24	2 Pedro	1	5–8
24	Jaime	1	2–7, 13–17, 22, 26–27
24	Jaime	2	1–4, 8–9, 20–24
24	Jaime	4	4, 13–15
24	Jaime	5	1–5, 16
24	1 Juan	3	16–18
24	1 Juan	4	7–8, 18–21
24	Hebreos	1	1–4
24	Hebreos	4	12–15
24	Hebreos	10	24
24	Hebreos	11	1, 3, 8, 11, 13, 16, 26–40
24	Hebreos	12	1–2, 12
25	Mateo	24	6–23
25	Mateo	13	24–29
25	Revelaciones	3	15–17, 19–20
25	Revelaciones	4	8, 11
25	Revelaciones	5	12
25	Revelaciones	14	9–11, 13
25	Revelaciones	18	2–3
25	Revelaciones	19	6–8
25	Revelaciones	21	3–7
25	Revelaciones	22	12–13, 17, 20
Epilogo	Mateo	28	19–20

Apéndice F
Alineación con los libros de la Biblia

Los capítulos de este libro proporcionan todos los puntos principales de los libros bíblicos que se muestran en esta tabla (los números de los capítulos se indican justo cuando corresponde). Aquellos que lean todos los libros bíblicos enumerados habrán leído La Biblia en su totalidad.

Capítulo	Libros Bíblicos
1	Génesis 1–31
2	Génesis 32–48
3	Génesis 48-50, Éxodo 1–12
4	Éxodo 13–40, Levítico
5	Números, Deuteronomio
6	Joshua
7	Jueces, Rut
8	1 de Samuel
9	2 Samuel, 1 Reyes, 1–2 Crónicas
10	2 Reyes, Amós, Oseas, Isaías, Miqueas
11	Jeremías, Joel, Sofonías, Abdías, Nahum, Habacuc, Lamentaciones
12	Ezequiel, Daniel, Hageo, Zacarías, Ester, Esdras, Nehemías, Malaquías
13	Salmos
14	Proverbios, Eclesiastés, Job, Jonás, Cantar de los Cantares
15	Lucas 1–5; Juan 1; Mateo 1–4
16	Lucas 5–10, 18–21; Juan 2–5; Mateo 8–9, 11–12, 14–15, 17
17	Lucas 11-21; Juan 6–9; Mateo 5–7, 10–25; Marcos
18	Lucas 22-23; Juan 10-19; Mateo 26-27
19	Lucas 24; Juan 20–21; Mateo 28; Hechos 1
20	Hechos 1–11
21	Hechos 12-20
22	Hechos 21-28
23	Gálatas, 1–2 Tesalonicenses, 1–2 Corintios, Romanos, Colosenses, Efesios, Filipenses, Tito, Filemón, 1–2 Timoteo
24	1–2 Pedro, Santiago, Judas, 1–3 Juan, Hebreos
25	Mateo 13 y 24; Revelación

Apéndice G
Mapas

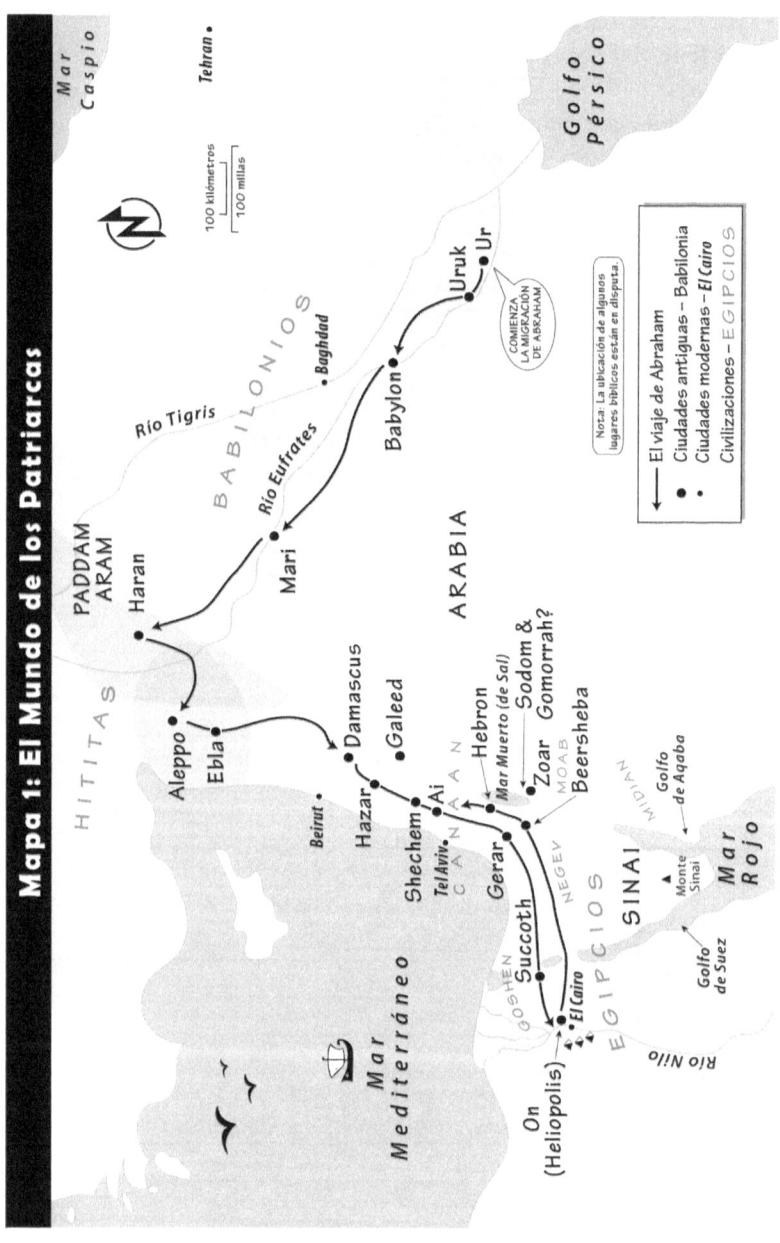

Mapa 1: El Mundo de los Patriarcas

Mapa 2: Moisés y el Éxodo

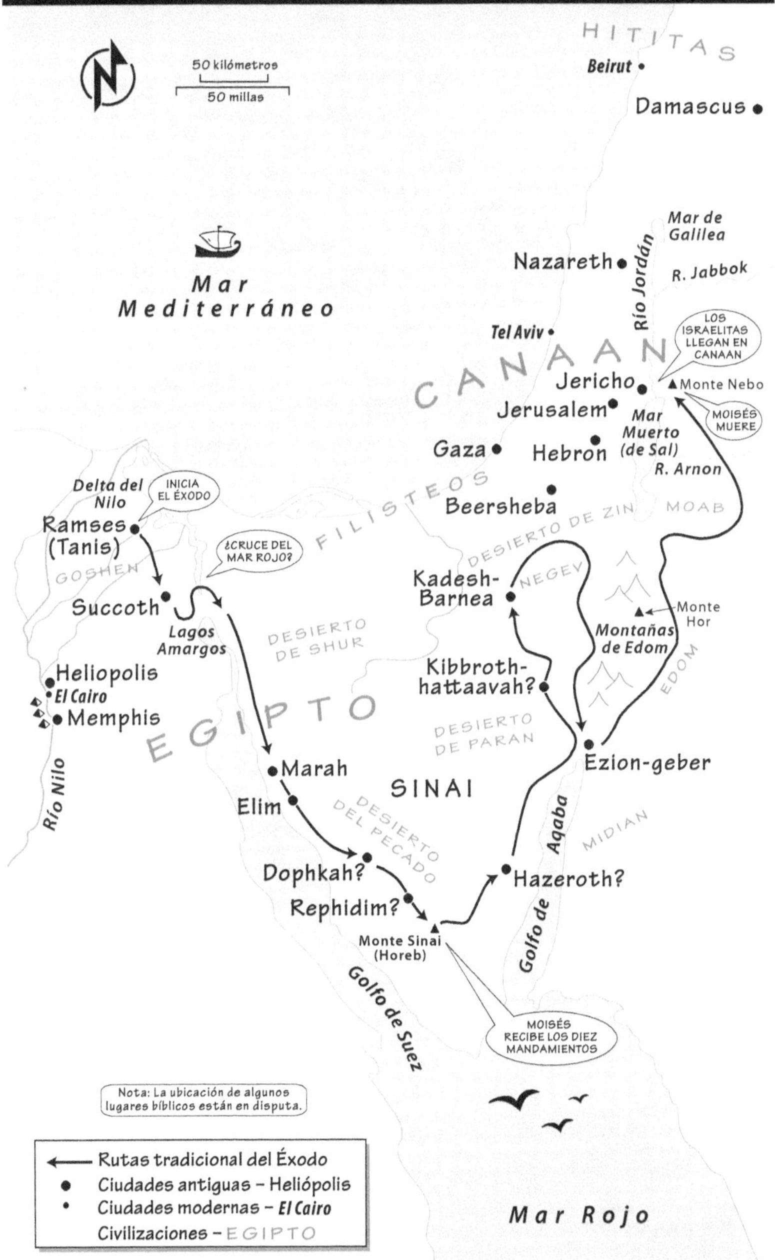

50 kilómetros
50 millas

HITITAS

Beirut •

Damascus •

Mar Mediterráneo

Mar de Galilea

Nazareth •

R. Jabbok

Río Jordán

Tel Aviv •

LOS ISRAELITAS LLEGAN EN CANAAN

CANAAN

Jericho •

▲ Monte Nebo

Jerusalem •

MOISÉS MUERE

Gaza •

Hebron •

Mar Muerto (de Sal)

R. Arnon

Delta del Nilo

INICIA EL ÉXODO

Beersheba •

DESIERTO DE ZIN

MOAB

Ramses (Tanis) •

¿CRUCE DEL MAR ROJO?

FILISTEOS

GOSHEN

Kadesh-Barnea •

NEGEV

DESIERTO DE SHUR

Succoth •

Lagos Amargos

Montañas de Edom

Monte Hor ▲

Heliopolis •

• El Cairo

• Memphis

EGIPTO

Kibbroth-hattaavah? •

DESIERTO DE PARAN

EDOM

Río Nilo

• Marah

SINAI

Ezion-geber •

Elim •

DESIERTO DEL PECADO

Aqaba

MIDIAN

Dophkah? •

Rephidim? •

• Hazeroth?

Monte Sinai (Horeb)

Golfo de Aqaba

MOISÉS RECIBE LOS DIEZ MANDAMIENTOS

Golfo de Suez

Nota: La ubicación de algunos lugares bíblicos están en disputa.

Mar Rojo

← Rutas tradicional del Éxodo
• Ciudades antiguas – Heliópolis
• Ciudades modernas – El Cairo
Civilizaciones – EGIPTO

Mapa 3: Las 12 tribus y la conquista de Canaán

Damascus ●

Monte ▲ Hermón

R. Pharpar

Tyre ●

FENICIA

NAPHALTI

●Dan

Mar Mediterráneo

ASHER

Merom ✳

●Hazor

EAST MANESSEH

Golan

Mar de Galilea

R. Varmuk

10 kilómeters

10 millas

ZEBULUN

ISSACHAR

Megiddo ●

Taanach ●

MANESSEH

Río Jordán

Shechem ●

Monte ▲ Ebal

Monte ▲ Gerizim

R. Jabbok

Valle de Achor

Tel Aviv ●

Joppa ●

EPHRAIM

GAD

AMMON

DAN

Bethel ●

Emmaus ●

BENJAMIN

Jericho

●Gilgal

✳

Gibeon ✳

●Jerusalem

Monte ▲ Nebo

Ashkelon ●

FILISTEA

Bethlehem ●

JUDAH

REUBEN

Gaza ●

● Hebron

Mar Muerto (de Sal)

R. Arnon

En Gedi ●

MOAB

Nota: La ubicación de algunos lugares bíblicos están en disputa.

AMALEC

● Beersheba

SIMEON

●Zoar

DESIERTO DE ZIN

EDOM

R. Zered

NEGEV

● Kadesh-Barnea

✳ Batallas relevantes
● Ciudades antiguas – Siquem
● Ciudades modernas –*Tel Aviv*
Naciones –FILISTEA

Mapa 4: Reinos de Saúl, David y Salomón

Kedesh

SALOMÓN EXPANDE EL REINO HACIA EL NORTE EN SIRIA Y HAMATH

CENTRO PRODUCTOR DE PAPIRO

Gebal (Byblos)

Beirut

Berothah

FENICIA

R. Litani

Mar Mediterráneo

Sidon

Damascus

Monte Hermón

Zarephath

Tyre

Dan

R. Pharpar

ARAM

Hazor

Desierto de Aramea

Akko

R. Kishon

Mar de Galilea

Ashteroth

R. Yarmuk

Megiddo

Jezreel

Dothan

Jabbesh (Gilead)

Río Jordán

R. Jabbok

AMMON

Samaria

Shechem

Tel Aviv

Joppa

DAVID MATA A GOLIAT

Rabbah

Valle de Elah

Jerusalem

URÍAS MUERE EN BATALLA

FILISTEA

SALOMÓN CONSTRUYE TEMPLO

Bethlehem

Gaza

Hebron

Mar Muerto (de Sal)

Ziklag?

R. Arnon

Beersheba

Kir-Haraseth

MOAB

Desierto Oriental

Wadi de Egipto

R. Zered

Kadesh-Barnea

EDOM

Nota: La ubicación de algunos lugares bíblicos están en disputa.

Sinai

El Reino de Saúl
El Reino de David
Territorio adicional de Salomón
✷ Battalas relevantes
● Ciudades antiguas – Hazor
• Ciudades modernas – *Tel Aviv*
Naciones – FILISTEA

Ezion-Geber

Golfo de Aqaba (Mar Rojo)

20 kilómeters
20 millas

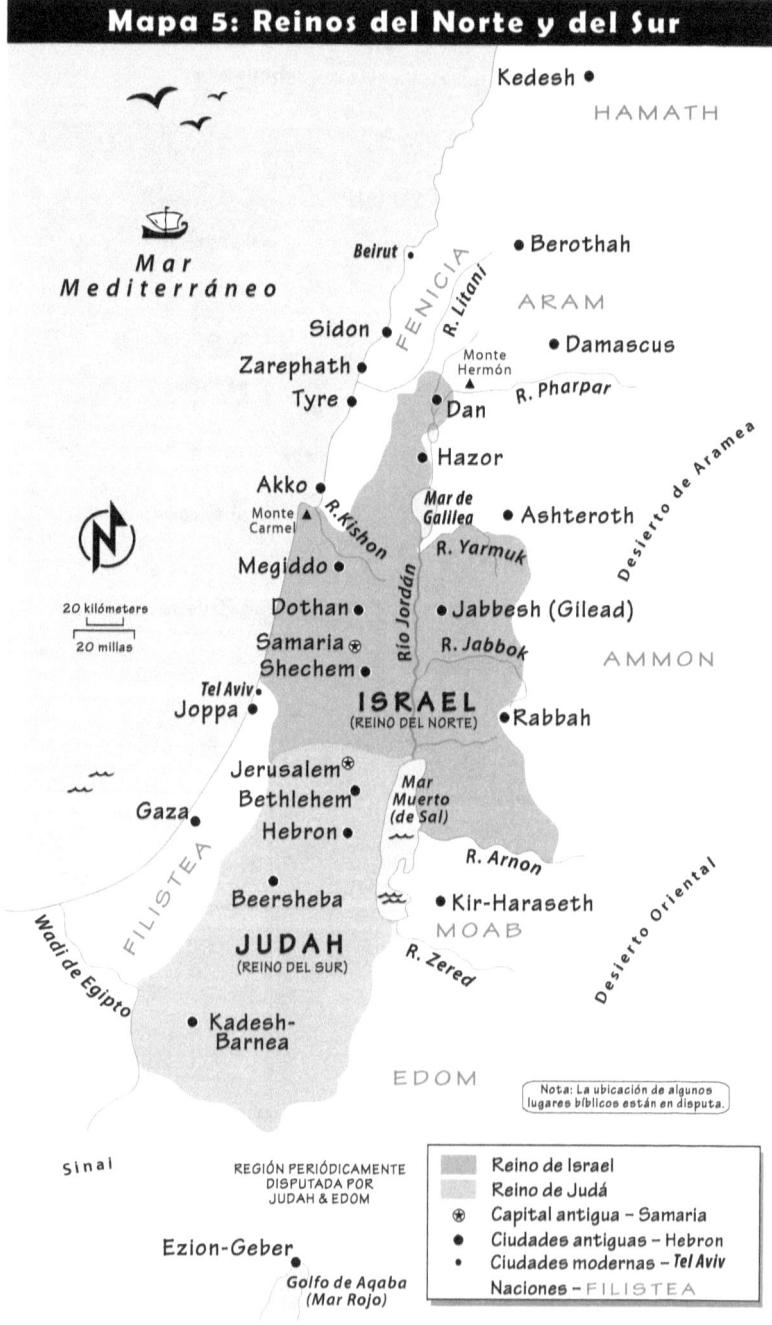

Mapa 5: Reinos del Norte y del Sur

Kedesh •

HAMATH

Mar Mediterráneo

Beirut •

FENICIA

R. *Litani*

• Berothah

ARAM

Sidon •

• Damascus

Zarephath •

Monte Hermón ▲

Tyre •

R. Pharpar

• Dan

• Hazor

Akko •

Monte Carmel ▲

R. *Kishon*

Mar de Galilea

• Ashteroth

Desierto de Aramea

Megiddo •

Río Jordán

R. Yarmuk

Dothan •

• Jabbesh (Gilead)

Samaria ⊛

R. Jabbok

AMMON

Shechem •

Tel Aviv •

Joppa •

ISRAEL
(REINO DEL NORTE)

• Rabbah

Jerusalem ⊛

Gaza •

Bethlehem •

Mar Muerto (de Sal)

Hebron •

R. Arnon

Beersheba •

~ • Kir-Haraseth

MOAB

JUDAH
(REINO DEL SUR)

R. Zered

Desierto Oriental

Wadi de Egipto

FILISTEA

• Kadesh-Barnea

EDOM

Nota: La ubicación de algunos lugares bíblicos están en disputa.

Sinai

REGIÓN PERIÓDICAMENTE DISPUTADA POR JUDAH & EDOM

Ezion-Geber •

Golfo de Aqaba (Mar Rojo)

Reino de Israel
Reino de Judá
⊛ Capital antigua – Samaria
• Ciudades antiguas – Hebron
• Ciudades modernas – *Tel Aviv*
Naciones – FILISTEA

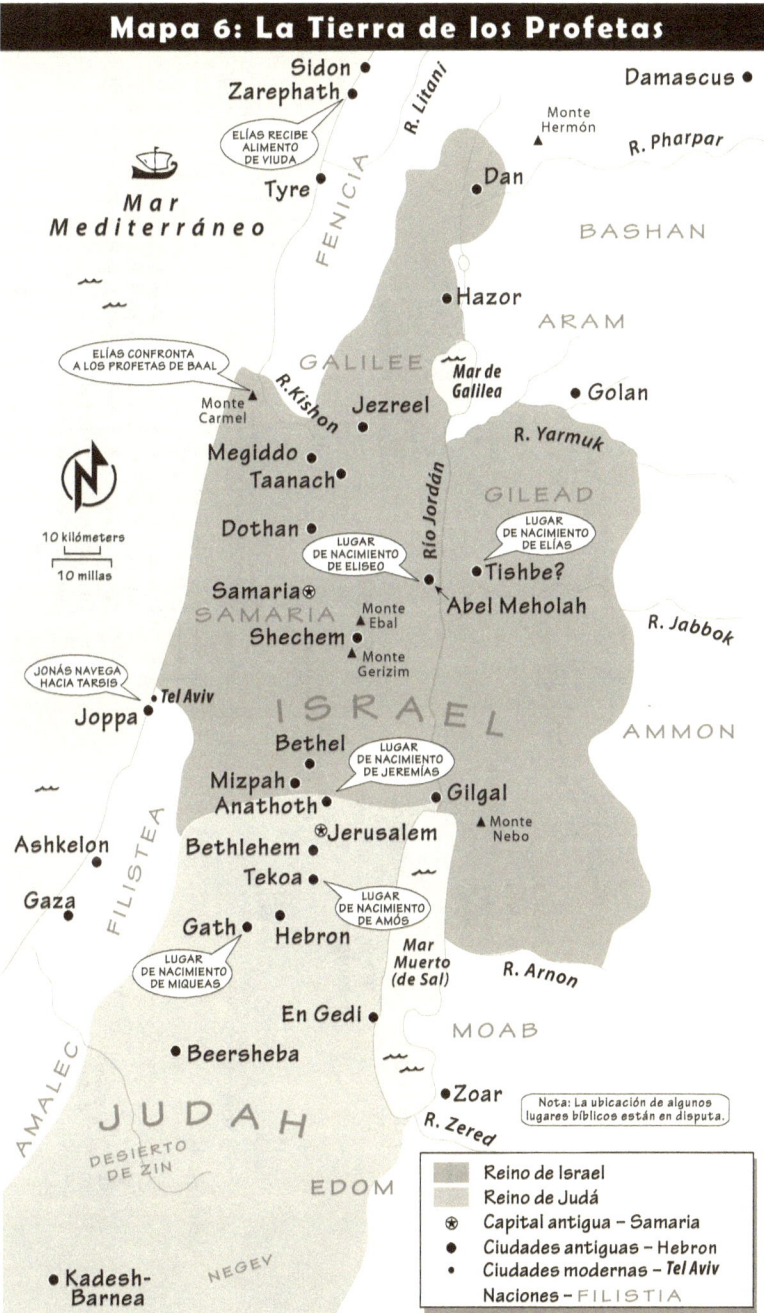

Mapa 6: La Tierra de los Profetas

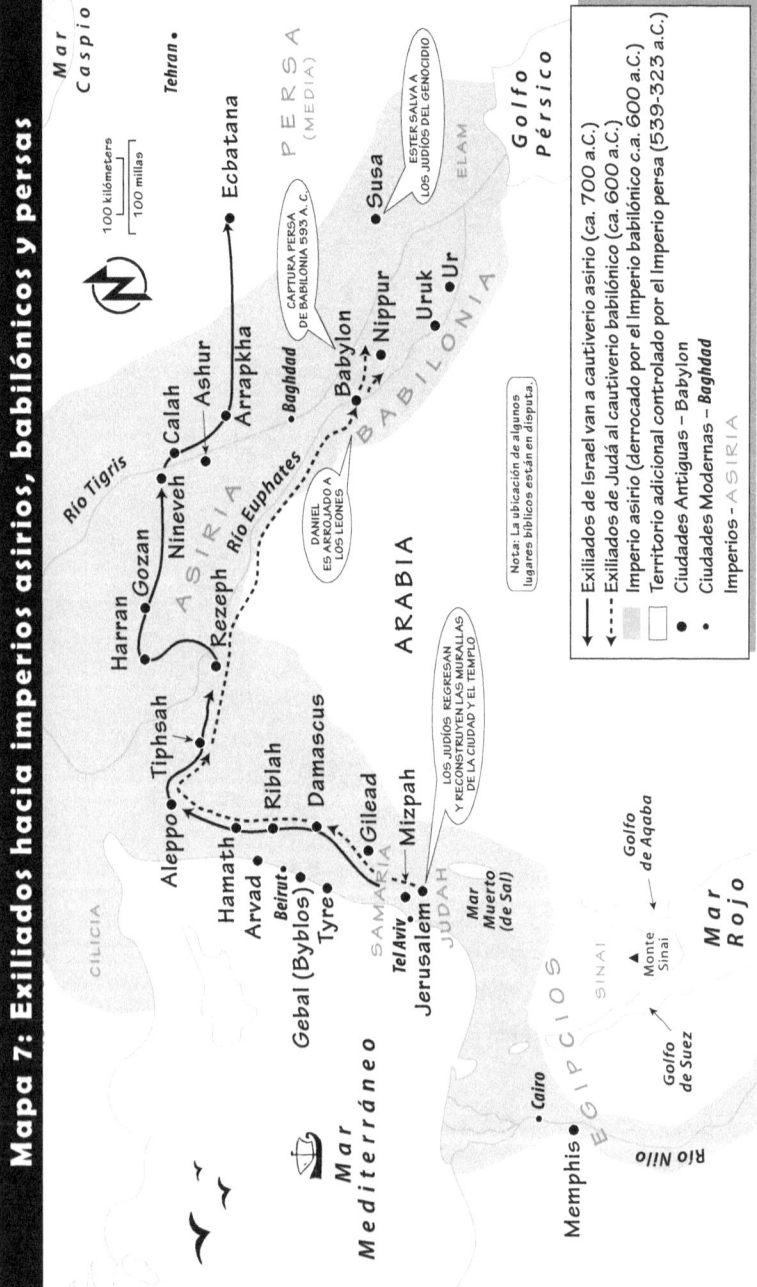

Mapa 7: Exiliados hacia imperios asirios, babilónicos y persas

Exiliados de Israel van a cautiverio asirio (ca. 700 a.C.)
Exiliados de Judá al cautiverio babilónico (ca. 600 a.C.)
Imperio asirio (derrocado por el Imperio babilónico c.a. 600 a.C.)
Territorio adicional controlado por el Imperio persa (539-323 a.C.)
Ciudades Antiguas – Babylon
Ciudades Modernas – Baghdad
Imperios - ASIRIA

Nota: La ubicación de algunos
lugares bíblicos están en disputa.

Mapa 8: El ministerio de Jesús en Palestina

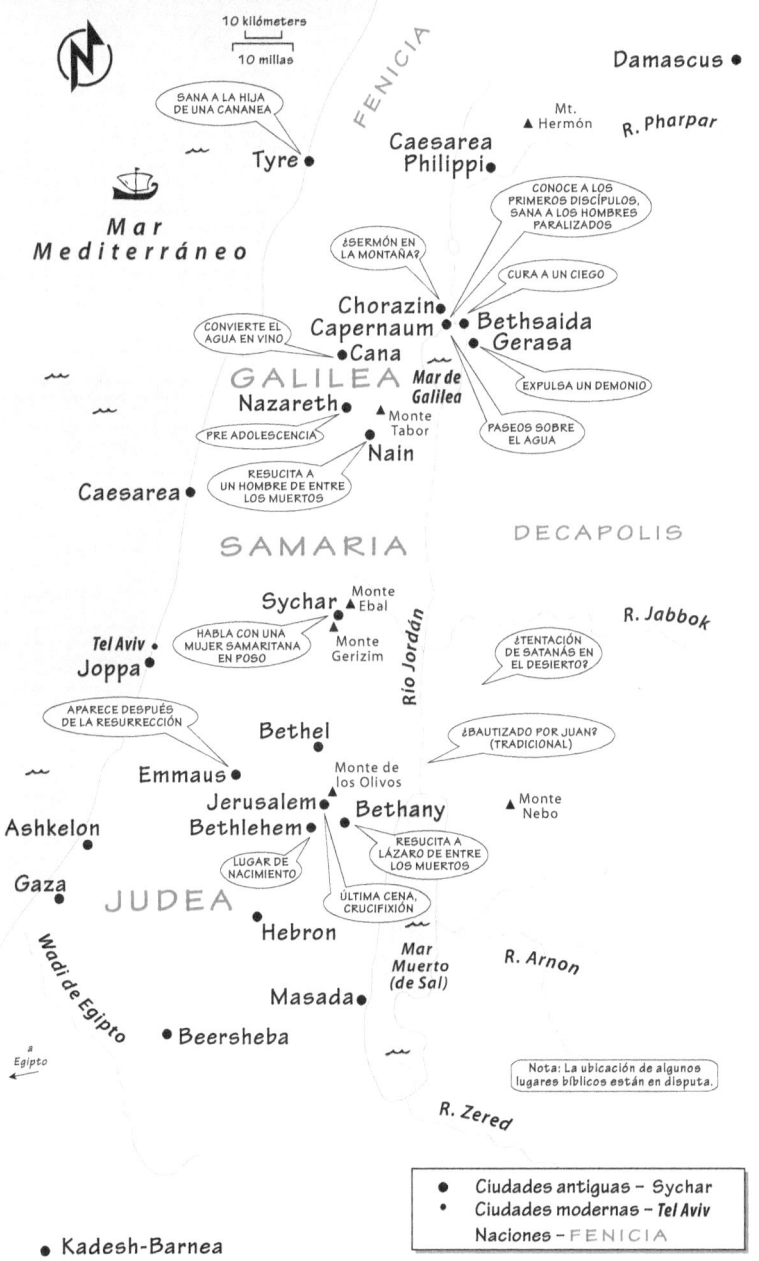

10 kilómeters
10 millas

FENICIA

Damascus •

SANA A LA HIJA
DE UNA CANANEA

Mt.
▲ Hermón
R. Pharpar

Tyre •

Caesarea
Philippi•

*Mar
Mediterráneo*

CONOCE A LOS
PRIMEROS DISCÍPULOS,
SANA A LOS HOMBRES
PARALIZADOS

¿SERMÓN EN
LA MONTAÑA?

CURA A UN CIEGO

Chorazin•
Capernaum• •Bethsaida
•Cana   •Gerasa

CONVIERTE EL
AGUA EN VINO

GALILEA   *Mar de
Galilea*

EXPULSA UN DEMONIO

Nazareth•
▲ Monte
Tabor

PRE ADOLESCENCIA

PASEOS SOBRE
EL AGUA

Nain•

Caesarea •

RESUCITA A
UN HOMBRE DE ENTRE
LOS MUERTOS

SAMARIA   DECAPOLIS

Sychar• ▲Monte
Ebal

R. Jabbok

HABLA CON UNA
MUJER SAMARITANA
EN POSO

▲ Monte
Gerizim

¿TENTACIÓN
DE SATANÁS EN
EL DESIERTO?

Tel Aviv •
Joppa•

Río Jordán

APARECE DESPUÉS
DE LA RESURRECCIÓN

Bethel •

¿BAUTIZADO POR JUAN?
(TRADICIONAL)

Emmaus •

Monte de
los Olivos

Jerusalem•
Bethlehem• •Bethany

▲ Monte
Nebo

Ashkelon
•

LUGAR DE
NACIMIENTO

RESUCITA A
LÁZARO DE ENTRE
LOS MUERTOS

Gaza
•

JUDEA

ÚLTIMA CENA,
CRUCIFIXIÓN

Hebron •

*Mar
Muerto
(de Sal)*

R. Arnon

Wadi de Egipto

Masada•

a
Egipto

Beersheba •

Nota: La ubicación de algunos
lugares bíblicos están en disputa.

R. Zered

• Kadesh-Barnea

• Ciudades antiguas – Sychar
• Ciudades modernas – *Tel Aviv*
Naciones – FENICIA

395

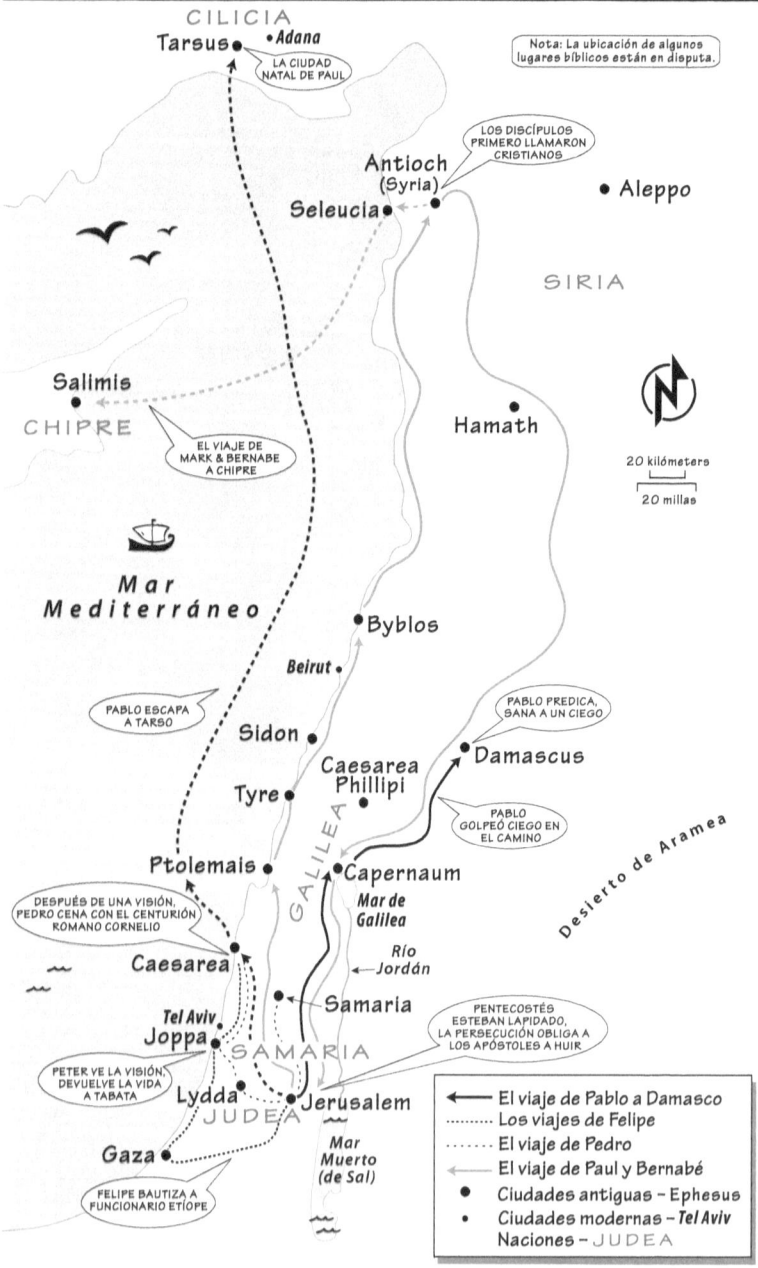

Mapa 9: Los primeros viajes de los apóstoles

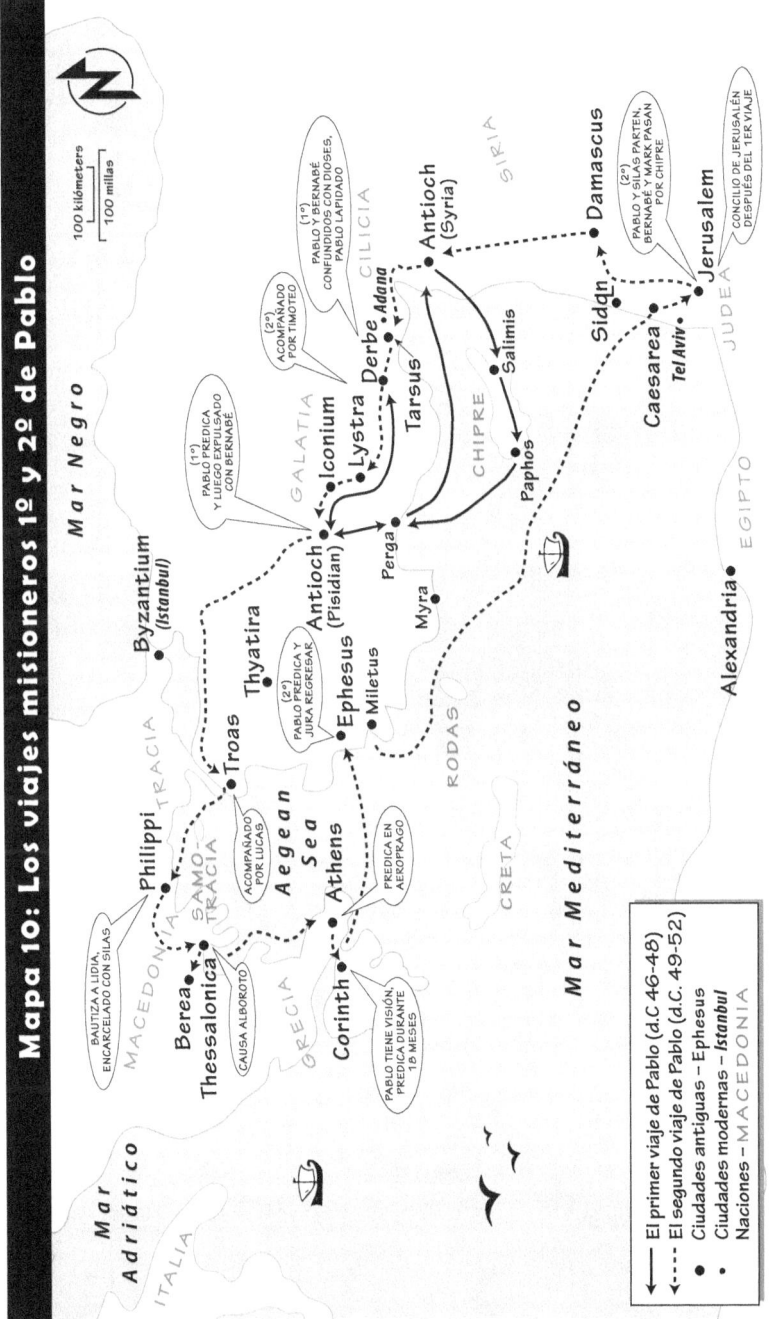

Mapa 10: Los viajes misioneros 1º y 2º de Pablo

100 kilómeters
100 millas

Mar Negro

Mar Adriático

Mar

ITALIA

Aegean Sea

MACEDONIA

TRACIA

GRECIA

RODAS

CRETA

Mar Mediterráneo

EGIPTO

SIRIA

JUDEA

CILICIA

GALATIA

CHIPRE

Byzantium (Istanbul)

Philippi

Thyatira

Troas

Berea
Thessalonica

Athens

Corinth

Ephesus
Miletus

Myra

Perga

Antioch (Pisidian)

Iconium
Lystra
Derbe
Adana

Tarsus

Antioch (Syria)

Damascus

Sidón

Caesarea
Tel Aviv

Jerusalem

Alexandria

Salimis

Paphos

SAMO
TRACIA

BAUTIZA A LIDIA, ENCARCELADO CON SILAS

CAUSA ALBOROTO

PABLO TIENE VISIÓN, PREDICA DURANTE 18 MESES

PREDICA EN AEROPRAGO

ACOMPAÑADO POR LUCAS

(2º)
PABLO PREDICA Y JURA REGRESAR

(1º)
PABLO PREDICA Y LUEGO EXPULSADO CON BERNABÉ

(1º)
PABLO Y BERNABÉ CONFUNDIDOS CON DIOSES, PABLO LAPIDADO

(2º)
ACOMPAÑADO POR TIMOTEO

(2º)
PABLO Y SILAS PARTEN, BERNABÉ Y MARK PASAN POR CHIPRE

CONCILIO DE JERUSALÉN DESPUÉS DEL 1ER VIAJE

El primer viaje de Pablo (d.C 46-48)
El segundo viaje de Pablo (d.C. 49-52)
• Ciudades antiguas – Ephesus
• Ciudades modernas – Istanbul
Naciones – MACEDONIA

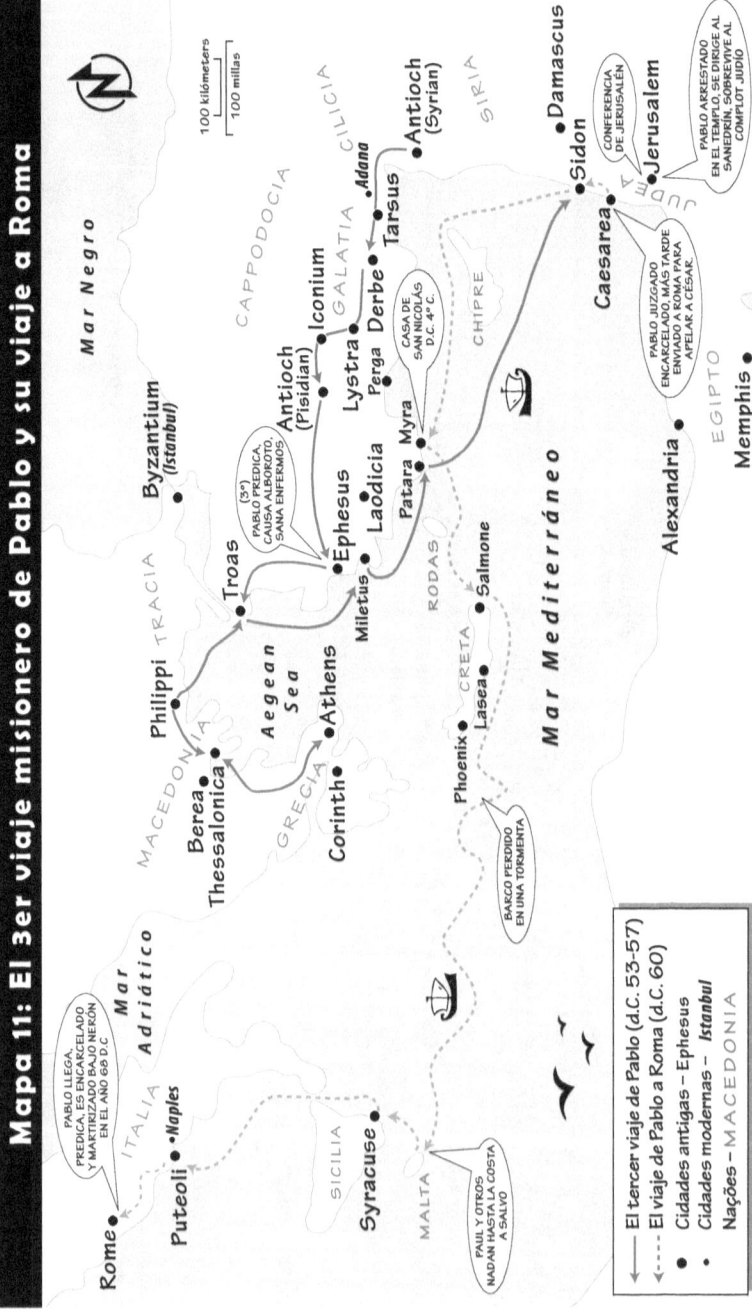

Mapa 11: El 3er viaje misionero de Pablo y su viaje a Roma

PABLO LLEGA, PREDICA, ES ENCARCELADO Y MARTIRIZADO BAJO NERÓN EN EL AÑO 68 D.C.

PABLO ARRESTADO EN EL TEMPLO, SE DIRIGE AL SANEDRÍN, SOBREVIVE AL COMPLOT JUDÍO

CONFERENCIA DE JERUSALÉN

PABLO JUZGADO ENCARCELADO, MÁS TARDE ENVIADO A ROMA PARA APELAR A CÉSAR.

(3°) PABLO PREDICA, CAUSA ALBOROTO, SANA ENFERMOS.

CASA DE SAN NICOLÁS D.C. 4° C.

BARCO PERDIDO EN UNA TORMENTA

PAUL Y OTROS NADAN HASTA LA COSTA A SALVO

El tercer viaje de Pablo (d.C. 53-57)
El viaje de Pablo a Roma (d.C. 60)
Cidades antiguas – Ephesus
Cidades modernas – *Istanbul*
Nações – MACEDONIA

Mar Negro

Mar Mediterráneo

Mar Adriático

Byzantium *(Istanbul)*
Troas
Philippi
Berea
Thessalonica
Corinth
Athens
Ephesus
Miletus
Laodicia
Patara
Myra
Antioch (Pisidian)
Iconium
Lystra
Derbe
Perga
Tarsus
Adana
Antioch (Syrian)
Damascus
Sidon
Caesarea
Jerusalem
Alexandria
Memphis
Rome
Naples
Puteoli
Syracuse
Phoenix
Lasea
Salmone

Aegean Sea

MACEDONIA
TRACIA
GRECIA
CAPPODOCIA
GALATIA
CILICIA
SIRIA
JUDEA
EGIPTO
ITALIA
SICILIA
MALTA
CRETA
RODAS
CHIPRE

100 kilómeters
100 millas

Acerca del autor

Peter J. Bylsma obtuvo su licenciatura de Wheaton College (IL), una maestría en administración pública y un doctorado en liderazgo y políticas educativas en la Universidad de Washington (Seattle). El Dr. Bylsma brindo servicios por 10 años en agencias cristianas antes de pasar 30 años en puestos gubernamentales a nivel internacional, federal, estatal y local. Ha tomado el tiempo para investigar muchos temas de manera objetiva y no partidista y ha sido capaz de resumir los problemas para líderes que se encuentran muy ocupados. Ha vivido en siete estados y cuatro países más. Bylsma ahora vive con su esposa en la región de Puget Sound del estado de Washington.